左圖右史與西學東漸

——晚清畫報研究

陈平原 著

Copyright © 2018 by SDX Joint Publishing Company.
All Rights Reserved.

本作品版权由生活·读书·新知三联书店所有。
未经许可，不得翻印。

图书在版编目（CIP）数据

左图右史与西学东渐：晚清画报研究／陈平原著. —北京：
生活·读书·新知三联书店，2018.10 （2024.9 重印）
ISBN 978 – 7 – 108 – 06189 – 8

Ⅰ．①左…　Ⅱ．①陈…　Ⅲ．①画报－研究－中国－清后期
Ⅳ．① G239.295.2

中国版本图书馆 CIP 数据核字（2018）第 016626 号

责任编辑	卫　纯
装帧设计	蔡立国
责任印制	董　欢

出版发行　生活·讀書·新知 三联书店
　　　　　（北京市东城区美术馆东街 22 号 100010）
网　　址　www.sdxjpc.com
经　　销　新华书店
印　　刷　河北鹏润印刷有限公司
版　　次　2018 年 10 月北京第 1 版
　　　　　2024 年 9 月北京第 5 次印刷
开　　本　710 毫米 × 1000 毫米　1/16　印张 32.5
字　　数　478 千字　图 314 幅
印　　数　21,001-24,000 册
定　　价　98.00 元

（印装查询：01064002715；邮购查询：01084010542）

目 录

第一章　图像叙事与低调启蒙　1
　　——晚清画报在近代中国知识转型中的位置
一、大变革时代的图像叙事　3
二、晚清画报的生产及流通　14
三、战争叙事的策略与心态　30
四、图文对峙以及低调启蒙　47

第二章　教会读物的图像叙事　58
　　——关于《教会新报》《天路历程》与《画图新报》
一、从"传授知识"到"展开叙事"　58
二、《教会新报》的"看图说书"　64
三、《天路历程》的"绣像传统"　73
四、《画图新报》的"漫画意识"　88
五、图像叙事的魅力　96

第三章　从科普读物到科学小说　103
　　——以"飞车"为中心的考察
一、气球・飞车・飞行船・飞舰　105
二、海外游记中的"气球"　109
三、早期报刊中的"飞车"　115
四、《点石斋画报》中的"飞车"　121
五、"飞车"如何上天　128
六、经以科学，纬以人情　133

第四章　晚清人眼中的西学东渐　142
　　　　——以《点石斋画报》为中心

一、新闻与石印　143

二、时事与新知　159

三、以图像为中心　175

四、在图文之间　188

五、流风余韵　202

第五章　转型期中国的"儿童相"　217
　　　　——以《启蒙画报》为中心

一、"妇女相"与"儿童相"　218

二、"风姿豪迈"之"小英雄"　225

三、"儿童最喜图画"以及寓教于乐　232

四、蒙书传统与版刻画报　240

第六章　鼓动风潮与书写革命　254
　　　　——从《时事画报》到《真相画报》

一、画家如何"革命"　257

二、画报怎样"叙事"　264

三、图文能否"并茂"　272

四、雅俗有无"共赏"　280

五、石印与照相之短长　286

第七章　流动的风景与凝视的历史　295
　　　　——晚清北京画报中的女学

一、画报与女学　297

二、如何"启蒙",谁来"正俗"　307

三、女学堂的故事　313

四、流动的风景与潜藏的欲望　327

五、仕女画与新闻画的结盟　338

六、凝视的历史　347

第八章 城阙、街景与风情　　355
　　　　　　——晚清画报中的帝京想象

一、帝国风云与个人游历　　357
二、作为"景物"的宫阙　　367
三、在禁苑与公园之间　　374
四、日渐模糊的风俗画　　386
五、十字街头的"巡警"　　397
六、新学如何展开　　407
七、观察、见证与遥想　　422

第九章 风景的发现与阐释　　435
　　　　　　——晚清画报中的胜景与民俗

一、画报之"西学东渐"　　436
二、从江山形胜到都市风流　　441
三、在报章与画册之间　　449
四、风景转移中的文化与政治　　458

第十章 追摹、混搭与穿越　　467
　　　　　　——晚清画报中的古今对话

一、"新闻"与"古事"　　467
二、怎样"追摹"　　470
三、为何"混搭"　　476
四、哪来的"穿越"　　482

附录　香港三联书店版《左图右史与西学东渐》前言　　486

参考书目　　494

后　记　　511

第一章 图像叙事与低调启蒙

——晚清画报在近代中国知识转型中的位置

在梁启超所倡导的"传播文明三利器"中[1],报章的功业最为显而易见。近二三十年,不仅新闻史或出版史专家,连文学史家也都积极关注晚清以降的报纸、杂志与书局。时至今日,我们很难不承认:"大众传媒在建构'国民意识'、制造'时尚'与'潮流'的同时,也在创造'现代文学'。一个简单的事实是,'现代文学'之不同于'古典文学',除了众所周知的思想意识、审美趣味、语言工具等,还与其生产过程以及发表形式密切相关。换句话说,在文学创作中,报章等大众传媒不仅仅是工具,而是已深深嵌入写作者的思维与表达。"[2]从撰写博士论文《中国小说叙事模式的转变》(上海人民出版社,1988)起,我一直关注清末民初的西学东渐大潮如何开启了"以刊物为中心的文学时代",以及对于报刊研究,怎么做才能趋利避害[3]。至于学界其他同人之关注大众传媒,将其与中国现代文学相勾连,更是硕果累累[4]。相对而言,政论报刊最受关注,文学杂志其次,至于

---

1 梁启超:《自由书·传播文明三利器》,《饮冰室合集·专集》第2册,卷二第41页,中华书局,1936年。
2 陈平原:《文学史家的报刊研究——以北大诸君的思路为例》,《中华读书报》2002年1月9日。
3 在《现代中国文学的生产机制及传播方式——以1890年代至1930年代的报章为中心》(《书城》2004年第2期)中,我试图从"报章之于'文学革命'""以'报章'为中心的文学时代""报章与文体之互相改造""从'圈子'到'流派'""关于'垄断'与'反垄断'""论战中的文学"等方面,探讨"报刊"对于"现代中国文学的生产机制与传播方式"的决定性影响。至于报刊研究的利弊得失,参见陈平原《文学史视野中的"报刊研究"——近二十年北大中文系有关"大众传媒"的博士及硕士学位论文》,《现代中国》第11辑,北京大学出版社,2008年9月。
4 参见李欧梵《"批评空间"的开创——从〈申报·自由谈〉谈起》,见汪晖、余国良编《上海:城市、社会与文化》,香港中文大学出版社,1998年;王晓明:《一份杂志和一个社团》,《上海文学》1993年第4期;贺麦晓(Michel Hockx):《二十年代中国的"文学场"》,《学人》第13辑,江苏文艺出版社,1998年3月;朱晓进:《论三十年代文学杂志》,《南京师范大学学报》1999年第3期;王富仁:(转下页)

通俗画报，只是偶尔被提及[1]。

《点石斋画报》因有开创之功，且保存完整，多次重刊[2]，颇受中外学界青睐；至于其余百种图文并茂的画报，则尚未得到深入探究。十多年前，在《点石斋画报选》的"导论"中，我曾提及："创刊于1884年5月8日，终刊于1898年8月的《点石斋画报》，15年间，共刊出四千余幅带文的图画，这对于今人之直接触摸'晚清'，理解近代中国社会生活的各个层面，是个不可多得的宝库。"[3] 这句话有瑕疵，需略为修正：不仅《点石斋画报》，众多徘徊于"启蒙""娱乐"与"审美"之间的晚清画报，都将"对于今人之直接触摸'晚清'"起决定性作用。《点石斋画

《点石斋画报》，光绪十年（1884）创刊，光绪二十四年（1898）停刊

（接上页）《传播学与中国现代文学研究》，《读书》2004年第5期。专书则参见陈平原、山口守编：《大众传媒与现代文学》，新世界出版社，2003年；程光炜主编：《大众媒介与中国现当代文学》，人民文学出版社，2005年；周海波：《传媒时代的文学》，人民文学出版社，2007年。

1　丁守和主编的《辛亥革命时期期刊介绍》（人民出版社，1982—1987年）共五集，第一集介绍刊物41种，第二集介绍刊物42种，第三集介绍刊物59种，第四集介绍刊物68种，第五集介绍刊物42种；其中涉及画报的只有第一集的《启蒙画报》、第三集的《醒华》、第五集的《真相画报》，以及第四集的《中国近代画报简介》。

2　参见郑为编《点石斋画报时事画选》，中国古典艺术出版社，1958年。1977年台北的天一出版社刊行了33集的《点石斋画报》，1983年广东人民出版社刊行共五函44集528号的连史纸影印线装本，同年香港广角镜出版社刊行上下两册《点石斋画报》（1990年江苏广陵古籍刻印社据此影印），1989年日本福武书店出版了中野美代子和武田雅哉合作的《世纪末中国のかわら版——绘入新闻〈点石斋画报〉の世界》，1998年上海文艺出版社又推出了两大册的《点石斋画报》。此外，重要刊本尚有大可堂版《点石斋画报》，上海画报出版社，2001年。西文方面，有Fritz van. Briessen从《点石斋画报》中选译52幅图像并详加注释和解说的 *Shanghai-Bildzetung 1884—1898, Eine Illustrierts aus dem China des ausgehenden 19. Jahrhunderts* (Atlantis, 1977)，以及Don J. Cohn选译50幅图像 *Vignettes from The Chinese, Lithographs from Shanghai in the Late Nineteenth Century* (The University of Hong Kong, 1987)。我曾在《仪态万方的〈点石斋画报〉》（《中国图书商报·书评周刊》1999年10月19日）中，评介若干重要刊本。

3　参见陈平原《晚清人眼中的西学东渐》，《点石斋画报选》第1页，贵州教育出版社，2000年。

报》当然很重要，得到中外学界的持续关注[1]，不是没有道理；可我更想说的是，别的画报同样不能忽视——只有点面结合，方能更好地呈现晚清最后近三十年的历史巨变与社会生活。另外，谈论晚清画报，不仅仅是以图证史；其中蕴含的新闻与美术的合作，图像与文字的互动，西学东渐的步伐，东方情调的新变，以及平民趣味的呈现等，同样值得重视。

一、大变革时代的图像叙事

这就说到何谓画报——"正名"的目的，是确定话题从何而起，以及如何收场；只有明确楚河汉界，才能更好地阐述晚清画报的生存时空与文化底蕴。谈论何为画报，不妨就从以下三个文本出发——1884年的《点石斋画报缘启》、1895年的《论画报可以启蒙》，以及1905年的《时事画报·本报约章》。三文有某种内在联系，我们只需略加引述与辨析，就能明白当时/当事人是怎么想的。

"尊闻阁主人"美查（Ernest Major，1841—1908）为《点石斋画报》所撰"缘启"，大致说了三句话：第一，"画报盛行泰西，盖取各馆新闻事迹之颖异者，或新出一器，乍见一物，皆为绘图缀说，以征阅者之信"；第二，"要之，西画以能肖为上，中画以能工为贵。肖者真，工者不必真也。既不皆真，则记其事又胡取其有形乎哉"？第三，"爰倩精于绘事者，择新奇可喜之事，摹而为图。月出三次，次凡八帧。俾乐观新闻者有以考证其

---

[1] 研究论著方面，比较重要的有：龚产兴：《新闻画家吴友如——兼谈吴友如研究中的几个问题》，《美术史论》第10期，1990年3月；王尔敏：《中国近代知识普及化传播之图说形式——〈点石斋画报〉》，《"中央研究院"近代史研究所集刊》第19期，1990年6月；康无为：《画中有话：〈点石斋画报〉与大众文化形成之前的历史》，见康著《读史偶得：学术演讲三篇》，（台北）"中央研究院"近代史研究所，1991年；潘耀昌：《从苏州到上海，从"点石斋"到"飞影阁"——晚清画家心态管窥》，《新美术》1994年第2期；叶凯蒂：《清末上海妓女服饰、家具与西洋物质文明的引进》，《学人》第9辑，江苏文艺出版社，1996年4月；武田雅哉：《清朝绘师吴友如の事件帖》，（东京）作品社，1998年；鲁道夫·瓦格纳：《进入全球想象图景：上海的〈点石斋画报〉》，《中国学术》2001年第4期；陈平原、夏晓虹编注：《图像晚清：点石斋画报》，百花文艺出版社，2001年；Ye Xiaoqing, *The Dianshizhai Pictorial: Shanghai Urban Life(1884—1898)*, University of Michigan, 2003；李孝悌：《中国近代城市文化中的传统与现代》，见李著《昨日到城市：近世中国的逸乐与宗教》，第313—363页，台北联经出版事业公司，2008年；叶汉明：《〈点石斋画报〉与文化史研究》，《南开学报》2011年第2期；邹国义：《近代海派新闻画家吴友如事考》，《安徽大学学报》2013年第1期；唐宏峰：《照相"点石斋"——〈点石斋画报〉中的再媒介问题》，《美术研究》2016年第1期。

事,而茗余酒后,展卷玩赏,亦足以增色舞眉飞之乐"[1]。这三句话牵涉画报的起源、趣味、方法及拟想读者,在日后的实际创作中,全都得到了落实。

《点石斋画报》停刊前三年,《申报》曾以社论形式发表《论画报可以启蒙》。该文论述"绘图之妙"乃整个西方文明的根基,但着重点在新闻性质的画报:"上海自通商以后,取效西法,日刊日报出售,欲使天下之人咸知世务,法至善也。然中国识字者少,不识字者多,安能人人尽阅报章,亦何能人人尽知报中之事?于是创设画报,月出数册。或取古人之事,绘之以为考据;或取报中近事,绘之以广见闻。"接下来,作者花了很大篇幅,论述如何依据小儿喜画而不爱书,接受信息先入为主等特点,为正其心术,扩其眼界,培养其绘画兴趣和技巧,必须从小多多阅读画报。此文明显是在为《点石斋画报》站台,可惜三年后,由于不可抗拒的力量,明知"启蒙之道""当以画报为急务"[2],《点石斋画报》还是关门大吉。

1905年9月诞生于广州的《时事画报》,创刊号上刊有高剑父所拟《本报约章》,可当发刊词读。该约章共五条,第四谈联络方式、第五谈画报定价,可存而不论;关键在前三条:"一、宗旨:本报仿东西洋各画报规则、办法,考物及纪事俱用图画,一以开通群智、振发精神为宗旨";"二、办法:本报不惜重资,延聘美术家专司绘事,凡一事一物,描摹善状,阅者可以征实事而资考据";"三、记者:本报特聘淹通卓识之士主持笔政,所有纪事著论全主和平,尤以条畅简明为中格,至研究物理则极阐精微,庶符本报宗旨,而尽记者天职"。[3]

一个创办人、一个评论家,再加一个主编,20年间,三人谈画报的眼光及趣味,竟然大致相同,那就是:以西洋画报为榜样,以图文并茂为目标,以新闻纪事为主干,以绘画技巧为卖点,以开通民智为宗旨,以兼及妇孺为准则。而此前此后有关画报的论述与实践,或强或弱地都受这种眼光与趣味的规约。若将其落实到技术层面,那就是与新闻结盟、以画家为主体,还有"月出数册"的出版节奏。

---

[1] 尊闻阁主人:《点石斋画报缘启》,《点石斋画报》第1号,1884年5月8日。
[2] 《论画报可以启蒙》,《申报》1895年8月29日。
[3] 高卓廷:《本报约章》,《时事画报》创刊号,1905年9月。

第一章　图像叙事与低调启蒙　　5

《时事画报》

　　单就视觉效果而言，画报之最大特点，莫过于兼及图文。可晚清报刊中，追求图文并茂的并非只是画报。1902年刊《新民丛报》第14号的《中国唯一之文学报〈新小说〉》，称《新小说》杂志之最大特色包括"图画"："专搜罗东西古今英雄、名士、美人之影像，按期登载，以资观感。"[1] 其实，那更像是《新民丛报》的"夫子自道"——那一年，《新民丛报》共刊登80幅卷首插图，介绍西方国家景物和人物的占了75幅[2]。因印刷技术的进步，晚清大凡稍有规模的综合刊物，都会在卷首刊印若干精美照片或画像，借此吸引读者。至于"每篇小说中，亦常插入最精致

1　《中国唯一之文学报〈新小说〉》，见陈平原、夏晓虹编：《二十世纪中国小说理论资料》第一卷第42页，北京大学出版社，1989年。
2　参见何炳然《〈新民丛报〉》，《辛亥革命时期期刊介绍》第一集第146页，人民出版社，1982年。

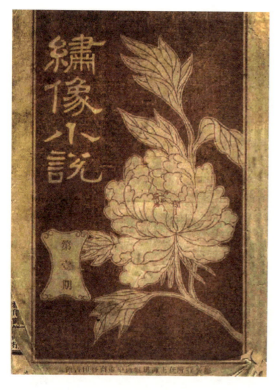

《绣像小说》

之绣像绘画,其画借由著译者意匠结构,托名手写之"[1],如此美妙的设想,《新小说》并没有真正落实。让此梦想逐渐成真的,此前有《海上奇书》(1892),此后则是《绣像小说》(1903),虽然二者数量及成绩差别很大[2]。

不管是刚刚兴起的为杂志配照片,还是源远流长的为小说画插图,在那些出版物中,图像仅起点缀作用。这与画报之旗帜鲜明地"以图像为中心"[3],不可同日而语。某种意义上,画报的最大特点,不是静态的图文并茂,而是颠倒了此前相对固定的主从关系——图像挑大梁,成了叙事的主要动力;画师唱主角,文字反而变得不太重要。一个很有意义的表征:《绣像

---

[1] 《中国唯一之文学报〈新小说〉》,见《二十世纪中国小说理论资料》第一卷第42页。
[2] 参见阿英《晚清文艺报刊述略》第19页,古典文学出版社,1958年;陈平原:《作为"绣像小说"的〈文明小史〉》,《西北师范大学学报》2014年第5期。
[3] 参见陈平原《以图像为中心——关于〈点石斋画报〉》,(香港)《二十一世纪》第59期,2000年6月。

小说》中，只署小说家名（可以是笔名）；反过来，《点石斋画报》等大多数晚清画报，则署的是画师的名字。以致我们今天谈论晚清画报，画师可以开出一大堆[1]，文字作者则极少。

美查谈论画报，除了"绘图缀说"的表现形式，更强调内容的取舍标准——"取各馆新闻事迹之颖异者"。也就是说，画报虽以图像叙事，新闻是其基本内核。这也是晚清画报多喜欢以"时事"命名的缘故[2]。画报的自我定位，乃有"画"的"报"——主要从属于新闻业，而不是艺术史。画家之所以不太服气，有时甚至很挣扎，由画报改成了画册（吴友如、周慕桥），或将画报办成了学报（高剑父、高奇峰），都是基于此内在的困境。

虽然画师成了创作的主角，但画报的性质决定了其必须以记者的眼光，以图像叙事的方式，讲述学士大夫以及妇女儿童都喜欢的故事。另外，画报或背靠大报（如《点石斋画报》之于《申报》），或本身就是随报附赠的画刊（如下面将谈及的《时事报馆戊申全年画报》《民呼日报画报》《时报附刊之画报》等），其消息来源、预想读者以及基本立场，本就不同于艺术家的独立创作。以绘画技法配合新闻报道，画报的这一基本属性，决定了其与画册的巨大差异。

新闻讲究时效性，晚清画报传播信息的速度虽远不及日报，但好于书籍。早期多采用旬刊，日后更有选择日刊的。如此出版节奏，在版刻时代是不可想象的；这得益于技术手段的改进，也就是石印术的引进。就在《点石斋画报》创刊的同一年，《申报》馆附属的申昌书画室发售上海点石斋印行的上下两卷《申江胜景图》，上卷第30图题为《点石斋》，其配诗很好地表达了时人对此新工艺的强烈兴趣：

　　古时经文皆勒石，孟蜀始以木版易；

---

[1] 据黄永松《〈点石斋画报〉简介》（刊《点石斋画报通检》卷首），全套《点石斋画报》4666幅图画中，现已确定画师的有4609幅；现已确定身份的画师共23人，其中吴友如、金桂、张淇、田英、符节、何元俊6人所绘占全部画报的九成。广州的《时事画报》1905年第7期公布的《本报美术同人表》有24人，1906年第1期《本报美术同人表》又增加了4人，以后各期迭有增减。参见程存洁《〈时事画报〉若干问题辨析》（刊广东人民出版社《时事画报》第1册）。

[2] 广州有《时事画报》（1905）和《广州时事画报》（1912），北京有《（北京）时事画报》（1907）和《燕都时事画报》（1909），上海则有《时事画报》（1907，又名《时事报馆画报》）、《时报图画旬报》（1909）、《时事新报星期画报》（1911）等。

《点石斋》

> 兹乃翻新更出奇，又从石上创新格：
> 不用切磋与琢磨，不用雕镂与刻画；
> 赤文青简顷刻成，神工鬼斧泯无迹。
> 机轧轧，石粼粼，搜罗简策付贞珉。
> 点石成金何足算，将以嘉惠百千万亿之后人。[1]

"将以嘉惠百千万亿之后人"的石印术，对于晚清的中国人来说，最直接的，莫过于使得图书的出版速度与印刷质量大为提高。而最大的受益者，首先是制作工艺特别讲究的书画、地图、画册，其次是部头很大价格昂贵的辞书（如《康熙字典》），而后才是我们要讨论的新闻画报。

关于1796年发明的石版印刷术何时进入中国，是个有趣的话题。2000年我发表《新闻与石印——〈点石斋画报〉之成立》，受贺圣鼐1931年所撰

---

[1] 吴友如绘制：《申江胜景图》上卷第61页，（上海）点石斋，1884年。

第一章　图像叙事与低调启蒙　　9

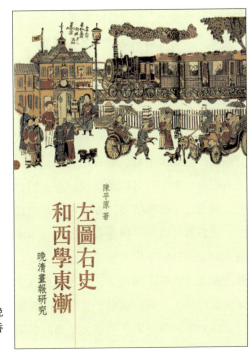

《左图右史和西学东渐——晚清画报研究》，陈平原著，香港三联书店，2008年

《三十五年来中国之印刷术》的误导，以为石印术1876年方才引入中国，且最初仅限于印刷天主教宣传品[1]；2008年刊行《左图右史和西学东渐——晚清画报研究》时，我征引汪家熔、苏精等人的研究，将石印术输入中国的时间提前三十多年，且将首次中文石印时间定格在1825年[2]。不过，谈及画报与石印的关系，我还是坚持原先的观点：

> 但早在1830年代，就已经有传教士采用石印方式制作中文出版物，这一判断，并没有从根本上动摇美查1878年购进新式石印机器，开始成功的商业运营的意义。此前印刷图像，必须先有画稿，再据以木刻，或镂以铜版，费时费力不说，还不能保证不走样，更不要说无法做到

---

[1] 参见陈平原《新闻与石印——〈点石斋画报〉之成立》，《开放时代》2000年第7期。
[2] 参见汪家熔《商务印书馆史及其他》第443—445页，中国书籍出版社，1998年；苏精：《马礼逊与中文印刷出版》第171—189页，（台北）台湾学生书局，2000年。此外，张秀民的《石印术道光时即已传入我国说》（《文献》1983年第18期）以及韩琦、王扬宗《石印术的传入与兴衰》（宋原放主编《中国出版史料·近代部分》第三卷第392—403页，湖北教育出版社，2004年），也有很好的考订，值得推荐。

"细若蚕丝""明同犀理"。而今有了石印技术,这一切都成为举手之劳。富有远见的文化商人美查之创办点石斋,对于画报能在中国立足并迅速推广开来,确实起了关键作用。¹

作为嗅觉十分灵敏的成功商人,美查意识到石印术的巨大魅力,1878年购买手动石版印刷机,并在《申报》馆系统内成立"点石斋石印书局",第二年开始制作绘画及书籍,获得市场的认可后,于1884年推出兼及新闻与绘画的《点石斋画报》。可以这么说,正是因为有了石印术,图像制作速度大为提升,画报之与新闻结盟,方才可能得到真正落实。

依据新闻眼光、图像叙事以及石印术这三个关键要素,我将《点石斋画报》创立的1884年作为晚清画报的起点。清末民初办画报的,或明或暗,追摹的都是《点石斋画报》;只是日后因史学家介入,方才翻出《小孩月报》《寰瀛画报》《画图新报》等陈年旧账来²。

1931年,萨空了在燕京大学新闻学系演讲,谈50年来中国画报之三个时期,提及"点石斋之前中国固尚有画报数种",如教会刊行的配有铜版精刻插图的《小孩月报》《画图新报》,但因未见实物,只好"仍自《点石斋画报》论起"。考虑到《点石斋画报》等清末民初画报皆采用石印,"故现吾人暂定中国之早期画报,为'石印时代'"。1920年上海《时报》出版《图画周刊》,石印画报渐为铜版画报所取代,中国画报自此进入"铜版时代"³。1940年阿英为《良友》第150期纪念号撰文,将中国画报发展分为4期:第一期为"中国画报的萌芽时期",标志是1875年创办的《小孩月报》、1877年印行的《寰瀛画报》,以及1880年的《画图新报》;第二期从"西法石印"说起,"在点石斋成立以后,作为中国自己的画报,便开始繁荣";第三期是辛亥革命后,画报不仅内容大变,技术上也从石印转为铜版,代表作是《真相画报》(前奏则有1907年李石曾在巴黎刊印的《世

---

1 陈平原:《左图右史与西学东渐——晚清画报研究》第120页,(香港)三联书店,2008年。
2 谈及出版于1877年的《寰瀛画报》,很多文章陈陈相因,误为《瀛寰画报》;因实物俱在,无可辩驳,故无论正文还是引文,一律改正过来,以免混淆。
3 参阅萨空了《五十年来中国画报之三个时期及其批评》,初刊《新闻学研究》,燕京大学新闻学系,1932年;见张静庐辑注《中国现代出版史料乙编》第408—410页,中华书局,1955年。

界》）；而1926年《良友》创刊，开启了中国画报的第四期[1]。两位学者都很谨慎，谈及《点石斋画报》的开创性，一说中国画报的"石印时代"，一称"中国自己的画报"。换句话说，对于《小孩月报》等是否作为中国画报的肇始，有些犹豫不决。

此后的著录及文章，可就没那么严谨了，如《清末民初京沪画刊录》最先提及的是《小孩月报》，其次《寰瀛画报》，再次《画图新报》，最后才轮到《点石斋画报》[2]。彭永祥《中国近代画报简介》则将《寰瀛画报》放在第一位，而将《小孩月报》和《画图新报》放在附录的"外国人在中国创办的画报"[3]。我能理解此中困惑，但不主张这么处理。

谈论"我国最早的画报"，美国传教士范约翰（John M.W.Farnham）主持的《小孩月报》和《画图新报》很好排除，第一不是中国人制作，第二更因"二者的共同特点，在于基本上没有时间性，也不涉及当下中国人的日常生活，可以说是'杂志'，但并非'新闻'"[4]。比较难说清的是《寰瀛画报》。20世纪80年代，有学者查证上海图书馆所藏五卷《寰瀛画报》（清光绪三年五月第一卷，九月第二卷，光绪四年一月第三卷，光绪五年四月第四卷，光绪六年二月第五卷），得出此乃"我国最早的画报"的结论[5]。21世纪初，鲁道夫·瓦格纳在很有创见的《进入全球想象图景：上海的〈点石斋画报〉》中，同样认定"它是中国第一份严格意义上的'画报'"[6]。但瓦格纳这一判断，注引阿英的《中国画报发展之经过》；而阿英恰好反对这种说法——对于世人称《寰瀛画报》为"中国最早的画报"，阿英认为"是存在着问题的"，理由是此画报的内容"也只是些世界各国风土人情的记载，缺乏新闻性"[7]。

《寰瀛画报》确实是画报，可并非"中国"的画报。无论事先《申报》上的广告："本馆现从外洋购得英国有名画家所绘中外各景致画图……此系

---

1 参见阿英《中国画报发展之经过》，《晚清文艺报刊述略》第90—100页，古典文学出版社，1958年。
2 《清末民初京沪画刊录》，见张静庐辑注《中国近代出版史料二编》第297—298页，群联出版社，1954年。
3 参见彭永祥《中国近代画报简介》，丁守和主编：《辛亥革命时期期刊介绍》第四集第657—658、677—678页，人民出版社，1986年。
4 参见陈平原《教会读物的图像叙事》，《学术研究》2003年第11期。
5 参见黄志伟《我国最早的画报——〈寰瀛画报〉作者》，《图书馆杂志》1986年第5期。
6 参见瓦格纳《进入全球想象图景：上海的〈点石斋画报〉》，《中国学术》2001年第4期第17页。
7 参见阿英《中国画报发展之经过》，《晚清文艺报刊述略》第90页。

《寰瀛画报》

外洋贵重之物,画者刻者皆名重一时,因初到中国,仅取薄价,以图扬名之意。"[1] 还是译者蔡尔康的"《寰瀛画报》者,行于泰西,已非伊朝夕。尊闻阁主邮致来华,装潢成帙以问世。"[2] 或主持其事的尊闻阁主的说法:"近年来又有画报之制,流播寰区,第一卷已传入中华……今复绘成一册,附轮舶而至申江"[3];"是报由泰西寄来,另有西字各小序,今任前例,一并译录,以免观者按图搜索之苦云。"[4] 抑或常被引用的《申报馆书目》:"《寰瀛画报》一卷:是图为英国名画师所绘,而缕馨仙史志之。"[5]——以上所有资料,都共同指向此画报来自英国,《申报》馆乃销售,只是为中国读者翻译了说明文字[6]。至于有论者称此画报第一、第二卷在外国印刷,"第三卷至第五卷,印刷装订都是在上海",理由是后三卷用连史纸印刷[7],此说并不成立。因1879年6月19日《申报》上刊《寰瀛画报》第四卷广告,明明写着"本馆从英国邮来画报,各系以华字论说"。

1879年6月19日《申报》上刊《寰瀛画报》第四卷广告,提及此卷给人印象最深的是《俄土议立合约图》。其实,此卷中《中国山西饥荒出卖小儿图》《中国钦使在卡旦地方阅高顿将军图》已涉及中国话题,需要折叠的两

---

[1] 本馆谨启:《洋画出售》,《申报》1876年5月26日。
[2] 铸铁生:《〈寰瀛画报〉小叙》,《寰瀛画报》第一卷,光绪三年(1877)五月。
[3] 尊闻阁主:《〈寰瀛画报〉小叙》,《寰瀛画报》第二卷,光绪三年(1877)九月。
[4] 尊闻阁主:《〈寰瀛画报〉序》,《寰瀛画报》第三卷,光绪四年(1878)一月。
[5] 《申报馆书目》第2页,(上海)申报馆,1877年。
[6] 以上资料,除《寰瀛画报》第三卷序以外,瓦格纳文章都有涉及;而且,从接下来第四节的标题"一份中国自己的中文画报"看,瓦格纳也是主张《点石斋画报》具有开创之功的。
[7] 参见黄志伟《我国最早的画报——〈寰瀛画报〉作者》。

《中国山西饥荒出卖小儿图》

《秘那地方战阵图说》

幅大图《自以兰地方送俘兵至夏瓦地方图说》《秘那地方战阵图说》也属时事，只不过乃陈年往事[1]。看来阿英的说法需略为修正，《寰瀛画报》并非只是"风土人情"，也有一定的"新闻性"，只是大大滞后而已。另外，那两幅大图乃铜版画，描写战争场面气势恢宏，笔触细密，且明暗处理得很好，与日后《点石斋画报》的风格截然不同。

既考虑画报必须与新闻结盟，表现中国读者关注的"时事"，且牵涉绘画技巧以及生产工艺的改进，我主张谈论晚清画报，还是从《点石斋画报》说起更为妥帖。只有从"新闻性"这个角度，你才能理解为何石印术的引进，对于中国画报之崛起是如此生死攸关。也正是扣紧"石印画报"这一技

---

[1] 《中国山西饥荒出卖小儿图》开篇"去年山西大荒"，《秘那地方战阵图说》则是"前年八月三十日"，《中国钦使在卡旦地方阅高顿将军图》干脆是驻英大使郭嵩焘回国后讲述的往事，参见《寰瀛画报》第四卷（没标页数），光绪五年（1879）四月。

术特征，我将晚清画报的起点定在《点石斋画报》诞生的1884年，终点划在1913年。理由是：晚清很有影响的石印画报《醒华画报》《浅说画报》《广州时事画报》均发行至1913年；而《真相画报》（1912—1913）虽开启了铜版印刷的时代，但其编辑宗旨、审美趣味与广州的《时事画报》有很大的延续性，值得一并评说。

二、晚清画报的生产及流通

画报乃典型的都市文化产品，从生产、销售到阅读、传播，需要有一个完整网络，这就难怪晚清画报主要集中在经济文化比较发达的上海、广州、北京、天津，其余的城市虽偶有出现（如汕头的《双日画报》、成都的《通俗画报》、杭州的《新闻画报》），但存世时间短，影响小，搜寻也很困难。作为通俗读物的画报，长期不被图书馆及收藏家关注[1]。除了人所共知且容易获得的《点石斋画报》，加上近年陆续整理刊行的《图画日报》《时事画报》[2]，以及单册的《旧京醒世画报——晚清市井百态》《〈醒俗画报〉精选》、《旧粤百态：广东省立中山图书馆藏晚清画报选辑》[3]，还有全国图书馆文献缩微复制中心编印的《清代报刊图画集成》《清末民初报刊图画集成》《清末民初报刊图画集成续编》[4]，研究者总

---

1 阿英是例外，除了《中国画报发展之经过》，1964年还撰写《晚清画报志》，简要介绍了罕见的《词林书画报》（1888）、《飞云馆画报》（1895）、《飞云馆画册》（1895）、《舞墨楼古今画报》（1895）、《求是斋画报》（1900），参见《阿英全集》第八卷第719—723页，安徽教育出版社，2003年。

2 环球社编辑部编：《图画日报》（全八册），上海古籍出版社，1999年；广东省立中山图书馆、广州博物馆编：《时事画报》（全十册），广东人民出版社，2014年。

3 杨炳延主编：《旧京醒世画报——晚清市井百态》，中国文联出版公司，2003年；侯杰、王昆江编著：《〈醒俗画报〉精选》，天津人民出版社，2005年；广东省立中山图书馆编：《旧粤百态：广东省立中山图书馆藏晚清画报选辑》，中国人民大学出版社，2008年。

4 全国图书馆文献缩微复制中心2001年编印的《清代报刊图画集成》包含《飞影阁画册》（第1、2册）、《新闻画报》（第3、4册）、《申报图画·神州画报》（第5册）、《民呼日报图画》（第6册）、《图画新闻》（第7、8册）、《舆论时事报图画》（第9册）、《时事附刊之画报》（第10册）、《民权画报》（第11、12册）、《天民画报》（第13册）；全国图书馆文献缩微复制中心2003年编印的《清末民初报刊图画集成》包含《点石斋丛画》（第1、2册）、《诗画舫》（第3、4册）、《海上青楼图记·北清烟report·北洋学报·时事报图画杂俎·安徽白话报·时事画报·点石斋画报附录之闺媛丛录· 点石斋画报附录之风筝误传奇》（第5册）、《舆论时事报图画》（第6—9册）、《时事报戊申全年画报》（第10—17册）、《绘图骗术奇谈·时事报图画旬报》（第18册）、《燕都时事画报》（第19册）、《北京白话报图日报》（第20册）；全国图书馆文献缩微复制中心2003年编印的《清末民初报刊图画集成续编》包含《浅说画报》（转下页）

算有了基本资料。即便如此,若想深入探究,还是非"上穷碧落下黄泉"不可。

在已知120种左右晚清画报中[1],我选择了比较重要的30种略加陈述,以见晚清画报的概貌。至于选择的标准,一是当年重要,二是存世较多,三是制作比较精良。基于自家史学、审美及价值立场,我更多关注历史事件、科学新知、社会生活、教育文化、民俗仪式,以及建筑景观的呈现,不太涉及数量不少且当年颇为流行的因果报应及神鬼故事。至于学界已有的研究成果,在简介时尽可能顺带提及。

《点石斋画报》(1884—1898),创刊于1884年5月8日,终刊于1898年8月,15年间,共发行528期,刊出4666幅配有文字的手绘石印画。此旬刊由申报馆点石斋石印书局发行,创办者为《申报》馆主人美查(尊闻阁主人),主要画师有吴嘉猷(友如)、金桂(蟾香)、张淇(志瀛)、田英(子琳)、周权(慕桥)、何元俊(明甫)、符节(艮心)等。作为晚清新闻画报的开创者,《点石斋画报》对后世影响极大,也最为研究者关注[2]。

《飞影阁画报》/《飞影阁士记画报》(1890—1894),江苏吴县人吴嘉猷(字友如)1884年加盟刚刚创办的《点石斋画报》,1886年7月受两江总督曾国荃聘,赴宁绘战绩图,这项工作大约持续了一年多时间。返沪后,吴友如继续为《点石斋画报》工作,1890年10月转而独立创办《飞影阁画报》,除新闻时事画外,增加百兽图说、闺艳汇编、沪装仕女等,画作大多出自一人之手。1893年3月,也就是自《飞影阁画报》第91期起,让与周慕桥接办,改名《飞影阁士记画报》。同年9月,吴友如改出《飞影阁画册》,与新闻完全脱钩,着意经营自家的人物、仕女、山水、鸟兽、花卉等

(接上页)(第1—5册)、《图画日报》(第6—15册)、《开通画报·菊侪画报·绘图杂报选集·北京报·通俗画报·通俗谐语图画》(第16册)、《北京画报·顺天画报·醒俗浅说报·醒华日报》(第17册)、《清代画报》(第18—19册)、《京师教育画报》(第20册)。

[1] 据彭永祥《中国近代画报简介》,1877年至1919年,全国发行的画报至少有118种(《辛亥革命时期期刊介绍》第四集第656页,人民出版社,1986年)。扣除其中重复以及界定不清的,还有文中没提及而我曾过目的20种,晚清画报120种的说法比较可靠。

[2] 除了以上提及的整理本及研究论著,叶汉明、蒋英豪、黄永松编《点石斋画报通检》([香港]商务印书馆,2007年)含资料、篇名、画师、分类四种索引,给研究者提供了很大方便。

《飞影阁画报》　　　　　《启蒙画报》

绘图。1894年1月17日,吴友如病逝于上海。周慕桥的《飞影阁士记画报》发行至第133号(1894年5月),此后改出《飞影阁士记画册》,又延续了一年多时间[1]。

《启蒙画报》(1902—1904),创办人为彭翼仲,馆设北京前门外五道庙路西。1902年6月创刊,先日刊,后月刊,再改半月刊。栏目设计迭经变迁,但有一点很清楚,那就是追求"博物多闻",而不是"新闻事件"或"政治立场"。换句话说,办刊人希望读者将其视为"教材"或"准教材"。晚清画报虽说以识字不多的"妇孺"为拟想读者,可真正关注妇女儿童命运的并不多。不仅标榜"为儿童",而且认真地"写儿童""画儿童"的,那就更是凤毛麟角了。在这个意义上,《启蒙画报》

---

[1] 以上叙述,主要参考陈镐汶的《上海佚报考》(续),《新闻与传播研究》1990年第1期;董惠宁的《〈飞影阁画报〉研究》,《南京艺术学院学报》2011年第1期;邵国义的《近代海派新闻画家吴友如史事考》,《安徽大学学报》2013年第1期。

《时事画报》

值得特别关注[1]。

  《时事画报》/《广州时事画报》（1905—1913），晚清诸多画报中，政治上最为激进的，当属潘达微、高剑父、陈垣、何剑士等编辑的《时事画报》。此画报1905年9月创刊于广州，1910年出至第131期（后期在香港编印）后停办；1912年10月与《平民画报》合并，改名《广州时事画报》。后者坚持到1913年4月，共刊行了12期。晚清画报本以记录新闻、讲述故事、开通群智、传播文明为宗旨，主要从属于新闻史。若《点石斋画报》之吴友如，艺术史家谈论"插图艺术"时会涉及；至于晚清北京各画报上最为活跃的画师李菊侪、刘炳堂等，今天的学者大都不关心。但潘达微、高剑父等编绘的《时事画报》很不一样，编绘者直接介入现实政治（参加同盟会、暗杀

---

[1] 参见彭永祥《〈启蒙画报〉》，《辛亥革命时期期刊介绍》第一集，人民出版社，1982年；姜纬堂：《〈启蒙画报〉五考》，《新闻研究资料》第三十集，中国新闻出版社，1985年4月；彭望苏：《文采风流今尚存——百年之前的儿童刊物〈启蒙画报〉》，《贵州文史丛刊》2000年第5期；王娟：《〈启蒙画报〉简介》，《出版史料》2010年第1期；梅家玲：《晚清童蒙教育中的文化传译、知识结构与表达方式——以〈蒙学报〉和〈启蒙画报〉为中心》，徐兰君、安德鲁·琼斯编：《儿童的发现——现代中国文学及文化中的儿童问题》，北京大学出版社，2011年4月；陈平原：《转型期中国的"儿童相"——以〈启蒙画报〉为中心》，《儿童的发现——现代中国文学及文化中的儿童问题》。

《赏奇画报》

团以及黄花岗起义），日后又成为岭南画派的关键人物，加上首刊《时事画报》的《廿载繁华梦》（黄世仲撰）乃晚清小说中的佼佼者，因而，此画报于新闻史之外，在政治史、美术史、文学史上也有其地位[1]。

《赏奇画报》（1906），同样是在广州，杨杏帷、吴懿庄、魏季毓1906年创办的《赏奇画报》，与此前一年潘达微、高剑父等人的《时事画报》绘画风格相差不大，政治立场却大相径庭。后者壮怀激烈，直接介入现实的政治斗争，前者相对平和多了——追求的是"赏心乐事，奇语惊人"，且"本报审慎立言，凡干涉闺阃政界，不轻阑入"（参见季毓《〈赏奇画报缘起〉释例》，《赏奇画报》第1期）。通观全部27期（旬刊），《赏奇画报》的基本立场属于晚清常见的"低调启蒙"，即提倡新学，批判陋习，但不持激进的政治立场，也不参加实际政治运动。一讲"时事"，一为"赏奇"，二者并存于晚清的广州街头。虽有个别画家（如葛璞）兼及两边，也有若干话

---

[1] 参见陈垣《忆〈时事画报〉》，《陈垣早年文集》第405页，（台北）"中央研究院"中国文哲研究所，1992年；李伟铭：《一剑风尘自负奇——重读何剑士》，《美术研究》2004年第1期；颜廷亮：《黄世仲与〈时事画报〉》，《明清小说研究》2004年第2期；陈平原：《鼓动风潮与书写革命——从〈时事画报〉到〈真相画报〉》，《文艺研究》2013年第4期；程存洁：《〈时事画报〉若干问题辨析》，广东省立中山图书馆、广州博物馆编：《时事画报》第1册，广东人民出版社，2014年；祝均宙：《清末广东〈时事画报〉图像视野之观念述评》，《东亚观念史集刊》2014年第6期。

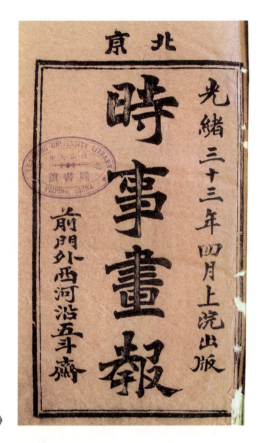

《（北京）时事画报》

题相互呼应，但大部分情况下各自独立运行[1]。

《北京画报》（1906—1907），光绪三十二年四月初一日（1906年5月23日）创刊，馆设北京延寿寺街羊肉胡同，旬刊，每期十余页，编辑兼发行人张展云，绘图则为刘炳堂。北京大学图书馆收藏此画报的1—33期，第30期刊行于光绪三十三年二月上旬，以后各期延迟出版，第33期封面刊编者的道歉声明，封底署"补三月份"[2]。

---

[1] 广东省立中山图书馆所编《旧粤百态：广东省立中山图书馆藏晚清画报选辑》分"官场做派""社会治安""经济民生""大众文化""新旧交汇""民间习俗""江湖沉滓""工商广告"8个专题，每个专题选录30幅左右图像，这种编辑方式，使得两种画报你中有我我中有你，便于参照阅读。但从"旧粤百态"的角度切入，对于《时事画报》是压抑，对于《赏奇画报》则是提升——原本散落在《赏奇画报》各期的"社会生活"，因此被串成了一条线，且背靠相对强大的《时事画报》，获得了某种特殊意义。
[2] 以下谈论的各画报，中外学界罕有关注；凡没有提及研究现状的，参见陈平原著《图像晚清——〈点石斋画报〉之外》，东方出版社，2014年8月；（香港）中和出版，2015年3月。

《（北京）时事画报》（1907），"时事画报"上面多了"北京"两个小字，大概是为了与外地同名杂志相区隔。光绪三十三年（1907）二月上旬创办于北京，不定期，每期8页图像，外加二至四页文字（宫门钞、上谕、演说、谐谈、灯虎等）。编纂兼发售刘泽生，绘图常伯勋、匡墨庄，印刷兴华局，每册铜元10枚。北京大学图书馆藏有其中五册：四月上浣（第3期）、四月中浣（第7期）、五月上浣（第10期）、五月中浣（第11期），以及五月下浣（未注期数）；日本东京都立中央图书馆实藤文库藏有三册：二月上浣（第1期）、四月上浣（第3期）、五月下浣。此画报除了出版日期不定，栏目也不断变更，各期文字随意性很强，看来编者还没适应现代传媒制作。

《星期画报》（1906—1908），自全国图书馆文献缩微复制中心编印的《清代报刊图画集成》《清末民初报刊图画集成》及《清末民初报刊图画集成续编》陆续刊行，学界对于晚清画报的了解日渐深入，这无疑是一件大好事。缺憾的是，"集成"编辑体例杂乱，考证不精，且太依赖国家图书馆一家的收藏，没能放眼海内外，故留下很多遗珠之憾。这里讨论的《飞影阁画报》《启蒙画报》《时事画报》《赏奇画报》《（北京）时事画报》《星期画报》《人镜画报》《益森画报》《日新画报》《正俗画报》《醒世画报》《（新）开通画报》《平民画报》《广州时事画报》《真相画报》等，均未收录。现藏日本东洋文库的《星期画报》，光绪丙午年（1906）八月创办于北京，起码坚持到了1908年4月间。我见到的最后一期是第67期，刊行于光绪戊申年（1908）三月初四，此后有无续出，不得而知。报馆地点先署"总发行处：北京琉璃厂东北园口内自怡悦斋"，后改署"总发行：北京琉璃厂东北园口内路东星期画报馆"，或周刊，或旬刊，每期12页，前几期署鹏秋或杨寿龄作，后多为杨采三演说，顾月洲、孙月樵绘图。

《开通画报》（1906—1907），光绪三十二年八月十三日（1906年9月11日）创刊的《开通画报》，每期8页16面，松寿卿编辑，金润轩总理，李菊侪、英铭轩绘图，馆设京师弓弦胡同，印刷为京师官书局。北京大学图书馆藏有该画报光绪三十二年第1至7期，光绪三十三年第1至26期。目前见到的最后一期出版时间是1907年3月9日，此后有无刊行，不得而知。

《醒俗画报》/《醒华画报》（1907—1913），"以唤醒国民、校正陋

《星期画报》　　　　　　　　　《开通画报》

俗为宗旨"的《醒俗画报》，1907年3月创办于天津。先为旬刊，后改五日刊，1908年5月更名为《醒华画报》。后因政见不同，温世霖与陆辛农另组《人镜画报》，《醒华画报》改由陈恭甫接办。5月16日，该刊增发《醒华日报》。1910年8月，《醒华画报》与《醒华日报》合并，每月由发行9期改为15期，逢双日出版。《醒华画报》大约于1913年1月（第1618期）后停刊[1]。我没有全面考察此存在时间长达6年、在晚清画报中属于长寿的"醒俗—醒华"系列画报，只是因《清末民初报刊图画集成续编》第17册收有若干《醒华日报》，而这部分作品未被侯杰、王昆江编著的《〈醒俗画报〉精选》选录，故有兴趣一探究竟。

《人镜画报》（1907），1907年7月22日，原《醒俗画报》主要人物陆辛农、温世霖等另起炉灶，在天津日租界旭街德庆里创办了《人镜画报》。

---

1 以上文字，据侯杰、王昆江编著《〈醒俗画报〉精选》（天津人民出版社，2005年）的前言《清末民初的社会风情——〈醒俗画报〉解读》撮述而成。另外，参阅侯杰、李钊《媒体·视觉·性别——以清末民初天津画报女性生活为中心的考察》，《南开学报》2011年第2期。

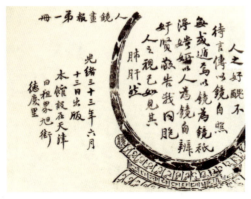

《人镜画报》

《日新画报》

同样是石印、周刊,风格相近,内容也有延续性。可惜的是,《人镜画报》只出刊24期,当年年底就停办了。将近半个世纪前,台湾地区曾影印全套《人镜画报》(台北:中国资料研究中心,1967),故国外著名大学的汉学系或东亚图书馆一般都有收藏。

《益森画报》(1907—1908),光绪三十三年(1907)十月上旬,学退山民编撰、刘炳堂绘图的《益森画报》创办于北京,由开设在正阳门外打磨厂官园路西的益森公司负责印刷发行。此乃旬刊,每期12页,零售每本铜元10枚;若外国订购,则"全年三十五本,大洋四元五角(有闰月加四角)"。可实际上,就像很多短命的晚清画报一样,《益森画报》没能坚持一年。前7期按时出版,到了第10期(光绪三十四年三月上旬出刊),已经明显延滞。至于此后有无刊行,因未见实物,不好妄猜。

《日新画报》(1907—1908),《日新画报》1907年创办于北京,初期只有期数,未列出版时间。好在每期后面都说"本报每月6期,铜元36枚",第18期的"本馆广告"又有这么一句:"现届年节,自应清理账目,于明年正月初六出版,大加改良,以餍阅者之目耳。"再加上第19—24期是写明出版时间的,这样一来,我们可以推算出:《日新画报》创办于光绪三十三年十月初一日(1907年11月6日),第31期(很可能是终刊号)刊行于光绪三十四年三月初六日（1908年4月6日）。此画报不见编辑，未列发行人，只知道台柱子是李翰园、李菊俦兄弟——除了各图的署名，画报上还常见兄弟俩卖画的广告。此乃五日刊，每期8页16面，印制者先后有大栅栏斌记石印（第3—15期）、后门外方砖厂内路北振北石印局（第16—24期）、东四牌楼弓弦胡同开通画报馆（第25—31期），只有总发行所没变，始终是东四牌楼北什锦花园西头路北。如此打一枪换一个地方，更像是手工作坊，与上海各画报之专业化与规模化经营形成鲜明对照。"集成"未见收录，北京大学图书馆藏有第1—31期，日本东京都立中央图书馆的实藤文库藏有其中7册（第3、第15、第18、第20、第21、第25、第27期）。

《时事报馆戊申全年画报》（1908），"宣统纪元仲春出版"的《时事报馆戊申全年画报》，由时事报馆编辑部编印、时事报馆图画部绘图、时事报馆印刷部印刷，总共36册，定价大洋四元二角。第1至第11册为长篇或短篇小说，第12至第19册描绘鸟兽虫鱼草木，属于图画范本，第20册为"寓意画"，第21至第36册为"图画新闻"。书前冠有《戊申全年画报弁言》，第一段讲述传统中国的"左图右史"，以及近代报馆之"借图绘以传其神而寄其趣"；第三段表决心，要向东西洋各大报馆学习，"最注意于图画一事"；而中间一段最关键，除去各种装饰性言辞，便是："《时事报》之刊行图画日报也，创始于丁未冬月。……时事画报发行迄今，三年于兹矣。……然而销流愈广，荟萃愈难。其间既购阅者，不无散失之虞；未购阅者，更怀殷企之意。亦有中途添购，未能补全……因自丁未十一月发刊之日起，至去冬为止，以全年画报重付石印，删订成书，并为类别群分。"简单说，1909年春，时事报馆因应读者需求，将过去一年陆续刊行的画报结集出版。这是重编过的画报，但内在理路及分类原则仍属于原刊。最值得关注的是，那16册"专绘各省可惊可喜可讽可劝之时事"的"图画新闻"。

《浅说日日新闻画报》/《浅说画报》（1908—1913），《清末民初报刊图画集成续编》第1至第5册收录这两种画报，总共2286页。最早的第278号，刊行于宣统元年（1909）八月初一日；最晚的第1322号，则出版于民国元年（1912）八月二十二日。据此推算，《浅说日日新闻画报》应创办于光绪三十四年（1908）十月间。至于停刊的时间，并不是1912年，起码延续到1913年。因北京大学图书馆藏有4册《浅说画报》（有残缺，不连续），

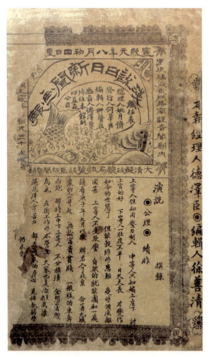 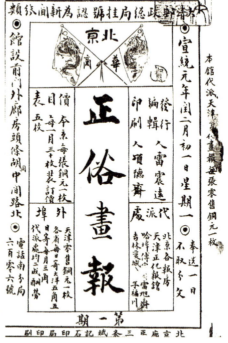

《浅说日日新闻画报》　　《正俗画报》

最早的是第1031号，最迟则第1511号——这最后一期的出版时间是民国二年（1913）三月初八日。因宣统元年十月初一日至宣统三年四月十八日的画报缺失，目前很难判断从哪一天起《浅说日日新闻画报》改名《浅说画报》，只知道二者联系紧密。虽说"一脉相承"，其实颇多波折。《浅说日日新闻画报》馆设琉璃厂东门路南观音阁内，总经理姚月侪，发行何华臣，编辑柳赞臣、徐善清；后去掉徐善清，添加经理人德泽臣。宣统三年四月十九日前，该画报改名《浅说画报》，馆设北京前门外铁老鹳庙路东，发行王子英，编辑黄叔青，绘图潘小山、赵仁甫；后改为经理王子英，发行兼编辑姚淑云，绘图潘小山。

《正俗画报》（1909），同样有李菊侪加盟，1909年创刊的《正俗画报》，制作的精细程度不及《日新画报》，这与其步伐太快有关。馆设北京前门外廊房头条胡同中间路北，发行兼编辑雷震远，印刷项德斋，绘图李菊侪、胡竹溪等，日刊，每期8页。这样的出版节奏，使得《正俗画报》很

第一章　图像叙事与低调启蒙　　25

《醒世画报》

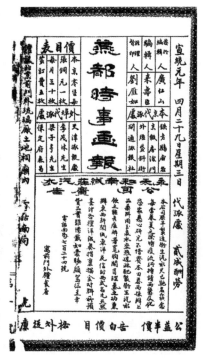
《燕都时事画报》

难从容制作，更不要说精雕细刻了。这份宣统元年（1909）闰二月初一日创刊的画报，目前仅见到第1—29期（最后一期即第29期，闰二月二十九日刊行）。"集成"没有收录，藏于日本东京大学东洋文化研究所。

《醒世画报》（1909—1910），比起天津的"醒俗—醒华"系列画报，北京的《醒世画报》只能说是"短命鬼"。前者存世时间长达6年，后者则只有区区3个月。宣统元年十月二十日（1909年12月2日）创办，日刊，每期8页，编辑张凤纲，总理韩九如、发行恩树人、绘图李菊侪、印刷魏根福，馆设北京樱桃斜街路南。据《旧京醒世画报》的跋语："因其明确停刊时间不详，现仅就其第60号休刊告白和已知国内所存无后续者进行推断，终刊日为清宣统元年十二月二十二日（1910年2月1日）。"[1]

《时事报图画旬报》（1909），晚清画报中与《舆论日报》—《时事

---

[1] 参见杨炳延主编《旧京醒世画报——晚清市井百态》第347页，中国文联出版公司，2003年。

报》系列相关联的有好几种；这里讨论的《时事报图画旬报》，收入《清末民初报刊图画集成》第18册，总共12期，每期12页，发行于宣统纪元（1909）二月至五月，内容包括《黑籍冤魂新剧》、"最新中国侦探小说"《一粒米》等，但主要还是中外名胜等图画，没有多少新闻性。

《图画日报》（1909—1910），上海环球社1909年8月至1910年8月间发行的《图画日报》，共出刊404期，每期12页，总篇幅与《点石斋画报》及《时事画报》不相上下。可要说在新闻史、政治史、文化史上的贡献，《图画日报》不及前两种。《图画日报》除了被《清末民初报刊图画集成续编》收录，再就是1999年上海古籍出版社刊行了重印本。重印本共八大册，前有冯金牛《序》，交代了该画报的前世今生，指出其风格与内容承袭自此前的《图画旬报》，并对其时事性、社会性、史料性等略加点评[1]。书后附录共34页的分类索引，对于研究者很有用。因其整理有功，使用方便，近年多有研究论文。

《燕都时事画报》（1909），《燕都时事画报》馆设北京前门外琉璃厂土地祠庙内，发行兼编辑广仁山，编辑来寿臣，经理兼督印刘雁如，宣统元年（1909）四月二十九日创办，日刊，每期8页。未知此画报何时终刊，收入《清末民初报刊图画集成》第19册的，不足3个月。

《神州画报》（1909—1911），1909年1月至1911年7月，《神州日报》曾出版多种画报，可惜名目各异，互相重叠，一时难以厘清。其中，1909年6月11日创办的《神州画报》，据说总共发表了一千四百多幅图像。若此说属实，则收入《清代报刊图画集成》第5册的，仅占四分之一。而且，这些印有"《神州日报》附送"字样的画报散页，乃事后装订成册，日期排列颠三倒四。

《民呼日报图画》（1909），1907年起，于右任先后在上海创办《神州日报》及"三民"系列报纸——"民呼""民吁""民立"，因其不屈不挠，屡败屡战，在业界声名显赫。论及此，后人多以《民立报》为代表，因其存在时间最长，影响也最大。其实，1909年5月15日创办于上海租界的《民呼日报》同样值得关注。以"大声疾呼，为民请命"相号召，《民

1　参阅冯金牛《〈图画日报〉——清末石印画报的重要品种》，《图书馆杂志》1999年第10期。

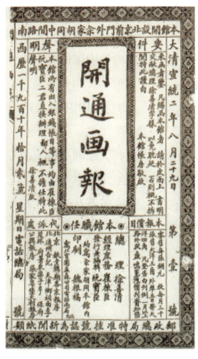 

《(新)开通画报》　　　　　　　《平民画报》

呼日报》创办不久就遭当局嫉恨，于右任因此被关押一月零七天，再逐出租界。《民呼日报》实际上只存在了92天，对于如此短命的报纸所附送的"画刊"，我充满好奇。收入《清代报刊图画集成》第6册的《民呼日报图画》，没有单独发表时间，明显是报社的集印本。这是当年的通例，也只有这样，才能把这些单张的画页保存下来。这600页的画刊，涉及当时中国的政治、时事、娱乐、教育等社会生活，且有若干配插画的连载小说（如《龙宫使者》《马嵬新恨》），主要画师为现代漫画史上的重要人物张聿光、钱病鹤。至于诗僧苏曼殊，只能说是"友情出演"。

《(新)开通画报》（1910），晚清北京画报中，以"开通"为名的共有两种：一创刊于1906年，一出版于1910年。仔细比勘，二者的编辑及绘图均不同。为了便于论述，我在后一种《开通画报》前加一"新"字，以示区别。《(新)开通画报》创办于宣统二年八月二十九日（1910年10月2日），日刊，每期8页，封面标注：总理徐善清，经理庶务崔栋臣，发行兼编辑阮宝臣，印刷魏根海，馆设北京前门外佘家胡同中间路南。第33号起，删掉了经理庶务崔栋臣；第41号起改封面设计，其他依旧。《清末民初报刊图画集成续编》收录第1至61号。琉璃厂中国书店原藏有第62至91号，刚好配套，可惜几年前公开拍卖（成交价22400元），如今泥牛入海无消息。此外，日本东京实藤文库藏有前后两种《开通画报》，但都残缺不全，我在考订某图文时，曾用以与北大藏本相参照。

《平民画报》（1911），1911年7月16日创刊于广州，旬刊，编辑兼发行人邓警亚，撰述画师为何剑士、潘达微等。此画报刊数不详，只知1912年10月合并进入《广州时事画报》。目前能看到的《平民画报》，乃收藏在广东省立中山图书馆的3册（第3、第8、第11期）。与《时事画报》相似，《平民画报》同样是壮怀激烈。最典型的是第3期，发行于辛亥年闰六月十一日（1911年8月5日），离武昌起义还有两个多月；那时的广州，竟出版了如此叛逆的图像与文字，实在让人惊讶。清廷虽严密控制，可已经是风雨飘摇了，故广州画家之谈论政治，几乎到了肆无忌惮的地步。另外，晚清画报基本上都采用石印（偶有版刻的，如《启蒙画报》），而像《平民画报》这样石印后上彩的，我仅见此一例。这与潘达微、何剑士等都是职业画家，且乐于进行各种艺术尝试有关[1]。

《菊侪画报》（1911），旬刊，宣统三年九月初一日（1911年10月22日）创办，发行兼编辑李荫林（即李菊侪），经理张啸竹。宣统三年十月廿五日出版的第6期改称馆设北新桥箍筲胡同，发行及经理没变，但增加了绘图李翰园、张敷民，缮写张鹤山。顾名思义，虽有李翰园等加盟，画报主要由李菊侪绘制。此画报共发行了13期，北京大学图书馆有藏，《清末民初报刊图画集成续编》第16册也曾收录[2]。

《时报附刊之画报》（1912），《清代报刊图画集成》第10册收录，署上海时报馆辑，共440页。这同样是报社的集印本，有边款，但没日期。因此，第一件事，须判定这到底是哪一年的出版物。第105页的《力主迁都》，画面左下方，穿西装的"孙氏"正用一根绳子，拴住右上方以天安门为表征的"北京"，弓着腰，铆足劲，拼命往南拽。熟悉近代史的人都知

---

1 参见陈平原《图像晚清——〈点石斋画报〉之外》第347—363页。
2 参阅王鸿莉《李菊侪及其画报事业考述》，《汉语言文学研究》2012年第3期。

《真相画报》

道,清末民初,孙中山多次谈及迁都问题,候选城市有好几个,其中武昌和南京最受青睐。而民国元年,孙中山更是再三呼吁首都南迁,这里有牵制袁世凯、防止其大权独揽的意味,更包括对于旧官僚势力的警惕:"北京乃前清旧都,一般腐败人物,如社鼠城狐,业已根深蒂固,于改良政治,颇多掣肘。"再看前面的画报,小孩子游戏,有人扮演黄兴、孙文,有人扮演张勋,互不相容,以至于打起架来(23页);还有人如白头宫女,闲来无事,讲述"去年光复时"的故事(42页),这都证明此《时报附刊之画报》乃1912年的出版物。前年网上有人叫卖单幅的《力主迁都》,那是当初逐日刊印的,右边有一行字:"时报馆附送画报,不取分文,民国元年九月刻。"

《真相画报》(1912—1913),1912年5月创办于上海,1913年3月终刊,共出17期。编辑兼发行人高奇峰,主要撰稿人高剑父、陈树人、何剑士、马星驰、郑侣泉、冯润芝等,多为广州《时事画报》的同人。《真相画报》第1期上自我介绍,称本报图画分7种类型:除"历史画""美术画""滑稽画""地势写真画""名胜写真画"外,另外两种涉及"时事",一为"时事写真画":"民国新立,时局百变,事有为社会上注视,急欲先睹为快者,本报必为摄影制图,留作纪念。其无关重要,概付阙如";一为"时事画":"本报惧文字之力,有时而穷,特罗致名手,以最奇妙之思想,绘最重要之现状,一触眼帘,荡入脑海,社会心理,悠然而生。"而实际情况则是,"时事写真画"日渐增多,"时事画"则迅速消亡。换句话说,《真相画报》上讲述时事的,主要是摄影家。搁下调色板,端上照相机,第1、第2期封面的变化[1],预示着此画报日后的发展方向。而这一转变,开启了日后《良友》(1926—1945)、《北洋画报》(1926—1937)等摄影画报的先河[2]。

三、战争叙事的策略与心态

晚清风云激荡,变幻莫测,作为大时代剪影的画报,可想而知,必定是气象万千。准确描述这30年间一百多种画报的大致内容,几乎是不可能的事。换一个学者或转化一下视角,就会有截然不同的景象。在《点石斋画报选》中,我曾将其图像分为15类:"战争风云""中外交涉""船坚炮利""声光电化""舟车便利""飞行想象""仁医济世""新旧学堂""折狱断案""租界印象""华洋杂处""文化娱乐""西洋奇闻""东瀛风情""海外游历";而在《图像晚清——〈点石斋画报〉》中,我又力图用"中外纪闻""官场现形""格致汇编""海上繁华"这四大主题来概括[3]。15小类与四大主题,很难说哪一种更合适,这取决于编选策略与论述框架。

在《图像晚清》一书导言中,我对《点石斋画报》这四千多幅画图,有

---

1 《真相画报》第1期封面是画家在作画,第2期封面则是摄影师在拍照。
2 《真相画报》的研究成果较多,可参阅王跃年《从〈真相〉到〈良友〉——1912—1937年中国摄影画报简论》,《民国档案》2004年第3期;潘耀昌、徐立:《上海早期都市文艺先锋——〈真相画报〉》,《上海大学学报》2011年第2期;吴果中:《政治文化视阈下的民众动员:〈真相画报〉及其社会影响》,《新闻与传播研究》2011年第5期;陈正卿:《〈真相画报〉与岭南画派的艺术活动》,《美术学报》2012年第1期;黄大德:《于无声处觅真相——〈真相画报〉研究之一》,《美术学报》2013年第3期;陈平原:《鼓动风潮与书写革命——从〈时事画报〉到〈真相画报〉》,《文艺研究》2013年第4期;张慧瑜:《从〈真相画报〉看摄影师的主体想象》,《中国摄影家》2014年第4期。
3 参见陈平原编《点石斋画报选》,贵州教育出版社,2000年/2014年;陈平原、夏晓虹编注:《图像晚清——〈点石斋画报〉》,百花文艺出版社,2001年/2006年;东方出版社,2014年;(香港)中和出版,2015年。

一段概括性的描述：

> 因中法战事的刺激而创办的《点石斋画报》，对战争风云、中外交涉以及租界印象等给予特殊关照。除了事关国家安危以及黎民百姓的生死存亡，最能引起读者的兴趣，还因画报的新闻性质在此类事件的报道中，可以得到最为充分的表现。《点石斋画报》存在的15年间（1884—1898），正是晚期中华帝国的多事之秋。身处"门户开放"的最前线，上海的士绅与民众，自是最能体会、也最为关注与外国列强的接触。不管是关系重大的军事战争、外交谈判、租界协议，还是近在眼前的变动不居的华洋杂处局面，都与上海民众的生活息息相关。大到中日甲午海战的悲壮场面以及前因后果，小到租界里某次西兵会操或巡捕强奸妓女，都在画家的笔下得到呈现。在此意义上，郑振铎称其为"画史"，一点都不过分。[1]

其实，这段话用来描述整个晚清一百多种画报，也都大致合适。只是随着参与者增加，立场、趣味及技法更加多元，故事也不再以上海为中心，且一直延续到辛亥革命成功。但有一点，从"画史"的角度解读晚清画报，并不意味着画家对于"时事"的描述精确无误；而只是认定，后世读者有可能借助这些五光十色的历史画面的钩稽与阐释，进入那段早已消逝的历史。

阅读晚清画报，最好兼及时事性、知识性与趣味性。例如，那些互相支持且互相阐释的全景与局部、突发事件与日常琐事、连续性叙事与美人图花鸟画，表面看有些杂乱（因材料限制），可穿插呈现的结果，便是动静结合，错落有致。我曾分别撰文讨论晚清画报中的宗教、科技、儿童、教育、女性、帝京、胜景、民俗等[2]，那些虽都有一定的时事性，但要说新闻色彩

---

[1] 陈平原：《以"图像"解说"晚清"——〈图像晚清〉导论》，《开放时代》2001年第5期。
[2] 参见陈平原《从科普读物到科学小说——以"飞车"为中心的考察》，《中国文化》第13期（1996年6月）；《教会读物的图像叙事》，《学术研究》2003年第11期；《流动的风景与凝视的历史——晚清北京画报中的女学》，《中华文史论丛》2006年第1期；《城阙、街景与风情——晚清画报中的帝京想像》，《北京社会科学》2007年第2期；《转型期中国的"儿童相"——以〈启蒙画报〉为中心》，收入北京大学出版社2011年版《儿童的发现——现代中国文学及文化中的儿童问题》；《鼓动风潮与书写革命——从〈时事画报〉到〈真相画报〉》。

最为浓烈,最跌宕起伏,也最能吸引读者的,莫过于"战争叙事"。

在美查《点石斋画报缘启》中,除了中画西画的技法比较,还有一段精彩的"生意经":"近以法越构衅,中朝决意用兵,敌忾之忱,薄海同具。好事者绘为战捷之图,市井购观,恣为谈助。"¹对于媒体来说,战争(尤其是与本国相关的战争)乃绝好的题材,其烽烟四起,瞬息万变,天生带有强烈的戏剧性,特别能吸引读者。当然,以图像为主的画报,因制作工艺复杂,信息传递速度不及日报;但前者更为直观,也更适合于文化水平不太高的读者品鉴与驰骋想象。

这场催生了《点石斋画报》的中法战争(1883年12月—1885年4月),第一阶段战场在越南北部,第二阶段扩大到中国东南沿海。1885年6月9日在天津签订的《中法条约》,虽让法国实现了把越南变成"保护国"的目的,但清政府也并未割地赔款,这在晚清诸多对外用兵中,已属难得。1883年12月的山西之战,法军完胜;1884年2月,法军攻打北宁,3月12日北宁失守。因《点石斋画报》创办于1884年5月,故略去了山西之战,开篇就是《力攻北宁》。整个战争中,法军在海上占有绝对优势,陆战则中法互有得失。1885年3月的镇南关战役,冯子材身先士卒且指挥有方,战绩可观,激发了国民的爱国热情。具体到镇南关战役,阿英编《中法战争文学集》(北京:中华书局,1957)收录有田子琳绘制、许应骙等14人题词、上海积山书局大幅石印图《谅山大捷图》,以及黄遵宪歌咏"道咸以来无此捷"的《冯将军歌》²;相形之下,《点石斋画报》的《天膺其衷》(丁二)和《冯军门像》(己十一)自然显得单薄。

可《点石斋画报》总共44幅有关中法战争的图文³,连接起来,也可构

---

1 尊闻阁主人:《点石斋画报缘启》,《点石斋画报》第1号,1884年5月8日。
2 黄遵宪:《冯将军歌》:"吁嗟乎!马江一败军心慑,龙州拓地贼氛压。闪闪龙旗天上翻,道咸以来无此捷。得如将军十数人,制梃能挞虎狼秦。能兴灭国柔强邻,呜呼安得如将军!"黄遵宪著、钱仲联笺注:《人境庐诗草笺注》上册第379页,上海古籍出版社,1981年。
3 依刊发顺序排列:《力攻北宁》《轻入重地》《越事成行》《自取挠败》《法使抵沪》《爵帅抵沪》《天鉴不远》《基隆惩寇》《吴淞形势》《法败详闻》《法犯马江》《法人弃尸》《吉隆再捷》《赏恤将士》《西商集议》《豪杰归心》《法酋孤拔》《台军大捷》《不容逼处》《枭法示众》《协济军需》《练军入海》《以迎王师》《大破象阵》《无赖兵官》《直言贾祸》《甬江战事》《法舰兵叛》《幸获生还》《法人残暴》《游戎忠勇》《天膺其衷》《沪尾形势》《孤拔真像》《和议画押》《法官拜客》《商局收回》《为国捐躯》《要结越民》《法兵肇事》《履新盛仪》《中法换约》《自经界始》《提审法员》。

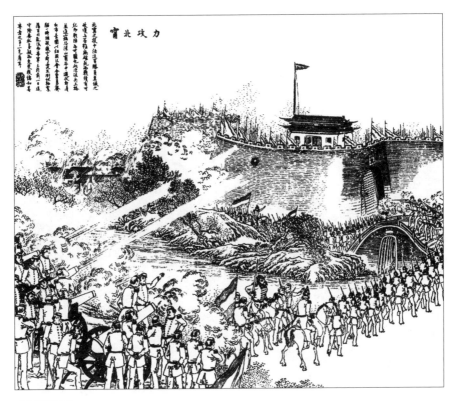

《力攻北宁》

成完整的战争叙事。从北宁之战起笔，中间诸多曲折，一直讲到中法换约，以及和谈后如何派员绘图划定边界，还有法国议院会审伯里，要他为谅山败仗负责等。波澜壮阔的大局之外，不时旁枝溢出，照顾到读者的欣赏趣味，也自有可取处。如法军进犯宁波，宝山炮台的吴吉人游戎带领几个兄弟假扮百姓，划上载满鲜鱼与鸡蛋的小船，前去侦察敌情，被法军发现后全身而退[1]。此事对于战局毫无影响，可画报讲得有声有色。而像《法犯马江》（乙一）写明各战船的位置，或者《沪尾形势》（丁三）介绍淡水地形及排兵布阵图，这些"战图"的存在，便于读者了解敌我双方状态，真的落实了古人所说的"左图右史"。至于《和议画押》（丁七）用四分之一画面抄录《中法条约》，那是因为这场战争中国没吃太大亏，朝野基本上都能接受此

---

[1] 《游戎忠勇》，《点石斋画报》丁二，第38号，1885年5月10日。

《法犯马江》

"和局"。

就像瓦格纳说的,"《申报》和香港的中文报纸的存在,使得这场发生在越南的战争实际上成为中国历史上第一场公共的战争"[1]。因媒体性质不同,日报、画报、版画、书籍等对这场战争的描述,会有不小的缝隙,但态度大都平和,不像10年后甲午战争期间的写作那样悲情与激愤。《点石斋画报》也不例外,关于中法战争的报道,颇有远在天边、从容述说的意味。一来战事发展缓慢,二来结局不算太差,三来朝廷没有刻意封锁消息。

反过来,也正是这三点,导致《点石斋画报》上关于甲午战争(1894年7月25日—1895年4月17日)的描述扑朔迷离。从1894年7月25日丰岛海战爆

---

[1] 参见鲁道夫·瓦格纳《进入全球想象图景:上海的〈点石斋画报〉》,《中国学术》2001年第4期(第41页)。

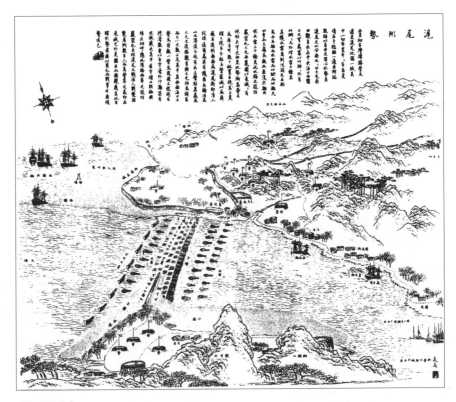

《沪尾形势》

发，清军仓皇迎战；到1894年9月17日大东沟海战，北洋水师损失惨重；接下来的金旅之战、威海卫之战等，更是兵败如山倒。一直到1895年4月17日丧权辱国的《马关条约》签订，标志着一个东方大国轰然倒下，日后中国政治日趋激进，不再以实业救国为主要手段。可阅读这一时期《点石斋画报》关于甲午战争的80幅图文[1]，印象却是日军不堪一击，我方一路凯歌。这里

---

1 依刊发顺序排列：《牙山大胜》《海战捷音》《形同海盗》《拘民当兵》《倭兵无状》《纸币充饷》《西舰救人》《倭奸被获》《破竹势成》《战倭三捷》《军令森严》《计本火牛》《大同江记战一》《大同江记战二》《倭人胆落》《乞灵土偶》《木罂渡军》《严鞫倭奸》《以身报国》《鸭绿江战胜图》《西员受贺》《倭奴无理》《倭奸正法》《倭王小像》《纸制征衣》《倭后》《倭太子》《书呆献策》《倭龟》《倭兵冻毙》《自投罗网》《倭兵残废》《倭僧招魂》《应变多才》《平鸡将军》《忠勇绝伦》《借雪雪愤》《众怒难犯》《倭奴火化》《别树一帜》《赞成和局》《伏阙陈书》《倭兵乔装》《索门生帖》《海外扶余》《不纳倭款》《示人不测》《倭兵中计》《台军大捷》《扣饷养妓》《将星志异》《计沉倭舰》《狗破倭阵》《出奇制胜》《倭兵大创》《番食倭肉》《克服名城》《大帅誓师》《刘家军》《女将督师》《倭又败绩》《天厌倭奴》《擒获倭奸》《名将风流》《倭败确情》《襄鄂英姿》《贤母守城》《舆尸以归》（转下页）

《牙山大胜》

有技术手段的限制,如朝廷勒令电报局"凡事之涉于争战者,一概不得为人传达""除商报外,苟有涉中日事宜者,决不代递"[1],但也与画报自身的趣味有关。在《图像晚清》的导论中,我提及面对相同的困境,《点石斋画报》与《申报》对于战争消息的处理态度有明显差别。后者虽也倾向于"报喜",但以"实事求是"相标榜,这与《点石斋画报》"不报忧"的趋向迥异。以平壤战事为例,起初不明真相,《申报》的报道也失实;而一旦发现

(接上页)《刘军门轶事》《焚尸灭迹》《疑兵却敌》《仆犬同殉》《日兵狂妄》《六足蛇》《木偶成军》《日兵诉苦》《番目投诚》《笼络土民》《虫亦畏威》《将军出险》。

[1] 参见《实事求是》,《申报》1894年8月28日。

第一章 图像叙事与低调启蒙　37

《破竹势成》

西文报纸登载日本电讯，知道平壤已经失守，该报立即转述[1]。反观《点石斋画报》，读者所能看到的，从《牙山大胜》（乐十）、《海战捷音》（乐十），一直到《破竹势成》（乐十二）、《大同江记战一、二》（射一）等，全都是"捷音"，不见黄遵宪所说的"一夕狂驰三百里，敌军便渡鸭绿水"[2]的狼狈败退。这种差异，不全然是报馆技术能力，而主要缘于画报的读者定位较低，极少批判意识，而更多娱乐色彩[3]。因而，画报中众多关于日军的描述与嘲讽，充满无知与偏见（如《倭奴无理》《倭奸正法》《纸制

1　参见《东电照译》，《申报》1894年9月18日。
2　参见黄遵宪《悲平壤》，黄遵宪著、钱仲联笺注：《人境庐诗草笺注》中册第647页。
3　参见陈平原《以"图像"解说"晚清"——〈图像晚清〉导论》。

征衣》《倭龟》《倭兵冻毙》《自投罗网》《倭兵乔装》《倭兵中计》《狗破倭阵》《倭兵大创》《番食倭肉》《倭又败绩》《天厌倭奴》《倭败确情》《焚尸灭迹》《日兵狂妄》《木偶成军》《日兵诉苦》等);至于说台军一出手,倭兵25000人身首异处(《出奇制胜》,书九),或倭寇好杀,冒犯天地,于是出此蛇以制其凶暴(《六足蛇》,数四)等,更是逞一时口舌之快。

刚刚还在说"破竹势成",嘲笑倭人蚍蜉撼大树,怎么就要签丧权辱国的《马关条约》了呢?即便到了这个时候,《点石斋画报》也有办法,那就是《赞成和局》(书二),表扬李大人如何宽宏大度。除了《伏阙陈书》(书三)一则略有不满,其余的几乎一边倒,全是我军如何英勇杀敌。而最为激动人心,且最能体现中国人趣味及文学传统的,莫过于《别树一帜》(御十二)。说的是建威将军左宝贵战死平壤城下,左夫人立志替夫报仇,于是毁家纾难,"号召巾帼中之有须眉气者,给以号衣,授以军械,编为队伍,别成一军,日夜训练,共得三千人,皆身手高强,伎艺精熟,可以杀敌致果者。现已由籍起程,驰赴前敌,誓灭倭虏,以报夫仇于地下"。[1]画面上队伍蜿蜒,清一色的娘子军,大旗上写着"替夫复仇",真像图中文所说的,此举确实反衬出"堂堂武职大员临敌退缩"之可悲与可耻。

《点石斋画报》上的《别树一帜》以及《女将督师》(书十一)、《贤母守城》(数一)等,明显带有小说戏曲中杨门女将的印记。越是国难当头,越需要女人披挂上阵,因此,故事越说越神奇。光绪二十三年(1897)洪兴全辑《说倭传》第四卷第三十三回,3年后再版时改题《中东大战演义》,是这么描写左夫人出征场面的:

> 左夫人择定吉日出师,即由甘省起程,先向北京进发,军容如火如荼,约束有规有矩,所过之处,秋毫无犯,鸡犬不惊。帅旗之上,大书"左夫人为夫报仇"字样。按陕甘两省,崇奉回教之人,多系耳戴铜环,衣服捆边,与女装差近。故沿途所过之处,愚民见之者,纷纷传说左夫人所带健儿,尽是女兵。左夫人起程之后,约一月之久,已行

---

[1] 《别树一帜》,《点石斋画报》御十二,第408号,1895年4月30日。

《别树一帜》

抵北京,向兵部表奏朝廷,求请陛见,并述代夫报仇之本意。皇上看过本章,止之曰:"中国堂堂之上邦,满朝文武,与左军门报仇者,何患无人,何必使妇人从军,为外邦见笑耶!"遂不许为夫报仇之事。皇上特谕礼部议恤,左军门并着照尽忠报国,一体优恤,又赏银三千两,以表夫人忠节。左夫人领赏之后,见皇上不许统兵报仇,只得含恨而止。[1]

刊行于1900年的《都门纪变百咏》,也有:"夫人统率复仇兵,来自齐州越禁城。粉黛兜鍪一佳语,白团三万拥银旌。"小注称:"左提督宝贵阵亡于甲午牙山之役,日来喧传其夫人统率白团数万人与洋人抵敌,作复仇之

---

[1] 洪兴全:《中东大战演义》,见阿英编《甲午中日战争文学集》第156—157页,中华书局,1958年。

举。"¹ 类似的还有《台湾巾帼英雄传》（1895）等，作者的立意均是借表彰巾帼英雄，抨击怯懦的当道诸公。

晚清画报不仅描述迫在眉睫的硝烟，也追溯那不堪回首的过去。对于中国人来说，庚子事变（1900年春—1901年9月7日）无疑是永远的痛。可惜1900年的中国，没有传播广且影响大的画报存世，导致关于这场战争的图像叙事明显缺失。阿英编《庚子事变文学集》（北京：中华书局，1959），收录有年画《英法陆军与团民鏖战图》《天津义和团大战洋兵》等，但总体而言，讲述庚子惨祸的诗文很多，图像资料则甚少。因此，《启蒙画报》与《图画日报》所刊连环画虽立场及技法多有瑕疵，仍弥足珍贵。

今人谈论涉及庚子事变的叙事作品，多举忧患余生（连梦青）的《邻女语》、吴趼人的《恨海》、林纾的《剑腥录》、延清的《庚子都门纪事诗》、胡思敬的《驴背集》、复依、杞庐的《都门纪变百咏》，以及李伯元的《庚子国变弹词》为例。其实，当初媒体落后，史料缺乏，除了个人见闻，只能道听途说，故《邻女语》及《恨海》的"部分深描"容易出彩，而《庚子都门纪事诗》及《庚子国变弹词》之试图对整个事变做"全景扫描"，则难度极大。而且，一旦"全景扫描"，必定是站在为大清王朝辩护的立场，以"拳匪发难"开篇，以"吁请回銮"收尾，替窝囊的皇帝辩护，将责任全都推到奸臣及拳民身上²。阿英批评艮庐居士《救劫传》"用小说体裁说明事变经过，诋义和团甚力，对联军杀戮情况，则不敢多着笔"；而污蔑义和团则是当初所有纪事诗的通病，"所以，对反映这一事变的任何一篇作品，我们必须采取审慎的态度，批判地加以研究"³。阿英此文1938年初稿，1956年修订，受时代思潮的影响，高度评价义和团的反帝，对其落后愚昧则缺乏必要的反省与批判。

当初的一般民众及文人学者，多将此灾祸的根源直指"义和团妖言惑众"。连载于1901—1902年《世界繁华报》的李伯元《庚子国变弹词》，共

---

1 复依氏、杞庐氏：《都门纪变百咏》，见阿英编《庚子事变文学集》第122—123页，中华书局，1959年。
2 《新小说》第6号（光绪二十九年六月，1903年8月）"杂歌谣"栏目刊出无名氏《庚子时事杂咏》共22首，以"拳匪发难"开篇，以"吁请回銮"收尾，其中第六首"矫诏宣战"云："谁揽兵权握虎符，生灵涂炭竟何辜？元戎莫制三军命，孤注轻为一掷输。纷见羽书驰绝塞，几曾诏令出中枢？至今罪孽分明甚，无补君王血泪枯。"
3 参见阿英《关于庚子事变的文学》，阿英编《庚子事变文学集》上册第23、16页。

40回，第一回"清平县武举寻仇，义和团妖言惑众"；第四十回"废储宫大赏功臣，回神京一统天下"，大框架很平常，但《例言》值得注意："是书取材于中西报纸者，十之四五；得诸朋辈传述者，十之三四；其为作书人思想所得，取资敷佐者，不过十之一二耳。小说体裁，自应尔尔，阅者勿以杜撰目之。"[1] 为什么如此强调材料来源，目的是让读者"以史为鉴"：

> 列位看官听着：在下现今要做这一部弹词，却是何故？有个朋友说道："事已过去，还说他做甚？"殊不知我们中国的人心，是有了今日，便忘了昨朝，有了今日的安乐，便忘了昨朝的苦楚。所以在下要把这拳匪闹事的情形，从新演说一遍。其事近而可稽，人人不至忘记；又编为七言俚句，庶大众易于明白，妇孺一览便知。无非叫他们安不忘危，痛定思痛的意思。[2]

此等讲求"实录"的写作思路，同样贯穿在1902年《启蒙画报》的《记拳匪》以及1909年《图画日报》的《庚子国耻纪念画》上。

《记拳匪》共26则，以义和团的兴起与覆灭为叙事结构[3]，开篇是"愚民不明天下大势，天主教民仗势欺人，双方积怨已深，来了一位仇外的抚台，大张告示，劝民练拳，于是酿成大祸"；结尾则是洋兵进城，拳匪丧胆，多被枪杀，"此时虽遭惨报，只算被主使的人所害，可怜可怜"。通篇站在"文明开化"的立场，揭露的都是愚夫愚妇如何胡作非为[4]，而对洋兵进城的杀戮则没有任何谴责，明显缺乏洞察力与论述深度。

---

[1] 李伯元：《庚子国变弹词·例言》，阿英编《庚子事变文学集》下册第702页。
[2] 李伯元：《庚子国变弹词》第一回，阿英编《庚子事变文学集》下册第703页。
[3] 《启蒙画报》第5册（1902）附张连载《记拳匪》，共26则，题目分别是：拳祸原因；拳匪聚众；邪术试刀；人不二门；童子何知；百兽率舞；昧心助善；兽之走圹；草菅人命；妄自尊大；令人发指；杀人盈野；白首含冤；学士被拘；御人国外；狐假虎威；愚夫愚妇；胆大妄为；匪焰鸱张；荼毒生灵；别树一帜；可怜焦土；城门失火；避枪妙术；善刀而藏；拳匪结果。
[4] 第17则"愚夫愚妇"是这样讲述红灯照故事："拳匪狂闹，好似一群恶犬，附从他们的，多半是趁火打劫；也有为保护身家，勉强相从的。惟独那妇女们，闹得更奇。聚了许多女孩，穿着红衣红裤，头裹红巾，演起戏法来，也和拳匪似的。京城里头还不多见。传说每到夜间，可以飞在空中，仿佛许多红灯笼，起名就叫'红灯照'。天津出了个黄莲圣母，又出了个九仙姑，那是极下贱的女流，无知之辈竟把他奉为仙女。拳匪常说，我们有时神不附体，必须红灯照相助。这种谣言，真是自骗自了。联军破津城，把这妖妇捉获，照了影片，用枪打死。"

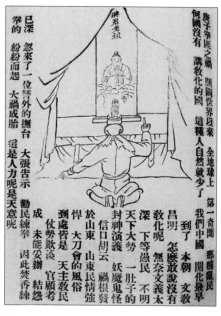

《记拳匪》

不过，站在当年刚渡过浩劫，好不容易安顿下来，正力图变法维新的北京市民的角度，最让他们痛恨的，是此前兵匪的烧杀抢劫，而不是虽也深感屈辱但毕竟带来某种安定的"洋兵入城"。这点，北京市民的感受很特殊，外地的读书人或后世的历史学家未必能深刻体会。

上海的《图画日报》第149至228号，连载《庚子国耻纪念画》共78幅，在开篇"团匪之缘起"前，有一段"引言"，可见作者用心：

> 庚子团匪之变，为我中国历来所未有，卒之创深痛巨，受耻实多。华人事过情迁，至今日已有淡然若忘之慨。因仿泰西国耻画法，追思当日各事，摹绘成图，并于每幅下系以说略一则。阅者披览之余，如能激发精神，永不忘此惨剧，亦未始非爱国之一助也。[1]

最后一则"回銮后重睹升平之幸福"，作者的感叹与"引言"遥相呼应："夫烽燧之惊，历古以来，亦所恒有。然鲜有祸结兵连，如庚子之役者。记者因自团匪发难起，详绘各图，以表记念。后之览者，幸逐事研究，有失实者，其纠正之；有遗漏者，其续补之。庶几人人触目惊心，未始非社会知耻之一助云尔。"[2]

毕竟事隔多年，各种史料陆续涌现，《庚子国耻纪念画》作者的视野明显比较开阔，关键处没有大的遗漏。也讲"红灯照女子之荒谬"（第151号），但"大员崇信拳匪之昏瞆"更受指责（第154号）；既有"灯市口焚

---

[1]《庚子国耻纪念画》（一），《图画日报》第149号，1909年。
[2]《庚子国耻纪念画》（七十八），《图画日报》第228号，1909年。

《庚子国耻纪念画》

烧教民之惨剧"[1]，也说"外兵攻陷通州"后联军与兵匪交替抢劫，"以致富商巨室，无不被劫一空。房屋之被焚者，更不可以数计。居民相率惊避，儿啼女哭之声，达乎四境，吁！可惨也"（第221号）。但总的来说，作者站在大清王朝而非平民百姓的立场，谈及"联军入都"，很少描写其暴行，只是感叹"大好帝都，蹂躏至是，是真令人一思团匪之害而为之痛哭流涕也"（第222号）。责任全归义和团，皇上依旧英明无比，轮到"恭记"两宫西巡时，作者自称"不禁手为之颤，肠为之摧，泪为之枯，心为之碎"（第223号）。比起同时代的诗文或小说，这两组连环画的眼光及趣味，既不新潮，也不落伍，属于那个时代流行的"公共知识"。无论文字还是绘

---

[1] 《庚子国耻纪念画》（四十一）"灯市口焚烧教民之惨剧"："五月二十八日，枪声四起，御河桥一带尤甚。盖以翰林院后面，即为英国使馆之故。正轰击间，忽有教民无数，由枪林弹雨中突出，为兵匪所见，开枪追逐，捉获甚多，俱置灯市口，纵火焚毙。臭秽之气，远达数十里外。兵匪残暴至此，实属毫无人性。越数日，翰林院亦被烧毁，所藏古书典籍，尽付一炬。见者惟有付之浩叹而已。"《图画日报》第189号，1909年。

画，这两组连环画都不算很出色，但比起早期《点石斋画报》中隔岸观火的《朝鲜纪略》《缅甸乱略》，其"仿泰西国耻画法，追思当日各事，摹绘成图，并于每幅下系以说略一则"，给文化水平不高的妇孺系统讲述刚刚过去的那一段充满屈辱的历史，让国人"知耻近乎勇"，其立意与情怀值得表彰。

讲过了中法战争、甲午战争、庚子事变，晚清画报所必须直面的，就应该是辛亥革命了。狭义的辛亥革命，指的是自1911年10月10日武昌起义爆发，至1912年元旦孙文就职中华民国临时大总统。至于广义的辛亥革命，或说从1894年兴中会成立算起，或说以1905年同盟会成立为界。考虑到晚清画报的实际情况，像广州的《时事画报》那样关注黄冈起义（1907）的极少，到了1910年2月12日的广州新军起义、1911年4月27日的黄花岗起义以及1911年10月10日的武昌起义，方才被画报人积极关注。若《北京白话画图日报》第455号（宣统二年正月初八日）刊出《广东兵变之传闻》，"昨见各报上说，北京粤省京官云"，消息似乎不确凿，只是"传闻"而已。几天后，尘埃落定，方才有了《广东兵变之情形》一至六[1]。至于黄花岗起义，最为直截了当的表彰，刊发于广州《平民画报》第3期（1911年8月5日），那时离武昌起义还有两个多月。关于潘达微（铁苍）所绘黄花岗以及叙事性质之《焚攻督署》，我曾有过专门论述[2]，这里不赘。

创办于光绪三十四年（1908）十月间的北京《浅说日日新闻画报》，后改为《浅说画报》，起码延续到民国二年（1913）三月初八日。宣统三年的风云突变，使得《浅说画报》真的成了"日日新闻"。诸多苦心经营的美人画，相对于《女革党之供词》（宣统三年四月二十日）、《女革党之被拿》（宣统三年五月十三日）等，全都黯然失色。前者称此女革党："身材修伟，衣服都丽，系沪上装束。身怀炸弹短枪，供云，未遇正敌，不肯轻掷。辞气慷慨，大呼'同胞警醒，革命万岁'而就刑。"后者"直言作乱不讳"："官驳曰，你青年女子，何苦受人煽惑，以作大逆之事？

---

[1] 参见《北京白话画图日报》第460至462号，宣统二年正月十三至十五日。最后一则称："彼时先后拿获叛兵百余名，陆续缴械来投者六百余人，余均星散。讯，据黄洪昆供称，为首之倪教［映］典已在阵斩五人之内。"

[2] 参见陈平原《鼓动风潮与书写革命——从〈时事画报〉到〈真相画报〉》。

该女反复辩之,遂被押。"

当然,辛亥革命最终之所以"修成正果",靠的是觉悟了的新军,而不是视死如归的刺客。这幅刊发于宣统三年九月初六日(1911年10月27日)《浅说画报》上的《鄂乱种种》,讲述革党与官军的战斗,此起彼伏,胜负难分。面对如此胶着的战事,画报作者的立场发生了微妙变化,不再对革命党采用侮辱性语言。此后还有连篇累牍的战事报道,只可惜画家不在现场,所绘打仗画面大同小异,更多的信息来自文字。

画报必须考虑大众趣味,若能将"战事"与"女性"结合,无疑最有观赏效果。以下三幅选自《浅说画报》的图像,讲的都是时事,即便百年后看,依旧很有魅力。宣统三年九月初六日的《战时赤十字会起矣》,副题是"中国女界发达",讲述上海医院院长张竹君女士组织赤十字会,准备奔赴前线救治伤员。同年十一月十七日的《上海娘子军》,介绍上海女子北伐队的组成与操练,称其颇有秦良玉遗风。民国元年二月廿六日的《女子提灯会》,则描写北洋女子师范学堂学生为祝贺中华民国成立,如何联合各校女

《鄂乱种种》

《上海娘子军》

《女子提灯会》

学生上街，提灯游行。这些都实有其事，问题在于，选择女性作为大变动时代的见证人，明显有讨好读者的意图。尤其是这幅《上海娘子军》，其构图及笔法明显从仕女画脱胎而来。

晚清最后30年，画报人用诸多连续性图文，讲述了四场迫在眉睫的战争[1]。谈论其得失，除了政治立场、叙事角度、笔墨技巧，还得考虑技术的变化——随军记者的兴起以及照相机的普及，使得石印画报不再是战争叙事的首选。要说表现武昌起义的场面及人物，无论丰富、细腻还是逼真，《浅说画报》均不及同时期商务印书馆推出的《大革命写真画》（共14集，每集收录照片40至50幅）。

因记录中法战争而兴起的石印画报，辛亥革命后迅速衰落，画家的笔墨逐渐被摄影师的照相机所取代。但镜头并非万能，摄影师不在场时，无法像画家那样遥想与重构；即便"写真"真实可感，同样隐含着制作者的立场与趣味。另外，战争叙事中，永远包含着权力与偏见——只不过精粗隐显不同而已。

四、图文对峙以及低调启蒙

晚清画报中的战争叙事，以及教会读物、飞车想象、新闻与古事、科技与民俗、儿童与女学、帝京与风景、鼓动风潮与书写革命等，大都兼及图像与文字，且多坚持"启蒙""开通""正俗"或"醒世"的立场。这里牵涉画报的媒介特征、拟想读者以及政治立场，有必要逐一辨析。

在本文第一节"大变革时代的图像叙事"中，我提及晚清画报"图文并茂"的工作目标，是借助"以新闻纪事为主干，以绘画技巧为卖点"来完成的。不同于历史上诸多以图配文的出版物，晚清画报的最大特点是图像优先；但这不等于说文字可有可无。没有文字的铺张扬厉、拾遗补阙，乃至画龙点睛，则"新闻"过于单薄，"纪事"难得诱人。某种意义上，晚清画报中图像与文字之间的"悲欢离合"，既充满戏剧性，也是其独特魅力所在。

大部分晚清画报走的是《点石斋画报》的路子，即图中有文，或曰文在

---

1 吴友如应两江总督曾国荃之邀，绘制与太平天国（1851—1864）作战场景及军事首领画像，日后陆续刊《点石斋画报》第158号（卯二，1888年8月3日）至第201号（午九，1889年9月30日），这属于战争纪念画，没有新闻性，故此处不赘。

图中。此等结构方式,使得图文之间形成某种张力,或合作,或补充,偶尔也有互相拆台的。其中一个重要缘故,当初图文分头制作,并非成于一人之手。1884年6月7日《申报》上刊出广告,恭请海内画家将所见"可惊可喜之事"绘成画幅,提供给画报社,并答应为此付酬。具体要求有二:一是"题头空少许",二是"另纸书明事之原委"[1]。显然,画报社需要根据"事之原委"斟酌字句,然后将重新拟定的文字抄入题头空白处。这正是《点石斋画报》的生产流程:画师依据"事之原委"作图,至于撰文以及将其抄入画面者,另有其人。上海历史博物馆藏有4054张《点石斋画报》的原图,恰好证实了当初图文分开制作,最后合并而成的猜想。

考虑到画报以惟妙惟肖的图像叙事相标榜,对于画师的依赖程度,远大于文人。《点石斋画报》4666幅图画中,画师可考的有4609幅,超过98%,而文字作者则几乎全不可考。有点特殊的是北京的画报,根据刊头或正文,我们能判断《星期画报》乃"杨采三演说",《益森画报》是"学退山民编撰",《正俗画报》的发行兼编辑雷震远、《醒世画报》的编辑则是张凤纲。可即便这些署名的文字作者,比起同一画报的画师如顾月洲、刘炳堂、李菊侪、胡竹溪等来,也都不太重要。除了主打"图画纪事",晚清画报一般还有论说、短评、小说、戏曲等[2];只因属于搭配性质,无论编者还是读者,都不怎么看好。

即便如此,那些图中文字,因与图像浑然一体,不能不认真经营。《点石斋画报》中的文字长短不一,多为两三百字,占每幅图像的三分之一或四分之一。在如此狭窄的空间腾挪趋避,既要交代清楚,又需略具文采,可不是一件简单的事情。考虑到《点石斋画报》从属于《申报》馆,人们很容易假设画报文稿来源于报纸新闻。不能说这种联想毫无根据,二者的文化立场确实比较接近。但就文体而论,却又有明显区别。大致而言,画报的文字部分,介于记者的报道与文人的文章之间:比前者多一些铺陈,比后者又多一些事实。不只是叙事,往往还夹杂一点文化评论,正是这一点,使得《点石

---

[1] 点石斋主:《请各处名手专画新闻启》,《申报》1884年6月7日。
[2] 最有雄心的是《时事画报》,高卓廷《本报约章》称:"内容约分两部:图画纪事为首,论事次之。论事中先谐复压:谐部杂文、谈丛、小说、讴歌、杂剧等附之;庄部论说、短评、本省各省要闻等附之。材料丰富,务使餍阅者之目。"《时事画报》创刊号,1905年9月。

斋画报》上的文字，类似日后报刊上的"随笔"或"小品"，而并非纯粹的新闻报道。正因为并非纯粹的新闻报道，绘画者与撰文者均可根据自己的政治及文化立场来处理同一对象，因而不时出现有趣的局面：图文之间存在着巨大缝隙。这一耐人寻味的"缝隙"，很可能缘于主观愿望与客观效果、直观感觉与理性判断、媒介与技巧之间的差距[1]。

就好像画师良莠不齐，为晚清画报撰文的，个人才华及工作态度也有很大差异。若局限于图中文，上海的《图画日报》制作认真，叙事细腻，大都言之有据，作者具备一定的文学修养；北京诸多画报则使用纯粹京话，文字浅白，对推广白话文不无意义（当然与"新文化"五四以后"雅致的俗语文"距离甚远）。此类配合图像的浅俗文字，受空间限制，不能随意发挥，再加上考虑读者的趣味及阅读能力，即便有若干自家特征，也都形不成独立的"报章之文"。

必须摆脱"图中文"的框框，采用"图外文"的形式，才可能自由驰骋。这方面的探索，以广州的《时事画报》最有成效。高剑父为《时事画报》所撰的《本报约章》，特别提及："本报特聘淹通卓识之士主持笔政，所有纪事著论全主和平，尤以条畅简明为中格，至研究物理则极阐精微，庶符本报宗旨，而尽记者天职。"[2]虽然是画家唱主角，但不忘特聘"淹通卓识之士主持笔政"，此举可见高君的远见卓识。据日后成为著名历史学家的陈垣称："我只管报中文字，当时同写文字者有岑学侣、胡子骏等。"[3]因陈垣本人提供了当初的笔名，其孙陈智超在《时事画报》上搜寻到57篇（其实不止这些）兼及政论与史学的短文，将其收入1992年版的《陈垣早年文集》。若《释奴才》《说纸鸢》《说铜壶滴漏》《说剧》《书水浒传》等，都是短小精悍、有学有识的好文章。而这得益于《时事画报》灵活多样的编排体例——既可以是图中文，也可以是图外文。陈垣此类自成一格、不曾配合图像的文章，挤不进某一幅或某几幅图中，毫无疑问只能单独排印。在这个意义上，所谓"左图右史"或"图文并茂"，可以落实为单页，也可理解为全书。尽管陈垣单独撰文，与作为"上下文"的图像叙事没有直接关联，

---

[1] 参见陈平原《晚清人眼中的西学东渐——以〈点石斋画报〉为中心》。
[2] 高卓廷：《本报约章》，《时事画报》创刊号，1905年9月。
[3] 《忆〈时事画报〉》，《陈垣早年文集》第405页。

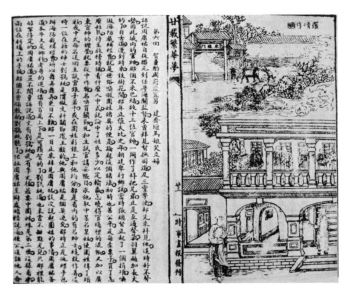

《廿载繁华梦》，
黄世仲著

但既然参与到画报事业中，便成了其有机组成部分，并因此获得了新的意义。实际上也是如此，陈文所透露的强烈的民族立场以及对于当朝的批判，和《时事画报》鼓吹风潮、提倡革命的整体风格是协调的。

我曾谈及："无论是上海《点石斋画报》之浅近文言，还是北京《开通画报》的通俗白话，一般都缺乏文学性，很难作为单独的文章品鉴。《时事画报》不一样，庄部、谐部都有好文章。晚清画报中，可从'文学'角度切入的，《时事画报》很可能是独一无二。撇开外稿《廿载繁华录》等长篇小说，就说画报中人的作品，最值得关注的是何剑士和陈垣，二者恰好是一谐一庄。"[1] 这里需要说说黄世仲（小配）创作的长篇小说《廿载繁华录》。此书几乎从《时事画报》创刊时就开始连载，且有连续性页码。到了丁未年第21期的《时事画报》上，刊出整页广告，推销此即将单独印行的"用上好纸张洋装精美"的长篇小说[2]。真是苍天不负有心人，《廿载繁华录》作为晚清重要的长篇小说，日后进入了中国文学史。此前《点石斋画报》也曾附

---

1 陈平原：《鼓动风潮与书写革命——从〈时事画报〉到〈真相画报〉》。
2 "是书详序周庸祐近事，第一回出世，已为社会欢迎。全书四十回，全稿已脱，本社今经发刊，准九月内出版。分三大册，价银九毫，用上好纸张，洋装精美，另有新图画付印。届期出版，阅者幸留意焉。发行另议。光绪三十三年丁未八月吉日，《时事画报》谨告。"

第一章　图像叙事与低调启蒙　51

《良友》

《北洋画报》

刊王韬的《淞隐漫录》与《漫游随录图记》，据说是"尊闻阁主见之，辄拍案叫绝，延善于丹青者，即书中意绘成图幅，出以问世"[1]；但相形之下，《廿载繁华录》的文学价值更高。

也可以这么理解，画报本以图像叙事见长，主要结盟对象是"新闻"而非"文学"。因此，众多诗文小说戏曲等，在晚清画报中只是"附录"，起点缀作用，目的是吸纳尽可能多的读者。但即便如此，第一，战争的瞬息万变，百姓的家长里短，抑或作者的皮里阳秋，单靠图像本身是表现不出来的；第二，有了简要且精要的文字说明，图像的意义才可能被真正阐发或凸显出来；第三，因受表现空间的限制，"图中文"不能不极力挣扎，腾挪趋避中，对文体有所锤炼与拓展；第四，所谓图文对峙，既包括相互配合，也蕴含着对立与拒斥、竞争与分离，也可像广州的《时事画报》那样，图文各走一端，以便包容纯粹的文学作品与精彩的名家画作——如此不拘一格、灵活机动的编排方式，为日后以照片为主的诸多画报（如《良友》《北洋画报》）所继承。

晚清画报的以图像叙事为主要动力，以图文对峙为基本面貌，决定了其在

---

[1] 王韬：《〈淞隐漫录〉自序》，《点石斋画报》第6号，1884年6月26日。

整个晚清出版物中的定位，若用一句话概括，那就是有较多娱乐色彩的"低调启蒙"。晚清人眼中的"启蒙"，并没有康德《何谓启蒙》或福柯《什么是启蒙》说的那么复杂，仅仅是引进西学，开启民智，传播新知识，走进新时代。至于新学不同派别的区分，民智高低雅俗的辨析，还有启蒙者之居高临下是否合适等，都没有得到很好的反省。这里想强调的是，相对于在东京放言高论的《新民丛报》《民报》，或在国内叱咤风云的《申报》《东方杂志》，晚清画报（除广州的《时事画报》外）大都更为浅俗、平实与低调。

这里所说的"低调启蒙"，牵涉媒介特征、读者定位，以及作者的能力及趣味。谈论名画的"观看之道"，或者"图像证史"中的"社会景观"及"可视的叙事史"，乃至人文研究的"图像转向"[1]，对于晚清画报来说，都有点过于"高大上"了。原因是，画报的主要目的是讲述时事与介绍新知，需要大量生产（《点石斋画报》共发行528期，4666幅图；《图画日报》，共出刊404期，每期12页，总篇幅与《点石斋画报》不相上下。此外，广州的《时事画报》与北京的《浅说画报》，也都是卷帙浩繁），不可能精雕细刻。即便是名画家，也经不起如此日复一日地赶工。鲁迅曾提及画报连续出版的巨大压力（"每月大约要画四五十张"），使得吴友如"因为多画，所以后来就油滑了"[2]。这是没有办法的事情，又多又快又好又省，那只是主办者的一厢情愿。这也是历来论及吴友如插图或《点石斋画报》在美术史及文化史上的成就，多笼而统之，而不做具体作品分析的缘故。可换一个角度，将作为整体的《点石斋画报》，或单幅作品如《赏奇画报》中的《女学昌明》(1906)、《北京画报》中的《戏园子进化》（1906）、《星期画报》中的《兽欺华人》（1907）以及下面重点提及的《时事画报》中的《徐案株连》（1907）、《益森画报》中的《厮役演说》（1907）、《平民画报》中的《焚攻督署》（1911）等，作为可视的社会史/文化史资料解读，会有很好的阐发空间与力度。此外，晚清画报中不时穿插出现的漫画（讽画、谐画、滑稽画），如《星期画报》中的《压榨机》（1907）、《人

---

[1] 参见约翰·伯格著，戴行钺译《观看之道》（广西师范大学出版社，2005年）第一章；彼得·伯克著，杨豫译《图像证史》（北京大学出版社，2008年）第六、第八章；W.J.T.米歇尔著，陈永国、胡文征译《图像理论》（北京大学出版社，2006年）第一章。

[2] 参见鲁迅《致魏猛克》，《鲁迅全集》第十二卷第380页，人民文学出版社，1981年。

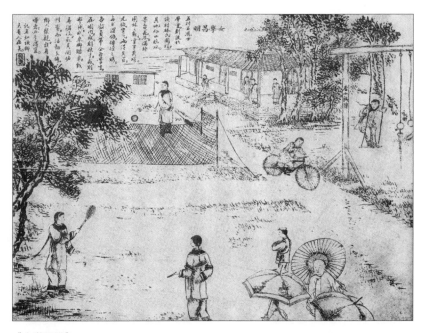

《女学昌明》

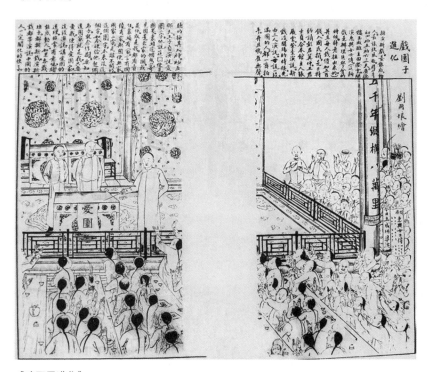

《戏园子进化》

《兽欺华人》

镜画报》中的《女学·立宪》(1907)、《正俗画报》中的《混饭的教习》(1909)、《民呼日报图画》中的《各国联合龙灯大会》(1909)等,也都值得充分关注。我相信,后世的历史学家或思想史、文化史、教育史及文学史的研究者,会逐渐熟悉并很好地利用这些图像材料的。当然,这需要相关学者的发掘、整理与阐释,才可能被读者及学界广泛接纳。

古代中国人"图书"并称,有书必有图。图谱的失落以及国人读图能力的退化,宋人郑樵在《通志略·图谱略》中已有很深的感叹。由于技术上的缘故,图谱传世的可能性,本就不及文字书籍;再加上后世的文人学士,或重辞章,或重义理,二者殊途同归,都是关注语言而排斥图像。此前中国人之使用图像,只是补充说明,而并非独立叙事。因"仅以文字传之而不能曲达其委折纤悉之致"而采用图像,与有意让图像成为记录时事、传播新知的主角,二者仍有很大的差异。而画报的诞生,正是为了尝试第二种可能性。即以"图配文"而非"文配图"的形式,表现变动不居的历史瞬间[1]。可是,对于匆忙赶工的画报作者来说,既要配合新闻事件,又得适合市场需

---

[1] 参见陈平原《从左图右史到图文互动——图文书的崛起及其前景》(《学术界》2004年第3期),以及《晚清人眼中的西学东渐——以〈点石斋画报〉为中心》。

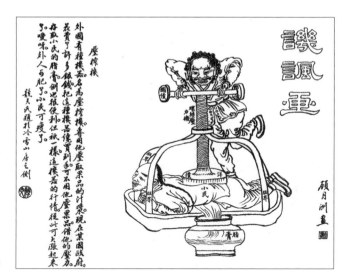

《压榨机》

《女学·立宪》

求,不可能有太多的"革命意识"或"家国情怀"。我再三提及,潘达微、高剑父等编绘的《时事画报》是个特例,因作者直接介入现实政治(参加同盟会、暗杀团以及黄花岗起义),眼界及立场自然与一般的职业画家不同。

绝大多数晚清画报的制作者(含主编、画师及文字作者),之所以持"低调启蒙"的立场,因此乃那个时代的主流声音,必须附和。这一将"文明""开智"与"启蒙"并举的论述思路,既很能体现戊戌变法失败后有识之士的理想与情怀,又使得其论及画报功能时,注重手段的有效性,而不是思想的反叛或立场的前卫。在传播新知与开启民智方面,画报所扮演的角色属于二传手,类似当年风行一时的百科辞典与教科书;不及政治书刊激进,也不及文化杂志深沉,甚至与日报的极力趋新也不同。而这种差异,很大程度是各自的拟想读者决定的。政治书刊、文化杂志乃至各种日报,基本上以社会精英("士夫")为主要受众,因而肩负指导社会的重任;画报则兼及老少,且注重"乡愚""妇女"与"商贾",更多考虑画面与文字的趣味性[1]。当然,这背后主要是商业的考虑。广州的《时事画报》有政治理想,也有组织支持,因而可以放手一搏;其他画报则不能不更多顾及市场效益。

《申报》上这则广告,虽说是"一家之言",却可以代表晚清画报的整体风格:"其事信而有征,其文浅而易晓,故士夫可读也,下而贩夫牧竖,亦可助科头跣足之倾谈。男子可观也,内而蠕首蛾眉,自必添妆罢针余之雅谑。"[2]日后各种画报的宣言、宗旨、评论乃至广告,都会强调此读者预设。这里说的主要是画报的技法与趣味,而非读者的教养与阶层。否则,不能理解《启蒙画报》盖有"两宫御览"红印,而《北京画报》也有"进呈御览"的"荣誉"。

当然,所谓"士夫可读",那可能只是虚晃一枪;关键还在于"乡愚""妇女"与"商贾"[3]。吴趼人小说《二十年目睹之怪现状》第二十二回,有一买书与读报的小故事,颇为耐人寻味。主人公"我"(即九死一生)回到家里,见到家人刚买的书报。下面这段话,很有象征意味:

> 只见我姊姊拿着一本书看,我走近看时,却画的是画,翻过书面一看,始知是《点石斋画报》。便问那里来的?姊姊道:"刚才一个小孩拿来卖的,还有两张报纸呢。"说罢,递了报纸给我。我便拿了报纸,到我自己的卧房里去看。

小说中没有具体评述《点石斋画报》,可将其留给虽也精明但毕竟属于"女流之辈"的姐姐,而让男主人公独独拿走那两张报纸,显然将图像与文字做了高

---

1 参见陈平原《以"图像"解说"晚清"——〈图像晚清〉导论》。
2 申报馆主:《第六号画报出售》,《申报》1884年6月26日。
3 初刊1895年8月29日《申报》的《论画报可以启蒙》称:"不特士夫宜阅,商贾亦何不可阅?不特乡愚宜阅,妇女亦何不可阅?"

低雅俗的区分[1]。此等生活细节,很能显示时代风气以及一般读书人的趣味。

这其实也与图像叙事的特点有关。比起或深奥或漂浮的文字来,图像在传递知识与表达立场时,更为直观、生动、表象、浅俗。至于独立思考、深度报道、长于思辨、自我反省等,更适合于纯文字的书籍或报刊,而不是追求图文并茂的画报。读阿英编《中法战争义学集》,同样写马江之役,诗人非常激烈,笔记多了些细节描写,小说则嬉笑怒骂[2],相形之下,《点石斋画报》的讲述最为温和。对于画家来说,表现可视的历史,凸显琐碎的细节,既是自家政治立场,也是技术能力所决定的。因此,从政治史看,除广州的《时事画报》外,晚清画报全都太过温和,很少留下值得追怀的慷慨悲歌。这些平实且世俗的画家们,不怎么强调"文以载道",而是兼及新旧与雅俗,突出可视性与趣味性。如此文化立场,正是我所阐发的"低调启蒙"——迥异于改良派或革命派虽路径不同却都喜欢指点江山的"高调启蒙"。

在近代中国知识更新与社会转型的大潮中,不同媒介发挥不同的功用。不曾"独唱"或"领唱"的晚清画报,其积极配合演出,使得此"时代交响乐"更为雄壮与浑厚。尤其是时过境迁,其在启蒙、娱乐与审美之间挣扎与徘徊的楚楚身影,让无数读书人怦然心动;其以平常语调描述主潮、旋涡与潜流,促使史学家思考历史现象的复杂性;其对于风俗习惯、社会场景以及日常生活的精细观察与呈现,则给研究者进入历史、体会沉浮、采撷花朵提供了极大的方便。

在这个意义上,既非先锋,也不顽固,更多体现中间立场、关注都市风情、市民趣味与平常时光、执意于"低调启蒙"的晚清画报,值得我们追怀与品鉴。

2017年5月24日于京西圆明园花园

---

[1] 参见陈平原《以"图像"解说"晚清"——〈图像晚清〉导论》。
[2] 参见郑观应《次彭宫保师海南军次秋兴二十四章原韵》、彭玉麟《南海军次病魔作祟倚枕孤吟得秋兴二十四律不过虫声蛰语聊遣愁怀工拙不计也》、程道一《中法失和战史》、罗惇曧《中法兵事本末》、吴趼人《二十年目睹之怪现状》十六回,见阿英编《中法战争文学集》(中华书局,1957年)第12页、469页、185—189页、261页、226页。

第二章 教会读物的图像叙事

——关于《教会新报》《天路历程》与《画图新报》

1884年创刊于上海的《点石斋画报》，开创了近代中国"以图像为中心"的叙事策略[1]。在《点石斋画报缘启》中，尊闻阁主人美查惊讶于中国之报纸已盛行而画报则独缺，并对此现象做了如下解读：中国人重文字而轻图像，与此相对应的是，"中画以能工为贵"，而不像西画那样"以能肖为上"。正是这一点，使得中国人不太擅长以图像叙事——有"图"之"书"不少，但大都是基于名物混淆的担忧，或者希望"图文并茂"，而并非将图像视为另一种重要的叙事手段[2]。

一、从"传授知识"到"展开叙事"

为奇书"照说绘图"，这在中国的雕版印刷史上，可谓源远流长。目前发现的最早的刻印书籍、镌刻于唐咸通九年（868）的《金刚经》，已经是图文并举。从敦煌藏经洞发现的佛教版画以及变文、历书看，唐五代时期，雕版印刷已经在传播佛教、普及文化以及服务民众日常生活方面发挥很大作用。而这，为宋元以降的版画以及文学插图，"开拓了广阔的发展道路"[3]。傅惜华先生所编《中国古典文学版画选集》，收录了元明以降两百余种书籍的插图八百余幅[4]，使我们对于古人之为奇书插图的认识，不再局

---

1 参见拙文《以图像为中心——关于〈点石斋画报〉》，《二十一世纪》2000年6月号；《晚清人眼中的西学东渐》，《点石斋画报选》第1—78页，贵州教育出版社，2000年。
2 尊闻阁主人：《点石斋画报缘启》，《点石斋画报》第1号，1884年5月8日。
3 参见郭味蕖《中国版画史略》第16—20页，朝花美术出版社，1962年。
4 傅惜华编：《中国古典文学版画选集》，上海人民美术出版社，1981年。

《金刚经》

限于小说戏曲的全相或绣像。不只叙事性质的说唱（如《临凡宝卷》）、传记（如《闺范》）、游记（如《海内奇观》）等，就连纯粹抒情或发表议论的诗（如《唐诗鼓吹》）、词（如《诗余画谱》）、散曲（如《太霞新奏》）、古文（如《古文正宗》）等，也都可以配上精彩的图像。

如此追求"两美合并，二妙兼全"的出版理念，并非千年不变；在不同的历史时期，受人力物力以及整体文化氛围的制约，图文之配合方式不尽相同。但美查的基本判断没错，此前中国人之使用图像，只是补充说明，而并非独立叙事。因"仅以文字传之而不能曲达其委折纤悉之致"而采用图像，与有意让图像成为报道新闻、传播新知以及讲述故事的主角，二者仍有很大的差异。而画报的诞生，正是为了尝试第二种可能性。即以"图配文"而非"文配图"的形式，表现变动不居的历史瞬间。

可是，在美查出手之前，中国书籍中，并非真的没有以"图配文"的形式叙事的。起码明清之际耶稣会传教士的工作，便值得认真钩稽。大概所有

《临凡宝卷》　　　　　　　　　　《诗余画谱》

的中国美术史或中西文化交流史,都会提及《程氏墨苑》中那四幅天主教圣画如何以中国传统木刻手法,呈现西洋铜版画讲究阴阳故"眉目衣纹,如明镜涵影,踽踽欲动""身与臂手,俨然隐起帧上,脸之凹凸处,正视与生人不殊"的艺术效果[1]。但更值得追究的,还是作为底本的《西字奇迹》,而不仅仅是精美的"圣像画"。后者乃利玛窦用拉丁文拼写汉字的著作,万历三十三年末(1606年年初)付刊于北京。正如史学家陈垣所说的:

> 明季有西洋画不足奇,西洋画而见采于中国美术界,施之于文房用品,禁之于中国载籍,则实为仅见。其说明用罗马字注音,亦前此所无。[2]

不只语言形式值得注意,更包括其图文之间的配合。《信而步海,疑而即沉》《二徒闻实,即舍空虚》以及《淫色秽气,自速天火》三则文字,都是

---

[1] 此乃明人姜绍闻《无声诗史》及顾起元《客座赘语》中语,转引自方豪《中西交通史》下册第907—908页,(台北)中国文化大学出版部,1983年新一版。
[2] 陈垣:《西字奇迹·跋》,朱维铮编《利玛窦中文著译集》第288页,复旦大学出版社,2001年。

《程氏墨苑》

讲述《圣经》上的故事。主旨无非传教，可出版形式却很有创意。单从审美角度"阅读"，也都是赏心悦目。利玛窦极力称道程大约"一意以好古博雅为事"，对其《墨苑》期许甚高，希望其能与"往往极工致"的《博古图》相媲美[1]。程氏不负重托，其摹刻利玛窦赠画的《程氏墨苑》，日后果然成为美术史上的名作。

中国美术史上另一传教士参与制作的版画名作，则是乾隆二十九年（1764）开始绘稿、乾隆三十八年（1773）方才正式印竣的《乾隆平定准部回部战功图》。这套总共16幅的铜版组画，由郎世宁等传教士绘图，然后送法国镌印。就战争场面的气势磅礴，以及人物刻画的细致入微而言，这套组画的艺术效果，确非其时的中国画家所能及。更重要的是，如此16图，环环相扣，组成一个史诗性的叙述，除满足乾隆本人的好大喜功，在美术史上也自有其意义。日后清廷还制作了不少弘扬战功的铜版组画，只是多由中国画

---

[1] 利玛窦：《述文赠幼博程子》，朱维铮编《利玛窦中文著译集》第268—269页。

《乾隆平定准部回部战功图》

家完成,成绩并不理想。[1]

美术史家一般认为,倘就构图之饱满、刀法之精密、风格之遒劲,以及画师与刻工之配合默契而言,明代后期很可能是达到了极点。读者的欣赏口味与出版家之文化理念相互激荡,图像本身的独立性得到普遍的认可,书籍插图被作为艺术品来苦心经营。这一大趋势,入清以后虽略有减弱,并未遭受太大的挫折。只是在乾隆末年近代印刷术输入以后,雕版插图书籍的制作,方才日渐凋落。我们在日本举行的"中国的洋风画:从明末至清代的绘画、版画和插图"专题展览中,可以见识到若干明代摹刻《圣经》故事的作品,从《程氏墨苑》(1604)到《诵念珠规程》(1624)、《天主降生出像经解》(1637)等[2]。但随着"中国礼仪之争"激化,康熙皇帝改变以往对

---

[1] 参见周心慧《中国古代版画通史》第278—280页(学苑出版社,2000年)及方豪《中西交通史》下册第923—926页。

[2] 参见《"中国の洋風画"展:明末から清时代の绘画・版画・插绘本》([东京都]町田市立国际版画美术馆,1995年)第66—106、475—480页。另外,方豪《中西交通史》提及日本东洋文库藏有明崇祯十年(1637)刊行的艾儒略著《出像经解》,此书又名《天主降生言行记略》,附图57幅,各高八寸三分,宽四寸七分(下册第926—928页)。此即收入《"中国の洋風画"展:明末から清时代の绘画・版画・插绘本》的《天主降生出像经解》。

天主教传教事业的宽容态度，转而实施比较严厉的禁教政策，此后，中国天主教传教事业跌入低谷[1]，也就难得再见到此类精美的宗教读物。

一直到1842年，中国因在鸦片战争中败北，被迫与英国签订《南京条约》，承认"耶稣天主教原系为善之道，自后有传教者来至中国，一体保护"，天主教及基督教新教在中国的传道事业，方才重新得到迅猛的发展。而晚清中国之政治及文化版图，也因传教士的四处出击，八面开花，而变得更加神奇与瑰丽[2]。

对于传教士来说，译印书籍，出版报刊，是传教事业最经济、也最有效的手段。比起建教堂、办学校、开医院来，出版活动更容易获得掌声并"传之久远"（想想马礼逊的事业，很难不令人怦然心动）。文化水平很高的传教士们，或著或译，甚至直接介入出版活动，这在晚清是个很普遍的现象。我所关注的是，这种传教士大规模参与报刊及出版事业的趋势，在引进西方宗教、哲学以及"声光电化"知识的同时，如何改变了中国书刊的面目，促成以图像叙事的潮流。

传教士出版的书刊，喜欢夹杂大量图像，这个特点虽一目了然，却必须仔细分梳。1815年刊行于马六甲的《察世俗每月统记传》，作为第一种中文报刊，在传播地球自转等科技知识时，附有7幅插图，史家断言其"运用板画插图，尤其具有意义"[3]，此说不无道理。只是这种做法，明末天主教士早有尝试。如李之藻为实用天文学著作《浑盖通宪图说》（利玛窦口述、李之藻笔述）作序，便专门强调"说具一图，图兼数法"的形式特征[4]。确切地说，明清之际传教士译述的天文、历算、地理、历史、生物、医学等书籍中，不少附有精细的图像。理由很简单，不如此，无法准确地传授相关专业知识。而这与中国实用性书籍往往配有精美插图，同一个道理。如此说来，真正对中国人的文化趣味造成冲击的，不是以图像配合知识传授，而是以图

---

[1] 参见徐宗泽《中国天主教传教史概论》第九章，第245—269页，土家湾印书馆，1938年；杨森富《中国基督教史》第八、第九章，第126—173页，台湾商务印书馆，1968年。

[2] 经由洪秀全、康有为、孙中山等政治人物，我们固然可以了解到基督教与近代中国政治风云的互相激荡；但同文馆、江南制造局、《万国公报》等事业，更能让我们理解传教士对于晚清思想文化潮流的深刻影响。至于民初以降博济、协和、广雅等医院，以及燕京、辅仁、金陵、岭南、圣约翰等教会大学，对于中国现代医疗体系以及大学制度的建立，更是功不可没。

[3] 参见苏精《马礼逊与中文印刷出版》第165页。

[4] 参见李之藻《浑盖通宪图说·自序》，朱维铮编《利玛窦中文著译集》第318页。

像为中心而展开的"叙事"。

如果说《点石斋画报》代表了中国人"以图像为中心"的叙事策略正式确立[1]，那么，此前的《教会新报》（1868—1874）、《天路历程土话》（1871）和《画图新报》（1880—1881）[2]，便可看作这场至今仍在上演的历史大剧的"序幕"。本文的工作目标，即通过分析这三种晚清教会读物，探讨图像叙事的可能性，以及具体的表现技巧。

二、《教会新报》的"看图说书"

创刊于同治七年（1868）的《教会新报》，基本上由美国传教士林乐知（Young John Allen）独立支持。其后续《万国公报》由于直接影响了戊戌年间的维新变法，很早就得到史家的青睐。《教会新报》则不一样，其受到学界的关注，是最近20年的事[3]。其实，单是其创设早（想想《申报》4年后方才开张）、存活时间长（在晚清，6年的刊龄已属长寿）、内容包罗万象，并不限于"教事"，就足以让其成为晚清研究不可多得的"资料库"[4]。这里不准备全面评价《教会新报》，而只是从"图像叙事"这一特定角度，描摹其在近代中国文化舞台上的风采。

第1期的《教会新报》上，有类似"发刊词"的《林乐知启》，强调"新闻一事，外国通行有年"，而"教会亦有新报，常将各会之事论及"。至于这份原本设想为"中国十八省教会中人"所办的"新报"，其形式特

---

1 《点石斋画报》的创办者美查并非传教士，而是有很高文化修养的英国商人；1889年离沪回国前，美查确实掌握着《点石斋画报》的编辑方针，但考虑到画报的特殊性，吴友如等中国画家的作用同样不可低估。

2 《画图新报》存世时间不止两年，戈公振《中国报学史》第三章（中国新闻出版社，1985年）称其由上海圣教书会出版至民国二年；这里仅限于台湾学生书局1966年的影印本，目的是说明报章风气的转变，而非做专题研究。

3 关于《教会新报》的研究，请参阅梁元生《林乐知在华事业与〈万国公报〉》（［香港］中文大学出版社，1978年）第五章、陈绛《林乐知与中国〈教会新报〉》（《历史研究》1986年第4期）、熊月之《西学东渐与晚清社会》（上海人民出版社，1994年）第九章，以及拙文《气球·学堂·报章——关于〈教会新报〉》（见《文学史的形成与建构》第246—266页，广西教育出版社，1999年）。

4 台湾华文书局1968年影印出版《教会新报》和《万国公报》，给学界的研究提供很大方便，这也是近年学者日益关注这两个杂志的重要原因。影印本《教会新报》和《万国公报》没有期数和日期，但参照信纳特（Adrin A. Bennett）所编、旧金山美国中文资料中心1975年刊行的《教会新报目录导要》和《万国公报目录导要》，研究者还是不难为各号杂志定位。

征为：

> 其新闻纸所刻，照官板书式大小，每次计四张，印八面，约大小字六七千字做成一书。在内刻一《圣经》中画图，俾愚者易于见识。此新闻，每礼拜发一次。

《教会新报》作为周刊的性质，以及开本、字数等，基本上维持到结束（1874年转为《万国公报》）。倒是编者特别看好的《圣经》画图，只登载了一年多，便草草收场。

作为主要面向教会人士的"新报"，宣传《圣经》乃是责无旁贷。可林乐知之所以在每期刊物的头版头条安排一《圣经》故事的"图说"，其实还有借图像招徕读者的潜在意图。所谓"俾愚者易于见识"，似乎只是针对不太识字的下层民众；但图像倘若精美，同样可以吸引士人的目光。这一点，"美国进士"林乐知很有自信。第一卷快结束时，在《本书院主人特启》中，除广告式的"《教会新报》因有用而方创，遂无路而不通"，还有这么一段关于"新报"特色的描述：

> 至若圣书图画，印刻如真；物像绘形，种类各别；施医总账，有寸有分；买卖清单，成千成万。格其物而化其学，究诸本以寻诸源。他如何物出于何方，异事闻于异地；有实情定列报中，无假说刊于斯内。[1]

将"圣书图画"放在第一位，不只是因其所占的版面位置，更看好其"印刻如真"，相信能吸引大量中国读者。因为，晚清传教士们普遍对于中国画之讲究笔墨技巧，而不懂得阴阳和透视，造型能力差，很不以为然。上面曾提及美查之以"能工""能肖"来区别中西绘画，可与此相比照的，前有利玛窦对西洋绘画原则的简要说明，后有《万国公报》关于西画神奇效果的渲染。

明末西洋绘画传入中国，引起中国人的强烈好奇，利玛窦于是应邀对

---

[1] 《本书院主人特启》，《教会新报》第一卷第45号，1869年7月17日。

西洋画像为何能达到"与生人亡异"的艺术效果,做了如下说明:

> 中国画但画阳不画阴,故看之人面躯正平,无凹凸相。吾国画兼阴与阳写之,故面有高下,而手臂皆轮圆耳。凡人之面正迎阳,则皆明而白;若侧立,则向明一边者白,其不向明一边者,眼耳鼻口凹处,皆有暗相。吾国之写像者解此法,用之,故能使画像与生人亡异也。[1]

而《万国公报》则用讲故事的方式,让你明白西画是如何"精奇":

> 西国画师,犹称活泼。有画各种果品者,禽鸟误以为活果,就而食之。有绘花园门户篱落树木花卉,犹近而远,游人见之,误欲入园游玩而不得入者。此皆画家手艺精工而生活也。前有人专画生兽之属,偶行乡间,见一雄牛毛片光亮,其人即以颜色笔砚就于雄牛旁,用心照式描画。既成,实似活雄牛之无二也。将纸画雄牛入市货之,得价百元,可谓画工之价极高矣。而乡人闻之,叹曰:我所购之活雄牛,不过二十五洋,何纸之牛若许之贵也![2]

前者注重明暗,后者强调写生,都是直接针对中国画的缺失而言。作为书籍插图的铜版画,虽无色彩绚烂之便,却也讲阴阳与透视,足以让中国读者赏心悦目。

《教会新报》上置于首位的"圣书图画",每期大约占一面,连载一年多,是该刊持续时间最长的专题。打开《教会新报》创刊号,迎面撞上的,便是"基督诞生"图,旁边的说明文字称:"此图即路加第二章一节至二十节,可以指明图中之意。"接下来便"看图说书",讲述基督诞生的故事。

从基督诞生开始,一路讲述圣书故事,每回注明参照阅读的《圣经》章节,一如教堂里的"讲道"。不过,这种"图说",只局限于叙事,不做理论上的发挥。"《圣经》参孙毁屋图"是极为少有的例外,讲完故事,作者意犹未尽,添上这么一句:

---

[1] 参见顾起元《客座赘语》,转引自方豪《中西交通史》下册第908页。
[2] 《西国画法精奇》,《万国公报》第十一卷第546号,1879年7月5日。

第二章 教会读物的图像叙事 67

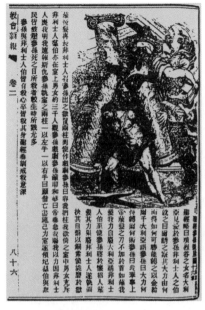

"《圣经》参孙毁屋图"　　　　　　"耶稣受难图"

参孙与非利士人伯皆有杀心，卒皆杀其身。《圣经》垂训，戒杀意深。[1]

另外，编者希望各地教会能将此"三分：一分教会中事，一分新闻教外之事，一分告白"的《教会新报》，与圣书相配合，在教堂中宣讲[2]，因此，据"《约翰》十九章六节至二十四节"讲述过耶稣受难的故事，还有附言：

此图刚逢吾主于一千八百余年以前之昨日受害，赎吾侪之罪。明日主日，正主复活之期，我等近处教友，礼宜祷之恋之为是。[3]

除此之外，此专栏基本上严守叙事边界，不在理论上做进一步的阐释与发

1　参见"《圣经》参孙毁屋图"，《教会新报》第二卷第68号，1870年1月1日。
2　参见《新报亦可做圣书在堂中宣讲》，《教会新报》第一卷第51号，1869年8月28日。
3　参见"耶稣受难图"，《教会新报》第一卷第29号，1869年3月27日。

挥，确实是"俾愚者易于见识"。

值得关注的，不是其叙事文字是否优雅，而是编者对于图像的尊重。穿插图像，此乃晚清杂志的一大特色，只是处理的方式不尽相同。最普遍的是像《中西闻见录》《格致汇编》那样，"图解"科技或地理知识[1]。《教会新报》上也有若干知识性图像，如《巴西国人图》《马车接送轮车图》《荷兰国人行冰图》等[2]，但最具特色的，还是其叙事性质的"圣书图画"。在版式及篇幅固定的杂志上，以图像为中心，讲述《圣经》故事，首先需要摆放的，是大小不一的图像，而后才是作为配合的文字。

这其实不容易处理。当初画师镌刻图像时，参考了历史上的名画，故构图上受到很大的限制。原作面积巨大，表现宏阔场面与众多人物，不会有问题；一旦缩小成书籍插图，则很容易变得面目模糊，失去了西画"与生人亡异"的特点。如参照《马太》二十六章十七节至二十九节而作"最后的晚餐"[3]，太受达·芬奇同名画作的影响，图像小，根本看不清人物表情。而根据《使徒行传》二十七章、二十八章绘制的巨幅画像，同样让编者感到为难，只好尽量压缩文字，并提醒读者："此图因图大书多，故拣录自二十七章三十九节起至二十八章十节止。"[4]至于依据《创世记》四章一节至十七节绘制的"该隐打死胞弟图"和《出埃及记》十四章绘制的"淹埃及法老军入海图"，则干脆在图像上方标上名称[5]，以便读者体认。

如此用心经营，"圣书图画"确实成了《教会新报》的一大特色。可当年的读者，似乎并不完全认同这一做法。在以"答客难"形式撰写的《教会报大指》中，林乐知针对外界的58种质疑，一一做了解答。其中与本论题切合的有：

> 或曰：卷首《圣经》之图，每卷不必皆载，宜别为一书。此十六说也。或曰：卷首《圣经》之图，每卷必当皆载，以宣扬圣道，此

---

1 《中西闻见录》第2号（1872年9月）上，有一则包含六幅连续性画面的《卖驴丧驴》，实属例外。
2 参见《教会新报》第一卷第50号，1869年8月28日；以及第二卷第51号，1869年9月4日、第二卷第59号，1869年10月30日。
3 参见《教会新报》第一卷第24号，1869年2月20日。
4 参见《教会新报》第一卷第42号，1869年6月26日。
5 参见《教会新报》第一卷第45号，1869年7月17日、第二卷第57号，1869年10月16日。

十七说也。

博学的林乐知,针对这两个互相对立的提议,引经据典,给予详细的辨析:

> 至于《圣经》,绘图易悟,亦古人左图右史之意也。中国尊孔孟之经,吾教尊耶稣之经,宣教尊经,此乃正旨。登必冠首,断难从删也。不登固非,间登亦可。[1]

"圣书图画"之所以"断难从删也",一是基于宗教家传道的立场,二是深知中国读书人博识的趣味——在第3册的《教会新报》上,钱莲溪撰《劝人传播〈新报〉启》,表彰其"无奇不载,无义不搜",称"是书直可与张茂先之《博物志》并传"[2]。这种很可能令传教士啼笑皆非的表彰,代表着中国读者的趣味,是林乐知所不能不面对的。

可即便如此,这一编者信誓旦旦"断难从删也"的标志性栏目,一年多后还是夭折了。从每期刊登,到间断出现,再到难以为继的"法利赛人试耶稣图"[3],"圣书图画"终于不再露面了。第三年的《教会新报》上,有一则《上海之新报有十种》,其中的自我表彰,已经不再提及"印刻如真"的图像:

> 《教会新报》,七日一本,教内教外,中国外国,各事俱载,每年价洋半元。此报所载正道真理,嘉言懿行,奇闻逸事,《京报》佳文,兼及格物诸事。以事最备而价最廉,故买者极多,今年售去多至五万本。

这是因为,从第二年下半年起,"圣书故事"取消后,《教会新报》在图像方面,已经乏善可陈了。

"圣书故事"之停刊,很可能既非读者厌弃,也不是编者偷懒。《教会新报》由林乐知编辑,交上海美华书馆印刷,双方在资料方面自然可以

---

[1] 《教会报大指》,《教会新报》第二卷第65号,1869年12月11日。
[2] 参见钱莲溪撰《劝人传播〈新报〉启》,《教会新报》第三卷第102号,1870年9月10日。
[3] 参见《教会新报》第二卷第85号,1870年5月7日。

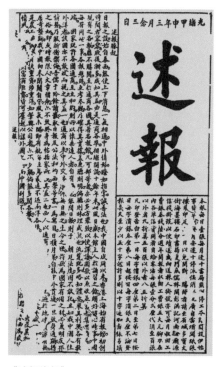

《述报缘起》

互通有无。可一旦选题重叠,还是有各自利益或名誉方面的考虑。在第4册《教会新报》上,有一则《美华书馆述略》,其中开列美华书馆的出版物中,就有《圣经图说》一书[1]。书虽未见,但单看书名,便可断定其与《教会新报》上的"圣书故事"大有关联。所谓"卷首《圣经》之图""宜别为一书"的质疑,表面上只是主张杂志与书馆应互相趋避,但我怀疑另有弦外之音。早期报刊的互相转载,其实很普遍;但图像因制作困难,得到较多的保护。这方面的例证,可举出《述报》的故事。

光绪十年三月二十三日(1884年4月18日)创刊于广州的《述报》,比《点石斋画报》的问世还早20天,而且同样使用石印,兼及图文。后面这两点,在出版史上有很大意义,难怪其自称为"日报中之创格"。《述报缘起》中特别强调:

> 西国图画,非梨枣所能奏功,爰不惜工本,用点石法印行,务求其善美,庶合众长而衷一是,以为讲求时务者之一助。[2]

在《〈述报〉影印本序》中,吴相湘先生根据这段文字,大力表扬其"刊绘图画以与新闻文字相互配合"的编辑策略,并专门点出《点石斋画报》如何出版在后[3]。可实际上,《述报》除最初几期简单的宫室和地图外,大量场

---

1 参见《美华书馆述略》,《教会新报》第四卷第165号,1871年12月9日。
2 《述报缘起》,光绪十年三月二十三日(1884年4月18日)《述报》。
3 参见吴相湘《〈述报〉影印本序》,《述报》影印本,台湾学生书局,1965年。

面繁复、绘制精美的图像，都是从《点石斋画报》上抄袭而来的。唯一的变动，只是将原作上方的文字裁去，另外抄录在图像下面。这种情况，一直持续到第二年年初，方才戛然而止。目前没有发现《点石斋画报》方面的抗议文字，但《述报》的停止抄袭，不会是无缘无故的。绘制精美的图像，相比起撰写文章来，需要更多的专业技巧，出版时所需费用也较高，这也是《述报》第二年起不再兼及图画与文字的原因。

林乐知之所以能在每期《教会新报》中"刻一《圣经》中画图"，其实也是利用教会刊印宗教读物的旧模版，而不是请人专门镌刻。上海美华书馆"乃教会中之长老会所立"，曾刊印大量宗教书籍[1]，照常理推测，这些模版应该归其所有。倘若林乐知在《教会新报》上放置《圣经》图像的编辑方针，与美华书馆出版《圣经图说》的计划相冲突，毫无疑问，放弃的只能是前者。

林乐知缺乏图像制作能力，使得《教会新报》在刊载或转录必须配图的格致书籍时，常常出现问题——文字早就登了，可相关图像迟迟未见。第5、6册《教会新报》上，常见此类令人尴尬的"启事"，解释某书为何暂时难以刊载，或某处图像与文字为何无法配合[2]。最有趣的，当属下面这则《补图启》：

> 本卷补印之图，系应第二百二十六卷一页、二百二十七卷一页，二百二十八卷二页所有，望买观《新报》者，将此四页拆下，分钉三卷，以为全璧是幸。

如此拆下再钉上，你以为问题解决了，还没呢，马上紧接着，又是一则《小启》：

> 启者：上一次格致一类，赖先生问信，并答西字目录已有，因图多未上，此次又因图大，亦未列入。特白。[3]

---

1 参见《美华书馆述略》，《教会新报》第四卷第165号，1871年12月9日。
2 参见《本书院启二则》，《教会新报》第五卷第245号，1873年7月12日；《格致探源》次卷十一章"附记"，《教会新报》第六卷第273号，1874年2月7日。
3 参见《教会新报》第五卷第233号，1873年4月19日。

正是这种图像制作方面的困难，使得林乐知借图像叙事的设想，没能得到很好的落实。

可技术方面的困难，并没有挫折林乐知对于西画擅长描摹的信心。相反，《教会新报》提供的两则有趣材料，可以让我们从另一个侧面，了解"林进士"的美术知识及文化趣味。1874年的《教会新报》中，有一则《觐见图告白并说》，在推销其新刻"英美法俄荷五国钦差觐见中国皇上之图"时，着重说明此"觐见图"之所以"大为可观"：

> 缘中国皇上即京都近处民人欲思一睹全容，颇似不便；何况远省地方及乡村市井，更为难矣。今有此图，各处皆可买看，如亲见皇上。也并可填绘颜色，装潢画轴，又可笼罩玻璃悬供，阖家均可观瞻。又说，大为有福矣。[1]

倘若不讲笔墨，专求形似，西画之"精奇"，确实让晚清中国人大开眼界。购得一"觐见图"，即可"如亲见皇上"，这一说法，无疑很有诱惑力。

另外一条材料，则必须略为辨析，方能见出其中奥妙。第3册《教会新报》上，在转载《上海新报》的《疏请禁淫书》时，编者加了个按语，称不只要查禁淫书，应该连淫戏、淫画一并查禁。接下来的两则短文，应该是同样录自《上海新报》。在未具名的《禁淫画》中，有这么一段妙语：

> 上海广货店私卖外国淫画，屡经上海道严禁在案。而不肖之徒，阳奉阴违，只图牟利，不顾声名，实堪痛恨。兹闻近日英国租界内严行禁止，有某店主已被外国巡捕搜获淫画，送官究治矣。夫淫书已害人非浅，况淫画哉！特将画淫画之恶报，焚淫画之善报，谨录三则，以劝同人。[2]

而中华友的《劝勿卖淫画启》中，批判商人的"只图射利之私，不顾诲淫之孽"，还痛陈淫画的危害：

---

[1]《觐见图告白并说》，《教会新报》第六卷第272号，1874年1月31日。
[2]《禁淫画》，《教会新报》第三卷第150号，1871年8月26日。

或烟盘秘戏，或砚照藏春，或表件暗绘淫情，或画片明彰丑态。描摹尽致，极意像之俱真；体态毕陈，果情形之如现。以故青年佳质，见此而魄动心惊；绣阁贞操，闳斯而神摇意荡。[1]

传统的春宫画，在晚清并不十分流行——起码无法与晚明时的盛况相提并论。主张"禁淫画"者，专门点出"上海广货店私卖外国淫画"，这才是关键所在。中西绘画各有渊源，不好说讲明暗的西洋画，就一定比讲笔墨的中国画高明。但同是淫画，西洋画无疑更有效果，因其"与生人亡异"，更容易让人"魄动心惊""神摇意荡"。

不管是"觐见图"还是"春宫画"，注重明暗的西画，都比中画更胜一筹。只是这些图像资料，都是静止的场面，尚未转化为连续性的"叙事"。因此，《教会新报》上以图像叙事的努力，依旧只能由没能善始善终的"圣书故事"来承担。

三、《天路历程》的"绣像传统"

《教会新报》上的长篇连载，除了上述《圣经》故事，就数在北京传教的英国牧师艾约瑟（Joseph Edkins）译述的《宾先生传》。不管是教会人物，还是世俗英雄，还没有其他任何人，像宾先生那样占据《教会新报》如此多的篇幅（总共刊载了32次）。这还不算，《教会新报》上关于宾先生的追怀，还有第2册上北京教友曹子渔的《宾教师传》、第3册上福建美以美会教友许扬美的《宾牧师行述》及《吊宾牧师诗》，以及第5册上教友王光启的《宾为霖牧师小传》。可以这么说，《教会新报》中最为光辉夺目的"形象"，非宾为霖牧师莫属。这种"宾热"，甚至延伸到《万国公报》；1879年9月6日出版的第十二卷第554号《万国公报》上，就刊有意味深长的《大英教士宾惠连先生遗像》——身后的船桅象征其海外传教事业，手中的书卷呢，是《圣经》，还是其译述的《天路历程》？

---

[1] 中华友：《劝勿卖淫画启》，《教会新报》第三卷第150号，1871年8月26日。

《大英教士宾惠连先生遗像》

宾为霖（或宾惠廉、宾惠连，William Chalmers Burns），大英长老会传教士，1815年生于苏格兰，"幼不嗜读，所读者《天路历程》"，或许是受约翰·班扬这部名著的影响，宾很早就立志传道，先后在英国、加拿大等地宣教。1847年宾登上驶往中国的商船，年底到达香港，正式开始其在中国传教的生涯。1851年，宾离开传教很不顺利的广州，转往厦门，对于闽南人的热心向道十分满意。后曾往潮州传教，被地方官拘禁，极不愉快，唯一的收获是"以潮州土语译圣诗一册"。咸丰三年（1853），传教厦门时，宾先生在某"中国士子"协助下，翻译刊行了他最喜欢的《天路历程》。1863年，宾转往北京传教，工作四年后，又于1867年到达条件更为艰苦的东北境内的牛庄（今营口市），第二年春天病逝[1]。

对于这位以毕生精力行走"天路历程"的传教士，三位中国教友都表示

---

[1] 参见咸丰三年版《天路历程序》（此序日后出现在晚清各种版本的《天路历程》上），艾约瑟的《宾先生传》，以及今人魏外扬《曾经是大布道家的宣教士——宾惠廉》，《宣教事业与近代中国》第77—84页，台北：宇宙光出版社，1978年初版，1992年四刷；李宽淑《中国基督教史略》第214页，北京：社会科学文献出版社，1998年。

极为敬佩。在北京与宾为霖"朝夕过从,甚获提撕之益"的曹子渔,主要表彰宾先生之热心传道,听说牛庄"僻处海滨,未闻正道",明知那里"地湿天寒",还是欣然前往,终于以身殉职。文中提及宾为霖毕生坚持的翻译事业:

> 先生不暇休息,延一秀士,助译《正道启蒙》、《颂主圣诗京音》、《旧约诗篇》、前后《天路历程官话》等书,俱捐己资,付梓印送。[1]

"余甫弱冠,得随其右,获益良多"的许扬美,除表彰宾先生的"精方言,勤教诲,凡一日中,既宣道,复说经,更译诗",还提供了一则鲜为人知的史料:

> 庚申春(1860),往南屿设馆,嗣复渡台湾,舟逆未果。[2]

此前我们知道宾为霖影响过历尽艰辛、开创台湾北部福音工作的马偕(George Leslie Mackay)牧师[3],但没想到,他本人也曾有过渡海的壮举,只是因"舟逆未果"[4]。

王光启同样提及宾在京时如何重译《天路历程》等,但认为此等笔墨事业"未甚出奇",最难得的还是先生"养其勇,蓄雷霆精锐毅然坚信"。王文于是多叙宾先生传道牛庄之艰辛,尤其详细描写病逝前几天宾的各种生活细节[5],笔墨细腻感人。文章最后告诉我们,宾牧师生于1815年4月1日,卒于1868年4月4日,在华传教共21年。

宾先生蒙主召离世三年后,"西国为之立传,历述其生平语言事迹,极

---

1 参见曹子渔《宾教师传》,《教会新报》第二卷第59号,1869年10月30日。
2 许扬美:《宾牧师行述》,《教会新报》第三卷第146号,1871年7月29日。
3 参见魏外扬《宣教事业与近代中国》第77页,以及赖永祥《教会史话》第3辑第37—38页,(台南)人光出版社,1995年。另,陈俊宏《重新发现马偕传》([台北]前卫出版社,2000年)中《马偕北台宣教源流轶事考》之第四节"宾威廉的事迹与影响"有更专业的辨析(第137—140页),可参阅。
4 陈俊宏《重新发现马偕传》提到宾为霖虽未来台,其传人杜嘉德(Carstairs Douglas)1860年秋从厦门来台考察,此举促成日后长老会在台传教事业的展开(第143页)。宾、杜渡台,同在1860年,一春一秋,一"舟逆未果",一顺利成行。
5 参见王光启《宾为霖牧师小传》,《教会新报》第五卷第213号,1872年11月23日。

为详备",艾约瑟于是"择要译之"[1],成就了这部在《教会新报》连载32次的长篇传记。虽是译述,艾约瑟其实多有发挥,不时穿插自家的见闻,还夹杂了关于《天路历程》译作的评价。此书因大量引用宾先生的日记,极富史料价值,其中兄弟分别时的情景、粤闽两地对传教的不同态度,以及潮州落难后,地方官与传教士如何斗智斗勇等,都值得认真品读。对于后人之了解晚清传教士在中国的日常生活,此传记非常有用。

艾约瑟的《宾先生传》中,同样提及宾之重译《天路历程》,以及首译《续天路历程》。值得注意的是,其中有对于宾翻译思想的介绍:

> 又译《天路历程》。书初尝译以华文,今复译以北京土语。更译《续天路历程》,乃从前无人译者。中多妇女信道勤走天路之譬,先生随意酌削。即如婚姻一节,欲人知圣教婚姻之仪,故多以己意寓言之焉。[2]

在表彰这位先驱业绩的同时,对宾先生"随意酌削"的翻译风格,艾约瑟似乎不无保留。此前,在谈及咸丰三年宾于厦门翻译《天路历程》时,艾约瑟有大段精彩的评述:

> 斯时先生译《天路历程》书。考斯书之在西国,久已脍炙人口。作者英国人,名本仁,于中国明末清初之时,传道英国,被窘下狱十二年。故以圣书寓言而成斯书,专叙求升天堂永生之路之人,应备历艰辛,耐诸试炼,坚心忍性,以期得救。传道者喜译斯书,以为传主福音之助。已各以诸国方言译之,凡译数十国矣。因中西方言不同,或读者不能识其寓言佳妙,则全译反恐失其真。盖作者才高笔大,精于圣道,善于喻言,多方劝导,引人入胜,使读者如游名园,奇花异卉夹路盈眸,层层变幻,应接不暇。惟各国方言译改,未免失庐山面目耳。如华人西服,虽极于妆饰,亦不雅观。又若中国名人诗赋,亦尝译以西国方

---

[1] 参见艾约瑟《宾先生传》,《教会新报》第四卷第152号,1871年9月9日。
[2] 参见艾约瑟《宾先生传》,《教会新报》第六卷第260号,1873年11月8日。

言，读之亦失其本来意味。于以见方言译改，彼此一辙也。[1]

这段评述，解说"传道者喜译斯书"的理由，以及翻译难以曲尽原意，极易导致"读者不能识其寓言佳妙"，诸如此类的提醒，都是甘苦之言。

尽管有此弊病，宾的译作，依旧在晚清的传道事业中发挥很大作用。19世纪下半叶，《天路历程》的中文译本，直接根据咸丰三年（1853）板刊印的，起码有1856年的香港本，1857年的福州本，1869年的上海美华书馆本。此外，香港中华印总务局1873年"官话译本"和华北书会1892年"官话译本"，以及小书会真堂1883年刊本，因无缘寓目，不能肯定依据的是前期还是后期的译本[2]。还有两种方言译本，未见收罗极为广泛的《（新编增补）清末民初小说目录》著录，更是引起我的强烈兴趣。一是羊城惠师礼堂同治十年（1871）镌刊的《天路历程土话》，二是上海口音书局藏版、上海美华书馆排印，光绪二十一年（1895）刊行的《天路历程上海土白》[3]。

限于本文的主旨，这里暂不涉及方言写作问题。以上两种土话译本之引起我的强烈兴趣，主要还是因包含了若干插图。上海土白本出版时间较晚，插图只有9幅，且较为简陋，这里不准备讨论。粤语本则极为精彩，30幅插图用宣纸精心印制，单独装订，与其他五卷正文（各卷分别为25页、26页、26页、29页、28页）合成一函。

羊城惠师礼堂刊本，除抄录咸丰三年的原刊序外，有一《天路历程土话·序》，对该书的特色及来龙去脉，做了相当清晰的交代。由此序言，我们也可得知，宾先生在京时之修订《天路历程》，不只是词句修饰，还包括详尽的注解。此序极为重要，值得全文抄录：

> 《天路历程》一书，英国宾先生，于咸丰三年，译成中国文字，虽不能尽揭原文之妙义，而书中要理，悉已显明。后十余年，又在北京，重按原文，译为官话，使有志行天路者，无论士民妇孺，咸能通晓，较

1　艾约瑟：《宾先生传》，《教会新报》第六卷第256号，1873年10月11日。
2　此处资料，参考了樽本照雄的《（新编增补）清末民初小说目录》（齐鲁书社，2002年）和熊月之的《西学东渐与晚清社会》第三章。
3　此书乃"中央研究院"中国文哲研究所李奭学博士所赠，特此致谢。

《天路历程》　　　　　　　　《天路历程土话》

之初译,尤易解识。然是书自始至终,俱是喻言,初译无注,诚恐阅者难解。故白文之旁,加增小注,并注明见圣书某卷几章几节,以便考究。今仿其法,译为羊城土话。凡阅是书者,务于案头,置《新旧约》书,以备两相印证,则《圣经》之义,自能融恰胸中矣。是书诚为人人当读之书,是路诚为人人当由之路。苟能学基督徒,离将亡城,直进窄门,至十字架旁,脱去重任,不因艰难山而丧厥志,不为虚华市而动厥心,则究竟可到郇山,可获永生,斯人之幸,亦予之厚望也。爰为序。

同治十年辛未季秋下旬书于羊城之惠师礼堂[1]

改方言,加译注,无疑使得此土话本更容易为广州地区的读者所接受。可我更关心的是,这些插图的制作,以及背后蕴含的艺术及文化观念。

首先需要了解的是,镌刻此书的羊城惠师礼堂。1874年的《教会新报》上,有一则"教事近闻",提及同治十三年二月十三日伦敦教会新造福音堂

---

[1]《天路历程土话·序》,《天路历程土话》,(广州)羊城惠师礼堂,同治十年(1871)刊本。

开堂，前来祝贺的有广州、佛山、香港等地的伦敦会、惠师礼会等。其中，羊城惠师礼会敬送的联语，被放在第一位：

> 操赏罚之全权福善祸淫宇宙间惟一主宰；
> 擅斡旋之妙术救灵赎罪古今来绝大工夫。[1]

惠师礼会属于新教的卫斯理宗（或称卫理宗、循道宗，Methodist Church），由英国神学家卫斯理（John Wesley，1703—1791）所创立。1847年起，循道宗的各会，开始在中国传教；而惠师礼会也于1852年创设于广州[2]。此前的《教会新报》上，有一则《为斯利教会略节》，介绍截至那时为止，惠师礼会在华传道的情况：

> 自耶稣降世一千八百五十七年，本会始入中国。先于广东、福州，继至武昌、汉口、黄州等处，共设大礼拜堂四座，小礼拜堂八所，外国传道牧师十一位，外国医士一位，中国宣讲圣道先生七位，而男女老少教友计一百七十八人。又，已经列名未受洗者，有一百二十人。各处设立学堂十三馆，教书先生十五位，男女学生共三百八十六名。其中西各教师姓名，俟该会后首开来，亦可列报。[3]

而据1914年的《中华基督教会年鉴》，基督教在华传道有百余会，约分为八宗，各宗各会有各自的工作重点：

> 惠师礼会于一千八百五十二年来华，在湖南、湖北、广东三省布道，华牧十人，西教士一百一十一人，华传道三百八十二人，教友

---

1 见《广东省城伦敦会梁柱臣谨述新造福音堂节略并联额》，《教会新报》第六卷第287号，1874年5月23日。
2 任修本、赵鸿钧《循道宗要旨》（《中华基督教会年鉴（1915）》第78页，中华续行委办会编辑，上海商务印书馆，1915年）称："一八四七年美以美会创设于福州，一八四八年监理会创设于上海，一八五二年循道会创设于广州，一八五九年圣道会创设于宁波，是皆最早者。其他各会堂，设立较后。"此说比《为斯利教会略节》所称该会1857年始入中国更为可信。另，杨森富《中国基督教史》也将惠师礼会的进入中国，确定在1852年，初传者柯克私，始立地点广州（第389页）。
3 《为斯利教会略节》，《教会新报》第六卷第258号，1873年10月25日。

六千四百人。

比起同宗的美以美会教友41000人，或者长老宗教友101000人[1]，惠师礼会的规模显然不大。至于其刊刻书籍的成绩，更是很不显眼。

收入1914年《中华基督教会年鉴》的《中华圣书译本及发行考》，提及中国境内发行《圣经》及相关读物的主要机关，总共有12处：除规模最大的广学会外，还有上海的圣教书会、汉口的圣教书局、重庆的华西圣教书会、天津的华北书会、广州的浸信会印书局、广西梧州的宣道书局、上海的美华书馆、上海的华美书局、宁波的三一书院、上海的基督教青年会组合编辑部，以及上海浸会大学的通俗教育社[2]。而后世研究者数落"中国基督教新教的出版、发行机构"时，洋洋洒洒三十几处[3]，也都没有任何羊城惠师礼堂的痕迹。

可就是这么一个不太被史家关注的羊城惠师礼堂，竟然留下这么一部图文并茂的"长篇小说"。之所以强调《天路历程》是最早介绍到中国的英国长篇小说，乃是有感于此前学界对这部作品的"误读"——只将其作为"宗教读物"来欣赏。撰写《二十世纪中国小说史》第一卷时，我没有将其纳入视野[4]，是一个失误；众多翻译文学史、文化交流史等，也都漏过了这极为重要的一页，实在不应该。韩南（Patrick Hanan）先生的精彩论文《谈第一部汉译小说》，让我们知晓英国作家利顿（Edward Bulwer Lytton）的《夜与晨》（*Night and Morning*），如何被译述成《昕夕闲谈》，并连载于1873—1875年上海的月刊《瀛寰琐记》上[5]。但在《昕夕闲谈》问世前20年，"世界文学名著"《天路历程》早已登陆中华大地。问题在于，后者基本上由教会刊刻，在教友中流通，不被作为"长篇小说"阅读。

这一漠视《天路历程》文学价值的状态，持续了很长时间——尽管学界

---

1 参见《中华基督教各宗派述略》，《中华基督教会年鉴（1914）》第17页，中华续行委办会编辑，上海商务印书馆，1914年。
2 文显理、马甫君：《中华圣书译本及发行考》，《中华基督教会年鉴（1914）》第112页。
3 参见李宽淑《中国基督教史略》第293—295页，社会科学文献出版社，1998年。
4 参见拙著《二十世纪中国小说史》第一卷第二章，北京大学出版社，1989年。
5 参见韩南《谈第一部汉译小说》，陈平原、王德威、商伟编《晚明与晚清：历史传承与文化创新》第452—481页，湖北教育出版社，2002年。

中不乏知音。比如，周作人很早就注意到此书的文学性，在1919年出版的《欧洲文学史》中，有十分精彩的评价：

> （班扬）狱中作《天路历程》（*Pilgrim's Progress*），用譬喻（Allegory）体，记超凡入圣之程。其文雄健简洁，而神思美妙，故宣扬教义，深入人心，又实为近代小说之权舆。盖体制虽与 *The Faerie Queene* 同，而所叙虚幻之梦境，即写真实之人间，于小说为益近。[1]

20世纪20年代以后，在大学的"欧洲文学史"课程上，《天路历程》其实已经获得不少赞美；可一般读者依旧不太认可其文学价值。一个突出的例证是：20世纪前半叶，"世界文学名著"大量涌入中国，唯独不见《天路历程》的身影。这一状态，与晚清宾先生译本之一枝独秀，形成极为鲜明的对照。30年代后期，终于有了谢颂羔的译本，不过是由上海广学会刊印；也就是说，依旧作为宗教读物来接纳。谢颂羔的译本日后在香港等地由教会不断重印，颇有影响。可最近30年，局面大为改观，中文世界里突然冒出近20种《天路历程》新译本（包括改写本或绘图本），而且，大都是将其作为"世界文学名著"来译介的。在众多晚清翻译小说"风流云散"的今日，《天路历程》反而重新屹立在普通中国读者的书架上，这种现象，不能不促使我们认真反省，此前对这部小说的解读，是否包含太多的偏见[2]。

讨论这个问题，必须回到历史情境，首先追问，晚清读者在接纳《天路历程》时，是否只将其作为宗教读物阅读？《天路历程土话》的发现，起码让我们意识到，当年广州的读者，确有将此书作为"长篇小说"来欣赏的倾向。这一点，从该书30幅插图的经营上，可以清晰地看出。

《天路历程土话》的30幅插图，各有四字标题；而将诸题集合起来，便是完整的故事梗概。这里先抄录30画题，再讨论其如何借用图像进行叙事：

一、指示窄门；二、救出泥中；三、将入窄门；四、洒扫尘埃；五、脱下罪任；六、唤醒痴人；七、上艰难山；八、美宫止步；九、

---

[1] 周作人：《欧洲文学史》第145页，岳麓书社，1989年。
[2] 关于"翻译小说"《天路历程》很长时间不被接纳，笔者将另文探讨。

《指示窄门》　　　　　　　　　　《救出泥中》

身披甲胄；十、战胜魔王；十一、阴翳祈祷；十二、霸伯老王；十三、拒绝淫妇；十四、摩西执法；十五、唇徒骋论；十六、复遇传道；十七、市中受辱；十八、尽忠受死；十九、初遇美徒；二十、招进财山；二十一、同观盐柱；二十二、牵入疑寨；二十三、脱出疑寨；二十四、同游乐山；二十五、小信被劫；二十六、裂网救出；二十七、勿睡迷地；二十八、娶地畅怀；二十九、过无桥河；三十、将入天城。

如此标题设计，突破原作的体制，类似章回小说的回目，与插图之追摹"绣像小说"，恰好互相呼应。不管是宾的官话译本，还是羊城的土话译本，都只有"卷"而没有"回"。将"五卷书"改写成"三十回目"，依据的当然是章回小说的眼光。

从"指示窄门"到"将入天城"，30个场面环环相扣，囊括了这部小说的基本内容。单就基督徒行走天路这一主要情节线而言，几乎没有什么大的遗漏。仔细把玩这30幅图像，读者便已大致领略这部小说的精髓。这

第二章　教会读物的图像叙事　　83

《将入天城》

其实正是中国"绣像小说"的传统——图像本身具有某种独立性，而不只是阐释某些经典性的场面。将图像单独刊刻装订，而不是夹杂在文字中，有排版方面的考虑，但客观上使得其具有独立叙事的功能。刊行《水浒传》《金瓶梅》《红楼梦》的版画集，不只可以观赏精美的图像，同时也是在进行另一种叙事。

这一点，对照西洋的插图本，可以看得很清楚。在约略同时期出版的英文本《天路历程》中，我找到三种附有精美插图者，用来与《天路历程土话》相比较。这三种本子分别是：

　　A）*The Pilgrim's Progress*，London：George Virtue,1845.
　　B）*The Pilgrim's Progress*，London：Ingram,Cooke,1853.
　　C）*The Pilgrim's Progress*，Chicago：R.S.Peale,1891.

为方便叙述起见，以上三个本子，分别以A本、B本、C本指代。三个本子中，插图最多也最为精彩的，是C本。但不管是哪个本子，图像都是夹在文字

《天路历程》(*The Pilgrim's Progress*, Chicago: R.S.Peale, 1891)(C本)"浮华镇"

《天路历程》(*The Pilgrim's Progress*, London: George Virtue, 1845)(A本)"浮华镇"

中，主要承担阐释、而不是叙述的责任。故何处该有图，是全景还是特写，没有一定之规，画家可以随意点染。倘若将其合刊，不构成完整的叙事。

而因为追求"独立叙事"，主要情节不能取舍，《天路历程土话》的插图，因此不能不删繁就简，去掉若干小说中摇曳的笔墨以及旁枝末节。作为"故事"，如此线索清晰，面面俱到，比较容易阅读；作为"宗教读物"，如此集中笔墨，突出求道的决心，更是正中下怀；而作为"长篇小说"，去掉关于世态人情以及生活场景的精细描写，"天路"未免过于单调。当代中国的文学史家，在提及《天路历程》的贡献时，都会提及其寓言手法，以及对于现实生活的精细描摹，甚至将作者断为18世纪写实小说的创始人[1]。不管这种论述是否能被学界广泛接受，《天路历程》中"浮华镇"的描述，确实非常精彩。而A、C两个本子的插图画家，正是在此处大为用力，显示自家才华。至于广州的画家，则对这种场面毫无兴趣，因其与故事进展关系不大。

更能显示中国画家阅读趣味的，是小说的开篇。《天路历程土话》从"指示窄门"说起，这明显不符合原书的意图。原作是这样开始叙述的（采用咸丰三年板）：

  我行此世之旷野，遇一所有穴。我在是处偃卧而睡，睡即梦一梦。梦见一人，……

正是顾虑中国读者不习惯第一人称叙事，宾才专门为《天路历程》作序，称此书乃本仁狱中所撰，特点是"将《圣经》之理，辑成一书，始终设以譬词，一理贯串至底"。既是寓言体小说，便不可处处坐实，尤其是第一人称叙述者以及众多象征物：

  至于人名、地名，非真有其人其地，亦不外假借名目以教人识真伪耳。读者自当顾名思义，不以词害意可也。即如首卷首行所云，"我"者，本仁自谓；"岩"者，比囚狱也；睡中之梦，比静中之思也；一人

---

[1] 参见王佐良《英国散文的流变》第53页，北京：商务印书馆，1994年；李赋宁总主编《欧洲文学史》第一卷第337—338页，商务印书馆，1999年。

A本插图

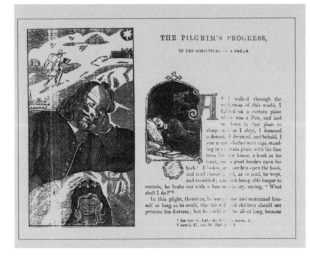

B本插图

C本插图

衣破衣，比世人有罪无功；面转室而他视者，是欲背世俗而向天理之意也；背上有大任，言世人身任多罪，如负一大任也。[1]

既要说明作家"本仁"实有其人，又得厘清作者与叙述者的关系，这种纠缠，显然让晚清读者感到困惑。最简单的办法，莫过于干脆删去叙述者"我"，直接从那位即将行走天路的基督徒说起。

有趣的是，这一被中国画家/读者过滤的"梦境"，却是西方画家/读者十分看重的。A本的插图，上面是"偃卧而睡"的叙事者，左下角才是即将行走天路的基督徒。B本同样以叙事者的酣然入睡开篇，而且还附有一幅1681年版的插图——主体部分是叙事者，两位行走天路的男女主角分立上下方。至于C本，背景略有差异，但叙事者同样必须入梦。此本甚至首尾呼应，在前集《天路历程》的结束处，添上一幅叙事者揉眼伸腰，刚从梦中醒来的模样。

中国画家并不缺乏表现梦境的技法，不管是《西厢记》还是《水浒传》，为其配图的画家，都会精心制作梦境画面。表现白日做梦、离魂还魂、死生相易、阳赏阴报、逍遥冥想等不同时空意象的交错，这在中国版画中，是手到擒来的[2]。那么，为什么《天路历程土话》的插图作者，必须舍弃这个叙事者呢？这只能从小说史而不是美术史来寻找答案。关于古代中国文言小说与章回小说不同的叙事方式，以及晚清以降"新小说"家如何接纳西方第一人称叙事技巧，我在《中国小说叙事模式的转变》中已经有所论述[3]，这里不再赘言。在我看来，为《天路历程土话》插图的画家，明显是将此书作为"章回小说"来阅读，并按照"绣像小说"的传统，为其制作具有某种独立叙事功能的"系列图像"。

用"绣像小说"的传统来诠释及表现《天路历程》，其中的故事聚焦、人物造型、场景刻画，以及具体的线条、构图等，都会出现许多耐人寻味的变异。此类问题，需要从艺术史方面做进一步探讨；这里只是从一个特定

---

1 《天路历程·序》，此序没有署名，但味其文意，当系译者宾所撰无疑。
2 参见黄才郎《明代版刻图像的画面经营》，《明代版画艺术图书特展专辑》第284—293页，（台北）"国立中央图书馆"，1989年。
3 关于晚清作者与读者对于第一人称叙事的接纳与拒斥，参见拙著《中国小说叙事模式的转变》第三章，（台北）久大文化，1990年。

陈洪绶绘《西厢记·惊梦》插图

角度切入,在"宗教读物"之外,钩稽晚清可能存在的另一种阅读《天路历程》的方式——兼及"小说接受"与"图像叙事"。

四、《画图新报》的"漫画意识"

在刚创刊不久的《教会新报》上,林乐知曾刊出这么一则"补白",看似闲文,实则表露自家心境:

> 花旗国教会中大小新报有三百零六处,内有小孩可观画图新闻。各新报有每月一次者,有每礼拜一次者,有每三月一次者。其中亦不独讲教会中事,并有多论各种学问,以及各国信息兼之有益等事。[1]

---

[1] 参见《教会新报》第一卷第2号,1868年9月12日。

与此"补白"相呼应,林乐知本人创设了《教会新报》,而另一位美国传教士范约翰(John M.W.Farnham),则苦心经营着《小孩月报》和《画图新报》。

谈及范约翰主持的这两份杂志,不能不牵涉关于"中国最早的画报"的争论。在这个问题上,我大体赞同阿英的观点,应该首先考虑"新闻性"。否则,单讲"图文并茂",中国人早有成功的先例,不待西学大潮的催促与带动。也正是从"新闻性"角度,才能理解为何石印术的引进,对于中国画报之崛起,是如此的"生死攸关"[1]。

在这个意义上,1875年创刊于上海的《小孩月报》,以及1880年创刊于上海的《画图新报》,确实有其内在的局限性。二者的共同特点,在于基本上没有时间性,也不涉及当下中国人的日常生活,可以说是"杂志",但并非"新闻"。即便如此,这两份杂志之兼及宣传基督教义与介绍科技知识,以及积极使用图像资料,还是值得赞赏的。此前,我曾循众说,称《画图新报》"所用图像大都为英、美教会早年用过的陈版,近乎'废物利用'"[2];现在看来,此说欠妥,有必要修正。

《画图新报》原名《花图新报》,英文名称 *The Chinese Illustrated News*。关于该刊的基本状况,第一年第二卷上的《本书院告白》有详尽的陈述:

> 启者:本馆创设《花图新报》,举凡新闻轶事、天文地理、格致化学等,合于真道者靡勿登之,以公同好。间有辞意不达者,绘图以形之,以期人人同归正道,非牟利也。已有诸会友玉成是举。第恐见闻不周,各会友如有佳作,以及教会近闻等,祈不吝珠玉,惠赐本馆,以助不逮。本报按月一卷,周年十二卷作一本。买一本者价洋半元,五本者价洋二元,十本者价洋三元,二十本者价洋五元,三十本者价洋六元。[3]

---

1 参见拙文《新闻与石印——〈点石斋画报〉之成立》,《开放时代》2000年7月号。
2 参见胡道静《最早的画报》(《上海研究资料续集》,上海书店,1984年);清末民初京沪画刊录》(张静庐辑注《中国近代出版史料二编》,群联出版社,1954年);彭永祥:《中国近代画报简介》(《辛亥革命时期期刊介绍》第四集,人民出版社,1986年)等。
3 《本书院告白》,《花图新报》第一年第二卷,1880年6月。

《画图新报》原名《花图新报》

这份由上海清心书馆印发的杂志[1]，每期刊登不同的药品（尤其戒烟药）广告，但也持之以恒地宣传《小孩月报》[2]，可见二者关系之密切。

关于1860年创立于上海的清心男塾，日后如何发展成为清心书院，再发展成为清心两级中学校的，因某些关键性资料尚未过目[3]，只好暂付阙如。不过，第一年第十二卷《花图新报》上所刊《上海清心堂图》，以及所配发的《清心堂图记》，让我们对当年这所长老会所办义塾的状态，可有大致的了解：

> 耶稣教长老会，始于一千八百五十年在上海南门外购地建屋，宣传福音，开设义塾，建立一堂，额曰"清心堂"，取《新约》书清新

1　第二年改称上海画图新报馆印发；而戈公振《中国报学史》称此画报由上海圣教书会出版，当系后期状况。

2　广告曰："本书院创设《小孩月报》已六年矣，刷印加工销售日广。月出一本，按年洋一角五分，斯真价廉而物美也。又专刻精细花图，与西国所刻无二，工价格外便宜。合意者请至上海大南门外清心书院面议。"

3　如熊月之《西学东渐于晚清社会》第292页提及的《清心两级中学校七十周年纪念册》。

受福之意。继因教友渐增,生徒甚众,乃复购地,建一大礼拜堂,规模宏畅,可容数百人,阅三月告成,仍以"清心堂"名之,遵旧制也。堂后起楼屋十二间,分列左右,为生徒肄业之所。东北有小屋三楹,庖厨在焉。另有门房穿廊等,约计银洋三千余员。外有余地甚广,栽以松柏,环以短篱,颇饶逸趣。生徒分男女二塾,女塾居东院西式楼房,后面住屋,与男塾相仿佛。肄业生徒至二十一岁,期满出塾,或讲道,或授徒,为工为商,各随其便。光绪元年,创《小孩月报》,月印三千五百本。七年,又创《花图新报》,月印三千本。其刻图排字范模刷印装订一切,皆满期之生徒为之,无外人相助也。前年于堂之东旷地,起一钟楼,计高四丈八尺。楼分四层,上层驾〔架〕巨钟,重三百余斤,声闻数十里。登楼远眺,百里外之凤凰烧香诸山,历历在目,诚大观也。[1]

这里所说"(光绪)七年,又创《花图新报》",明显有误,我们今天见到的第一年第二卷上,便赫然印着"光绪陆年岁次庚辰五月"字样。而第二年第五卷的杂志上,又刊出一《画图新报》馆主住屋图,并说明"右边为女学塾"。这两幅图像,似乎都是依据照片镌刻而成,风格细腻,与其他木刻版画之或稚拙,或粗犷,截然不同。

《画图新报》上的图像,制作方式明显不同,有西洋的铜版画,也有传统的木版画。关于格致或地理知识的介绍,其配图多为铜版画,看得出是利用原有的模子,如《狮子论》所配五图,便十分精美[2]。至于第一年第十一卷上的北京阜成门、恭亲王小像、紫禁城北面、紫禁城午门、大石桥等图,似乎是从铜版画上摹刻下来的,讲求透视,比例准确,只是线条粗细不一。此前我们多关注这些铜版画,故称其"近乎'废物利用'"。

其实,《画图新报》中,还有很多木刻的版画,因技法很不娴熟,故被研究者忽略。可在我看来,正是这些幼稚的版刻,蕴含着生机与活力——如此立说,是将其制作过程考虑在内。按《清心堂图记》的说法,这些图像,并非出于职业画家或工匠之手,而是学生们的"毕业实习"。所谓"其刻图

---

[1] 《清心堂图记》,《花图新报》第一年第十二卷,1881年4月。
[2] 参见《狮子论》所配五图,《花图新报》第一年第七卷,1880年11月。

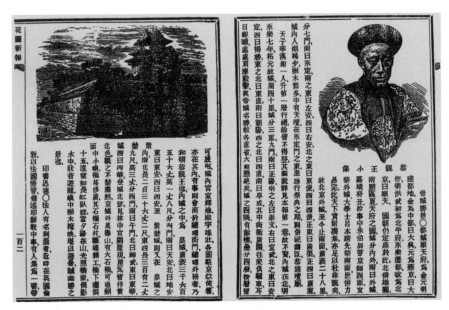

恭亲王与北京阜成门小像

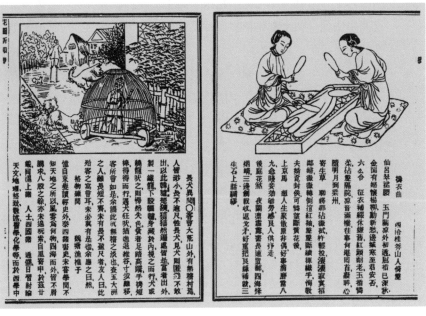

《畏犬异闻》　　　　　　　　《捣衣曲》

排字范模刷印装订一切,皆满期之生徒为之,无外人相助也",这种特殊的制作流程,不能不让人刮目相看。

摊开第一年第四卷的《画图新报》,你会发现《捣衣曲》与《畏犬异闻》遥相呼应。二者构图及刀法相差甚远,让你惊讶,同一杂志,为何水平如此不均。可仔细想想,前者有所本,后者需要自我作古,难度大小不言而喻。就好像二者各自所配文字,一为文雅而古老的"倚声",一为清新但粗俗的"笑话"。

并非美术学院的学生,没有受过造型艺术的专门训练,但良好的生活感觉以及文化趣味,使得其能够敏锐地发现有趣的事物。如此落笔或奏刀,虽不及职业画家准确,却也另有一番滋味。就像这幅《乘车落水》,便大可玩味:

> 西人每于闲暇时,喜乘铁轮小车,不用推挽,而以足蹴之,名曰脚踏车。其行如风,较马车尤迅疾,然须练习多时,方能疾趋。有少年某,见而奇之,于西人处借得一车,朝暮抱树演习,技犹未熟。见图一。一日乘车而出,遇一老人,一小童随其后,素识也。见图二。老人呼其名,偶一点首,顿遭覆辙,车压于身,不能转侧。见图三。老人徐步而至,与小童抬起其车,始得起立。老人大笑而别,某兴犹未足,携车登山,欲横扫而下,以快胸襟。见图四。不料车由别径,向有水处直冲而下,不能收束。见图五。人车俱落于水,骇遭灭顶,幸某略识水性,不然几从三闾大夫矣。其车则沉于水底,不能得出,某乃带水而归。见图六。此可为孟浪者戒。[1]

这里所表现的,只是再普通不过的日常生活,没有什么宗教意味。更重要的是,用6个连续性画面,来讲述一个有趣的小故事,如此以文配图,开创了图像叙事的新局面。

再往下走,文字很可能越来越少,而构成一完整叙事的"连环图",则变得越来越复杂。到了最后,没有文字的帮助,图像也能独立叙事。连续12

---

1 《乘车落水》,《花图新报》第一年第五卷,1880年8月。

《乘车落水》

幅的《跳蚤扰人图》[1]，除了标题，没有任何说明文字。可只要是智力正常的读者，欣赏这种图像叙事，应该说都毫无问题。

这种连续性漫画，在晚清，主要是借鉴西方。像《喷烟笑谈》[2]，一看就是舶来品。从人物造型，到生活习惯，再到所谓"绅士的幽默"，都不是"本地产"。可技法及灵感无论来自何方，只要能被读者接受，就有其生命力。《画图新报》毕竟是个"准学生刊物"，没有职业画家加盟，艺术上不可能有大的发展。但这种社会化、生活化、漫画化的叙事方式，十几年后在众多画报中得到发扬光大。只是后来者得益于石印术的推广，可以直接用笔墨表述"奇思妙想"，而不一定非接受"刻图排字范模刷印装订"等专门训练不可。

谈论中国"漫画"的成立，各家说法不一，有从新石器时代说起的，也有将其放到1900年以后来论述。前者连《女史箴图》《韩熙载夜宴图》都算

---

1 《跳蚤扰人图》，《花图新报》第一年第十卷，1881年2月。
2 《喷烟笑谈》，《花图新报》第一年第八卷，1880年12月。

第二章 教会读物的图像叙事　95

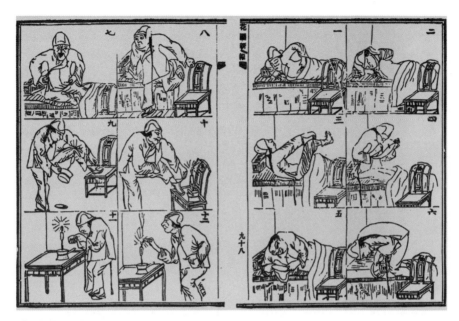

《跳蚤扰人图》

在内，立说未免过于宽泛[1]；后者谨守"漫画"外来说，则《点石斋画报》中的讽刺画，都因"仍属一般绘画的构思方法"而被排斥在外[2]。但如果将《画图新报》上众多带有"实习"以及"自娱"性质的"连环画"考虑在内，这一"漫画史"叙述，很可能必须修正。这种相对注重"构思"而不是"技法"的图像叙事，在晚清的画报事业中，有上乘的表现。环顾清末民初一百多种画报，除上海的《点石斋画报》《飞影阁画报》，以及广州的《时事画报》等，因由吴友如、高剑父等著名画家主笔或创办，故受到学界的重视；其他各报，基本上没能进入美术史家或文化史家的视野。客观上，资料散落各地，搜寻极为困难；但更重要的，还是因为没有找到恰当的论述框架。在我看来，撇开职业画家的眼光与尺度，将晚清画报的制作者，想象成为"用图像叙事"的文化人；在具体阅读时，相对忽略"线条与笔墨"，突

---

[1] 李阐《中国漫画史》（[台北]世系出版社，1978年）共十四章，从"传说时代的漫画""三代的漫画""秦汉时代的漫画"，一直说到"清代的漫画"，几乎将"漫画史"等同于"绘画史"。其中论及《点石斋画报》："西洋石印刷术传入中国以后，使中国漫画艺术开创了新纪元，光绪十年（1884）中国第一部漫画刊物也是画报的始祖《点石斋画报》出版了。"（第232页）
[2] 参见毕克官《中国漫画史话》第5页，山东人民出版社，1982年。

出"文采与意想"。这样的话，对于晚清的时代氛围、社会生活、文人心态等，我们都将会有另外一种阅读体验[1]。

《画图新报》上关于"图像叙事"的尝试，除了看得见、摸得着的"漫画"，还有难觅芳踪的"奇妙影戏灯暨画片"。这里说的是第二年第三卷《画图新报》上的一则广告：

> 本馆现有奇妙影戏灯暨画片出售，计《天路历程》图十一张，《圣经》图二十五张，转花图二张，人物斗趣图四张，火油灯灯箱及零物一应俱全，价洋五十元，欲购者，请至本馆面谈。[2]

这则广告还以英文形式，出现在前一卷的杂志上。很可惜，那11张《天路历程》的"影戏"或"画片"没能留存下来；否则，将其与羊城惠师礼堂镌刊的《天路历程土话》30幅图像相比照，肯定能引发很多有趣的话题。

五、图像叙事的魅力

利用图像之直观性与亲和力，宣传自家的真理与正道，此乃佛教、道教、基督教等宗教的共同特点。这一努力，不只催生出众多供人膜拜的圣像，更造就了大批艺术史上的珍品；除此之外，还提供了一种新的叙事方式。我关注的是，以图像为主体所进行的叙事，与以文字为媒介所进行的叙事之间，到底有什么联系，是否可以互相沟通与补充。

借助晚清三种教会读物——《教会新报》《天路历程土话》以及《画图新报》，我希望在宗教传播与文化交流的视野里，探讨"图像叙事"的转移以及再生。

关注晚清者，不能不涉及传教士的工作。在中国学界，20世纪90年代以前之以"教案"为中心，必然显得阴霾遍布；最近十年转而侧重传教士的文化活动，似乎又变得晴空万里。但在我看来，即便是积极从事医疗、教育、报刊等事业的传教士，其最高目标，依旧是，或者说从来都是"传

---

1 参见拙文《以"图像"解说"晚清"》，陈平原、夏晓虹编注《图像晚清》，百花文艺出版社，2001年。
2 《奇妙影戏灯出售》，《画图新报》第二年第三卷，1881年7月。

播福音"。传教士之所以改变"高着眼孔俯视一切"的态度[1]，或者采取某些世俗化策略，是与对话者/抗争者互相妥协的结果。单讲传教士如何积极调整姿态，还不够，还必须将中国公众的态度考虑在内。以《教会新报》为例，一开始林乐知很乐观，以为购买者会很多。可偏偏原先设定的主要服务对象——"中国十八省教会中人"不太买账。为了寻找那些潜在的读者，自筹经费并独立编辑《教会新报》的林乐知，只能逐渐转移办刊方针，从"专言教事"，转为"兼言政教"，到最后变成"以中国事务为中心"。在决定舍去"教会"字样，改为《万国公报》时，林乐知做了很妙的自我辩解：

> 再有中外多人谓我报可惜美而不足，常云可否添增，若使中国事实尚当增益，格外美善。[2]

需要增添"中国事实"的，不只是面临经济压力的林乐知[3]，更包括晚清所有热心文化事业的传教士。从"图说"《圣经》故事，到"绣像"《天路历程》，再到"漫画"日常生活——你可以明显感觉到，这一世俗化的过程，不只指向具体的图像，更包括制作者的心态。

在文化传播的过程中，接受者同样有其主体性。并非你送什么，我就读什么——单说晚清教会出版的读物成千上万，这还不够；关键在于哪些被中国人所接受，并在随后的政治或文化实践中发挥作用。谈影响，自然偏于"成者为王"——《万国公报》之所以声名显赫，不就因为直接影响了康梁等维新派的政治设计？可还有另一种阅读思路——追究为什么某部名著、某种思想、某一技法不被那时的中国人所接受。这样做，或许也会有令人惊喜的发现。"世界文学名著"《天路历程》长期不被"文学青年"接纳，这本身就是个不太好解的谜团；如今再添上一个变数：画家在插图时，不自觉地将其转化成"绣像小说"，这里所隐含的奥秘，更是值得深究。

---

1 这是林乐知的比喻，很形象，也很深刻。参见氏著《本馆主人停为〈字林西报〉》，《教会新报》第三卷第124号，1871年2月11日。
2 《本报现更名曰〈万国公报〉》，《教会新报》第六卷第295号，1874年7月18日。
3 关于《教会新报》所面临的经济压力，以及林乐知"寻找读者"的策略，参见拙文《气球·学堂·报章——关于〈教会新报〉》。

接受者依据自家口味，来选择、阐释、扭曲、再创造"外来文化"，这一点，学界早有论列。有趣的是，比起文字作品，图像的自根性似乎更明显。《天路历程土话》中的图像，从人物造型，到服饰、建筑、器具等，几乎全部中国化。除了十字架等个别细节，你基本上看不出所阐释的是一部英国小说。图像叙事的独立性，在这里得到更加充分的显示。单是并置《天路历程土话》中的"战胜魔王"，以及英文《天路历程》A本、B本对于同一情节的表现，你对"图像叙事"中种族以及文化的制约，当会有更深刻的体会。倘若是科技知识或时事报道，过多借用传统意象，会造成理解上的障碍；但传教士关心的是阅读者的"心路历程"，至于故事以及人物，本来就只是借以寄托意义的"寓言"。与此相类似，文学艺术的接受与科学知识不同，"直译"不一定是非采纳不可的最佳方法。真正在20世纪中国思想/文化/文学/艺术史上产生作用的，往往是并不怎么精确的阅读。

晚清文人喜欢谈论"报章之文"与"著述之文"有异，这是个很敏锐的判断。传播方式的改变，直接或间接地影响了立说者的姿态及文体。为报刊撰文，与古人"藏之名山传之后世"的著述不同，这点很容易理解。但还必须区分不同类型的报章，比如，"国学大师"章太炎约略同期发表在《国粹学报》《民报》《教育今语杂志》上的文章，其文体差异之大，几乎不可同日而语。将此思路延伸，思考"画报"作为一种特殊形式，其叙事方式，如何有别于以文字为主体的报章。除了当初主办者都会提及的"浅显直白"，"俾愚者易于见识"，其实还有更值得关注的阅读心态的放松，以及由此导致的幽默感的产生。先看看《画图新报》第一年第六卷上这幅《儿戏》，其说明文字是这样的：

> 有兄妹二孩，于庭中戏。将长板一条，中置一小犬，搁于凳上，各跨一端，摇动为乐。彼端相近有一大树，婆娑可爱；而此端之下，有水一桶，清澈见底。正摇动时，小犬忽惊，欲咬其兄。乃急呼曰：放。其妹急将身耸起，二孩各跌。观图便明。[1]

---

[1] 《儿戏》，《画图新报》第一年第六卷，1880年10月。

第二章　教会读物的图像叙事　99

《天路历程土话》"战胜魔王"

《天路历程》A本"战胜魔王"

《天路历程》B本"战胜魔王"

《儿戏》

一定要追问这"儿戏"有什么"微言大义",我看没有。不就是无伤大雅的"儿戏"吗,好玩,那就行了。这对于习惯沉潜把玩、认真思索的传统读书人来说,也是一种阅读的挑战。不管你喜欢不喜欢,图像叙事的直观性,是与"娱乐""游戏"等相勾连的。做得好,那是"心灵的解放";做得不好,则变成"一点没正经"。

不是单独的画作,而是图配文,或者文配图,这种叙事方式,在晚清日渐成为时尚。1902年梁启超创办《新小说》,便特别强调兼及文字与图像:

> 专搜罗东西古今英雄、名士、美人之影像,按期登载,以资观感。其风景画,则专采名胜、地方趣味浓深者,及历史上有关系者登之。而每篇小说中,亦常插入最精致之绣像绘画,其画皆由著译者意匠结构,托名手写之。[1]

《新小说》上的图像,其实没有与文字很好配合,大都只是点缀,真的是"以资观感"而已。比起此前此后很多画报来,《新小说》在处理图像与文字的关系方面,并不出色。但这种并不怎么成功的以"图像"点缀"文字",因其容易操作,很快风行一时。直到今天,大部分报章所追求的"图文并茂",其实都还是《新小说》式的。

说到《新小说》之兼及图像与文字,不妨借用那位见多识广的翻译家周

---

[1] 《中国唯一之文学报〈新小说〉》,陈平原、夏晓虹编《二十世纪中国小说理论资料》第一卷第59页,北京大学出版社,1997年。

桂笙的见解。在梁启超等人共同参与撰写的《小说丛话》中，这位"知新主人"称：

> 外国小说中，图画极精，而且极多，往往一短篇中，附图至十余幅。中国虽有绣像小说，惜画法至旧，较之彼用摄影法者，不可同日而语。近年各大丛报，及《新小说》中之插画，亦甚美善。特尚未能以图画与文字夹杂刊印耳。[1]

《新小说》等需要改进的，不只是"尚未能以图画与文字夹杂刊印"，更包括没有充分认识图像本身的叙事功能。

经由《教会新报》《天路历程土话》《画图新报》等的初步尝试，以及随之崛起的《点石斋画报》的成功表演，"图像叙事"作为一种文化选择，将在20世纪中国文化史上发挥巨大作用。这一点，留待日后进一步探究。

2002年9月20日—11月4日于台大长兴街客舍

附记：

关于《小孩月报》的版式、内容、刊刻及主编的情况，参阅胡从经《关于〈小孩月报〉》（《晚清儿童文学钩沉》第44—49页，上海：少年儿童出版社，1982）、周振鹤《范约翰和他的〈中文报刊目录〉》（宋原放主编、汪家熔辑注《中国出版史料·近代部分》第一卷第89—102页，武汉：湖北教育出版社，2004）和陈镐汶《范著〈中文报刊目录〉上海部分辨正》（《中国出版史料·近代部分》第一卷第103—117页）。积极推介《小孩月报》的，除《画图新报》上的广告，还有1879年1月9日《申报》上的《阅〈小孩月报〉纪事》：

> 沪上有西国范牧师创设《小孩月报》，记古今奇闻逸事，皆以劝善为本，而其文理甚浅，凡稍识之无者皆能入于目而会于心。且其中有字

---

[1] 参见《小说丛话》知新主人语，《新小说》第20号，1905年9月。

义所不能达之处，则更绘精细各图以明之，尤为小孩所喜悦，诚启蒙之第一报也。按该报开行有年，近更日新而月盛，说理愈精，销场愈广，固其所也。本馆按月取阅，欢喜赞叹不能已已［矣］，爰赘数语，以质诸月观该报者。

第三章　从科普读物到科学小说

——以"飞车"为中心的考察

谈论晚清的科学小说创作，最直捷的思路，无疑是从勾勒凡尔纳（Jules Verne,1828—1905）之进入中国入手，因其传入早且译作多[1]。实际上学界于此用力甚勤，成绩也比较突出。可仔细推敲，这种研究思路，也不无可议之处。中国人创作科学小说，乃受域外小说启示，这点并无异议。需要探讨的是，借鉴的途径是否局限于从科学小说到科学小说。表面上看，1900年开始

---

[1] 关于凡尔纳小说的中译本，参照樽本照雄的《清末民初小说目录》（［日本］中国文艺研究会，1988年），大致情况如下（重刊不列）：

1900年《八十日环游记》，（法）房朱力士著，逸儒（陈寿彭）译，秀玉（薛绍徽）笔记，经世文社；
1902年《海底旅行》，（英）萧鲁士原著，卢藉东译意，红溪生润文，披发生批，新小说社；
1903年《十五小豪杰》，（法）焦士威尔奴原著，饮冰子（梁启超）、披发生（罗普）合译，新民社；
　　　《铁世界》，（法）迦尔威尼原著，天笑生译述，文明书局；
　　　《月界旅行》，（英）培伦著，鲁迅译，中国教育普及社译印，东京进化社；
　　　《地底旅行》，（英）威男著，索子（鲁迅）译，《浙江潮》第10—12期（1906年出版单行本）；
　　　《空中旅行记》（英）萧鲁士，《江苏》第1—2期；
1904年《环游月球》，（法）焦奴士威尔士著，商务印书馆译；
　　　《秘密使者》，（法）迦尔威尼著，天笑生译述，小说林社（？）；
　　　《无名之英雄》，（法）迦尔威尼著，天笑生译述，小说林社；
1905年《秘密海岛》，（法）焦士威奴著，奚若译述，小说林社；
1906年《海底漫游记》，（英）露西亚著，海外山人译，新小说社（海盗版）；
　　　《地心旅行》，佚名著，周桂笙译述，广智书局；
　　　《寰球旅行记》，陈泽如译，小说林社；
　　　《环球旅行记》，雨泽译，有正书局；
　　　《一捻红》，天笑译，小说林社（？）；
1907年《飞行记》，（英）萧尔斯勃内著，谢炘译，小说林社；
1914年《鹦鹉螺》，孙毓修编纂，商务印书馆；
　　　《八十日》，（法）裴尔俾奴著，叔子译，商务印书馆；
1915年《海中人》，（法）威尔奴著，悾悾译，《礼拜六》第48—56期。

《环游月球》封面

译介凡尔纳的《八十日环游记》，1902年《新小说》杂志提倡"专借小说以发明哲学与格致学"的"哲理科学小说"[1]，到1904年国人创作的科学小说《月球殖民地》登场，中间有将近四年的时间差，很符合从"接受"到"摹仿"再到"创造"的通例。但稍作追究，就会发现这一颇为完满的描述，有个小小的漏洞，即初期传入的凡尔纳小说，与国人的创作关涉不深。

当中国作家开始借"飞车"驰骋想象时，可供借鉴的榜样并不多。那位驾气球遨游天际的凡尔纳，刚刚露了一面，谈不上一展风采。中译本《空中旅行记》（译者佚名）在1903年的《江苏》杂志上刊出了两回，读者只知道主人公发誓"这般有趣的事，万不能阻我的"，却不晓得气球能否升空，气球上的世界是否真的有趣。此前出版的凡尔纳小说，要不仍滞留地面，要不已飞向月球，与急于"腾云驾雾"的中国作家，步调并不协调。倒是同年出版的《空中飞艇》（押川春浪原著），可能更适合于摹仿。只是国人最先登台亮相的《月球殖民地》，仍以"气球"而不是"飞艇"为中心，可见作者荒江钓叟不曾拜押川春浪为师。

《空中飞艇》的译者海天独啸子，在其《弁言》中称：是"以高尚之理想，科学之观察，二者合而成之"[2]。这段话，明显摹仿梁启超的《〈世界末日记〉译后语》："以科学上最精确之学理，与哲学上最高尚之思想，

---

[1] 新小说报社：《中国唯一之文学报〈新小说〉》，《新民丛报》第14号，1902年8月。
[2] 海天独啸子：《〈空中飞艇〉弁言》，见陈平原、夏晓虹编《二十世纪中国小说理论资料》第一卷第107页，北京大学出版社，1989年。

组织以成此文。"[1]若批评古来中国文人缺乏"高尚之理想",未免过于苛刻;但以"科学之观察"为根基,实非中国作家所长。如果认定改良中国社会与中国文学,"必自科学小说始"[2],那么,晚清作家最需要补的课,便是此"科学上最精确之学理"。

晚清带有幻想意味的小说,往往出现飞翔的意象,并将其作为"科学"力量的象征。在这一有关科学的"神话"中,气球与飞艇作为飞向天空、飞向未来、飞向新世界的重要手段,被赋予特殊的功用与荣誉。我的论题将集中在作家们如何获得写作科学小说(或"准科学小说")所必须具备的兴趣与能力。

在我看来,翻译小说只是获得这种能力的一个途径——而且不是最主要的途径;晚清刊行的海外游记,以及各种热衷于介绍西学的报刊,对于作家之养成知识、调动兴致、驰骋想象,可能发挥更大的作用。

这里将首先勾勒晚清科学小说中"飞车"的形象,接着追溯作家们可能的知识来源(包括出使官员的海外游记、传教士所办的时事和科学杂志、突出平民趣味的画报、古来传说之被激活和重新诠释等),最后,论述这种获取知识的特殊途径,如何既成全又限制了晚清科学小说的发展。

一、气球・飞车・飞行船・飞舰

20世纪10年代以后,随着科学技术的进展以及国人眼界的日渐开阔,借助某种器械往来于空中,已不再是神秘莫测。至此,"飞车"的传说,失去了昔日的辉煌。这里选择1904年至1909年刊发的几部科学小说,描述世纪初国人对于"飞车"的想象。对西方科技发展的隔膜,使得中国作家的不少"预言",即便在当年,也早已是明日黄花。可这并不妨碍我们将其作为科学小说来解读。这里强调的是,作家自觉地以"科学"为依据而驰骋"想象"。

考虑到这些小说多非名著,也不常见,有必要略作介绍。当然,这里的描述,囿于本文的理论设计,只能以"飞车"为中心。

---

1 饮冰子:《〈世界末日记〉译后语》,见《二十世纪中国小说理论资料》第一卷第57页。
2 参阅鲁迅《〈月界旅行〉辨言》,见《二十世纪中国小说理论资料》第一卷第67—68页。

连载于《绣像小说》的《月球殖民地》

荒江钓叟所著《月球殖民地》，1904年起连载于《绣像小说》，已刊35回，未完。小说讲述龙孟华因报仇杀人而流落东南亚，后遇玉太郎驾气球自日本而来，于是随其飘游世界，历览纽约、伦敦、非洲、澳大利亚等地奇风异俗。其中巧遇月球人氏，梦游月球世界，主人公因而大发感慨："单照这小小月球看起，已文明到这般田地，倘若过了几年到我们地球上开起殖民的地方，只怕这黄、赤、黑、白、棕的五大种，另要遭一番的大劫了。"（第三十二回）除了这点题之笔，小说精彩之处，还在于主人公驾气球回北京锄奸与救人，以及若干悲欢离合的故事。

吴趼人的《新石头记》，1905年在《南方报》上连载了11回，1908年由上海改良小说社出版完整的单行本。一反此前各种《红楼梦》续书通例，吴氏撇开林黛玉与薛宝钗，大讲贾宝玉进入"文明境界"，随老少年乘飞车到处参观的见闻。有趣的是，创造此令宝玉赞叹不已的"文明境界"者，正是当年以"经济话"相规劝的甄宝玉。如梦初醒的贾宝玉，于是暗想：

> 我本来要酬我这补天之愿，方才出来，不料功名事业，一切都被他全占了，我又成了虚愿了。此刻不如且到自由村去，托在他庇荫之下罢。（第四十回）

历来为《红楼梦》做翻案文章的，没有比这更彻底的了。贾宝玉因其"虚愿"而被嘲笑，甄宝玉则因其讲求"经济"——当然也包括"科学"，而大受赞扬。

同样赞美"科学"的短篇小说《空中战争未来记》，1908年刊于《月月小说》，乃对译介科学小说情有独钟的包天笑所撰。小说幻想20世纪10—30年代，欧洲各国争霸，凭借飞艇展开空中大战。小说可能有所本，不过中间穿插几句"此时吾中国亦雄飞于地球"而已。有趣的是，故事讲完后，作者意犹未尽，于是又有了一段精彩的"附言"：

> 二十世纪之世界，其空中世界乎？试观方在初期，而各国之奖励空中飞行船者，不遗余力。苦心殚虑之士，尤能牺牲一切而为之。今岁观于海内外报纸所载，经营此空际事业者，尤也，世界文化日进，生民智慧日浚，上穷碧落，下彻黄泉，咸足为殖民之地。我知进步之迅，当不可以限量，则此一小篇者，诚非凿空之谈也。

将"飞行船"断为"二十世纪之世界"的主宰，而且将其与"殖民之地"相联系，这一思路在晚清相当普遍。以下几部小说，也都将"飞车"作为各国争夺霸权以及人类拓展生存空间的主要工具。

1908年2月由小说林社出版的《新纪元》（碧荷馆主人著），描写的是1999年黄种人与白种人之间展开的大战。各种新式武器纷纷登台，可唱主角的仍是"气球队"。最后，主人公黄之盛以追魂砂大破敌军，欧洲各国不得不要求媾和。

同年7月上海改良小说社出版的《飞行之怪物》（肝若著），也设想1999年欧洲人对中国人开战，也是以飞行物为决战的主要手段。不过，那横扫美国（顷刻间毁灭纽约等大小数十城）的神秘的飞行物，到底属于何方神

《新纪元》

仙,尚不得而知。

陆士谔的《新野叟曝言》,乃晚清众多完全另起炉灶的"名著续书"中的一种,1909年由改良小说社出版。据说,那时欧洲早已是中国人的殖民地,正组织"光复会"图谋不轨。中国皇帝于是命文素臣为征欧大元帅,统率飞舰前往镇压。文氏先是征服欧洲七十二国,后又开发月球与木星。最妙的是,木星上遍地黄金,更不乏山水草木飞禽走兽,乃移民的最佳去处,文于是被任命为木星总督。至于连接地球与木星的交通工具,自然由飞舰来承担。

稍作排列,不难发现以下四种趋向。一是"飞车"越造越神奇。玉太郎的气球,在进入"文明境界"的贾宝玉看来,"又累赘又危险",真不知道有什么可夸耀的;可东方文明的飞车,不就"一个时辰走八百里"吗?相对于悠闲往来于地球与木星的飞舰,照样是小儿科。二是"飞车"由交通工具迅速转变为战争武器。荒江钓叟和吴趼人基本上满足于"腾云驾雾",欣赏的是"科学昌明";陆士谔等则自觉将"科学"作为实现政治目标的工具,其主要挑战欧洲,正好为"师夷长技以制夷"那句名言做证。三是小说中的中国迅速强大起来,甚至"以其人之道,还治其人之身",将欧洲作为自己的殖民地。此中心态,颇值得玩味[1]。四是作家逐渐不再满足于表现"科学上最精确之学理",而要努力传达"哲学上最高尚之思想";其必然的结果是,科学小说与政治小说结盟。

晚清科学小说的政治寓意,留待后面论述,这里先从"飞车"的传入及其给予国人的刺激说起。按照文本出现的顺序,我将依次讨论给予晚清国人"飞车"知识的若干媒介。主体是国人对于"飞翔"的想象,因而,我把

---

[1] 参阅王德威《小说中国》第156页,(台北)麦田出版公司,1993年。

出使官员等的海外游记，置于传教士所办杂志之前；尽管这两者几乎同时出现，而且后者的传播效果可能更佳。

二、海外游记中的"气球"

在晚清，国人中最早有机会见到幻梦成真的"飞车"、并将其感受记录下来的，当属有幸出任使节者。另外，也有像王韬那样，因其他缘故出国考察的。至于商人浮海，也多有见闻，只可惜没有文字记载流传。作为曾经有过"奇肱国飞车"传说的中国人，如何描述其见到气球升空或亲自登临俯瞰大地的感受，将是个十分有趣的话题。此等文人"实录"的气球，与二三十年后小说家"虚构"的飞艇，不见得有直接的承传关系。我们无法证实荒江钓叟对气球的描写，参考了黎庶昌的《西洋杂志》；也无法肯定包天笑对未来战争的预测，得益于薛福成《出使英法义比四国日记》的提示。尽管这两者之间确实颇有相似处，我更愿意将其作为知识积累来叙述。

海外游历，乃晚清文人获得政治、地理、科学等知识的重要途径。每个登临陌生的"新世界"的中国人，大概都有王韬初到法国马赛时的感觉："眼界顿开，几若别一世宙。"[1]即便原先主张"以夏变夷"，对西方文明采取敌视态度的，也会因所见所闻而逐渐发生变化[2]。对于西洋文明的感觉，制度层面的见仁见智，不可能马上"思想一致"；至于器物，则几乎异口同声地赞叹。在国内时，或许已有耳闻；有目共睹，还是感觉不可思议。众多游记（日记）的写作，于是集中在对于西洋物质文明的介绍。

当年出使官员的日记，是作为著述来完成的。光绪四年，总理各国事务衙门曾下令："出使各国大臣应随时咨送日记。"使节们之"或采新闻，或稽旧牍，或抒胸臆之议，或备掌故之遗"[3]，于是构成晚清著述一大奇观。此类日记，除呈送总理衙门外，不少还公开刊行，可做文章阅读。至于不曾肩负使节重任的文人，其记录海外见闻，更是有意的著述。出使者公务在身，更多关注政治事件；旅游者则随心所欲，描写各种文化古迹。对于西洋

---

1 王韬：《漫游随录·扶桑游记》第101页，长沙：湖南人民出版社，1982年。
2 参阅钟叔河《走向世界》第十四章《刘锡鸿"用夏变夷"的失败》，中华书局，1985年。
3 参见薛福成《出使英法义比四国日记》刊本所附上总理衙门《咨呈》。

器物，尤其是战船与气球的兴趣，却不受职务与地位的限制。前者可以理解为对国运与时事的关注，后者则更多出于好奇——当然也有人高瞻远瞩，马上联想到未来战争的发展趋向。但总的来说，气球似乎更能满足中国文人"腾云驾雾"的好奇心。

同治六年（1867），王韬随香港英华书院院长理雅各（James Legge）西行，在欧洲生活了两年多。其所撰《漫游随录》卷二"制造精奇"则，提及日后引起国人浓厚兴趣的气球：

> 由气学知各气之轻重，因而创气球，造气钟，上可凌空，下可入海，以之察物、救人、观山、探海。[1]

王韬对气球并无特别的观感，只是在纵论英人注重实学而弗尚词章，以及介绍其天文、电学、气学、光学、化学时顺带提及。几年后，那位有幸目睹巴黎公社起义的张德彝，在其《随使法国记》（即《三述奇》）中的"燹后巴黎记"篇，对气球配上千里镜，如何可"腾空俯视"，以及具备"乘之出入，窥探军情，往乞救援等用"，有了更加详细的描述[2]。可惜这部分日记当年并未刊行，张氏对气球的介绍，也就不为人知。倒是王韬《普法战纪》（1873年刊）中内政大臣甘必大乘气球穿越战线故事[3]，更广为人知。

王、张二位对气球的描述相当笼统，大概均得之传闻。1878年，巴黎举行博览会，展出了大气球；第二年，此气球改为娱乐工具，礼拜日游人只要交纳十法郎，便可"坐而上升"。时任驻法使馆参赞的黎庶昌，终于有机会亲身体验"凌空"的状态。黎氏归来后兴奋不已，在其《西洋杂志》中，以"轻气球"为题，花了近两千字的篇幅，详细介绍气球的形状及各种配件。大概由于升高时发热头晕的缘故，黎氏没有描写其在空中的感觉。意犹未尽的黎参赞，不到一月，又拟"乘夜再升"，可惜气球已坏，只好作罢[4]。

天性好奇的康有为，若有此凌空的机会，绝不会像黎氏那样只抄气球的

---

1 王韬：《漫游随录·扶桑游记》第122—123页。
2 参见张德彝《随使法国记》第169页，湖南人民出版社，1982年。
3 参见王韬《普法战纪》卷五，页二十二，同治十二年（1873），中华印务总局活字版。
4 参见黎庶昌《西洋杂志·轻气球》，王韬《漫游随录》等四种合刊本第486—487页，岳麓书社，1985年。

《西洋杂志》

有关数据，必能有精彩的想象与发挥。1904年，流亡海外的康氏，终于也能"飘然御风而行"。于二千尺高空俯望山川人世，康氏百感交集，遂作《巴黎登汽球歌》。这首录在其《法兰西游记》的长篇歌行，除了"特来世间寻烦恼，不愿天上作神仙"之类的宏愿，更有关于气球的歌咏：

> 问我何能上虚空？汽球之制天无功。
> 汽球圜圆十余丈，中实轻气能御风。
> 藤筐八尺悬球下，圆周有阑空其中。
> 长绳絙地贯筐内，绳放球起渐渐上苍穹。
> 长绳一割随风荡，飘飘碧落游无穷。
> 吾复登者球隳地，诸客骨折心忡忡。
> 吾女同璧后来游，球不复用天难通。

> 我幸得时一升天，天上旧梦犹迷濛。[1]

约略同时，留日学生中也有不少"乘球御气破空翔"的题咏，可惜多为"耸身九万里"之类的大话[2]，不若康氏之有真感受且善于表现。康氏其时已"赋闲"多年，不再直接承担经国重任，但仍敏感到气球及飞船之制作日精，他年"天空交战，益为神物"。以目光如炬著称的康有为，于是又多了一预言："要必为百年后一大关系事！"[3]

康有为这一回的预测，大大落后于形势。根本用不着百年，飞艇便成为人类生活上"一大关系事"。仅仅过了十年，第一次世界大战爆发，飞艇大量参战，并发挥巨大作用。相对来说，擅长"洋务"及"使才"的薛福成，更早地意识到"腾云驾雾"在军事史上的意义。早在1890年，薛氏便断言未来空战之不可避免：

> 但就轻气球而论，果能体制日精，升降顺逆，使球如舟车，吾知行师者水战、陆战之外，有添云战者矣；行路者水程、陆程之外，有改云程者矣。此外，御风、御云、御电、御火之法，更当百出而不穷，殆未可以意计测也。[4]

薛氏所撰《出使英法义比四国日记》，据其《凡例》，主要着眼于"瀛环之形势，西学之源流，洋情之变幻，军械之更新"[5]，这就难怪其格外关注此大有发展前景之气球。此后两三年间，薛氏一再在准备呈送总理衙门的日记中，记录气球及飞艇的研究进展。如光绪十六年（1890）六月十一日日记，记录英美拟合作制造飞船的消息，并简述其设计方案：

> 该船但用两人驾驶，其底与洋船一样。船身用矾石之类，须质轻而坚韧、价又便宜者。船旁张两翼如气球伞，以防不测。翼角有叶，如火

1　康有为：《法兰西游记·巴黎登汽球歌》，《欧洲十一国游记二种》第231页，岳麓书社，1985年。
2　参阅夏晓虹《诗界十记》（浙江文艺出版社，1991年）中《奇思妙想"新游仙"》一文。
3　康有为：《法兰西游记·登汽球》，《欧洲十一国游记二种》第231页。
4　薛福成：《出使英法义比四国日记》第83—84页，岳麓书社，1985年。
5　同上书，第63页。

第三章　从科普读物到科学小说　113

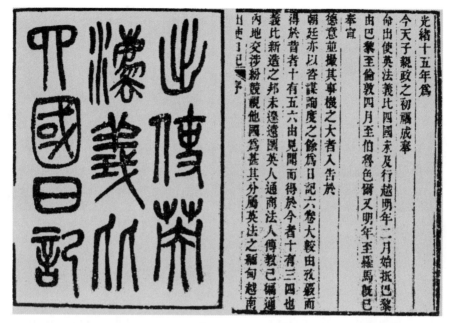

《出使英法义比四国日记》

船上之车叶，可升可降。船头有拨，以主进退；船尾有舵，以主前后。另有小舵一具，可左可右。坐人房舱，前有空地，为引路人坐处。有轨置弹弓打电气，船上舵及拨，俱用电气行使。设有不测，立即拆散，舵还舵，拨还拨，敛翼如气球伞，下坠并无窒碍。[1]

这段日记，并非科技专家之实验报告，而是出使大臣兼古文名家的传世文章。薛氏据光绪十六年闰二月二十四日日记改写的《观巴黎名画记》，常被作为桐城派的名篇赞赏。其实，薛氏日记最具特色的，仍在于其所录"必于洋务关涉者"。以桐城笔法，记录西学与军械，薛氏的出使日记，因而格外见精神。倘若不是文采风流，且对飞艇制作格外关注，很难想象其能用如此简洁生动的语言，让读者感觉飞艇如在眼前。将这段文字，与约略同时《点石斋画报》上所刊《飞舟穷北》《御风行舟》相比照，可见薛氏文笔之传神。而这，也似乎预示了桐城文章在晚清"中兴"的命运——要说介绍及

---

[1] 薛福成：《出使英法义比四国日记》第169—170页。

《飞舟穷北》　　　　　　　　　　《御风行舟》

传播西学，雅驯清通的桐城文章，其实是最合适的。此乃后话，暂且按下不表。

薛福成之热衷于讨论气球，仅以光绪十八年日记为例，便有如下四则：

> 正月二十七日："轻气球之属，尚可开拓其用，渐臻美善。"用来月球探险，恐怕不行，至于发现新大陆，"实在人意料之中"；
>
> 四月初四：已在实战中广泛运用的"乘球高升，俯瞰敌营虚实"，尚有进一步改良的可能性；
>
> 七月初九：追根溯源，考察气球诞生百年史，以及其在历次战争中的运用；
>
> 七月三十日：新造的飞天机器，"能载士卒及炸炮等往来空际"，"此器两旁张二巨叶，恍如飞鸟之有翼，来往空中，进止自如"[1]。

薛氏以古文名家，其《出使英法义比四国日记》和《出使日记续刻》分别刊行于1892年和1898年，想来当年读者不少。只是其对于"飞车"的关注，是否直接影响了此后的科学小说创作，不好妄测。因为，其时国内的报刊，也都开始介绍神妙的气球与飞艇。

---

[1] 参见薛福成《出使英法义比四国日记》第506—507、540、605—606、618—619页。

三、早期报刊中的"飞车"

不是每个人都有机会出国游历,更不要说亲身体验"凌空飞行"的乐趣。就在海外游记日渐拓展世人眼界的同时,出现了另一种更重要的传播西学的媒介,那就是近代报刊。对于晚清思想文化界来说,报刊所起的作用,远比专门著述大。一般读者对于西洋政事以及科学技术的了解,绝大部分得诸各类报刊。谭嗣同在《报章总宇宙之文说》中,用十分夸张的语调称:

> 若夫橐牢百代,卢车六合,贯穴古今,笼罩中外,宏史官之益而昭其义法,都选家之长而匡其阙漏,求之斯今,其惟报章乎?[1]

这里主要指的是"文体",可也应该包括"学理"。晚清的读书人,正是借助于此等报刊,获得许多古今中外、百代六合的常识。对于科学知识之传播,以及本文所述"飞车"的引进,传教士所办报刊,有筚路蓝缕之功。

1872年创刊于北京的《中西闻见录》,已经开始报道神秘的气球。为了适应中国人的口味,影射那古老的"奇肱国飞车",作者故意将"气球"说成"飞车"。这里以第23号(1874)上,该刊主持人丁韪良(William Martin)所撰的《飞车测天》为例:

> 初不过充戏玩工具,继乃乘之测量天气,为格物之助;或窥探敌情,资用兵之策;或自围城中,乘以超越敌营,使内外音耗相通,乃知气球飞车之大济于用也。[2]

半年后,又有关于"飞车落海"的报道,而且同样出自丁韪良之手[3]。"飞车"升空失败,法王闻之,给遇险者褒奖,作者于是略作发挥:"窃谓此等险举,似宜禁止,今更奖之,则其好奇可知矣。"正是此等"好奇",而不

---

[1] 《报章总宇宙之文说》,《谭嗣同全集》第375页,中华书局,1981年。
[2] 丁韪良《飞车测天》,《中西闻见录》第23号,1874年6月。
[3] 参见丁韪良《飞车落海》,《中西闻见录》第27号,1874年11月。

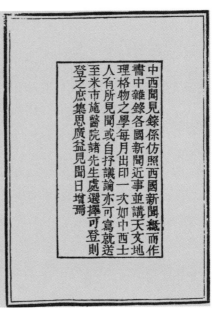

《中西闻见录》

《飞车测天》

是什么具体的功利目的，支撑着整个科学以及探险的事业。这种不顾生命危险，致力于探求自然奥秘的精神，乃其时一般中国人所缺乏。传教士丁韪良既要不让读者反感，又须表明其赞赏的立场，用心可谓良苦。

1875年，《中西闻见录》停办；第二年的二月，英国人傅兰雅（John Fryer）编辑的《格致汇编》在上海出版。该刊英文题为 *Chinese Scientific Magazine*，乃中国最早的科学杂志。《格致汇编》的刊行，前后延续七年，对晚清知识者之接受西学，起了很好的作用，时人已多有赞美之词。比如，曾纪泽《出使英法俄国日记》中，便有阅读《格致汇编》，以求获得西学知识的记载[1]；对"吾华读书之士，明其道者忽其事；工师之流，习其业者昧其理"深表不满的薛福成，也曾应邀为《格致汇编》作序：

> 傅君《汇编》出，而人知格致之实用，庶几探索底蕴，深求其理法之所以然。风气既开，有志之士锲而不舍，蕲使古今中西之学，会而为一，是则余之所默企也夫！[2]

会通"古今中西之学"，这种期许未免太高。对于晚清的读书人来说，最迫切需要的，还是更多地了解西方的政艺与科技。在这方面，《中西闻见录》和《格致汇编》确实起了不容忽视的积极作用[3]。梁启超刊行于1896年的《西学书目表》中，有《读西学书法》，对二刊给予高度评价：

> 三十年前，京师创有《中西闻见录》，略述泰西政艺各事，阅者寥寥，不久旋辍。嗣在上海续翻《格致汇编》，前后七年，中经作辍，皆言西人格致新理，洪纤并载，多有出于所翻各书之外者，读之可以增益智慧。惜当时风气未开，嗜之者终复无几。闻傅兰雅因译此编，赔垫数千金云。故光绪十六年以后，即不复译。今中国欲为推广民智起见，必宜重兴此举矣。[4]

---

1 参见曾纪泽《出使英法俄国日记》第77页，长沙：岳麓书社，1985年。
2 薛福成：《出使英法义比四国日记》第73页。
3 此处论述颇有疏漏，参见本章之"附记"。
4 梁启超：《读西学书法》，《西学书目表》，（上海）时务报馆，1896年。

梁氏的描述及评价大致精到，需要略作补充的是，《格致汇编》虽在封面题有"是编补续《中西闻见录》"字样，两刊作者也颇有交义，但毕竟是由不同人编辑、在不同城市出版，杂志的整体面貌也有较大的差异（如后者不涉及政治时事）。同为传教士在中国所办的传播西学的重要刊物，当年的国人无暇细辨其差别，其实不足为奇。梁氏提到此二刊对于"格致新理"的介绍，颇有出于所译书籍之外者，这点值得发挥。

考虑到当年国人对西学的理解水平与接受能力，所译"格致"新书，大都是西方的教科书或普及读物，实在说不上"新理"。杂志则不一样，系统介绍部分仍以启蒙为目的，反而是作为点缀的"杂记""各国近事"等，介绍的是最新科技信息。作为专业训练，教科书和著述当然更重要；可作为开阔眼界以及聊天闲话的资料，杂志远比书籍有用。对于晚清小说家来说，其科技知识，得之于专业著述者，恐怕不及报纸与杂志。在这个意义上，讨论晚清一般读书人的知识背景，报刊上语焉不详的最新科技信息，可能更值得重视。

《格致汇编》中不少系列科普文章，是从国外教科书直接翻译过来的。如《格致略论》译自"英国幼学格致"，《西画初学》则注明乃"英国浅巴司启蒙丛书之一种"；至于第六年第二卷上，更有《披阅西学启蒙十六种说》，推荐各类西学启蒙读物。选择这一策略，与编者"急宜先从浅近者起手，渐及而至见闻广远，自能融会贯通矣"的指导思想[1]大有关系。教科书本就不深奥，更有"格物杂说""博物新闻"等，专门介绍新奇有趣的科学知识。至于"互相问答"专栏的设立，更是着眼于科学知识的普及。《格致汇编》突出科普教育，于此可见其"平民心态"[2]——准确地说，应是启蒙者的"平民姿态"。可这个传统，乃是承继《中西闻见录》。后来者对"格致"的介绍，比前驱更为深入，此乃学术发展的必然结果。相对于其时学界的水平，二者都是科普教育。这就难怪丁韪良主笔的"杂记"，与《格致汇编》的"格物杂说"颇为神似——均以轻松活泼的文笔，介绍有趣的科学常识与最新科研成果。值得一提的是，《格致汇编》第一年第三卷上，也刊发

---

1 参见徐寿《格致汇编·序》，《格致汇编》第一年第一卷，1876年2月。
2 参阅熊月之《西学东渐与晚清社会》第十章《科普杂志与平民心态》，上海人民出版社，1994年。

《格致汇编》封面

《论轻气球》

附有图片的《论轻气球》；只不过因其更强调知识的系统与有用，对气球升空以后的冒险故事明显不感兴趣。

另一个晚清读书人获取西学知识的来源，便是名气更大的《万国公报》。美国人林乐知（Young J. Allen）创办的《万国公报》（Chinese Globe Magazine），原为宣传宗教的《教会新报》，1874年第301期起改为现名，并以时事报道及政治评论为主，出至1883年停刊。1889年复刊时，改月刊并成为广学会的机关刊物，直接影响了参与戊戌变法那代人的政治倾向与知识结构。《万国公报》兼及政治时事与科学技术，而且注重"格致"与"国事"之间的联系，常有"道器之论"或"中西之辨"。但是，对西方科技发展的介绍，仍为《万国公报》所重视。尤其是"各国近事"一栏，更是以发布科技信息为主。铁路、造船、开矿、制炮等，因其在整个国民经济及国防建设中所处地位特殊，自然受到格外的关注；可气球偶尔也会引起大家的兴趣。比如，英国的"气球利用"（第7册）、"设气球局"（第27册），法国的"新法气球"（第20册），美国的"飞车妙用"（第19册）、"空中行舟"（第29册）、"飞舟落成"（第33册）等，都曾被作为重要的科技新闻介绍给中国读者。

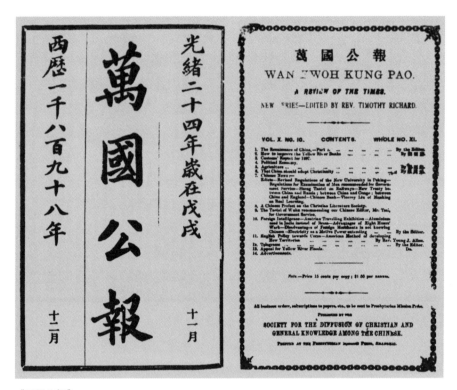

《万国公报》

对于没有受过专业训练,而且不以科技为职业的晚清读者来说,《水雷说》以及《电气镀金略法》等,还是过于专门化;倒是"杂记""格物杂说""各国近事"等专栏所介绍的西学"趣闻",更容易广泛传播。晚清国人之谈论西学,往往浅尝辄止,新旧杂糅,与这种接受途径颇有关系。

20世纪40年代,从晚清起便积极参与科学小说翻译与创作的包天笑,在《我与杂志界》中大发感慨:

> 中国的杂志中,最发达的是文学杂志,而最不发达的是科学杂志,这可见得中国是一个科学落后的国家。[1]

我关注的不是文学杂志与科学杂志孰多孰少,而是科学杂志往往需要文学

---

[1] 包天笑:《我与杂志界》,《杂志》第十五卷,1945年。

作为"药引",以便吸引尽可能多的读者。本来,在晚清,政艺及科学杂志创办在前,文学杂志反而是后来者。就连最早的文学杂志《瀛寰琐记》(1872—1875),前几卷也都以科学及政艺打头。大概由于其时国人对西学相当冷漠,才逐渐改为"纯文学"杂志。倒是介绍西学(尤其是格致之学)的杂志,为了吸引一般读者,喜欢以文学作品做点缀。《中西闻见录》时常发表寓言,《万国公报》也偶有小说连载,《格致汇编》乃专门的科学杂志,则以传记、游记作为点缀。这个传统,一直延续到五四"新文化"。在世纪转折期的众多科技期刊中,不少附有小说或诗文[1]。甚至出现像《科学世界》(1903年创刊)那样,设立小说专栏,而且规定"不关科学者不录"[2]。这么一来,自然非科学小说莫属。实际上,《科学世界》上连载的,正是译自日文的科学小说《蝴蝶书生漫游记》——或许是巧合,"飞行器乘风游汗漫",以及"月界旅行""火星初航"等,也正是此书的主要关目。

四、《点石斋画报》中的"飞车"

《中西闻见录》等刊介绍西方科技发展的专栏文章,大都直接译自西报,属于大众传媒中的"科学知识"。同样源于西报,但传播面更广的,在晚清,尚有《点石斋画报》。前者尽管也以科普为主要战略目标,但其传播范围基本上局限于"新学之士"。至于普通市民,则另有接受西方文化(包括科技)的途径——《点石斋画报》便是其中重要的一环。

《点石斋画报》创办于1884年,至1898年终刊,连续发行15年,其对民众的影响实在不容低估。在这四千多幅配上文字的图画中,有社会事件的报道,也有西洋文明的介绍。比起以士大夫为拟想读者的《万国公报》来,《点石斋画报》更加世俗化,其"好奇心"与"社会偏见"也更明显。讨论晚清国人对于西洋文明的惊愕、兴奋与误解,《点石斋画报》无疑是最佳素材[3]。

---

1 参阅《中国近代科技期刊简介》,《辛亥革命时期期刊介绍》第四集,人民出版社,1986年。
2 《科学世界简章》,《科学世界》第1期,1903年。
3 武田雅哉著《翔べ!大清帝国——近代中国の幻想科学》(东京:リブロポート株式会社,(转下页)

画报因其生动直观，容易为文化水准不高的大众所接受。对于晚清读者的开阔眼界，增长知识，通俗的画报一点不比高雅的专著逊色。《点石斋画报》对西洋文明的介绍与接纳，是个值得认真关注的大题目；这里只是管窥蠡测，考察其对"飞车"的兴趣。画报的取材，既有直接临摹西洋同类杂志的，也有根据西报的介绍而配以画面的。画报之"图文并茂"，表面上只是为了便于读者接受，将社会新闻与科技信息通俗化。其实，画面与文字，各有其独立意义，二者均不可或缺。将图画与文字对照阅读，有相得益彰，互相补充说明的；也有画面与文字互相隔阂，颇具反讽意味的；更有借画面引起话题，然后引申发挥，表达政见的。

《点石斋画报》上，以气球、飞艇为描述对象的，目前发现的有16幅。按发表时间顺序，排列如下。序号为编者所加，以下依次为题目、画师、出处（《点石斋画报》汇刊本共五函，第一函十干，第二函十二支，第三函八音、第四函六艺，第五函按四德四教排列）：

1.《新样气球》，画家待考，甲一
2.《气球泄气》，马子明画，壬五
3.《飞舟穷北》，符艮心画，丑五
4.《演放气球》，金蟾香画，未一
5.《气球险事》，金蟾香画，酉七
6.《气球奇观》，金蟾香画，戌一
7.《天上行舟》，张志瀛画，戌八
8.《人身傅翼》，金蟾香画，金十二
9.《一蹶不振》，符艮心画，丝三
10.《妙制飞车》，金蟾香画，丝十
11.《枪炮致雨》，金蟾香画，土五
12.《气球妙用》，张志瀛画，御三
13.《御风行舟》，符艮心画，元一，
14.《球升忽裂》，符艮心画，元八

（接上页）1988年）以及中野美代子、武田雅哉合作的《世纪末中国かわら版》（［东京］福武书店，1989年），对我的研究颇有启发，特此致谢。

《演放气球》

15.《气球破敌》,朱儒贤画,元十
16.《气球炸裂》,朱儒贤画,亨八

为了论证画面上的文字并非毫无意义,这里以金蟾香所画《妙制飞车》为例。此画的基本构图应有所本,文字则更多自我发挥,只是目前无法证明画家便是文字的作者:

  西人性多机巧,其术艺每多灵妙绝伦。近如火轮船、火轮车等,几已无足为奇矣。去年有某西人创为天上行舟之举,闻者已叹得未曾有。岂知机械日出,更有令人不可思议者。法国技艺院中有法人名颠路毕者,心灵手敏,每制一器,务极精良。近更独运匠心,创设飞车一架,能在半空中行走如飞。其车式形如扇,系用飞空手车制成者。顶有平

《妙制飞车》

板，旁有高板，皆藏以机栝。后有一舵，如欲凌空而上，先将顶上之轮搅动，车便渐渐升高。再将座旁之机及座后之舵用力搅动，东西南北皆可任意指挥。凡安坐其上者，飘飘乎有摩荡入云之概。较诸列子御风，不更泠然善乎？按：稗史载僬侥国善制飞车，能从空中行走。昔尝疑其荒诞，今闻此事，该法人或果独得心传欤？

这段文字，颇具起承转合之妙，可作"科学小品"阅读。中间部分介绍飞车的结构及操作方法，应是根据有关报道转述。《点石斋画报》上关于气球及飞车的描述，都包含某些科学知识（如结构、飞行速度、载重量、操作方法等），此乃后来的小说家借以驰骋想象的依据。但作者的兴趣主要不在此，于是前面冠以"西人性多机巧"的感慨，后面又有列子御风的发挥。所谓"去年有某西人"云云，自然当不得真；作者无意作史实考辨，只是说明科技进步之神速。至于传说中"善制飞车"的,并非"僬侥国",而是"奇肱国",作者本不该有此失误。最后一句将西人之机巧,归结为得中土之真传,似有"西学中源说"的嫌疑。不过,我更倾向于理解为作者追求文章的首尾呼应。《点石斋画报》中出现过众多"飞车"形象,且多来源英美,此处称法人"独得心传",不知是作者健忘呢,还是颇具幽默感。

几乎所有听到、见到或亲自登临气球(飞艇)的国人,马上联想到的是中国古来寓言或小说中的"腾云驾雾"。1871年张德彝《随使法国记》提及乘气球腾空俯视的妙处:"小说所云腾云驾雾,其神奇殆不过是云。"[1] 薛福成《出使英法义比四国日记》提及"从前中国小说家言,有所谓腾云者","今则乘气球者,非所谓腾云乎"?薛氏对英美合制"可从空中来往"的汽船极感兴趣:"要之,就此法而精思之,合群力而互营之,则奇肱氏之飞车,必有乘云御风之一日,其在百年或数百年之后乎?"[2] 薛氏此语,出于1890年。此前7年,法国人已经成功地使用电动机驱动飞艇;此后7年,德国人则制造了第一艘硬式飞艇。所谓"奇肱国飞车",根本用不着等到百年之后。

《点石斋画报》虽较为平民化,也不忘引经据典、以古类今。16图中,提及"列子御风"的有五(《新样气球》《天上行舟》《人身傅翼》《妙制飞车》《御风行舟》),提及"飞车"的有三(《飞舟穷北》《天上行舟》《妙制飞车》)。《庄子·逍遥游》乃中国文人的必读书,故"列子御风而行,泠然善也"的说法,无不烂熟于胸。至于出自《山海经》的"奇肱国飞车",也不是僻书,引述失误,实在不应该。

16图中,有4幅发生在中国,说明其时国人对于气球,已经不太陌生。外国人在上海表演气球,"人以习闻,久未遇目,至此咸思一扩眼界,故不约而至者万人"(《气球泄气》)。表演有成功,也有失败,但往观者众,说明气球已引起国人的极大兴趣。晚清众多关于气球的介绍,不管是海外游记、科普读物,还是《点石斋画报》,都将其作为人类征服自然的能力来讴歌。也提到了气球可能成为重要的战争武器,却不讨论这武器到底属于何

---

[1] 参见张德彝《随使法国记》第169页。
[2] 参见薛福成《出使英法义比四国日记》第83页、74页。

大书"CHINA"之飞艇图

方。《演放气球》一则,图说的是天津武备学堂制成气球[1],丁汝昌提督等升空远眺。画面上,观看表演的外国人士也随着欢呼雀跃。本可由此生发出许多"民族自豪感",没想到作者轻易放弃此绝好题目,转而赞叹提督冒险升空之"胆略卓识"——这正是19世纪末和20世纪初国人对待西学的不同态度。1910年《小说月报》第4期刊有一飞艇图,飞艇上大书"CHINA"字样[2];至于众多科学小说中,更是极力夸耀中国飞艇之威力无穷。

海外游记、科普读物以及《点石斋画报》对"飞车"的介绍,基本上只考虑其科学层面的意义;至于人类学会"腾云驾雾"所带来的政治及文化效应,则有待小说家去表现。尽管有侧重科技与人文的区别,但小说家对于

---

[1] 傅云龙1887年参观天津武备学堂时,见到该学堂拥有大气球及其配套设备。此气球并机车值银一万四千,管理者为法国人。参见傅云龙《游历日本余纪》前编上,罗森等《早期日本游记五种》第117页,长沙:湖南人民出版社,1983年。
[2] "中国发明飞艇家谢君缵泰之肖像及其飞艇之图",《小说月报》第一卷第4期,1910年11月。

"飞车"的兴趣，明显受到上述三类读物的影响。举一个现成的例子，写作《空中战争未来记》的包天笑，其对于飞翔的想象与兴趣，便是靠《点石斋画报》的培育。《钏影楼回忆录》中述及少年读书情景，十分难得，不妨大段引录：

> 我在十二三岁的时候，上海出有一种石印的《点石斋画报》，我最喜欢看了。本来儿童最喜欢看画，而这个画报，即是成人也喜欢看的。每逢出版，寄到苏州来时，我宁可省下点心钱，必须去购买一册。这是每十天出一册，积十册便可以线装成一本，我当时就有装订成好几本。虽然那些画师也没有什么博识，可是在画上也可以得着一点常识。因为上海那个地方是开风气之先的，外国的什么新发明，新事物，都是先传到上海。……其时，外国已经有了汽球了，画报上也画了出来。有一次，画报上说：外国已有了飞艇，可是画出来的是有帆，有桨，有舵，还装上了两翅膀。人家以为飞艇就是如此，而不知这是画师的意匠（飞机初时传至中国，译者译之为飞艇。画者未见过飞机，以为既名为艇，当然有帆有舵了）。后来在上海办杂志，忽发思古之幽情，也想仿效《点石斋画报》那样办一种，搞来搞去搞不好，无他，时代不同，颇难勉强也。[1]

这段追忆，所述基本准确；就连"飞艇"的描述，也与《飞舟穷北》一图相差无几。只是飞艇（airship）与飞机（airplane）不同，当年的译者并没弄错[2]，反而是包氏自己混淆了。至于所受《点石斋画报》的影响，包氏举出1916年办《小说画报》时之采用石印线装与排斥照相铜版画[3]；其实，更重要的是培养了包氏对于"飞车"等科技新发明的兴趣。作为晚清最重要的科学小说译者，包氏具备不少此类"常识"；而这，也正是他幻想未来空中战争的因缘。

---

[1] 包天笑：《钏影楼回忆录》第112—113页，香港：大华出版社，1971年。
[2] 薛福成《出使英法义比四国日记》第170、619页中对"飞舟"的描述，与此极为相似，可见并非只是"画师的意匠"。
[3] 参见包天笑《钏影楼回忆录》中"编辑小说杂志"一节。

五、"飞车"如何上天

比起列子御风,奇肱国的"飞车"无疑更有诱惑力。不管是"身生羽翼,变化飞行"的"古之得仙者",还是"能乘云"或"善御龙"的远方殊俗[1],对于凡夫俗子来说,都显得过于渺茫。只有"飞车"最为理想,因其对搭乘者没有特殊要求。不语怪力乱神、因而显得过于"理智"的中国文人,明知"飞天"之不可能,只好将此特权拱手出让给神仙与妖怪。历代小说家基本上不在翱翔空中的"飞车"上打主意,要不一个筋斗十万八千里,要不老老实实骑马或乘船。

在古代中国,谈论"飞车",本来就是小说家的专利。只不过因其希望过于渺茫,而被长期搁置。如今有了"腾云驾雾"的气球,以及即将幻梦成真的飞艇,难怪晚清作家迅速兴奋起来,投入以"飞车"为中心的科学小说创作。从1904年《月球殖民地》中气球凌空而起,经由1905年《新石头记》的飞车空中来往,到了1909年的《新野叟曝言》,人类已经能够自由地往返地球与木星——中国作家的"科技水平",实在进展神速。

只是"飞车"应该如何建造,怎么驾驶,作家是否心中有数?既然众人都喜欢谈论"奇肱国飞车",那就从《山海经·海外西经》中有关奇肱国的记载说起。对此记载,郭璞注曰:

> 其人善为机巧,以取百禽;能作飞车,从风远行。汤时得之于豫州界中,即坏之,不以示人。后十年西风至,复作遣之。

张华《博物志·外国》也有类似说法,不过改"西风"为"东风"。依"其国去玉门关四万里"测定,须是东风方能将飞车遣返。《点石斋画报》中的《飞舟穷北》,即以《博物志》为据:"奇肱国氏能为飞车,则车既可以离地,安见舟之不可以冲天,于是乎飞舟出焉。"如此立论,让幻想与现实循环论证,今人或许觉得有点奇怪,但却是晚清人普遍的思路。强调现代西方

---

[1] 参阅葛洪的《抱朴子·对俗》和张华的《博物志·外国》。

的科学成就,可能源于古老中国的寓言传说,不只限于学界常常引录的若干宏论,海外游记中也时有表现[1]。至于小说家之努力为"飞车"溯源,则另有打算:以此渲染"科学小说"之作为"理想"与"预言"以及"超越自然而促其进化"的价值[2]。同样赞美"凌空摩荡绝迹飞行"的"气船",《点石斋画报》中的《天上行舟》,则换一种说法:"彼周镜国之飞车,恐不得专美于前矣。"这里借用的是李汝珍《镜花缘》中的情节,老国王催阴若花回去继承王位,"于周镜国借得飞车一乘,此车可容二人,每日能行二三千里,若遇顺风,亦可行得万里"(第六十六回)。除了这两部相隔不止千年的奇书,想不出还有提及"飞车"的。

在《新石头记》第二十五回中,吴趼人总算正式地描写了文明境界中飞车的形状,并提醒读者注意《镜花缘》中也有类似的飞行工具。在1907年刊于《月月小说》的《杂说》中,吴氏认定《镜花缘》乃典型的科学小说,而"其所叙海外各国皆依据《山海经》"[3]。事实上,晚清文人之谈论"飞车",脑海里首先浮现的正是这两部奇书的影子。吴氏的笔墨,以及改良小说社版的插图,均以《镜花缘》为摹仿的对象;而李汝珍的笔墨,以及光绪十四年(1888)点石斋石印本的绘图,又都是以《山海经》为依托。文字比较常见,可以不提;这里将明刊《三才图会》和清刊《山海经广注》)中的"奇肱国飞车",清刊《镜花缘》中的"周镜国飞车",以及《新石头记》中"文明境界的飞车",放在一起,想来不难发现其"设计思想"相当接近。指责为《新石头记》绘图的画师缺乏想象力,实在不公平;因吴氏小说中对"飞车"的描述,并无特殊之处,基本上只是《镜花缘》的摹本。这种类似马车或脚踏车的飞行器,是否真的能够"腾云驾雾",实在令人担忧。

晚清的科学小说,不只"飞车"形状可疑,"气球"的描写也令人难以置信。《月球殖民地》中的"第一主角",毫无疑问,非"气球"莫属。小

---

[1] 如薛福成《出使英法义比四国日记》赞叹过西人机器之巧妙,而后便是:"机器之制,肇自三皇。庖牺制浑仪,轩辕作刻漏……周偃师作傀儡,不手而自舞;公输子作木鸢,不翼而自飞;诸葛亮作木牛流马,不胫而自走:其巧思洵出西人之上。"(第451页)
[2] 参见趼(吴趼人)《杂说》、佚名《论科学之发达可以辟旧小说之荒谬思想》以及觉我(徐念慈)《小说林缘起》等,见《二十世纪中国小说理论资料》第一卷第278—279页、206—209页、255—257页。
[3] 趼:《杂说》,《月月小说》第一年第8号,1907年5月。

《三才图会》之"奇肱国飞车"

《山海经广注》之"奇肱国飞车"

《镜花缘》之"周镜国飞车"

《新石头记》之"文明境界的飞车"

第三章　从科普读物到科学小说　131

《绣像小说》所配插图

《点石斋画报》所配插图

说第五回，气球首次亮相：

> 只见天空里一个气球，飘飘摇摇，却好在亭子面前，一块三五亩大的草地落下，两人大为惊诧。看那气球的外面，晶光烁烁，仿佛像天空的月轮一样。那下面并不用兜笼，与寻常的做法，迥然不同。忽然"叮"的一声，开了一扇窗棂，一个人从窗棂里走下来。

单看这段描写，无论如何想象不出其"与寻常的做法"有何不同。看看《绣像小说》为其所配插图，甚至比《点石斋画报》提供的，还要简陋得多。以下是同一回中，关于气球内部结构及升空场面的描写：

> 走到气球里面，那机器的玲珑，真正是从前所没有见过的。除气舱之外，那会客的有客厅，练身体的有体操场。其余卧室及大餐间，没有一件不齐备，铺设没有一件不精致。两人的眼睛都看花了，随和唐先生、濮小姐相见，谭叙了片刻。忽听得气轮鼓动，那球早腾空而起。

"袖神镖打死陶都监,开毒炮救回李总办",
《月球殖民地》

作者只顾渲染各种设备如何豪华,就是不想想配有体操场的气球,该有多大的动力才能升空。如此庞大的"空中宫殿",画师无论如何想象不出来。于是,同一个气球,小说里极度奢华,插图中则十分简陋,两相对照,煞是有趣。

不必顾虑读者怀疑的眼光,小说家于是只管尽兴地驰骋想象。不要说科普读物,海外游记及《点石斋画报》中的"飞车",也都有若干立足于科学的"数据"。不若吴趼人等,"开动了机关,那车便拿空而起"(《新石头记》第二十四回)。此前《江苏》杂志第1、2期刊发凡尔纳的《空中旅行记》译本,之所以半途而废(杂志总共出了12期),或许正是不喜欢其唠唠叨叨地讨论如何使气球顺利升空。中国的科学小说家,则不必考虑空气动力、飞行速度以及太空中的失重等,便可自由探访木星,实在太幸运了。可这种"幸运",使得晚清的科学小说,除了若干从大众传媒获得的西学术语外,不得不借用若干武侠小说及神怪小说的伎俩。读者或许永远也弄不明白:为何能从气球上发射"绿气大炮"者,行刺陶都监时,竟使用的是飞镖(《月球殖民地》)?气球队、潜水艇、日光镜全都派上用场,而且大显神威,可最后决定战争胜负的,为何竟是古老而神秘的追魂砂(《新纪元》)?

科学小说的本意,应是依据"科学"而"幻想",或者说"合乎科学的虚构"(Scientifiction)。立足已有的科技成就,发挥小说家丰富的想象力,使其作品既显得奇妙无比,又合乎科学发展的规律,此乃科学小说的魅力所在。这就要求小说家对其作品所涉及的科学领域,有比较丰厚的知识积累。所谓"无格致学不可以读吾新小说"[1]，转换成"无格致学不可以作吾科学小说"，或许更合适些。晚清提倡科学小说的新小说家，并非丝毫没有意识到其处境的尴尬。有称中国科学小说不发达，"此乃中国科学不兴之咎"；也有寄希望于"深通科学兼长文学之士"的出现[2]。单是阅读《中西闻见录》或者《点石斋画报》，可以培养起对于"飞车"的兴趣，却无法成功地借助"飞车"驰骋想象。在这个意义上，晚清"飞车"的传入途径，及其引起关注的特殊方式，已经内在地决定了仓促上阵的科学小说家，其创作必定"先天不足，后天失调"。

六、经以科学，纬以人情

批评晚清的科学小说家对其描写的"科学技术"，缺乏必要的知识，很可能招来作家的反唇相讥："看官，要晓得编小说的，并不是科学的专家；这部小说也不是科学讲义。"——这段理直气壮的自我申辩，录自碧荷馆主人所撰《新纪元》第一回。科学小说必须首先是"小说"，而后才是"科学"，否则，很容易混同于科学讲义或科普读物——这点笔者并无异议。就像鲁迅在《〈月界旅行〉辨言》中所说的，"胪陈科学，常人厌之，阅不终篇，辄欲睡去"，"惟假小说之能力"，方能为大众所喜闻乐见。问题是"科学"与"小说"之间的调适，并非一句"文学与科学不可偏废"就能打发[3]。讨论过"科学小说"中的"科学"，接下来的话题，便该是"科学小说"中的"小说"了。

对于科学小说的写作，鲁迅有个经典性的概括："经以科学，纬以人情"[4]。何谓科学小说中必不可少的"人情"？最容易联想到的，自然是无所不在的"儿女情长"。鲁迅注意到《月界旅行》中没有"女性之魅力"，可使用"离合悲欢"一语，确实仍嫌"不够严谨"[5]。古往今来，最为激动

---

[1] 佚名：《读新小说法》，见《二十世纪中国小说理论资料》第一卷第294—300页。
[2] 参阅《小说丛话》中侠人语和管达如的《说小说》，见《二十世纪中国小说理论资料》第一卷第92—95、401页。
[3] 参见《论文学与科学不可偏废》，《大陆报》第3期，1903年2月。
[4] 参见《〈月界旅行〉辨言》，《鲁迅全集》第十卷第151—152页，人民文学出版社，1981年。
[5] 参阅卜立德《鲁迅的两篇早期翻译》，《鲁迅研究月刊》1993年第1期。

人心的，除了"家事"，还有"国事"，"默揣世界将来之进步"，实际上也是一种"人情"。故鲁迅"纬以人情"的说法，依然可以成立。

在上述晚清科学小说中，《月球殖民地》尚有作为贯穿线索的"离合悲欢"，后几部则注重国家的命运、文明的进程，而不大考虑个人的情感与得失。以"飞车"为例，作为一种理想的交通工具，本来可以设想有情人"天涯若比邻"。但在小说家看来，如此神圣的"科学"，不该只是用来谈情说爱，而应造福于社会。创造或驾驭"飞车"，乃人类能力（科学）的象征，也代表着人类对于未来世界的向往，故其活动基本上是集团性的，不具备个人色彩。小说中偶尔也会提到"飞车"的创造者，或者具体的操作规程，但都是一笔带过。除了受到作家科技水平的限制，还有就是，小说的着眼点在于科学如何为人类创造美好的未来。

如此说来，"经以科学，纬以人情"的科学小说，与抒写"胸中所怀"、畅想未来世界的政治小说，颇多相似之处。最早提倡科学小说的《新小说》杂志，故意将"哲理"与"科学"并列，或许正是基于此考虑。而梁启超之希望"以科学上最精确之学理，与哲学上最高尚之思想"合而为一，也预示了中国科学小说的发展方向[1]。没有纯粹的求知欲望，有的只是如何利用"科学"，达到某种或高尚或不高尚的政治目的。晚清政治小说中，对"未来世界"的想象，是其展开现实批判的根基。这面用来观照、丈量、鞭策现实世界的"镜子"，本身就打上"科学"深深的烙印。而这一趋向，在1891年李提摩太开始译介的美国政治小说《回头看纪略》（又译《百年一觉》）中[2]，已经明显表露出来。在毕拉宓（Edward Bellamy）描绘的2000年的美国，除了社会公正平等，还有便是科学的昌明与物质的丰富。此书对晚清知识界影响极大，对政治小说及科学小说的写作，也有或直接或间接的启示。在上述海外游记、时事和科普杂志、《点石斋画报》中，提及"飞车"时，基本上只是作为"科学"成就来赞赏，不曾与特定的民族国家或政治集团发生联系。而世纪初的科学小说家，不满足于讲述"求知"或"探险"的

---

1 参阅任公《译印政治小说序》、新小说报社《中国唯一之文学报〈新小说〉》、饮冰《〈世界末日记〉译后语》，见《二十世纪中国小说理论资料》第一卷第37—38页、58—63页、57—58页。
2 《回头看纪略》1891年12月至1892年4月连载于《万国公报》时，只注"析津来稿"，并没有作者与译者；1894年上海广学会刊行的《百年一觉》，则标明毕拉宓著、李提摩太译。互相对勘，二者内容完全一样，可证前者系李提摩太所译。

《新小说》杂志　　　　　　　《回头看纪略》

故事，而是努力渲染其"高尚之（政治）理想"，这与政治小说的渗透不无关系。

薛福成《出使英法义比四国日记》提到气球研制日精，将可能于水战、陆战外，又添"云战"；《点石斋画报》中也有一幅《气球破敌》，预言气球上配备大炮，"则水陆之兵可以废"。但"气球"之用于战争，只是其众多功能中的一种。而活跃在世纪初科学小说中的"飞车"，则基本上成为杀人武器。作家极力渲染配有大炮或毒气弹的"飞车"如何威力无穷，而极少反省其大规模杀人是否合法与合理。《月球殖民地》第三十一回述及气球上火力过于凶猛，连带轰死无辜平民时，有一句妙语："但为除害起见，也顾不得这许多了。"到了争霸世界时，连这点自我解嘲的"妙语"也省略了。小说家动辄利用"飞车"所携带的新式武器，毁灭整座城市，而且"面不变色心不跳"。如此赞赏人类的"科学成就"，实在有点可怕。唯一对科学发明被用来大规模杀人的趋势表示反感的，是吴趼人的《新石头记》。

《气球破敌》

《新石头记》中贾宝玉所游览的"文明境界",也有飞车队、潜水艇等战争武器,但对"氯气炮"这种过于残忍的杀人工具,则深恶痛绝。理由是:此等"残忍之事",不配存在于"文明世界"。借用第三十八回的书中人语:"虽然两国失和,便是仇敌,然而总是人类对人类……伤残同类,岂不是不仁之甚吗?"在一个"弱肉强食""适者生存"被合理化的时代里,作家依然坚信儒家以"仁义"定天下的理想。东方德先生于是发明了一种新式武器"仁术":用飞车到敌营上空洒蒙汗药水,"就可以把敌人全数生擒活捉过来,不伤一命,岂不是仁术么?"这种新式武器的设计思想,充分体现国人"仁义之师"的道德境界;尽管操作起来几乎没有任何可行性。有趣的是,"滑稽玩世"的吴趼人对"真文明"与"假文明"的分辨,以及对"科学万能"的自觉反省,今天看来相当"前卫",当年则颇有落伍之讥。

《新纪元》等科学小说之所以容忍甚至赞赏"飞车"之大规模杀人,

基于其对新世界的期待。而在晚清的特殊语境中，所谓"新世界"，很容易转译成备受列强欺凌的中国人，能够作为黄种人的代表，与白种人的欧洲展开殊死搏斗。强大起来的中国，不仅受到世界各国的尊重，而且将欧洲作为自己的殖民地。这虽然只是个别小说家的幻想，却蕴含着一个极为严肃的话题，即被压迫者如何看待"压迫"，或者说殖民地国家的人民，应该怎样看待"殖民"。"胜者为王败者为寇"的逻辑，只着眼于具体的个人、民族、国家生存处境的改变，而不追究是非与曲直，虽然有其历史的合理性（起码在晚清是如此），却并非小说家所标榜的"高尚之理想"。在《阿Q正传》里，最令人不寒而栗的，是阿Q的"革命"。而在另一篇文章中，鲁迅还提到：

> 奴才做了主人，是决不肯废去"老爷"的称呼的，他的摆架子，恐怕比他的主人还十足，还可笑。[1]

陆士谔充满偏见的《新野叟曝言》，可以为鲁迅这一说法做注脚。对于未来世界的想象，很大程度受制于现实处境；对现实的不满，可以催生出各种各样的"理想"，但并非所有的理想都"高尚"。

1995年12月7日深夜于京西蔚秀园

附记：

在《气球·学堂·报章——关于〈教会新报〉》（收入拙著《文学史的形成与建构》，南宁：广西教育出版社，1999）一文中，我曾对本文做了重要补正，现转录如下：

在《从科普读物到科学小说——以"飞车"为中心的考察》中，我曾提及传教士所办报刊的传播格致之学，以及引进关于"飞车"的现代想象，对于日后科学小说崛起的意义。囿于《教会新报》以传播宗教为主的成见，其

---

[1]《上海文艺之一瞥》，《鲁迅全集》第四卷第302页。

时只检索了丁韪良所办的《中西闻见录》与傅兰雅紧接其后的《格致汇编》等。此次补课,方才发现《教会新报》之介绍气球,早于《中西闻见录》,且着眼点有所不同。

1872年创刊于北京的《中西闻见录》,第4册上刊载介绍气球的《飞车异闻》。这则被《教会新报》转载的报道(《飞车异闻》,《教会新报》第5册第2383页),采用"乘云而升,以窥天表""凭虚御风,不啻羽化而登仙"等文学语言,附会中国古老的飞车想象(如《山海经》中便有"奇肱国飞车"),且与《犀熊伤人》《奇兽寓言》并列,隶属"各国近事"专栏。这种不谈物理,只述耳闻,将"飞车"传奇化的倾向,与《教会新报》始终将有关气球的知识和消息列入"格致近事"大异其趣。

《教会新报》之拒绝传说,更多着眼于传播新知,与日后傅兰雅同在上海编辑的《格致汇编》较为接近。除了主编的个人兴趣,更直接的原因可能是:千年帝都北京与通商口岸上海,两地文化氛围迥异,即便同样关注能够腾云驾雾的气球,前者突出奇妙的用途,后者则着眼于如何生产。正如同样办起了西式学堂,北京同文馆与上海广方言馆,译书的侧重点以及学生的出路,均有很大差异。相对而言,晚清上海的士绅,对待现代科技的热情,远在京官及清流之上。这一点,很容易影响到生活在这两个不同文化区域的传教士的著述及办刊倾向。

《教会新报》创刊不久,便刊出一则《轻气球图》。此文对气球的制作方法与工作原理的介绍,比此后40年间诸多笼而统之或神乎其神的描述更为精彩:

> 轻气球做法,以绸绢为之,大如房屋,装饰用各色漆胶,以大绳结络,缠罩球外。球下悬一藤床,大者可容二三人,小者容一人,床中载有风雨时辰寒暑等表、千里镜、罗盘、沙袋、饼菜、食物、器具等件。球上有窗,球下有门,均机活[括]巧妙,特用放气之故。临用之时,或取球到煤气局,即上海街上所用灯内之煤气,最好是用淡[氢]气,取其极轻,放入球中,必以球腹将满为度。试放球时,先将巨绳系住球脚,似[试]可,方可断绳,以任升之,渐升渐高,直矗浮云之上。下视山川城郭,穷不见人,御风随行,顷刻百里。(英美公司专为气球而

设，希望有一如舵之物，使其不受风欺；争战时利用气球见敌虚实；须知高处极冷。）又有外国人云，二十年后，必可乘此气球，平稳至于各处，皆随便也，奇哉。中国人常云神仙腾云飞跑飞行之说，此真可飞行而腾云之上也哉！（《轻气球图》，《教会新报》第1册第129页。括号中文字，乃据第3册第1093页的《轻气球图说》校改。编者对其独具慧眼，率先向中国人介绍气球，颇为自得。刊于第6册第2712页的《气球将成》，提及气球之为正用时称："本书院始办《新报》，第一年中曾经登于报内。"）

紧接着，下一期的《教会新报》推出关于气球的问答，虽非专门为此撰述，可也若合符节。"问淡气何如……问淡气于何法可得……问淡气何用……问气球何物……问二气上升之力何如……问气球何用"，一连串循序渐进的提问与解答，简明扼要地介绍了有关气球的基本知识。其中尤以以下两则最有意思：

问：气球何物？答：所谓飞车也。以绸绢制成，圆如大球，盛轻气令满，即可上升。下缀座位，形如小舟，人便乘之游行空际，俨若腾云。至其所以上升之故，因……［《格物入门·化学》（十四），《教会新报》第1册第139页］

问：气球何用？答：初不过玩物耳，近时交兵，用以窥探敌人营垒……［《格物入门·化学》（十五），《教会新报》第1册第148页］

几十年后，聪明的新小说家，就凭借如此"简明扼要"的科普读物，驰骋想象，创造出许多勾魂摄魄的"飞车大战"。

新小说家对气球（或曰"飞车"）的内部构造及工作原理不大关心，只欣赏"凭虚御风""顷刻千里"的意象，其趣味接近《中西闻见录》的"异闻"，而非《教会新报》的"新知"。讲述逸闻，可以发挥想象；传播新知，则必须实事求是。《教会新报》上有关气球的笔墨，因而相对谨严、节制，不敢一味潇洒。比如，描述英国人乘气球过海峡，即便大风吹送，也不过一时辰行三百里；而且，"凡乘气球之人，必须胆大心灵，精通算法，深明气性，方无错误"。如遇大风，还得赶快降落，方可确保平安（参见《轻气球图说》，《教会新报》第3册第1093页；《气球未行》，《教会新报》第6册第2811页）。更有趣的是，《教会新报》之介绍"西人未尝一日忘其制气球为正用也"，首先想到的是，由美国"过大西洋至英国，计一万余里，来往贸易"，必有大利可图；至于气球的制作成本，也已经计算出来了，"共银洋一万元"（参见《气球将成》，《教会新报》第6册第2712页；《气球赴英》，《教会新报》第6册第2753页）。

可惜，后世的新小说家，并不喜欢《教会新报》《格致汇编》的"斤斤计较"，而倾向于《中西闻见录》《点石斋画报》的"随心所欲"。其笔下的"飞车大战"，远离"合乎科学的虚构"，而更接近于传统的神魔小说——此乃晚清科学小说数量不少、质量不高的重要原因。

名曰《教会新报》，本该以传播基督福音为主业；欣赏气球之类的"奇技淫巧"，在传教士看来，自然是"买椟还珠"（如花之安的《德国学校论略·自序》称："每见华士徒艳泰西之器艺，而弃其圣道。不知器艺叶也，

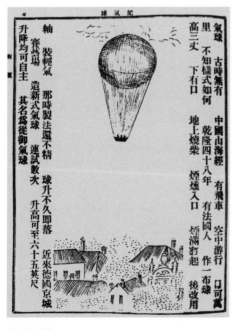

《记气球》

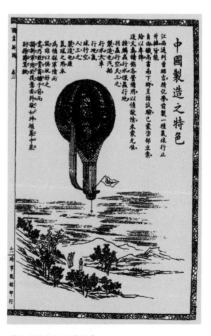

《中国制造之特色》

圣道根也；器艺流也，圣道源也。"）。可正是此类似乎无关紧要的"药引"，使得晚清的读书人，对西学产生日益浓厚的兴趣。回首百余年来中国人步西方后尘、走上现代化之路的诸多坎坷，史家才会对林乐知主编《教会新报》时之"无意插柳柳成荫"，给予不同程度的首肯。

另，关于"升降均可自主"的气球，"洵为行军之利器也"，"本为侦探军情而设，非以供玩好之需"，1880年《花图新报》的《轻气球图说》、1902年《启蒙画报》的《记气球》和1907年《时事报馆戊申全年画报》的《中国制造之特色》，均有所论列。

第四章　晚清人眼中的西学东渐

——以《点石斋画报》为中心

创刊于1884年5月8日，终刊于1898年8月的《点石斋画报》[1]，15年间，共刊出四千余幅带文的图画，这对于今人之直接触摸"晚清"，理解近代中国社会生活的各个层面，是个不可多得的宝库。正因为如此，近年学界颇有将其作为重点研究对象的。尽管目前国内外的研究成果尚未大批面世，但不难感觉到春潮正在涌动。

伴随着晚清社会研究的急剧升温、大众文化研究的迅速推进，以及图文互释阅读趣味的逐渐形成，《点石斋画报》必将普遍站立在下个世纪的近代中国研究者的书架上，对于这一点，我坚信不疑。研究思路可能迥异前人，可对于这批文化史料的价值之确认，我想，不会有太大的分歧。

作为晚清西学东渐大潮中的标志性事件，《点石斋画报》的创办，涉及诸多至关重要的领域。首先，它开启了图文并茂因而可能雅俗共赏的"画报"体式，这既是传播新知的大好途径，又是体现平民趣味的绝妙场所，日后大有发展余地。其次，"画报"之兼及"新闻"与"美术"，既追求逼真，也包含美感，前者为我们保留了晚清社会的诸面相，后者则让我们体会到中国美术的嬗变。再次，"画报"之兼及图文，二者之间，既可能若合符节，也可能存在不小的缝隙，而正是这些缝隙，让我们对晚清的社会风尚、文化思潮以及审美趣味的复杂性，有了更加深刻的了解。最后，那些并非无关紧要的图中之文，对于我们理解晚清报刊文体的变化，同样也不无意义。

至于百年来诸多文人学者对此"遗迹"之追摹、怀念与凭吊，则从另外

---

[1] 关于《点石斋画报》的停刊时间，学界众说纷纭。据我的考证，应是1898年8月。参见拙文《从独特编订法看〈点石斋画报〉终刊时间》(《中华读书报》1999年12月22日)。

《点石斋画报》

一个侧面,帮助我们理解这一晚清独特的文化景观。

一、新闻与石印

百年后重谈《点石斋画报》,首先碰到的问题是,是否还将其作为"中国最早的画报"看待。对于20世纪30年代以前的国人来说,这俨然已成定论。可史家的介入,使得问题复杂化了。争"第一"本身并没有什么实际意义,可这涉及对于"中国的画报"特色的理解,以及诠释《点石斋画报》之策略,故不敢轻易放过。

1920年上海《时报》出版《图画周刊》,此后,石印画报逐渐被淘汰,中国画报进入了萨空了所说的"铜版时代"[1]。已经退出历史舞台的《点石斋画报》,并没有迅速被世人遗忘。除了鲁迅等人曾不断提及外

---

[1] 萨空了:《五十年来中国画报之三个时期》,见张静庐辑注《中国现代出版史料乙编》第410页,中华书局,1955年。

（详见下文），1926年创办于天津的《北洋画报》，更在第六卷的卷首号刊出武越所撰的《画报进步谈》，将《点石斋画报》作为中国画报的"始祖"来表彰：

> 在吾国之谈画报历史者，莫不首数上海《点石斋画报》。是报创始于四十四年前，其时初有石印法，画工甚精，极受时人欢迎。去此以前为木刻时代，在吾国未必再有画报者也。[1]

这里强调"石印"的重要性，称"木刻时代"不可能有画报，虽系直观感觉，未经详细论证，却也值得重视。因此后的许多争论，恰好在于如何看待这一新的技术手段。

同样看重"石印"技术的张若谷先生，在《纪元前五年上海北京画报之一瞥》中，理所当然地强调《点石斋画报》的开创性意义：

> 中国报纸上最初所印的画图，都是不出乎历象、生物、汽机、风景一类的范围，图画都是用铜版镂雕的，费钱很多……到了纪元前三〇年间（光绪初叶），石印术流行起来，才开始有关于时事新闻的画报出世，最著名的有纪元前二十八年（清光绪十年，即1884年）出版的《点石斋画报》等。这个时期的画报，还偏于书画美术方面，图画的题材，也只以社会风尚为对象。[2]

称《点石斋画报》只以"社会风尚"为表现对象，以及指责其"无关国事大局"，应该说是很不准确的；但从费钱多少，将"铜版"和"石印"对立起来，可以帮助理解"画报"的生产过程以及流通方式。

不过，张若谷的说法，当即受到胡道静的挑战。在《最早的画报》一文中，胡先生称上海通志馆已经收集到若干份创刊于1875年的《小孩月报》，完全可以解答戈公振、萨空了等只闻芳名未见踪影的困惑[3]。而在《报坛逸

---

[1] 武越：《画报进步谈》，《北洋画报》第六卷卷首号，1928年12月。
[2] 张若谷：《纪元前五年上海北京画报之一瞥》，见《上海研究资料续集》第326页，上海书店，1984年。
[3] 胡道静：《最早的画报》，《上海研究资料续集》第324页。

话》中，胡君说得更为明确：

> 最早的画报为上海清心书院所出的《小孩月报》，其次为《寰瀛画报》，第三为清心书院所出的《画图新报》，第四才挨到《点石斋画报》。¹

胡君的考证，言之凿凿，此问题似乎已是板上钉钉，无可争辩；可在我看来，还是颇有商榷余地的。

其实，萨空了撰文时已经耳闻《小孩月报》等的存在，可依旧推《点石斋画报》为"中国画报之始祖"。理由是，"惟此等画报（指《小孩月报》——引者注）流行似不如《点石斋画报》为广，迄今日已不易觅得，故不为人所知，而使《点石斋画报》得膺中国画报始祖之荣名"。² 既是追根溯源，就应该以时间先后为第一要素，而不该考虑其是否流行。萨君的辩解，用心良苦，可有悖考据学的基本原则，故很难被历史学家所接受。倒是另外一个同样对版本学有特殊兴趣的学者阿英的意见，值得认真关注。

在《中国画报发展之经过》中，阿英承认《小孩月报》等创刊在先，可对其"是否能称为中国最早的画报"则表示怀疑：

> 因为《小孩月报》，实系一种文字刊物，附加插图，目之为画报，是不大适当的。《寰瀛画报》内容，也只是些世界各国风土人情的记载，缺乏新闻性。……无论其为《小孩月报》，为《画图新报》，为《寰瀛画报》，其图皆出自西人手，制图亦皆用镂版。³

以是否具备新闻性以及采用何种制图工艺作为判别标准，阿英此说大有见地。可惜话音刚落，作者又赶紧后退，称此乃"第一时期的画报"。将采用"西法石印""以时事画为主"的《点石斋画报》，放在"第二

---

1 胡道静：《报坛逸话》，转录自张静庐辑注《中国近代出版史料初编》第76页，群联出版社，1953年。
2 萨空了：《五十年来中国画报之三个时期》，见张静庐辑注《中国现代出版史料乙编》第408—409页。
3 阿英：《中国画报发展之经过》，《晚清文艺报刊述略》第90—91页，古典文学出版社，1958年。

时期的画报"来论述，关键不在于评价高低，而是模糊了"画报"的性质——只讲"图文并茂"，而相对忽略了其从属于近代报刊这一特性。

在我看来，所谓"画报"，首先应该是"报"，而后才是有"画"的"报"。也就是说，新闻性应是第一位的。否则，单讲"图文并茂"，国人早有成功的先例，不待西学大潮的催促与带动。也正是从"新闻性"角度，才能理解为何石印术的引进，对于中国画报之崛起，是如此的"生死攸关"。

《画图新报》

美国传教士范约翰主编的《小孩月报》，1875年在上海创刊，内容包括诗歌、故事、博物、科学知识等，插图用黄杨木刻，印刷精良。上海圣教会编的《画图新报》，1880年创刊于上海，内容着重介绍西方文明及科学知识，所用图像大都为英美教会早年用过的陈版，近乎"废物利用"[1]。二者的共同特点，在于其基本上没有时间性，也不涉及当下国人的日常生活，可以说，是"杂志"，但并非"新闻"。

在这两者之间，还有出版于1877年的《寰瀛画报》[2]。后者乃《申报》所推介与销售，故常有人将其作为《申报》馆主编，甚至称："说《寰瀛画报》是《点石斋画报》的前身，也未尝不可以吧。"[3]《寰瀛画报》倒是在景物之外，有些许时事介绍，可惜用的不是中国人的眼睛。不妨先看看《申

---

1 参见胡道静：《最早的画报》；《清末民初京沪画刊录》（见张静庐辑注《中国近代出版史料二编》第297—298页，群联出版社，1954年）；彭永祥：《中国近代画报简介》（见《辛亥革命时期期刊介绍》第四集第677—678页，人民出版社，1986年）。

2 前人谈及《寰瀛画报》，多误为《瀛寰画报》；因实物俱在，无可置疑，不管正文引文，统一改正为《寰瀛画报》，以免引起混乱。

3 参见胡道静：《最早的画报》，《上海研究资料续集》第325页。

报馆书目》中对此画报的介绍：

> 《寰瀛画报》一卷：是图为英国名画师所绘，而缕馨仙史志之。计共九幅，一为英古宫温色加士之图，规模壮丽，墓址崇闳，恍亲其境；二为英国太子游历火船名哦士辨之图，画舫掠波，锦帆耀目，如在目前；三为日本新更冠服之图；四为日本女士乘车游览之图，人物丰昌，神情逼肖，仿佛李龙眠之白描高手也；五为印度秘加普王古陵之图，与第一幅同为考古之助；六为英国时新装束之图，钏环襟袖，簇簇生新；七为印度所造不用铁条之火车图；八为火车行山洞中之图，巧夺天工，神游地轴；另为中国天坛大祭之图，衣冠肃穆，典丽乔皇，此纸篇幅较大，不能订入，故附售焉。阅之者于列邦之风土人情，恍若与接，为构不仅如宗少文之作卧游计也。计每卷一本，价洋一角。[1]

《申报》馆强调的，一是风土与时尚，二是游历与考古，三是"神情逼肖"的绘画技巧。至于中国人的生存处境或时事政治，则未见丝毫踪影。这也难怪，本来就是道地的"外国货"，只不过"引进"时让蔡尔康翻译了文字说明。硬要把它当"中国画报"看待，自是感觉扞格[2]。

若干年后，《点石斋画报》创刊并大获成功，于是有了见所见斋的《阅画报书后》，将其与此前惨败的《寰瀛画报》相比照：

> 画报之行，欧洲各国皆有之。曩年尊闻阁曾取而译之，印售于人。其卷中有纪英太子游历印度诸事，与五印度各部风尚礼制之异同，极详且备。乃印不数卷，而问者寥寥，方慨人情之迂拘，将终古而不能化。而孰意今之画报出，尽旬日之期，而购阅者无虑数千万卷也。噫，是殆风气之转移，其权固不自人操之，抑前之仿印者为西国画法，而今之画则不越乎中国古名家之遗，见所习见与见所未见，固有不同焉者欤？[3]

---

1 《申报馆书目》，转录自张静庐辑注《中国现代出版史料乙编》第415页。
2 徐载平等《清末四十年申报史料》（北京：新华出版社，1988年）称美查"经销"而不是"创办"在英国伦敦印刷的不定期画报《寰瀛画报》（第18、319页），此说比较准确。
3 见所见斋：《阅画报书后》，《申报》1884年6月19日。

值得注意的是，这里提及《寰瀛画报》，不说《申报》馆主编，而称"尊闻阁取而译之"。这一说法，恰好与1879年11月10日《申报》上刊出的"《寰瀛画报》第二次来华发卖"的启事相一致。后者称：

> 在英出版之《寰瀛画报》，于今年四月间邮寄上海申报馆代销之英国画八幅，共一万多张，现已售去甚多。兹又续画八幅，仍托申报馆发售。[1]

将此启事与《申报馆书目》相对照，马上可以发现一个有趣的问题，第一卷《寰瀛画报》中的第九幅"中国天坛大祭之图"并非原有，乃《申报》馆为适合中国人的口味临时加上的，这就难怪"此纸篇幅较大，不能订入"，故只好"附售焉"。

"见所见斋"何许人也，目前尚不得而知；但从上下文可以看出，此君与《申报》以及《点石斋画报》的创办者美查十分熟稔，也了解其办刊思路。甚至其从画法之中西来分辨画报之成功与否，也是从"尊闻阁主人"美查为《点石斋画报》所撰《缘启》中得到灵感的。

在《点石斋画报》创刊号上，尊闻阁主人感叹盛行于泰西的画报竟无法在中国立足，自称经过一番苦苦思索，终于找到了问题的答案：

> 仆尝揣知其故，大抵泰西之画不与中国同。……要之，西画以能肖为上，中画以能工为贵。肖者真，工者不必真也。既不皆真，则记其事又胡取其有形乎哉？[2]

不能说美查的说法毫无道理，从审美趣味出发，确实可以看出中国绘画对于写实的相对忽略。而这，无疑不利于其与新闻业的结盟。可单是这么理解还远远不够，《寰瀛画报》之所以不被国人接纳，与其说是画法，不如说是题材。

---

1 这则至关重要的启事，见徐载平等《清末四十年申报史料》第319页。
2 尊闻阁主人：《点石斋画报缘启》，《点石斋画报》第1号，1884年5月8日。

其时的中国人，普遍还不习惯于放眼看世界，不可能对"远在天边"的印度或英国的某处景观产生强烈而且持久的兴趣。偶尔卖画片还可以，办画报则绝对不行。倘若不能长久吸引本地读者的目光，无论办报还是办刊，都不可能获得成功。敏感的美查，其实已经意识到这一点，同在此《缘启》中，除了中画西画的技法比较，还有一段话，更能体现其办刊策略：

> 近以法越构衅，中朝决意用兵，敌忾之忱，薄海同具。好事者绘为战捷之图，市井购观，恣为谈助。于以知风气使然，不仅新闻，即画报亦从此可类推矣。爰倩精于绘事者，择新奇可喜之事，摹而为图。月出三次，次凡八帧。俾乐观新闻者有以考证其事，而茗余酒后，展卷玩赏，亦足以增色舞眉飞之乐。[1]

为满足民众了解战事的兴趣而创办的《点石斋画报》，配合新闻，注重时事，图文之间互相诠释，方才是其最大特色以及成功的秘诀。当然，也有风土人情、琐事逸闻、幻想故事等，但对于"时事"的强烈关注，始终是"画报"有别于一般"图册"的地方。与新闻结盟，使得画报的"时间意识"非常突出，文字中因而常见"本月""上月"字样。而以《力攻北宁》开篇，也很能表明编者与作者的兴奋点所在。

1889年尊闻阁主人离沪归国，后继者基本上是萧规曹随，《点石斋画报》依旧保持关注时事的特点。前期的报道"中法战役"，固然令人拍案叫绝；后期的追踪"甲午中日战争"以及台湾地区民众之反抗日军，也有绝佳的表现。一直到倒数第2号之以《强夺公所》《法人残忍》描摹四明公所事件，都还能看出其对于社会热点问题的强烈关注。

正因其关注社会热点问题，对上海以及周边地区所发生的"新奇可喜之事"能给予及时报道，《点石斋画报》受到了意想不到的欢迎。吴友如等画师的精湛技艺固然值得夸耀，但更重要的，还是画报满足了广大读者对发生在自己身边或与之息息相关的事件、场景、细节之浓厚兴趣。从《申报》馆主人的大力推介（除最后两年，每号画报出版，《申报》上都有宣传文字；

---

[1] 尊闻阁主人：《点石斋画报缘启》，《点石斋画报》第1号。

《强夺公所》

刚创刊那几期,精心撰写的"广告文章"经常连续十天占据头版头条),可见美查之创办画报,并非纯粹的公益事业,而是有明确的商业目的。首先是商业运作,而后才是文化建设,这就决定了《点石斋画报》对于读者审美的以及经济的接受能力的依赖。画面精美、技法新颖,必须有出版及时以及价格低廉相伴随,方能得到读者的认可。而后两者,与石印术的引进密切相关。

　　石印术发明于1796年,1876年方才引入中国。最初的使用者,乃上海徐家汇土家湾印刷所,可惜所印仅限于天主教之宣传品。紧随其后的点石斋石印书局,将此技术运用于一般书籍的印刷。据说,最初的技师还是从土家湾印刷所请来的[1]。不过,我们看看1879年7月27日《申报》上署名"点石斋主

---

[1] 参见贺圣鼐《三十五年来中国之印刷术》,《中国近代出版史料初编》第270页。另见本章"附记"。

人美查启"的《点石斋印售书籍图画碑帖楹联价目》，不难发现美查敏锐的商业眼光：

> 本斋于去年在泰西购得新式石印机器一付，照印各种书画，皆能与元本不爽锱铢，且神采更觉焕发。至照成缩本，尤极精工，舟车携带者既无累坠之虞，且行列井然，不费目力，诚天地间有数之奇事也。[1]

在启事后面，附有印制书籍、图画、碑帖、楹联等的价格，可见晚清引领风骚的点石斋石印书局已经正式开张。读读《申报》上关于自家出版书籍的广告，可以明白整个风气的转移。出版于1875年的《快心编》系"用活字版排印"，出版于1877年的《后水浒传》则是"本馆购求善本，付诸手民，校对精详"[2]。以后可就没那么麻烦了。从1878年购入石印机器起，新创建的点石斋石印书局，其出版速度大幅度提高。

就在《点石斋画报》创刊的同一年，《申报》馆附属的申昌书画室发售上海点石斋印行的上下两卷《申江胜景图》。全书共62图，每图配一诗或词，图由吴友如绘制，诗词的作者则无法考订。上卷第30图题为《点石斋》，其配诗很好地表达了时人对于此一新工艺的强烈兴趣：

> 古时经文皆勒石，孟蜀始以木版易；
> 兹乃翻新更出奇，又从石上创新格：
> 不用切磋与琢磨，不用雕镂与刻画，
> 赤文青简顷刻成，神工鬼斧泯无迹。
> 机轧轧，石粼粼，搜罗简策付贞珉。
> 点石成金何足算，将以嘉惠百千万亿之后人。

"将以嘉惠百千万亿之后人"的石印术，对于晚清的中国人来说，最直接的，莫过于使得图书的出版速度与印刷质量大为提高。

1887年2月5日《申报》上刊有署名"委宛书佣"的《秘探石室》，述及

---

[1] 美查：《点石斋印售书籍图画碑帖楹联价目》，《申报》1879年7月27日。
[2] 参见徐载平等《清末四十年申报史料》第322—323页。

《点石斋》

点石斋石印书局对于晚清出版业的贡献，虽有自我广告之嫌，但大致可信：

> 石印书籍肇自泰西，自英商美查就沪上开点石斋，见者悉惊奇赞叹。既而宁、粤各商仿效其法，争相开设。而所印各书，无不钩心斗角，各炫所长，大都字迹虽细若蚕丝，无不明同犀理。其装潢之古雅，校对之精良，更不待言。诚书城之奇观，文林之盛事也。[1]

这里的"宁、粤各商"，指的是宁人之开设拜石山房和粤人之创建同文书房，正是这"三家鼎立，盛极一时"，推动了晚清出版业的大发展。

关于点石斋最早引进石印技术并大获成功，进而带动整个书业的发展，见黄协埙《淞南梦影录》、徐润《徐愚斋自叙年谱》、姚公鹤《上海闲话》以及《上海彝场景致》等[2]。黄书更对石印工艺做了简要的说明：

> 石印书籍，用西国石板，磨平如镜，以电镜映像之法，摄字迹于石上，然后傅以胶水，刷以油墨，千百万页之书，不难竟日而成，细若牛毛，明如犀角，剞劂氏二子可不烦磨厉以须矣。[3]

采用石印技术，可以大大提高印刷速度，所谓"千百万页之书，不难竟日而成"，意味着巨大的商业利润。

1889年5月25日，上海《北华捷报》发表《上海石印书业之发展》，除强调印书便利，资本家盈利颇丰，更称"购买石印本的人，大半是赶考的举子"。为何举子们喜欢购买这种因缩印而变成小字的石印书，而不要宽边大字的刻本，作者归因于旅行携带以及"年青目力好"。其实，还有一个同样不能忽视的重要原因，即价格便宜。同样一部《康熙字典》，石印本自一元六角至三元，版刻本则需三元至十五元[4]。这就难怪石印本的《康熙字典》第一版四万部很快售罄，第二版又印了六万部，成了点石斋石印书局"第一

---

[1] 委宛书佣：《秘探石室》，《申报》1887年2月5日。
[2] 参见张静庐辑注《中国出版史料补编》第89—91页，中华书局，1957年。
[3] 黄协埙：《淞南梦影录》，见《沪游杂记·淞南梦影录·沪游梦影》第118页，上海古籍出版社，1989年。
[4] 《上海石印书业之发展》，《北华捷报》1889年5月25日。

获利之书"[1]。这样的销售业绩，即便在百年后的今天，也令人垂涎不已。高额利润招来了更多的投资者，引发进一步的激烈竞争；先是三足鼎立，后又百花齐放，书价不能不直线下降。

石印术的引进，使得书刊的制作成本大大降低，这无疑有利于文化普及。在这中间，得益最大的是古书与图画的影印出版。陆费逵《六十年来中国之出版业与印刷业》提及石印之便利及其导致书籍价格便宜，使得各种经书史鉴、诗文碑帖乃至小说戏曲等，均大量印行。不过，称"清朝废科举，于是石印书一落千丈"，显然过于看重举子科考的需求。实际上，民国年间，石印技术对于古书的广泛流通，依然起极大作用。参与策划《四部丛刊》影印工作的叶德辉，在其《书林余话》中，对石印术推崇备至：

> 海通而后，远西石印之法，流入中原，好事者取一二宋本书，照相流传。形神逼肖，较着影写付刻者，既不费校雠之日力，尤不致摹刻之迟延。艺术之能事，未有过于此者。[2]

《书林余话》中，还附有日本学者武内义雄的《说〈四部丛刊〉》，将出版界之从注重科考用书转为"翻印善本"的过程，做了认真的清理：

> 自清末传石印法，中国出版界遂开一新纪元。当时多密行细字之书，只便考试携带，不甚翻印善本。清亡，科举全废，编译新著，都用活版印行。至近年石印始盛。各书肆出石印书甚夥，翻印旧书之风气亦渐盛。于是一时不易得之书，亦得取求如志。而商务印书馆所印之《四部丛刊》，尤有价值。[3]

影印善本书籍，对于传播传统中国文化，功莫大焉；可要说介入当下的文化创造，惟妙惟肖的图像之迅速影印，可能更直接些。

---

[1] 姚公鹤：《上海闲话》，见张静庐辑注《中国出版史料补编》第90页。
[2] 叶德辉：《书林清话》（中华书局，1987年）附《书林余话》第37页。
[3] 武内义雄：《说〈四部丛刊〉》，原载《支那学》第一卷第4号，见叶德辉《书林清话》附《书林余话》第44页。

《上海石印书业之发展》中有一妙语:"石印的另一优点是比木刻容易保存书法的优美,石印局都雇有若干书法好的人,报酬较高。"[1]其实,将"书法"二字改为"书画",当更恰当。此前十年,《申报》早有精彩的"本馆告白",题目就叫《照相石印各种名画发售》:

> 本点石斋用照相石印之法,印成各种画幅,勾勒工细,神采如生,久蒙中外赏鉴家誉不绝口。兹又印成各种名画,与初写时不爽毫厘者若干种,特一一开列于下,诸君早日赐顾为盼。[2]

将广告的主攻方向,集中在"画"而不是"书",当更能显示石印之特长。比起纯粹的文字印刷,石印图像时之"与原本不爽锱铢,且神态更觉焕发",无疑更有吸引力。这就难怪"告白"强调图像的精美,书局着重承揽印画业务,报馆则公开招聘丹青高手。

此前印刷图像,必须先有画稿,再据以木刻,或镂以铜版,费时费力不说,还不能保证不走样,更不要说无法做到"细若蚕丝""明同犀理"。而今有了石印技术,这一切都成为举手之劳。对于画报之能在中国立足,并迅速推广开来,这一技术因素至关重要。戈公振对此有相当准确的描述:

> 我国报纸之有图画,其初纯为历象、生物、汽机、风景之类,镂以铜版,其费至巨。石印既行,始有绘画时事者,如《点石斋画报》《飞影阁画报》《书画谱报》等是。[3]

这与上述武越、张若谷等人的看法,基本一致。

需要略做补充的是,新闻讲求时效,《点石斋画报》既然从属于报刊,对于发生在上海的"新奇可喜之事",必须有迅速的反应。让读者在画报里了解四五天前发生的事件,倘若采用画稿加版刻的办法,是不可想象的。偶尔来一张年画或招贴,或许还可以做到,长年累月地追踪报道并提供大量

---

1 《上海石印书业之发展》,《北华捷报》1889年5月25日。
2 本馆告白:《照相石印各种名画发售》,《申报》1879年7月24日。
3 戈公振:《中国报学史》第202页,中国新闻出版社,1985年。

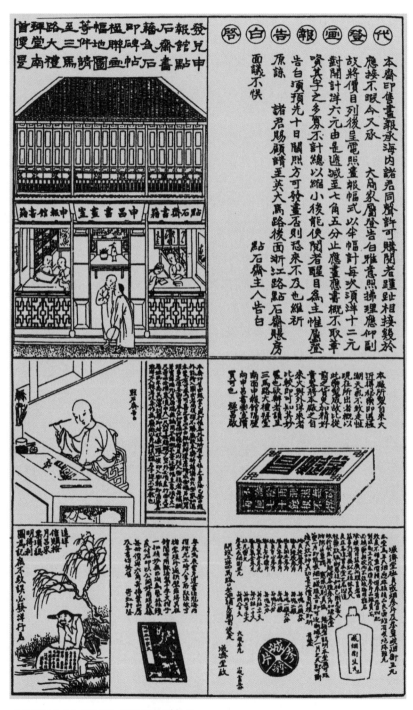

"点石斋主人"告白称画报使用石印技术

画面，则只有在采用石印或照相制版的时代。

正像戈公振等人所说的，镂以铜版，费用甚高，必然带动书价上涨。采用石印以后，价格确实是下来了。《寰瀛画报》八图（第一卷虽有九图，但"天坛大祭祀图"乃"附售焉"；第二卷便只是八图），售价一角；《点石斋画报》改为连史纸石印，一般是八页九图，售价则只有五分。还不止于此，从第6期起，《点石斋画报》附录王韬的《淞隐漫录》小说及插图，而且特别声明："增附图说，概不加价。"

此举可以理解为美查特别欣赏王韬的小说，愿意与天下人

《淞隐漫录》插图

"奇文共欣赏"——起码王韬本人是这么想的。在《点石斋画报》第6号刊出的《〈淞隐漫录〉自序》中，王称："尊闻阁主见之，辄拍案叫绝，延善于丹青者，即书中意绘成图幅，出以问世。"[1]可我更愿意从商业运作角度着眼，美查此举，一是为将来的单行本培养读者，二是《点石斋画报》的利润实在丰厚，可以用加页不加价的办法回报社会。当然，也不无为画报促销的意味。相对来说，后者很可能更主要。

1884年6月26日《申报》上，刊有申报馆主人所撰的《第六号画报出售》，提及刚创办的画报"销售日盛一日"，接下来便是：

> 本馆新得未经问世之奇书数种，不敢秘诸笈笥，先将《淞隐漫录》一书，以其首卷之第一说另绘一图，增附画报八页之末。此期六

---

[1] 王韬：《〈淞隐漫录〉自序》，《点石斋画报》第6号，1884年6月26日。

《博物大观》

号为始,以后按期印行。书凡十二卷,阅者苟自卷首以迄卷终逐期裒集,绝不零落间断,将来抽出装订全书,是于阅画报之外,可多得一部新书也。价洋仍从五分,兹于月之初五日发售第六号,愿诸君早为赐顾。[1]

假如长年订阅画报,可以免费得到不止一部新书,对于老读者来说,这自然也是一个诱惑。至于到底有多少人真的"自卷首以迄卷终逐期裒集,绝不零落间断,将来抽出装订全书",实在不好妄加推测。

不过,有个有趣的例子,可以帮助我们理解这种促销手段的效果。对绣像等有特殊兴趣的鲁迅先生,便收藏了这种"抽出装订"本的《淞隐漫

---

[1] 申报馆主:《第六号画报出售》,《申报》1884年6月26日。

录》，而且还加了题记：

> 《淞隐漫录》十二卷
>
> 原附上海《点石斋画报》印行，后有汇印本，即改称《后聊斋志异》。此尚是好事者从画报析出者，颇不易觏。戌年盛夏，陆续得二残本，并合为一部存之。
>
> 九月三日南窗记。[1]

鲁迅收藏从《点石斋画报》析出的残本，还有《漫游随录图记》和《风筝误》等。在前者的题记中，鲁迅称"图中异域风景，皆出画人臆造，与实际相去远甚，不可信也"；而对于后者，鲁迅也借以说明当时石印绣像与全图小说的作风[2]。

二、时事与新知

谈及《点石斋画报》，一般都强调画师吴友如等的功绩，这自然没错。画报之不同于日报，关键在于大量地使用图像。以图像为主的画报，画师的作用确实举足轻重。可对于一个杂志来说，创始人的苦心规划，同样不容忽视。如何画，是吴友如等人的事；至于画什么，则取决于杂志的办刊宗旨——这就非具体的画师所能独断的了。在决定杂志的基本面貌和发展方向方面，《申报》及《点石斋画报》的创办者美查的志趣成为首要因素。

《点石斋画报》上尊闻阁主人亲自撰写的文字很少，不足以一窥全豹；可如果加上以《申报》馆主人名义发表的关于画报的众多评介，则不难看出美查本人对画报的浓厚兴趣，以及其制定的办刊宗旨，是如何奠定此一代名刊的根基。

1884年5月《点石斋画报》创刊，美查在《缘启》中只是说，"俾乐观新闻者有以考证其事，而茗余酒后，展卷玩赏，亦足以增色舞眉飞之乐"，似乎并没有特别强烈的教诲意味。第二年为连环画《朝鲜乱略》作跋，口气

---

[1] 《题〈淞隐漫录〉》，《鲁迅全集》第八卷第369页，人民文学出版社，1981年。
[2] 参见《题〈漫游随录图记〉残本》和《题〈风筝误〉》，《鲁迅全集》第八卷第371页、372页。

《朝鲜乱略》及跋语

可就大不一样了：

> 乱臣贼子，人人得而诛之，《春秋》之律也。画报虽小道，而凡事之可喜可惊，足以备遗闻而昭法戒者，无不随时采入。……绘图演说，惩首恶也，虽不必据以为实录，而大略具备于是。阅者会其意，而勿泥其词也可。[1]

后者的"大义凛然"，与前者之"色舞眉飞"，二者合而为一，方才构成《点石斋画报》的基本面貌。这也可以理解为，没有"惩恶扬善"的旗帜，不可能得到传统士大夫的认同；而没有"展卷玩赏"的乐趣，又不可能吸引广大读者。

《点石斋画报》的这一办刊宗旨，借助于《申报》上关于前四号《点石

---

[1] 尊闻阁主人：《〈朝鲜乱略〉跋》，《点石斋画报》第31号，1885年2月28日。

《申报馆》

斋画报》的推介文字，得到比较充分的表述。于其中，不难发现主编的意图以及杂志的编辑方针。以下这四则以《申报》馆主人名义发布的"广告"，都是在《申报》头版头条站立10天左右时间，非等闲"文章"可比。

为第1号画报的出版发行，申报馆主人发表了题为"画报出售"的启事。与《点石斋画报缘启》之高屋建瓴不同，这里更多的是事务性的交代。除了介绍"选择新闻中可惊可喜之事，绘成图并附事略"的编辑意图，主要是画报的体式以及销售途径：

> 本馆新创画报，特请善画名手，选择新闻中可惊可喜之事，绘成图并附事略，由点石斋刷印。每月定期数次，每次八图，由送报者随报出售，每本收回工料洋五分。其摹绘之精，笔法之细，补景之工，谅购阅诸君自能有目共赏，无俟赘述。上海除卖《申报》人兼售外，申昌书画室亦有出卖。外埠则随报分寄，就近取阅可也。兹准于四月十四日第一

卷书成发兑。特布。[1]

既然对自家画报的"摹绘之精，笔法之细，补景之工"有足够的自信，认定"购阅诸君自能有目共赏，无俟赘述"，第2号画报出版时，不再需要喋喋不休地自我吹嘘，介绍的重点开始转为告诉大家如何连续购买。所谓"书缝中之数目，系由第一号蝉联而下者"，目的是便于读者收藏，以及"按号补购"：

> 本馆所印画报，已于月之十四日发售第一号。三五日间，全行售罄，可见价廉物美，购阅者必多也。兹于二十四日发售第二号。书缝中之数目，系由第一号蝉联而下者，诚恐购阅诸君购得第二号而以未曾购得第一号为憾，故又添印数千，以备诸君补购。如日后购得三号、四号而有未购一号、二号者，亦可按号补购。再者，本馆接得中法和议已成确电后，即觅李傅相与法钦差福尼儿与税务司德璀璘之真相，绘成商订和约景象，编入下次第3号发售。此布。[2]

最后一句尤其值得重视，因其明显体现编者的"新闻眼"以及对于"真相"之重视：一旦得知中法和议已成，马上请人"绘成商订和约景象"；意识到画家无法亲临现场故只好凭空想象是一大缺陷，于是将李鸿章等人照片绘成单页，以供读者参考。正是这一点，区别于此前只讲"结构之疏密，气韵之厚薄"，而不问逼肖与否的中国画家，凸显了《点石斋画报》嫁接美术与新闻的意图[3]。到了第3号画报出售，《申报》上的介绍文字又有了变化：

> 启者：本馆印行画报两次，蒙海内君子同声许可，购阅者踵趾相接，应接不暇。兹于月之初四日出售第三号，其中绘有李傅相与法使福尼儿议立和约图，并曾袭侯小像，阅者定以先睹为快焉。再，外国典礼，华人罕有见闻，今者马达加斯加国女主举行冠礼，一时仪卫盛陈，

---

[1] 申报馆主人：《画报出售》，《申报》1884年5月8日。
[2] 申报馆主：《第二号画报出售》，《申报》1884年5月17日。
[3] 参见尊闻阁主人《点石斋画报缘启》，《点石斋画报》第1号。

万民瞻仰,苟一寓目,不啻身游其国。爰亦增以成图,编入下次第四号画报出售。此布。[1]

中法和议是"时事",外国典礼则属于"新知"。正像申报馆主人所说的,如此典礼,"华人罕有见闻"。既然如此,借助画报"卧游",也是一种很好的获取新知的方式。到第4号画报出售,美查大概觉得已经站稳了脚跟,开始将注意力转为如何吸引商家前来刊登广告:

启者:本馆画报业已印行三次,尽有购阅本号而并补购以前数号者,故又添印数千,以仰副诸君雅意。兹于月之十四日发售第四号。此次图后新增告白,诸商号家如有愿登告白者,请即购阅四号画报,便知详细。此布。[2]

从表白刊物宗旨,到如何便利读者,再到兼及时事与新知的编辑策略,最后落实为广告的征集。对前四号画报的介绍,各有重点,且步步为营,至此可算是告一段落。

此后每号画报出版,《申报》上也都有文字介绍,但大多限于本期内容简介,不是太精彩。不过,关于第6号画报的推介文字是个例外。除了上面提及的关于增刊而不添费的特别说明外,还有一大段议论,可看作美查对于画报的整体构想:

书画,韵事也;果报,天理也;劝惩,人力也。本馆印行画报,非徒以笔墨供人玩好。盖寓果报于书画,借书画为劝惩。其事信而有征,其文浅而易晓,故士夫可读也,下而贩夫牧竖,亦可助科头跣足之倾谈。男子可观也,内而螓首蛾眉,自必添妆罢针余之雅谑。可以陶情淑性,可以触目惊心,事必新奇,意归忠厚。而且外洋新出一器,乍创一物,凡有利于国计民生者,立即绘图译说,以备官商采用。既扩见闻,

---

[1] 申报馆主:《第三号画报出售》,《申报》1884年5月28日。
[2] 申报馆主:《第四号画报出售》,《申报》1884年6月7日。

亦资利益,故自开印以至今日,销售日盛一日。[1]

所谓"寓果报于书画,借书画为劝惩",讲的是宗旨;所谓"其事信而有征,其文浅而易晓",说的是手段。至于具体内容,可归为两类,一是时事:"触目惊心,事必新奇";一是新知:"外洋新出一器,乍创一物,凡有利于国计民生者,立即绘图译说,以备官商采用。既扩见闻,亦资利益"。相对来说,"宗旨"和"手段"稍嫌隐晦,需要细心体会方能觉察;读者直接面对的,则是画报的具体内容。创办之初的《点石斋画报》,确实是以"时事"和"新知"作为主打。只是随着美查的离开,以及杂志对于国人趣味的屈从,果报和神怪的故事方才大量浮现。

对于"时事"之强烈关注,乃《点石斋画报》创办的契机,这一点,尊闻阁主人的《点石斋画报缘启》说得很清楚。至于画报传播"新知"的功能,在见所见斋的《阅画报书后》中,有极为精彩的发挥:

> 方今欧洲诸国,共敦辑睦,中国有志富强,师其所长。凡夫制度之新奇与器械之精利者,莫不推诚相示,资我效法,每出一器,悉绘为图。顾当事者得见之,而民间则未之知也。今此报既行,俾天下皆恍然于国家之取法西人者,固自有急其当务者在也。如第一卷美国潜行冰洋之船,与夫法人在越南所用气球,其他又若水电激力之高,巨炮攻城之利,岂非民间未有之观,乍见之而可惊可喜哉。则又不徒以劝戒为事,而欲扩天下人之识见,将遍乎穷乡僻壤而无乎不知也。然则是书之用意,不更深且远耶![2]

此文以创刊号的《点石斋画报》为例,具体讲解画报之如何有利于传播"新知"。其中有三点意思,值得格外关注:一是将"新知"界定为"制度之新奇与器械之精利者",而不局限于船坚炮利;二是将官府与民间分开,以民间为主要拟想读者,希望将"新知"推广至"穷乡僻壤";三是将"扩天下人之识见",明显放在"以劝戒为事"之上。

---

[1] 申报馆主:《第六号画报出售》,《申报》1884年6月26日。
[2] 见所见斋:《阅画报书后》,《申报》1884年6月19日。

对照《点石斋画报缘启》中对于欧西画报的描述，读者很容易发现，尊闻阁主人和见所见斋如出一辙的编辑/阅读思路，确实是渊源有自："画报盛行泰西，盖取各馆新闻事迹之颖异者，或新出一器，乍见一物，皆为绘图缀说，以征阅者之信。"[1]可以这么说，借鉴泰西画报的编辑策略，必然着重采撷新闻与传播新知；至于"寓果报于书画，借书画为劝惩"之类的说法，乃是道地的中国特色。

大致而言，"奇闻""果报""新知""时事"四者，共同构成了《点石斋画报》的主体。相对来说，早期较多关于"新知"的介绍，而后期则因果报应的色彩更浓些。尽管不同时期文化趣味与思想倾向略有变迁，但作为整体的《点石斋画报》，最值得重视的，还是其清晰地映现了晚清"西学东渐"的脚印。正是在此意义上，我格外关注画报中的"时事"与"新知"，而不是同样占有很大篇幅的"果报"与"奇闻"。

因中法战事的刺激而创办的《点石斋画报》，对"战争风云""中外交涉"以及"租界印象"等给予特殊关照，自在情理之中。除了事关国家安危以及黎民百姓的生死存亡最能引起读者的兴趣，还因画报的新闻性质在此类事件的报道中，可以得到最为充分的表现。《点石斋画报》存在的15年（1884—1898），正是晚期中华帝国的多事之秋。身处"门户开放"的最前线，上海的士绅与民众，自是最能体会、也最为关注与外国列强的接触。不管是关系重大的军事战争、外交谈判、租界协议，还是近在眼前的变动不居的华洋杂处局面，都与上海民众的生活息息相关。大到中日甲午海战的悲壮场面以及前因后果，小到租界里某次西兵会操或某领事捉拿赌博的过程，都在画家的笔下得到呈现。在这个意义上，郑振铎称其为"画史"[2]，一点都不过分。

问题在于，当画家使用图像来叙述"时事"时，因表现手段迥异于以文字为媒介的新闻记者或历史学家，到底采用何种策略方能奏效。即使暂时不考虑图像与文字之间巨大的张力（这点详见下章），单是叙事角度、评判标准以及欣赏趣味，也都值得仔细斟酌。

不妨就从《点石斋画报》的开篇之作《力攻北宁》（甲一）说起。《中

---

1 尊闻阁主人：《点石斋画报缘启》，《点石斋画报》第1号。
2 参见《郑振铎艺术考古文集》第193页，文物出版社，1988年。

国民间年画史图录》收录有天津杨柳青制作的《刘提督水战得胜图》,同样表现的是1883年法军进犯,黑旗军领袖刘永福领兵于北宁予以痛击的战争场面。[1] 除了画家立意以及画面构图的差别,《力攻北宁》还有以下的叙述文字:

> 北宁之役,中法迭有胜负。其城之收复与否,虽无确耗,而战绩有可纪,即战阵亦可图也。此次法兵三路并进,窃恐深山穷谷中遇伏惊溃,故布长围以相困。比会合,奋勇齐驱。一时烟焰蔽空,惊霆不测,地轴震荡,百川乱流,而华军已于前一日退守险要。狐善疑,而兔更狡,总如善弈者之争一先着耳。

有趣的是,这里没有日后常常作为主导话语的"正邪之分",作者只是关心战争的具体进程,以及"战绩"与"战阵",而不着眼于"迭有胜负"的中法之间到底谁胜谁负。就好像图说的是《三国》或《水浒》故事,与己无关,可以隔岸观火似的。这种近乎"中立"、讲求"趣味"的叙事态度,不能简单归结为《点石斋画报》的市民倾向,而是因当时中国的士大夫与普通民众,并没真正意识到亡国的危险,民族主义情绪也尚未形成。只是在经历甲午海战的失败(1895)、戊戌变法的流产(1898)、庚子事变的耻辱(1900)后,国人方才有了迫在眉睫的危机感,以及明确的"国家"观念与"民族"意识。在此之前,对于外国列强的骄横,虽然也有不满与愤恨,但并未上升到理论层面。

这一点,落实在关于租界生活的描摹,便是承认其存在的合理性,不追究租界实行治外法权是否代表国家耻辱,而喜欢就事论事地打抱不平。这种基本立场,使得《点石斋画报》对于洋人、洋事、洋物以及必要的中外交涉,取欣赏及支持的态度。只是在对方"欺人太甚"的情况下,才会起而表示愤懑。但即便在这种情况下,也都是很有节制。与进入20世纪后国人碰到类似事件时之倾向于以点带面、小题大做不同,画报作者们更愿意采取弹性的立场与蒙眬的目光。这里以《大闹洋场》(信十二)之表现车夫抗捐

---

[1] 参见王树村《中国民间年画史图录》(上海人民美术出版社,1991年)下册第538页,以及王氏《反帝的民间绘画》一文,见王树村《中国民间年画史论集》(天津杨柳青画社,1991年)第199—211页。

（1897）和《法人残忍》（贞十一）之报道四明公所事件（1898）为例，兼及图文，说明《点石斋画报》处理此类"时事"的策略。

《大闹洋场》介绍"本埠英美租界各小车夫，因英工部局议加月捐二百文，聚众歇业"，因有人破坏规矩，罢工车夫加以拦阻，与巡捕发生冲突。从维护社会秩序的角度出发，作者只能站在巡捕的立场，略为谴责聚众斗殴的车夫。可画面语言则是另一番景象：左侧是飞马来驰的巡捕，右上方则为军舰上派遣的士兵乘船前来增援，而最能吸引读者注意力的画面中心，乃罢工车夫将巡捕打得人仰马翻。文字介绍中，作者还走出具体的画面，称"后经中西官设法调停，暂免加捐，已各安业如常矣"，似乎是车夫获得了道义上和事实上的胜利。其实，事情的发展远比这复杂，结果也并不美妙。画报如此表现，也算是一种带倾向性的"如实报道"。

四明公所事件当年影响极大，1898年7月17日至7月25日的《申报》上，

《大闹洋场》

《法人残忍》

曾有连续性的追踪报道，且每篇都是义愤填膺。《点石斋画报》自然也不例外，《法人残忍》先讲"法人自拆毁四明公所围墙后，寓沪甬人义愤填膺，相率停工罢市"，后是法国军队开枪镇压，"合计是役受伤者二十四人，而死者有十七人之多"。以此事实为依据，控诉"法人之残忍无理"，本来已经足矣，可作者偏要强调"无端遇祸"的，"皆外帮之人"。而且，宣称"宁人实未闹事"，只是因"法界之流氓无赖遂乘机而起"，方才事态扩大。这么一来，法人开枪变得事出有因，只是杀错了人而已。

如此叙述，在百年后的今人看来，很可能嫌其"境界太低"。可这种就事论事，更多着眼个人利益而不是国家主权的言说思路，颇能代表当时普通百姓的意见。反而是"在四千余幅图画中，我们看到19世纪末叶帝国主义的

《西医治病》

侵华史实和中国人民抵抗外侮的英勇斗争"之类的说法[1],近乎强人所难,刻意拔高。

如果说《点石斋画报》在叙述"时事"时,因目光所限,有时态度有些暧昧;那么在介绍"新知"时,则基本上是无条件的欣赏、赞叹。这里所说的"新知",既包括涉及国家利益的声光电化、坚船利炮,也包括落实在日常生活中的医院、学堂以及文化娱乐设施。值得注意的是,所有这些,大都是通过"事件"的形式体现出来,而不是静态的介绍。比如,最受国人赞扬的西洋医术,便是借助一系列"故事"的传扬,而日渐深入人心。随便举个例子,《西医治病》(庚十一)的说明文字是这样写的:

---

1 参见郑为《点石斋画报时事画选》(中国古典艺术出版社,1958年)一书的《前言》。

> 都中施医院之西医某君，初次莅华，未谙言语。而治病给药，必需详询，方知病之原委。有西女某，教中人，亦好善为怀者，愿代某君喉舌之司。两相得而益彰，故赴院病人日以百计，西士女不以烦冗为苦，殊足多矣。

相对于西洋大夫神奇的医疗效果与良好的职业道德，中国原有的江湖郎中之只知敛钱不会治病，实在不可同日而语。《点石斋画报》中不少庸医杀人的故事，无一例外，均指向中医；至于西医的神奇本领，包括"收肠入腹""西医治疝""剖腹出儿""妙手割瘤"等[1]，又大都落实为外科手术。对于晚清的国人来说，手术刀所体现的西学，很可能是最具神奇色彩并可以"眼见为实"的。

更能体现晚清国人的好奇心的，是对于各种既无伤大雅也无关大局的西洋游艺的介绍与描述。西人之赛马、划船、拔河、体操、蹴鞠、马戏等，均让中国观众兴奋不已。即便是寄希望于读者"茗余酒后，展卷玩赏"的《点石斋画报》，谈论有关国计民生的工艺技术，也不无正襟危坐的时刻；只有在品评体育与游戏时，才可能完全放松，纯粹本乎个人兴趣。这个时候，作者对西方事物的强烈的好奇心，以及其图像/文字的表现能力，也才得到充分的展露。《赛马志盛》（甲二）笔墨之精确与行文之洒脱，均值得称道：

> 西人于春秋佳日，例行赛马三天。设重金以为孤注，捷足者夺标焉。其地设围阑三匝。开跑时，人则锦衣，马则金勒；入阑而后，相约并辔；洎乎红旗一飐，真有所谓"风入四蹄轻"者。围角有楼，西人登之以瞭望。一人获隽，夹道欢呼。个中人固极平生快意事也，而环而观者如堵墙，无胜负之婴心，较之个中人，尤觉兴高采烈云。

---

[1] 参见《点石斋画报》子二《收肠入腹》、辰三《西医治疝》、竹九《剖腹出儿》、御一《妙手割瘤》等。

《赛马志盛》

最后一句尤其精彩：作者仿佛置身"环而观者如堵墙"，既熟知游戏规则，又"无胜负之撄心"，故能以相对超然的眼光来观赏眼前的"风入四蹄轻"。要说"较之个中人，尤觉兴高采烈"，现场观众固然如此，画报的作者与读者又何尝例外？在游戏中接受西洋文明，还有比这更轻松更有趣的"西学东渐"途径吗？

《点石斋画报》的内容，也有兼及"新知"与"时事"者。最典型的，当属断案故事中掺杂中西法律制度的比较。"利八"中有三幅连续的画面，介绍某巡捕因擅用私刑而受到惩罚，前为《包探私刑》，后为《枷示劣探》，中间的《私刑定谳》最为关键。"岂知捕房用人，向例不准擅自殴人，况私刑拷打乎"——破案过程中之是否倚赖用刑，最为晚清文人所关注。因为，与社会腐败互为表里的司法黑暗，往往落实为大刑之下多冤鬼。画面上是租界的会审公堂，众人的目光似乎集中在中国官员，可文字说明则

《私刑定谳》

是另一回事，主角显然是坚决主张严办的萨副领事："众供凿凿，韦等无可抵赖。于是萨副领事大怒，以该包探倚势妄为，胆敢擅用私刑，将无赃无证之人凭空威逼，不知平日陷害多少平民。"（《私刑定谳》）这里除了对该包探"不知平日陷害多少平民"的愤恨，还有对破案中"用刑"与"取证"何者为要的认识。后者作为"新知"，落实在《点石斋画报》诸多关于折狱断案的故事中。当作者批评官员不经审讯而活埋罪人，或者用略带讥讽的语气叙述外国人参观中国庭审后惊叹中国刑具之发达[1]，都隐含着对于中国官员之过于依赖"大刑伺候"的批评。

《点石斋画报》之注重传播"新知"，既体现了编者与作者的文化理

---

[1] 参见《活埋罪人》（戌十一）、《游沪观审》（午十一）、《请观刑具》（数十二）等。

想，也是为了适应上海民众的欣赏口味。当时的租界，传统士大夫热衷的"夷夏之辨"与"义利之辨"不占主导地位，讲求实际以及强烈的好奇心，使得一般民众"趋新骛奇"，几乎毫无心理障碍地接受西方物质文明。正如学者已经指出的，"上海平民无传统道德负担，十分乐于接受新鲜事物、西方物质文明"[1]。可这种在"不受上层文化控制的情况下形成的"的"上海平民文化"，是有明显的局限性的：与迂腐的传统道德说教相对立，但不等于就能真正理解并接纳西方文明。《点石斋画报》在政治观念方面偏向保守，偶有指名道姓批评地方官吏的，但从不敢对朝廷决策之是非"妄加评议"。放在当时的历史语境中，这不足为病。我想指出的是，在提倡女学等问题上，《点石斋画报》的市民趣味也妨碍其理解与发挥。

1897年12月6日，中西女士共122人出席了在张园安垲第举行的中西女学堂第四次筹备会议。在风气未开的当年，此举的意义不言而喻。同年12月9日至12日的《新闻报》上连载了《女学堂中西大会记》，此文先开列了全部与会者名单，接下来从三点钟入席开始记叙，先是李德夫人等来宾起立发言，继而西班牙领事夫人等表示愿意捐款，华提调沈和卿女史介绍章程，后录彭宜人《叙女学堂记》及蒋畹芳女史即席赋诗。"至此时词毕席散，中西女客各整归鞭，安垲第已火树银花，璀璨一室矣。"[2]

如此惊世骇俗的举动，本该是《点石斋画报》的绝好素材。按照以往的惯例，发生在上海的新闻事件，大都一周内见诸画报。可这回《点石斋画报》的举措意味深长，先是沉默了一阵，终于在第二年的1月13日刊出了《裙钗大会》（利五）。此图的说明文字，因称许"是诚我华二千年来绝无仅有之盛会也，何幸于今日见之"而广为学者所征引。可以下的这段话，同样值得仔细玩味。"上海女学堂之设，倡议于电报局总办经莲珊太守"；"去冬十一月十三日假座张氏味莼园之安垲第，设筵畅叙"——这些叙述，并无特异之处。我关注的是关于与会者的介绍："共计到者一百二十有二人，而西女居其大半。最奇者，京都同德堂孙敬和之私妇彭氏寄云女史亦与焉。"对于"我华二千年来绝无仅有之盛会"，《点石斋画报》的处理方式，明显迥异于《新闻报》。在122人的名单里，独独挑出一位"彭氏寄云

---

[1] 叶晓青：《点石斋画报中的上海平民文化》，《二十一世纪》创刊号，1990年10月。

[2] 《女学堂中西大会记》，连载于1897年12月9—12日的《新闻报》。

《裙钗大会》

女史",而且强调的重点不是其学识与热情[1],而是其姘妇的身份,此举很能显示画报之投合市民趣味。彭宜人《叙女学堂记》,本来也是颇出风头的举动;如今竟以"私妇"身份而独得大名,成为《裙钗大会》中唯一"露脸"的女性,恐怕非彭女史所愿。

如此低调处理女学堂事件,似乎与《申报》总主笔黄协埙的政治态度与文化立场有关。对于这次史无前例的中西女士大会,《申报》不但没有给予必要的关注与报道,反而在1897年12月14日发表《男女平权说》,针锋相对地大唱反调,表明其观念过分守旧。据雷瑨《申报馆之过去状况》称,1897年《申报》由黄协埙主事后,变得大受官场欢迎,因其"尤兢兢于字句

---

[1] 关于彭寄云的才情学识以及如何热心女学,请参阅夏晓虹的《中西合璧的上海"中国女学堂"》注释39,夏文见《学人》第14辑,江苏文艺出版社,1998年12月。

间,撰述之稍涉激烈者,记载之略触忌讳者,必于阅总时悉数删去"。时人不见得都赞同康梁的政治主张,但大都对新政表示同情,若《申报》之"乃时时詈为叛徒,斥为逆党,则其拂逆人心,夫岂浅鲜,而《申报》之销场,从此大受影响矣"。[1] 1898年10月的《申报》上,连续发表关于缉拿康梁的报道,以及《康有为大逆不道》《再论康有为人逆不道事》等文。后两者虽未署名,但与此后此前的《石印翼教丛编序》和《整顿报纸刍言》互相勾连,可以判定其出自黄协埙的手笔。这几篇文章,除了吹嘘其初读康有为关于孔子的著述便已明了"乱天下者,必此人也";再就是自我表功:"若鄙人则人微言轻,既不敢大声疾呼,冀以危言劝大人先生之视听,仅于日报中微嘲阴讽,刺其辩言乱政之非。"所谓"于日报中微嘲阴讽",当是指百日维新期间《申报》上发表的主张严惩"妄议朝政,煽惑人心"者的《整顿报纸刍言》[2]。

在主张国人开办铁路、抗议法人强占公所等一系列问题上,《点石斋画报》与其归属的《申报》有着千丝万缕的联系,二者的言论往往趋同。虽然《申报》总主笔的个人倾向不一定直接制约《点石斋画报》的具体操作,但这两个报刊的政治立场不可能天差地别。后者幸亏停办于百日维新失败之前,不必要参加日后《申报》为代表的讨伐康梁进而摒弃新学的闹剧,总算保持住了"晚节",使得画报传播"新知"的立场首尾一致。当然,具体落实到从"私妇"角度来谈论"二千年来绝无仅有之盛会",更主要的还是基于"文化趣味",而非"政治立场"。正是在这一点上,我们很容易理解关注国家大事的日报与强调市民趣味的画报之间并不细微的区别。

三、以图像为中心

在《点石斋画报缘启》中,尊闻阁主人惊讶于中国之报纸已盛行而画报则独缺,并对此现象做了如下解读:中国人重文字而轻图像。为了提倡

---

[1] 雷瑨:《申报馆之过去状况》,见申报馆编《最近之五十年:申报馆五十周年纪念》,申报馆刊,1923年。
[2] 参见黄协埙的《再论康有为大逆不道事》《石印翼教丛编序》和《整顿报纸刍言》,分别见1898年10月24日、12月12日和8月15日的《申报》。

以图像为中心的报刊，美查追根溯源，强调"然而如《图书集成》《三才图会》，与夫器用之制，名物之繁，凡诸书之以图传者，证之古今，不胜枚举"。不过，此类有"图"之"书"，与今日在西方已蔚为奇观之"画报"，仍有很大差异。关键在于，前者之"图"，并无独立价值，乃不得已而为之。"顾其用意所在，容虑乎见闻混淆，名称参错，抑仅以文字传之而不能曲达其委折纤悉之致，则有不得已于画者，而皆非可以例新闻也。"[1]

美查批评中国人相对来说注重文字而忽略图像，偶有"图书"传世，也是基于名物混淆的担忧，而并非以图像作为另一种重要的叙事手段，这点没有说错。可接下来，美查深入开掘，希望找到中国人过于迷信文字魅力的根源，可就有点舍本逐末了："于此见华人之好尚，皆喜因文见事，不必拘形迹以求之也。仆尝揣知其故，大抵泰西之画，不与中国同。"中西画法不同，如此"一目了然"的文化差异，是否能够导致对于文字与图像的价值判断的巨大差异，美查没有来得及详细论证，只是直观感觉到"中国画家拘于成法，有一定之格局，先事布置，然后穿插以取势"，这种表现技法以及背后隐藏的审美趣味，使其无法成为叙事的良好工具。"要之，西画以能肖为上，中画以能工为贵。肖者真，工者不必真也。既不皆真，则记其事又胡取其有形乎哉？"[2]讲求笔墨情趣，排斥"能肖"，不求逼真，这只是宋元以降中国文人画的传统，不足以涵盖整个中国绘画。更何况，在文人画传统尚未真正形成时，国人已经在感慨"图像世界"的失落了。

宋人郑樵著《通志略》，其中的《图谱略》"索象"则专门讨论了"图""书"携手的重要性，并对时人之轻视图谱表示大不以为然：

> 见书不见图，闻其声不见其形；见图不见书，见其人不闻其语。图，至约也；书，至博也。即图而求易，即书而求难。古之学者为学有要，置图于左，置书于右；索象于图，索理于书。故人亦易为学，学亦易为功，举而措之，如执左契。后之学者，离图即书，尚辞务说，故人亦难为学，学亦难为功。[3]

---

[1] 尊闻阁主人：《点石斋画报缘启》，《点石斋画报》第1号。
[2] 同上。
[3] 郑樵：《通志略·图谱略·索象》，《通志略》第929页，上海古籍出版社，1990年。

既然古之学者早已形成"左图右史"的阅读传统，为何宋人有"见书不见图"之弊呢？关键在于，图谱传世的可能性，远不及文字书籍。而这，必须追究《七略》创立体例时之收书不收图。在郑樵看来，刘向、刘歆"父子纷争于章句之末，以计较毫厘得失，而失其学术之大体"。对于"刘氏之学，意在章句，故知有书而不知有图"，郑樵持强烈的批评态度。

将整个中国文化重文字而轻图像的偏颇，归结为个人的学术倾向，未免过分抬举了刘氏父子。在《通志略·图谱略》的"原学"则，郑君进一步分疏，将其时占主导地位的辞章之士与义理之士，同样置于被告席上，认为正是他们之间热火朝天的互相攻讦，模糊了"实学"与"虚文"的边界，使人误认为一切才识均系于"语言之末"：

> 要之辞章虽富，如朝霞晚照，徒焜耀人耳目；义理虽深，如空谷寻声，靡所底止。二者殊途而同归，是皆从事于语言之末，而非为实学也。所以学术不及三代，又不及汉者，抑有由也。以图谱之学不传，则实学尽化为虚文矣。[1]

作为史家，郑樵排斥"虚文"而注重"实学"，故特别强调图谱对于经世致用的意义："若欲成天下之事业，未有无图谱而可行于世者。"依照这个思路，郑君在《通志略·图谱略》的"明用"则，特别条分缕析了对于古今学术有用的16类图谱：

> 今总天下之书，古今之学术，而条其所以为图谱之用者十有六。一曰天文，二曰地理，三曰宫室，四曰器用，五曰车旗，六曰衣裳，七曰坛兆，八曰都邑，九曰城筑，十曰田里，十一曰会计，十二曰法制，十三曰班爵，十四曰古今，十五曰名物，十六曰书。凡此十六类，有书无图，不可用也。[2]

---

[1] 郑樵：《通志略·图谱略·原学》，《通志略》第930页，上海古籍出版社，1990年。
[2] 郑樵：《通志略·图谱略·明用》，《通志略》第930页。

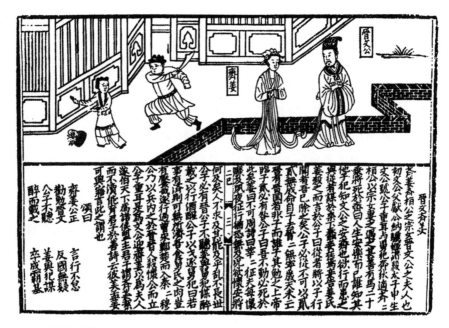

宋刊本《列女传》

这里所说的天文地理、名物器用等，基本上都处于静止状态，可以帮助学者理解过去的时代，但本身并不承担叙事的责任。也就是说，对于"历史"的叙述与阅读来说，此等至关重要的"图谱"，依旧只能起辅助作用。

元明以降小说戏曲之绣像，使我们对于图像可能具备的"叙事"功能，有了进一步的了解。可实际上，中国画家之参与"叙事"，远比这古远得多。最容易联想起来的，是目前不难见到的影宋刊《列女传》。近人叶德辉曾引录徐康的《前尘梦影录》，说明"绣像书籍，以宋椠《列女传》为最精"。但最精并非最古，只不过别的"图书"没有留传下来而已。徐氏同样强调中国曾有过书图并举的时代：

> 吾谓古人以图书并称，凡有书必有图。《汉书·艺文志》《论语》家，有《孔子徒人图法》二卷，盖孔子弟子画像。武梁祠石刻七十二弟子像，大抵皆其遗法。而《兵书略》所载各家兵法，均附有图。……晋陶潜诗云："流观山海图"，是古书无不绘图者。顾自有刻板以来，惟

《绘图列女传》尚存孤本。[1]

只可惜"山海图"等没能流传下来，国人"以图叙事"的传统始终没有真正建立。即便让今人赞叹不已的绣像小说戏曲，其中的图像仍然是文字的附庸，而不曾独立承担书写历史或讲述故事的责任。

这就回到了美查的基本判断：此前中国人之使用图像，只是补充说明，而并非独立叙事。因"仅以文字传之而不能曲达其委折纤悉之致"而采用图像，与有意让图像成为记录时事、传播新知的主角，二者仍有很大的差异。而画报的诞生，正是为了尝试第二种可能性。即，以"图配文"而非"文配图"的形式，表现变动不居的历史瞬间。

"以图像为主"这一叙事策略，使得《点石斋画报》的创办者，一改报刊对于文字编辑的重视，将网罗优秀画师作为主要任务。而关于画报的宣传攻势，也多着眼于此。《点石斋画报》创刊伊始，《申报》上连续九天头版头条强力推荐，宣传的重点，在画面而非文字："其摹绘之精，笔法之细，补景之工，谅购阅诸君自能有目共赏，无俟赘述。"[2]一个月后，《申报》上又刊出点石斋主的《请各处名手专画新闻启》，宣称对画师采取特殊政策："如果惟妙惟肖，足以列入画报者，每幅酬笔资两元。"[3]此前，《申报》不必为文章的作者付酬。《申报》创刊号上刊出的《申报馆条例》，答应刊载"骚人韵士"所撰的竹枝词、长歌纪事或名言谠论，但"概不取值"[4]。如今破例为画师支付报酬，自是说明美查对画报的市场前景充满信心，同时凸显了画师的重要性。同一天的《申报》上，除了《请各处名手专画新闻启》，点石斋主人还有另一则启事，这回是为所刊书籍插图而"招请名手"：

> 启者：本斋新得奇书数种，均属未刊行世者。其事可惊可喜，而笔墨之精妙，真可谓翩若惊鸿，矫若游龙，要非寻行数墨家所能望其

---

[1] 参见叶德辉《书林清话》卷八"绘图书籍不始于宋人"则，中华书局，1987年，第218页。
[2] 申报馆主人：《画报出售》，《申报》1884年5月8—16日。
[3] 点石斋主：《请各处名手专画新闻启》，《申报》1884年6月7日。
[4] 《申报馆条例》，《申报》1872年4月30日。

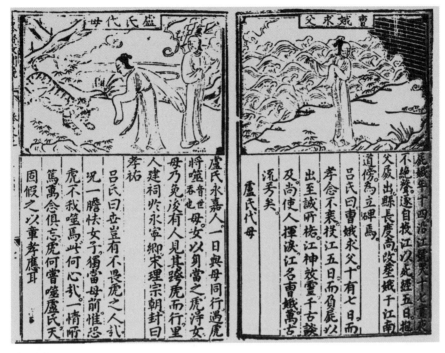

《闺范》

项背。惟有说无图，似欠全美。故特招请精于绘事者，照说绘图，襄成是事。如有丹青妙手，愿与此书并传者，即照前报所登画幅尺寸，绘成样张，寄至上海点石斋账房。一经合用，当即函请至本斋而议一切。此布。[1]

"奇书数种"并非"均属未刊行世者"，点石斋"招请精于绘事者"配图刊行的书籍，不少是流传甚广的名著。比如，1884年点石斋刊行的《镜花缘》便增加了新图百幅，理由是："特有奇书，而无妙图，亦一憾事。"经由画师的"神存目想，人会手抚"，于是"两美合并，二妙兼全"[2]。

为奇书"照说绘图"，这在中国的雕版印刷史上，可谓源远流长。目前发现的存留最早的刻印书籍、镌刻于唐咸通九年（868）的《金刚经》，已经是图文并举。从敦煌藏经洞发现的佛教版画以及变文、历书看，唐五

---

[1] 点石斋主人：《招请名手绘图启》，《申报》1884年6月7日。
[2] 王韬：《〈镜花缘〉图像叙》，《镜花缘》，点石斋代印，1888年。

代时期，雕版印刷已经在传播佛教、普及文化以及服务民众日常生活方面发挥很大作用。而这，为宋元以降的版画以及文学插图，"开拓了广阔的发展道路"。[1]傅惜华先生所编《中国古典文学版画选集》，收录了元明以降两百余种书籍的插图八百余幅[2]，使我们对于古人之为奇书插图的认识，不再局限于小说戏曲的全相或绣像。不只叙事性质的说唱（如《临凡宝卷》）、传记（如《闺范》）、游记（如《海内奇观》）等，就连纯粹抒情或发表议论的诗（如《唐诗鼓吹》）、词（如《诗余画谱》）、散曲（如《太霞新奏》）、古文（如《古文正宗》）等，也都可以配上精彩的图像。

《渊明赏菊》，《古文正宗》

如此追求"两美合并，二妙兼全"的出版理念，并非千年不变；在不同的历史时期，受人力、物力以及整体文化氛围的制约，图文之配合方式不尽相同。比如，"元朝版本中的插图本是为教育水平较低的读者而制作；但在明朝时，图绘本身的艺术性得到肯定，对读者增加其诱惑力，购书者在明清期间大量增加"[3]。倘就构图之饱满、刀法之精密、风格之遒劲，以及画师与刻工之配合默契而言，明代后期很可能是达到了极点。读者的欣赏口味与出版家之文化理念互相激荡，图像本身的独立性得到普遍的认可，书籍插

---

1 参见郭味蕖《中国版画史略》第16—20页，朝花美术出版社，1962年。
2 傅惜华编：《中国古典文学版画选集》，上海人民美术出版社，1981年。
3 参见何谷理《关于明清通俗文学和印刷术的几点看法》，该文载《中国图书文史论集》，现代出版社，1992年。

图被作为艺术品来苦心经营。这一大趋势，入清以后，虽略有减弱，却并未遭受太大的挫折。只是在乾隆末年近代印刷术输入中土以后，雕版插图书籍的制作，方才日渐凋落。

在版画史家眼中，铜版和石印等印刷术的兴起，使得"当时的小说、戏曲和其他用书，大多数不再用版画插图，因此具有悠久历史的版画艺术，便一蹶不振"[1]，实在令人痛惜。可换一种眼光，石印术的引进，大大简化了书籍插图的制作过程，因而使得"全像之书，颇复腾踊"[2]，确实功不可没。在雕版印刷时代，必须是画家与刻工配合默契，方才可能创作出完美的图像。以《列仙酒牌》的雕版过程为例，任熊和蔡照初互相琢磨，不断改换原稿和刻版，以求达到刀法和笔意的统一，取得完美的艺术效果。依蔡氏自序："任子渭长，仿老莲叶子格，绘列仙四十有八躯，余锲之梨版，五阅月而工始蒇。"如此认真执着，任氏天纵不羁之才，配上蔡君刀笔淋漓之趣，方才成就此清代晚期版画中的双璧，足以和陈老莲、黄子立合作的《博古叶子》媲美。[3]而采用石印技术，"不用切磋与琢磨，不用雕镂与刻画"，摆脱了雕刻工艺限制的画师，基本上独立创作，工作效率自是大大提高。故晚清石印小说戏曲风行一时，"长篇巨制，插图往往多至

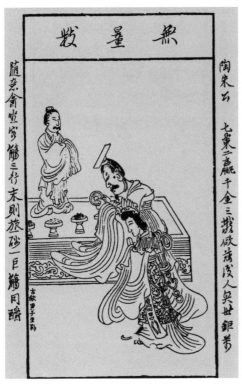

《陶朱公》，《博古叶子》

---

1 郭味蕖：《中国版画史略》第181页。
2 鲁迅：《〈北平笺谱〉序》，《鲁迅全集》第七卷第405页，人民文学出版社，1981年。
3 参见路工《晚清杰出的人物画家任熊》（《访书见闻录》第445页，上海古籍出版社，1985年）和郭味蕖《中国版画史略》第173页。

数百幅"；且因"书肆翻印小说多倩名手作画，其细致生动亦复可喜"。[1]

作为插图，版刻和石印的艺术效果当然很不一样；这里关注的，只是图像的位置及存在意义。在图文并置的《点石斋画报》中，不只是刻工消失了，连文字作者也都隐身幕后，画师成了第一作者。这一变化，非同寻常，起码使得史家之谈论《点石斋画报》，只能从图像入手。画师不再满足于只是为"真所谓翩若惊鸿，矫若游龙"的绝妙文章配图，而是要求文字作者"看图说话"；若吴友如甚至中途撤出，自立门户，办起了《飞影阁画报》。《点石斋画报》的主要画师，除了吴友如之外，还有金蟾香、张志瀛、田子琳、何元俊、符艮心、贾醒卿、周慕桥、顾月洲、马子明、吴子美、葛龙芝等。在摄影技术被普遍应用于画报之前，画师的作用无疑是决定性的。其"出力最多，能耐最大"，不只体现在"他们经常根据报纸消息、通讯、传闻以及现场采绘，作出图画，大部分反映了当时的社会情景"，[2] 还落实为根据已有照片和国外画报重新绘制，以便统一体例。

由于画报主要依赖画师而非文字作者，后人追忆以及史家研究《点石斋画报》时，多集中在曾经出任主笔的吴友如[3]。连带着，《点石斋画报》也被不少美术史家所关注。追踪吴友如的笔墨技巧，人物画方面可以一直上溯到任熊乃至陈洪绶，可《点石斋画报》真正的意义，在时事画而非技巧上更为成熟的人物画或风俗画。郑逸梅关于吴友如和《点石斋画报》的回忆，颇多失误；不过以下这段话还是可取的："吴友如在这石印有利条件下，就把新事物作画材，往往介绍外国的风俗景物，那高楼大厦、火车轮船，以及声、光、化、电等科学东西，都能收入画幅。"吴氏置诸多守旧画家的责难于不顾，"一心从事新的写真"，在他的影响下，"画新事物成为一时时尚"。[4] 阿英称《点石斋画报》中"绘图之最足称且见功力者，为'风俗画'。此类大规模作品，大都出自吴友如手"。可《点石斋画报》的真正贡献，仍在"时事画"：

---

[1] 参见阿英的《清末石印精图小说戏曲目》，见《小说三谈》第126页，上海古籍出版社，1979年；戴不凡的《小说识小录》，见《小说见闻录》第298页，浙江人民出版社，1982年。

[2] 彭永祥：《中国近代画报简介》，《辛亥革命时期期刊介绍》第四集第657页，人民出版社，1986年。

[3] 值得注意的最新著述，有武田雅哉的《清朝绘师吴友如的事件帖》，（东京）作品社，1998年。

[4] 郑逸梅：《吴友如和点石斋画报》，《清娱漫笔》第39—40页，上海书店，1982年。另外，在三卷本的《郑逸梅选集》（黑龙江人民出版社，1991年）中，有四文涉及吴友如和《点石斋画报》。

> 该报内容以时事画为主，笔姿细致，显受当时西洋画影响。关于"中法战役""甲午中日战争"，颇多佳构。此外如朝鲜问题，缅甸问题，亦皆各印专号，以警惕民众。国内政治，绘述得也很多，但内容不外歌颂，足称者却很少。[1]

1890年吴友如转而创办《飞影阁画报》，规模和体制上模仿《点石斋画报》，"但'飞影阁'究不如'点石斋'，其主要歧异点，在前者强调时事记载；而后者则着意刻画仕女人物，新闻则止于一般社会现象"[2]。

版刻图像之表现时事，固然不若石印之便捷，可光绪年间崛起的"改良年画"，[3]其对于时局以及新生事物的强烈兴趣，同样值得关注。比如，《外国人做亲》之表现租界里的西洋风俗，《火车站》之热心传播文明新知，《刘提督水战得胜图》之描述黑旗军领袖刘永福领兵于北宁痛击法军的战争场面，《女子自强》之提倡新思想[4]，此等改良年画，雕刻技法未见娴熟，可稚拙中自有神气在，令人惊叹民间艺人的艺术想象力以及趋新愿望。

画报之创办，虽然涉及绘画领域的革新，由"以能工为贵"，讲求笔墨气韵，转为"以能肖为上"，注重画面的叙事功能。可中国画的长短，远非一句是否"逼真"所能涵盖，美查立足中西画法差异的比较，未必妥帖[5]。倒是取新闻事迹之颖异者或新出器物"皆为绘图缀说"这一思路，得到了真正的落实。也就是说，谈论《点石斋画报》在艺术史上的意义，在我看来，远不及其文化史上的贡献容易得到学界的承认。

为何需要创办以图像为主的报刊，美查并没有详细的论述，只是一句"画报盛行泰西"，再加上中法战争时"好事者绘为战捷之图"大受欢迎的

---

1 阿英：《中国画报发展之经过》，见《晚清文艺报刊述略》第92页，古典文学出版社，1958年。
2 同上书，第93页。
3 参见王树村《中国民间年画史概说》（《中国民间年画史图录》第20页，上海人民美术出版社，1991年）以及《中国民间年画史论集》第56—87、199—211页，天津杨柳青画社，1991年。
4 《外国人做亲》等四图分别见《中国民间年画史图录》第340、338、538、542页。
5 就在创办《点石斋画报》的第二年，美查又出版了《点石斋丛画》。此画谱分"匡庐面目""人伦之至""六朝金粉"等，共十卷。前有尊闻阁主人撰并书的序，后有画家符节的跋。前者强调"万类无不肖，万变而不穷"，后者则表彰此谱"可谓逼真"。在不讲透视，注重笔墨情趣的中国山水画中，推崇"逼真"，与画谱的教科书性质有关，也与"尊闻阁主人"美查的趣味有关。

第四章 晚清人眼中的西学东渐 185

《外国人做亲》

《火车站》

具体经验。作为兼具良好的文化修养与商业眼光的外国人，单凭这远近中西两种经验，就足够促使其下决心开创一番大事业。日后的学步者，方才有必要喋喋不休地论说创办画报的必要性。也正是这些"论说"，显示作者对于画报的意义并无深入的理解，依旧停留在"开愚""启蒙"，而不太考虑图文之间可能存在的巨大张力。

其实，从实用以及启蒙的角度来看待书籍之配图，正是古来国人的阅读趣味。见所见斋《阅画报书后》称中国书籍之有画者，虽不若泰西多，可名物象数、小说戏曲以及因果报应之书，不乏采用图像者。"所以须图画者，圣贤诱人为善，无间智愚，文字所不达者，以象示之而已。然则书之有画，大旨不外乎此矣。"[1]因为"无间智愚"，方才必须兼及书画——言下之意，下愚与图像之间，存在着必然的联系。此后创办画报的人，大都喜欢在这方面做文章。

1902年创刊的《启蒙画报》，其《缘起》称："孩提脑力，当以图说为入学阶梯，而理显词明，庶能收博物多闻之益。"此画报刊行于北京，且承蒙"两宫御览"，政治上不可能激进，只是在传播新知方面下功夫，故第1册"附页"的《小英雄歌》有曰："今人开智宜阅报，臧否人物且勿谈，是非朝政且勿告，我愿小英雄，览画报，启颛蒙，从兹世界开大同。"1905年创办于广州的《时事画报》，创刊号上自述宗旨："仿东西洋各画报规则办法，考物及记事，俱用图画，以开通群智，振发精神为宗旨。"1906年创刊于京师的《开通画报》，其上文下图形式，类似《点石斋画报》；刊于第8期的《本馆同人启》，在征稿的同时表明其宗旨："有开愚故事，特别感化社会之演说，惟望写文寄信本馆，必能说明图画，以扩充耳目。"[2] 1909年创刊于上海的《图画日报》，也曾开宗明义："本馆之设，为开通社会风气，增长国民智识，并无贸利之心。"[3]

如此强调"开愚"，与戊戌变法以后整个时代思潮十分合拍，颇能体现晚清知识人的理想与情怀。此举的合理性与有效性，得到了后世不少文人学

---

[1] 见所见斋：《阅画报书后》，《申报》1884年6月19日。
[2] 参见彭永祥《中国近代画报简介》和《启蒙画报》，分别见《辛亥革命时期期刊介绍》第四集和第一集，人民出版社，1986年。
[3] 《本馆征求小说》，《图画日报》第1号，1909年8月16日。

者的认可。如张若谷《纪元前五年上海北京画报之一瞥》便称："因为文字有深浅，非尽人所能阅读，若借图画表现，可以使村夫稚子，都能一目了然。英国名记者北岩氏说过：'图画是一种无音的新闻，最能吸引读者注意。'"[1]我并非全然否定图像便于接受故可以成为启蒙工具的设想，只是觉得如此立说，未免低估了画报出现的意义。

不管是"艺术创新""文化启蒙"，还是"时事新知"，其实都不足以穷尽晚清"画报"出现的意义。单从新闻报道角度，无法理解为何时过境迁，《点石斋画报》还能经常被人提及。实际上，20世纪30年代以后，《点石斋画报》之被追忆，很大程度上是在美术史而非新闻史的论述框架中。正因为兼及美术与新闻，对于"能肖"的理解，不完全等同于"真相"。戈公振从新闻史家的立场出发，批评《点石斋画报》等"惟描写未必与真相相符，犹是一病耳"。并称："自照片铜版出，与图画以一大革新。"[2]因追求真实性而特别推崇新闻摄影，这固然在理；可想象镜头冷冰冰，不带任何感情色彩，能够不偏不倚地传达"真相"，未免过于天真。

同样承认摄影技术对于画报的革命性意义，《北洋画报》第六卷卷首号介绍"中国最初之画报"时，选录了《点石斋画报》里表现"尺幅千里，纤悉靡遗"的摄影技术的《奇形毕露》（甲五）。可同期《北洋画报》上的大标题，一是"中国画报界之大王"，一是"时事·艺术·常识"。假如承认"艺术"对于画报的重要性，则显然追求的不应该是"纯粹"的"真相"。这就难怪同期发表的武越所撰《画报进步谈》，故意贬低镜头而高扬画笔："笔绘画报，善能描写新闻发生时之真景，有为摄影镜头所绝对不易攫得者。"[3]对于突发事件来说，不在场的摄影记者无能为力，而同样不在场的画家则可以通过遥想、体味、构思而"虚拟现场"，这大概就是武越所说的"笔绘画报"的优越性吧！其实，更应该关注的是，同一"真景"，在摄影镜头与画家笔下，到底是如何"纷呈异彩"的。

关于图文之间的缝隙，以及隐含着的文化意义，留待下节解读。这里先从一个细节说起：由于画报中图像占据主导地位，画师的重要性得到前所未

---

[1] 张若谷：《纪元前五年上海北京画报之一瞥》，见《上海研究资料续集》第326页，上海书店，1984年。
[2] 戈公振：《中国报学史》第202页，中国新闻出版社，1985年。
[3] 武越：《画报进步谈》，《北洋画报》第六卷卷首号，1928年12月。

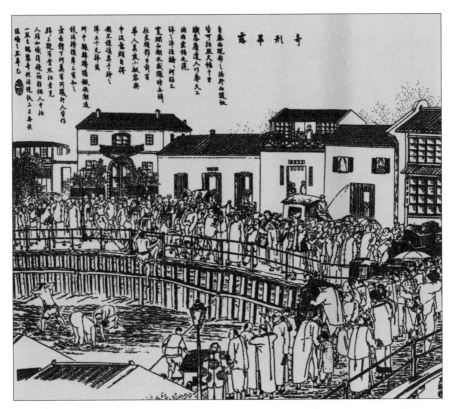

《奇形毕露》

有的凸显,成为传播新知的主体,导致感觉世界方式的变化。这一点,必须放在新闻史、美术史与文化史的交叉点上来把握,方能看得清楚。用图像的方式连续报道新闻,以"能肖为上"的西画标准改造中画,借传播新知与表现时事介入当下的文化创造,三者共同构成了《点石斋画报》在晚清的特殊意义。

四、在图文之间

萨空了说得没错,"中国之有画报,半系受外国画报之影响,半系受传奇小说前插图之影响";可具体落实到据说"其主旨至为紊乱"的中国石印时代(1884—1920)之画报,则不无欠缺。如断言"杂糅外国画报之内容,

《太平山水全图》

与中国传奇小说之插图画法与内容,而成点石斋式之画报"[1],显然忽略了《点石斋画报》的一大特色:图中有文。所谓图文并举,可以是上图下文,或下图上文;也可以是图文分页,互相对照;还可以是文入图中,犬牙交错。倘若谈论第三类图文并举的方式,大概得将文人性很强的书画题跋考虑在内。

图像中的文字,如果并非只是简单的标识,而已经成为画面整体不可分割的有机组成部分,那就有必要追究画家如此构图意义何在,以及文字本身是否具有独立价值。一般来说,小说戏曲的插图并非单刊,没必要在图像中插入诸多说明文字。倒是各种不以叙事为主要任务的图集,有可能在图像中嵌入诗词、小传或其他说明文字。如明中期的《太音大全集》,清初的《太平山水全图》和《无双谱》,以及晚清的《泛槎图》等。此等镶嵌在图像中的文字,一般只起补充或点缀作用,并不具有独立的审美价值。

---

[1] 萨空了:《五十年来中国画报之三个时期》,见张静庐辑注《中国现代出版史料乙编》第412页,中华书局,1955年。

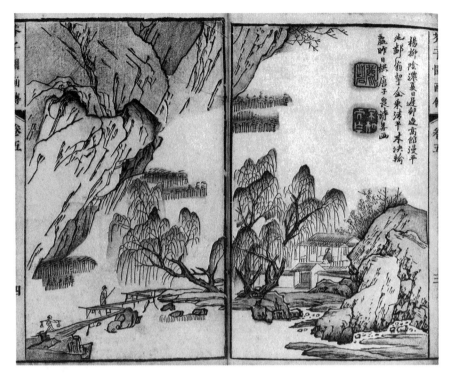

《芥子园画传》初集

将图像中的文字作为"文章"来经营,这得归功于传统中国文人特别擅长的题跋。这里说的,不是指在前人书画后面写鉴定、发议论,而是在自家所绘图画中"舞文弄墨"。这种风气的形成,据《芥子园画传》的编撰者之一王概称,始于倪瓒:

> 元以前多不用款,或隐之石隙,恐书不精,有伤画局耳。至倪云林字法遒逸,或诗尾用跋,或跋后系诗。文衡山行款清整,沈石田笔法洒落,徐文长诗歌奇横,陈白阳题志精卓,每侵画位,翻多寄〔奇〕趣。[1]

清人钱杜的说法略有不同,将画家处理图中之文时的不加掩饰、甚至着意宣

---

[1] 王概:《青在堂画学浅说》"落款"则,《芥子园画传》卷一,北京市中国书店,1982年。

扬，归之于天才纵横的苏轼：

> 画之款识，唐人只小字藏树根石罅。大约书不工者，多落纸背。至宋始有年月纪之，然犹是细楷一线，无书二行者。惟东坡款皆大行楷，或有跋语三五行，已开元人一派矣。元惟赵承旨犹有古风，至云林，不独跋，兼以诗，往往有百余字者。元人工书，虽侵画位，弥觉其隽雅。明之文、沈，皆宗元人意也。[1]

所谓书侵画位，弥觉隽雅云云，关注的是画面的空间布置，故只问工不工书。其实，更重要的是，诗文境界与画面意趣能否协调或互相阐发。经由东坡之"画以适吾意"、云林之"写胸中逸气"，画家日益强调画面中文字的抒情与言志功能。而从徐渭、石涛、八大山人的不拘成法，随意挥洒，再到扬州八怪的借诗题画跋抒发胸襟陈述抱负，甚至嬉笑怒骂，题画诗文几乎成了一种独立的创作。

画面中的题跋，受空间的束缚，有很大的局限性。可一旦若扬州八怪那样打破上下左右的分割，忽即忽离，错落有致；随意穿插，妙趣横生。再配上押脚章、引首印等，画面上图文之间虚虚实实，互相呼应，别有一番滋味[2]。

金农等人题画文字之不拘格套，随意挥洒，历来众说纷纭。若近人余绍宋便很不以为然，其所撰《书画书录解题》卷五"《冬心画竹题记》"则称："每幅题语，辄数百言，又多杂滑稽之说，殆亦一时风尚。不善学之，便堕江湖恶习，不可不慎。"此书的"《冬心先生杂画题记》"则也云："至题跋则奇情俊语，与题画竹诸篇略相类，并时惟板桥可称同调。此种题画之风，实开自冬心、板桥。其后有效之者，无其才情，遂堕恶趣。"[3] 余氏只是告诫后学不可盲从，而未曾直斥始作俑者的金、郑二君，已属相当克制。实际上，扬州八怪之语杂滑稽，只是突出奇兵，并非题画诗文的正格。

不管是"正格"还是"另类"，中国文人画中的题跋，基本上属于言志

---

[1] 钱杜：《松壶画忆》卷上，清光绪许增校刊"榆园丛刻"本。
[2] 参见蒋华编《扬州八怪题画录》，江苏美术出版社，1992年。
[3] 余绍宋：《书画书录解题》，国立北平图书馆，1932年。

与抒情。此等题跋，可以是"好诗文"，但几乎不可能是"好故事"。更多民间色彩的版刻图像，其文字不具有独立的审美价值；而文人色彩很浓的画跋，则拒绝长篇叙事。正是这一点，为晚清画报别具一格的"图文并茂"留下了不小的活动空间。

与新闻结盟、以时事画为中心的《点石斋画报》，叙事是第一要素。至于言志、议论、抒情等，不能说毫无意义，但毕竟是第二、三位的追求。所谓"择新奇可喜之事，绘而为图"，决定了画报在空间布置之外，还有时间性的追求。画家可以通过精确的描摹，表现某一瞬间的生活情景，却无法告诉读者此"新奇可喜之事"缘何而起、怎样推进、如何了结，以及何以余波荡漾。当初美查解释为何需要图像时称，"仅以文字传之而不能曲达其委折纤悉之致"；如今反过来，应该是"仅以图像传之而不能曲达其委折纤悉之致"，故需要文字的介入。即便是《朝鲜乱略》那样带有连环画性质者，缺了文字说明，也都无法让读者明了问题的复杂性以及事态的最新进展，更何况《点石斋画报》中大部分场面是以单幅图像的形式出现。表面上，画报以图像为中心，文字退居第二线；可缺了文字的辅助，图像所呈现的世界残缺不全，照样无法让读者"一目了然"。

《点石斋画报》中的文字说明长短不一，多为两三百字，占每幅图像的三分之一或四分之一。在如此狭窄的空间腾挪趋避，既要交代清楚，又需略具文采，不是一件简单的事情。可惜，由于《点石斋画报》中画师地位突出，文字作者被忽略不计，以致今日之谈论"画报说明"所体现的"文章新变"，不能不带有很大的猜测成分。像《益森画报》那样明确标明"学退山民编撰、刘炳堂绘图"的为数不多，晚清画报大多突出画师，而不太提及文字作者。其实，图像与文字之间的双向互动、画师与文字作者之间的交流合作，对于保证画报的获得成功，在我看来，乃是至关重要。只不过绘画的技术性更强些，不是人人都能拿得起画笔；至于撰写文章，对于晚清的读书人来说，乃本色当行，不在话下。故点石斋只需征求"丹青妙手"，而不必担心有无合适的文字作者。

具体落实到某号画报为何选择某种素材（事件、人物、风情、器械）作为表现对象，几乎是无从断言，因为起决定作用的可能是画师，也可能是文字作者，更可能是双方协商的结果。事关画报社内部的操作规则，缺乏史料，只好存疑。倒是为《点石斋画报》撰文的，并非画师本人，这点基本上可以断定。

《点石斋画报》上刊发的每幅图像，都有画师的署名和印章；至于文字部分，虽有闲章，却无关作者。根据文章内容，镌刻言简意赅的闲章，起画龙点睛或借题发挥的作用，就好像1886年同文书局所刊《详注〈聊斋志异〉图咏》之"每图题七绝一首，……并以篇名之字，篆为各式小印，钤之图中"一样。根据不同画师的作品文字部分字迹相同，我们不难判定，画报另有专门的抄手。至于文稿的起草，估计也非画师所为。因为，很难想象绘图的画师本人拟好文字稿，然后再请抄手统一录入。最大的可能性是：画报社内部分工合作，绘图与撰文各司其责。撰文与书写可以合一，但文图二者的制作，应该是分开的。仔细品读，不难发现同一事件的叙述，图像与文字之间，常常出现缝隙。这当然还不足以证明二者必定各有其主。可1884年6月7日《申报》上刊出的点石斋主的《请各处名手专画新闻启》，让我们对画报社内部的生产流程有了初步的了解，也可解开文图的视角不尽一致之谜：

> 本斋印售画报，月凡数次，业已盛行。惟外埠所有奇怪之事，除已登《申报》者外，未能绘入图者，复指不胜屈。故本斋特告海内画家，如遇本处有可惊可喜之事，以洁白纸新鲜浓墨绘成画幅，另纸书明事之原委，函寄本斋。如果惟妙惟肖，足以列入画报者，每幅酬笔资两元。其原稿无论用与不用，概不退还。画幅直里须中尺一尺六寸，除题头空少许外，必须尽行画足。居住姓名亦须告知。收到后当付收条一张，一俟印入画报，即凭条取洋；如不入报，收条作为废纸，以免两误。诸君子谅不吝赐教也。[1]

恭请海内画家将所见"可惊可喜之事"绘成画幅，提供给画报社，并答应为此付酬，可见《点石斋画报》的生产已成规模。我关注的是，此启事对于画幅标准的要求。关键之处有二：一是"题头空少许"，一是"另纸书明事之原委"。显然，画报社需要根据"事之原委"斟酌字句，然后将重新拟定的

---

[1] 点石斋主：《请各处名手专画新闻启》，《申报》1884年6月7日。

文字抄入题头空白处。这大概正是《点石斋画报》社的一般生产流程：画师依据"事之原委"作图，至于撰文以及将其抄入画面者，另有其人。

对于那些隐身幕后的文字作者，史家不曾给予必要的关注，我以为是不公平的。确定《点石斋画报》的文字作者，依目前学界掌握的史料，几乎不可能。但阅读画面时，将文字的功能考虑在内，意识到图文之间具有某种张力，或互补，或反衬，或颠覆，我以为不只可能，而且必要。

考虑到《点石斋画报》从属于《申报》馆，同为美查所创办，人们很容易假设画报文稿来源于报纸新闻。不能说这种联想毫无根据，二者的文化立场确实比较接近。但就文体而论，却又有明显的区别。大致而言，画报的文字部分，介于记者的报道与文人的文章之间：比前者多一些铺陈，比后者又多一些事实。不妨以晚清最激动人心的新生事物"兴办铁路"为例，看看《点石斋画报》的文字特色。

1876年10月（光绪二年）洋人兴办的上海至吴淞铁路通车，《申报》曾刊登专门报道；第二年，由于守旧派的强大压力，清政府将铁路买回后拆毁，《申报》上发表《论铁路有益于中国》以示异议。到了1884年夏天，清廷终于同意修建铁路，只是上谕尚未公布，半真半假的消息纷纷传来，《申报》于是连续发表如下消息与评论：

> 6月16日刊出《论中国富强之策轮船不如铁路》；
>
> 6月19日刊出《准开铁路》："昨日午前接到天津发来电报云，创办铁路一节，业经朝廷俞允，许由大沽开至天津。但电音简略，不知所派何人，容后续闻再录。"
>
> 6月20日刊出《书德税务司璀琳请开铁路条陈后》；
>
> 6月21日刊出《铁路继电线而成说》；
>
> 6月22日刊出《论中国铁路事宜》；
>
> 6月25日刊出《津信译登》："天津西友来信，言及奏请自大沽开至天津之铁路，已蒙朝廷允准者，系崔官允国。因而德君璀琳所请开之铁路，则自天津开至通州，刻尚未蒙俞允。西友此信未知确否，姑录之以俟续闻。"
>
> 7月4日刊出《铁路利益》；

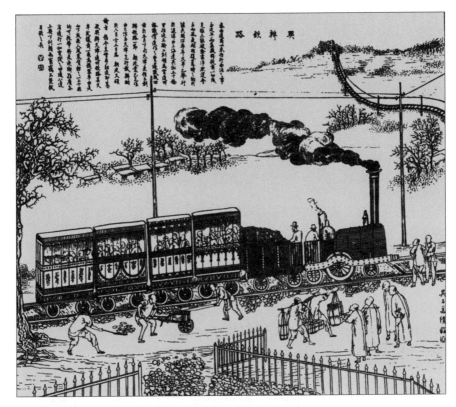

《兴办铁路》

  8月23日刊出《铁路纪闻》："前日闻京师传有电谕，令李傅相即日派员赶筑铁路，由京师以达通州，计路四十里。若然，则解饷调兵，瞬息可达。法虽狡诈，其将奈我何哉！"

大概觉得修建铁路一事已经尘埃落定，不必再担忧"未知确否"，刚创刊不久的《点石斋画报》，也抢在是年8月推出《兴办铁路》（甲十二）。考虑到读者很可能是第一次听说"铁路"一词，看看画报的文字作者如何用简要的语言讲述此非同寻常的"可惊可喜之事"，实在有趣：

  泰西通商以来，仿行西法之事，至近年而益盛。将从前一切成见，虽未能破除尽净，然运会至而风气开，非复曩时之拘于墟矣。同治季年，火车已肇行于沪埠，由上海达吴淞，三十余里，往返不逾二刻。惜为当道所格，议偿造作之费，遽毁成功。兹于五月下旬，天津来信云，创办铁路一节，朝廷业已允准，由大沽至天津，先行试办。嗣于六月二十三日悉，朝廷又颁谕旨，饬令直督李相速即筹款兴办天津通州铁路。其火车式样，前一乘为机器车，由是而下，或乘人，或装货，极之一二十乘均可拖带。将来逐渐推广，各省通行，一如电线四通八达，上与下利赖无穷，窃不禁拭目俟之矣。

画面中央是一列行进中的火车，虽则人车比例不太准确，总算把"或乘人，或装货"的意思表达清楚。画面上方的电线杆与铁轨并列，向远处延伸；下方则是若干百姓，站在路旁翘首观望。文字部分真正可称为"新闻"的，只是"五月下旬""六月二十三日"两句。至于此前铁路的建与拆，属于背景介绍；"火车式样"云云，则假定读者对此一无所知，作者有责任启蒙。文章首尾，更是高屋建瓴，一讲时代风气，一做未来展望。如此起承转合，显然是在做文章，而不仅仅是写"说明文字"。

此前几年，文人葛元煦撰有《沪游杂记》一书，其卷二"火轮车路"则，注重火车形状及功能的描写，而相对忽略了此"新生事物"出现的社会意义：

> 光绪元年，西人买马路一条，二年筑为火轮车路，旁围竹篱，中以五尺许方木横排，相隔二尺许，上钉铁条二，接连不断。车用四轮，轮边中空外实，衔铁条以行，不致旁越。火车一辆带坐车八九辆，每辆约坐三十人，行时风驰电掣，瞬息往回，较轮舟尤速。闻外洋火轮车搭载货、客，大且加倍，此特小者，仿制以资游玩耳。夏初试行旬余，只在江湾、二摆渡往来，旋即停止。[1]

两相对照，《点石斋画报》之上挂下联，兼及新闻与文章，颇具特色。

为《点石斋画报》撰文者的文字功力，不无值得夸耀之处。面对前所未

---

[1] 葛元煦：《沪游杂记》第二卷第34—35页，葛氏啸园藏板，光绪二年。

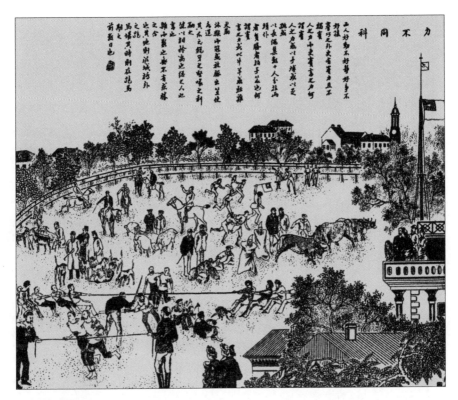

《力不同科》

闻的"新事物",如何准确把握其基本特征,然后用简要的语言加以描述,让读者感觉如在眼前,没有一定的文学修养,绝难做到。若《力不同科》(子十一)用词之讲究,看得出作者对古文写作颇有心得:

> 西人好动不好静,好争不好让。赛巧之外,更有赛力。且不独赛人之力,更赛畜之力。何谓赛人之力?或以手搏,或以足跳,或以长绳集数十人分拉而头仆者负,胜者拍手笑也。何谓赛畜之力?或叱牛羊,或驱鸡犬,或沐猴而冠,或放豚出笠,使各逞其爪之锐,牙之坚,喙之利,翮之健,以相矜尚也。总之,人也畜也,杂而聚也,无不有求胜之念也。其地则泥城桥外之跑马场,其时则在跑马期之前数日也。

运动场上的各种竞赛规则,对于今人来说,自是耳熟能详。可百余年前的国

《西乐迎神》

人，面对此"纷纭复杂"的局面，必定是一头雾水。所谓手搏、足跳、叱牛羊、驱鸡犬，无法一一对应今日的运动项目，因其中包含作者想象的成分。有趣的是，作者除了描述现场情景外，还迅速推导出"西人好动不好静，好争不好让"的理论判断。不只是叙事，往往还夹杂一点文化评论，正是这一点，使得《点石斋画报》上的文字，类似日后报刊上的"随笔"或"小品"，而并非纯粹的新闻报道。

正因为并非纯粹的新闻报道，绘画者与撰文者均可根据自己的政治及文化立场来处理同一对象，因而常常出现有趣的局面：图文之间存在着巨大的缝隙。这一耐人寻味的"缝隙"，很可能缘于主观愿望与客观效果、直观感觉与理性判断、媒介与技巧之间的差距。比如，《西乐迎神》（辛九）一

第四章　晚清人眼中的西学东渐　199

《倭王小像》

《倭后》

幅，画面上喜气洋洋的"中西合璧"，受到了文字作者的讥讽：

> 西人无事不用乐。以予所见，团兵会操也，死丧出殡也，春秋两季之跑马，与夫官员调任到岸之时，咿咿唔唔，亦自可听。节奏之疾徐系以足，万足齐举如拍板。然近则通商埠头有力而好奇者，间亦雇佣之。今年重阳令节，粤人之经商寓沪者，咸赴天后宫迎神赛会。除旗锣扇伞外，亦用西乐一班，随之游行。夫邦用夷礼，《春秋》贬之，窃为读书明理之君子所不取。

尽管受到"读书明理之君子"的批评，但图像本身所呈现的"华洋杂处"的局面——包括左右分列的东西人种、服饰、建筑以及乐器与神像，依旧能够得到一般读者的鉴赏。在这里，语言的劝诫，似乎不及画面的感染力强；更何况此乃上海租界常见的生活场景，不值得大惊小怪。

要说画面与文字互相矛盾造成的巨大张力，莫过于甲午海战爆发后《点石斋画报》之刊出《倭王小像》（射七上）。敌国首脑的情况，作为重要资讯，《点石斋画报》有必要向国民介绍。可如何在画面上体现同仇敌忾，而不是"长他人之志气"，这在漫画传统尚未形成的晚清[1]，实在不容易处理。何况《点石斋画报》正着力于借"西画以能肖为上"来改造"中画以能工为贵"的传统，更无理由故意歪曲明治天皇的形象。好在还有文字可以表达画报社的立场与倾向。于是，在英气勃勃的敌酋像上方，有这么一段带有自我辩解意味的妙语：

> 东洋，一岛国耳，其地不过中国两省之大，民贫国小，素为欧西各国所轻。乃不知度德量力，兵连祸结，寇及中邦，两国生灵，不免同遭涂炭。而究其衅之由启，莫不归咎于倭主，争欲食其肉而寝其皮。今有濯足扶桑客，以倭主小像见视，爰倩名手悉心摹绘，其须眉逼肖，神气宛然，固自有海外枭雄之概。世有请缨系虏之志者，尚其识此面目焉可。

将画像之逼真，说成是为了便于刺客辨认，实在是过于牵强。大概是徘徊于兴趣与立场，只好借图像与文字的对立来"两全其美"。刊于下一号的《倭后》的说明文字，更是妙不可言。作者先数落一通皇后的过失，然后称其小像本该付之一炬，只是觉得那样做未免显得小气。接下来便是："本斋得而图之，传观四海，谓为扬名，则吾岂敢。"真不知道如果没有文字强大的解构能力，单凭图像，该如何位置，方能兼顾政治正确（"谓为扬名，则吾岂敢"）与技巧出色（"须眉逼肖，神气宛然"）。

并非所有的图像都能体现画报创办者"以能肖为上"的艺术追求，这里

---

[1] 我同意毕克官在《中国漫画史话》（山东人民出版社，1982年）中的说法："像我国清末民初《点石斋画报》里某些讽刺画……不能称之为漫画，因它们的构思方法仍属一般绘画的构思方法，只不过选择了讽刺题材罢了。"（第5页）漫画方法指或通过比喻，或通过寓意，或通过夸张，旁敲侧击人间社会，进行尖锐的讽刺。

涉及画家的绘画技巧以及对于新生事物的了解。比如，鲁迅就曾批评吴友如"对于外国事情，他很不明白"，画战舰、画决斗都太离谱了[1]。当画家因不熟悉对象而使得画面的艺术表现力大受限制时，文字部分之"精骛八极，心游万仞"，可以发挥补救的作用。若《飞舟穷北》（丑五）之未见实物，只好凭想象把一艘小船送上天，可单靠那两片横放的小帆，"舟"无论如何是"飞"不起来的。这个时候，文字可派上了大用场："然考张华《博物志》，奇肱国民能为飞车。则车既可以离地，安见舟之不可以冲天？于是乎，飞舟出焉。"

至于错综复杂且瞬息万变的战斗场景，更非单纯的画面所能表现。倘若图像与文字配合默契，则不但完善了整个战斗过程的叙述，还可提供权威的叙事者。1885年的浙江镇海之战，《申报》馆因专门委派"西友"前往采访，有条件大张旗鼓地报道。除3月3日《申报》发表快讯，还因"事关军务，特发传单，俾众周知"。比起《申报》，《点石斋画报》的《甬江战事》（丙九）在讲述正月十五日镇海口外，纽回利等四艘法舰组织进攻，我方炮台以及口内的四艘战舰猛烈回击，最终将其击退的全过程时，多了个有趣的细节：画面左上角有一轮船，下注"江表"二字，似与整个战斗无关，只是作为观察家在场。参照文字部分，方知情况确实如此："是日旗昌之江表轮船往宁波，停轮七八里外观战，但见纽回利初创桅，继伤船头而退。"有了这观战的江表轮，图文所叙之事，当更具权威性。

与文人题跋之随意穿插，布局因而千变万化不同[2]，《点石斋画报》中的文字部分，一律固定在画面的上部。这自然是为了便于绘图者与撰文者的分工合作。可这么一来，构图未免显得单调和呆板。诸位画师本就水平参差，再加上抢工期赶任务，作为艺术品的《点石斋画报》实在缺陷多多。可作为新闻出版物，在晚清的同类作品中，《点石斋画报》还是值得骄傲的——尤其是其图文之间的配合默契。

1　鲁迅：《上海文艺之一瞥》，《鲁迅全集》第四卷第292页。
2　版刻中也偶有采取如此布局的，如《太音大全集》。苏州年画《荡湖船》则将图文融为一体，上下之间互相渗透，几乎不可分割，其文字之繁多，叙事之复杂，画面之精美，令人惊叹民间艺人的想象力与创造力。后者参见王树村编著《中国民间年画史图录》第337页。

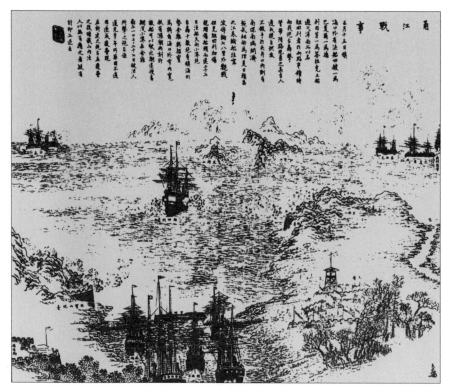

《甬江战事》

五、流风余韵

光绪三十三年（1907）创办于北京的《益森画报》，开篇即是编辑者所撰的《述旨》，在表明创作宗旨的同时，也为"画报"的体式追根溯源：

> 将欲网罗异事，纂组鸿文，精治丹青，借明皂白，朝野金载，尺幅具千里之观，惩劝兼资，右史有左图之助，舍画报其曷以哉！昔点石斋创制鸿规，独称盛业，旋就停罢，未餍参稽。自是以来，继有编集……[1]

---

[1] 《〈益森画报〉述旨》，《益森画报》创刊号，1907年11月。

以"纂组鸿文，精治丹青"为体式，以"网罗异事"为着眼点，以"惩劝兼资"为目的，这确实是《点石斋画报》的创制，难怪学退山民编撰、刘炳堂绘图的《益森画报》溯源于此。清末民初涌现的众多画报，像《益森画报》那样直截了当地自报家门者，其实不太多；但《点石斋画报》的关注时事、注重新知、采用石印，以及图文互相诠释时的许多具体表现手法，基本上都被后来者所接纳[1]。

受《点石斋画报》成功范例的鼓舞，晚清出现一股画报热。据彭永祥统计，截至1919年年底，国人共刊行过118种画报，其中"绝大多数是图画石印或刻版"[2]。20世纪20年代以后，摄影画报逐渐占据主流地位，虽偶有"忽发思古之幽情，也想仿效《点石斋画报》那样办一种"石印线装而"绝不用照相铜版图画"的，恐怕都难逃失败的厄运。这里用得着包天笑的自我总结："无他，时代不同，颇难勉强也。"[3] 随着石印线装这一出版形式的迅速衰落，《点石斋画报》为代表的晚清画报，早就被后来者所超越；但其开启的以图文并茂方式报道时事、传播新知这一新兴事业，时至今日仍很有生命力。

这就难怪时隔多年，仍不断有人提及"早已过时"了的《点石斋画报》。在众多追忆与评说中，有五个人的意见最值得重视。包天笑的回忆文章出现最晚，可作为当年的热心读者，其"历史证词"弥足珍贵：

> 我在十二三岁的时候，上海出有一种石印的《点石斋画报》，我最喜欢看了。本来儿童最喜欢看画，而这个画报，即是成人也喜欢看的。每逢出版，寄到苏州来时，我宁可省下了点心钱，必须去购买一册。这是每十天出一册，积十册便可以线装成一本。我当时就有装订成好几本。虽然那些画师也没有什么博识，可是在画上也可以得着一点常识。因为上海那个地方是开风气之先的，外国的什么新发明，新事物，都是先传到上海。譬如像轮船、火车，内地人当时都没有见过

---

1 如1926年创办于天津的《北洋画报》，在第六卷的卷首号刊出武越所撰的《画报进步谈》，仍将《点石斋画报》作为中国画报的"始祖"来表彰。
2 参见彭永祥《中国近代画报简介》，见《辛亥革命时期期刊介绍》第四集第656—679页，人民出版社，1986年。
3 参见包天笑《钏影楼回忆录》第113、380页，（香港）大华出版社，1971年。

的，有它一编在手，可以领略了。风土、习俗，各处有什么不同的，也有了一个印象。[1]

据包氏回忆，当年苏州的大人主要借《申报》和《新闻报》了解时事与新知。至于《点石斋画报》，则是老少咸宜。时隔半个多世纪，包氏还能记得画报所绘制的"飞舟"的模样，可见印象之深。想当初，如果并非生活在"开风气之先"的上海，有《点石斋画报》"一编在手"，也可领略"外国的什么新发明，新事物"，此等功效，实在不该低估。

对晚清报刊以及版刻图像有特殊兴趣的阿英，在不少文章中提及《点石斋画报》[2]。最为集中的论述，当属收入《晚清文艺报刊述略》中的《中国画报发展之经过》[3]。该文系为《良友》第150期纪念号而作，故将自画报东传到"良友"站稳脚跟这半个多世纪的中国画报，划分为四期，强调"西法石印"的输入给予中国画家极大的便利，"所以，在点石斋成立以后，作为中国自己的画报，便开始繁荣"。对于《点石斋画报》之"以时事画为主，笔姿细致，显受当时西洋画影响"，阿英给予很高的评价，甚至称："因《点石斋画报》之起，上海画报日趋繁多，然清末数十年，绝无能与之抗衡的。"之所以对诸多"规模和体制上模仿《点石斋画报》"的后起之秀不太看好，只因有的"画笔实无可观"，有的则"着意刻画仕女人物"，忽略了画报"强调时事纪载"的宗旨。至于像《新闻报馆画报》那样陈义甚高[4]，实则言行不符的，阿英同样不以为然。因为，所谓关注国家大事，并非只是恭维朝廷，道说吉利。

阿英主要从报刊史着眼，徐悲鸿、郑振铎思考的重点则是"近百年来中国绘画的发展"。注重观察、强调写实的油画家兼教育家徐悲鸿，对吴友如极有好感，屡次将其作为中国美术史上的大家来谈论，尤其欣赏其"为世界

---

1 包天笑：《钏影楼回忆录》第112—113页。
2 如《漫谈初期报刊的年画和日历》《晚清画报志》等，见《阿英美术论文集》，人民美术出版社，1982年。
3 阿英：《中国画报发展之经过》，《晚清文艺报刊述略》第90—100页，古典文学出版社，1958年。
4 参见阿英引录的《新闻报馆画报目录》所载仓山旧主叙："画报创自泰西，非徒资悦目赏心，矜奇炫异也。有一事焉，图而绘之，可以增人之见识；有一焉，摹而仿之，可以俾人之研求。缘人世间之事与物，有语言文字所不能详达者，端赖此绘事极形尽态，以昭示于人。"

古今最大插图者之一,亦中国美术史上伟人之一"[1]。徐氏关于吴友如的论述,最精彩的当属《论中国画》:

> 近代画之巨匠,固当推任伯年为第一,但通俗之画家必当推苏州之吴友如。彼专工构图摹写时事而又好插图,以历史故实小说等为题材,平生所写不下五六千幅,恐为世界最丰富之书籍装帧者。但因其非科举中人,复无著述,不为士大夫所重,竟无名于美术史,不若欧洲之古斯塔夫·多雷或阿道尔夫·门采尔之脍炙人口也![2]

这里所说的"摹写时事""以历史故实小说等为题材",以及上述的"为世界古今最大插图者之一",虽属泛论,却都与吴氏在《点石斋画报》上的上乘表现密不可分。

与画家之侧重作为一种体式的"插图"不同,史家郑振铎更希望坐实"新闻画家"的贡献。郑氏特别欣赏吴氏在《点石斋画报》上发表的许多生活画,断言"乃是中国近百年很好的'画史'"。这里加引号的"画史",明显是从国人引以为傲的"诗史"引申而来的。"也就是说,中国近百年来半封建、半殖民地社会前期的历史,从他的新闻画里可以看得很清楚。"[3] 在《中国古代绘画选集》的序言中,郑振铎再次提及晚清的绘画革新:"但更多的表现那个'时代'的社会生活,乃是一个新闻画家吴嘉猷,他的《吴友如画宝》(石印本)保存了许多的中国半封建、半殖民地社会的现实主义的记录。"[4] 上述两文撰写于1958年,其大力表彰艺术史上的现实主义潮流,确有其特殊的思想文化背景。但作者早年的《插图之话》以及晚年的《中国古代版画史略》[5],同样关注吴友如与《点石斋画报》,可见郑君之所以如此立说,并非只是"趋时"。

对《点石斋画报》及其相关事业最为关注的,其实当推鲁迅。读过鲁迅

---

[1] 参见《新国画建立之步骤》《复兴中国艺术运动》《新艺术运动之回顾与前瞻》三文,均见徐悲鸿著《奔腾尺幅间》,百花文艺出版社,2000年。
[2] 徐悲鸿:《论中国画》,《奔腾尺幅间》第63页。
[3] 郑振铎:《近百年来中国绘画的发展》,《郑振铎艺术考古文集》第193页,文物出版社,1988年。
[4] 郑振铎:《〈中国古代绘画选集〉序言》,《郑振铎艺术考古文集》第185页。
[5] 参见《郑振铎艺术考古文集》第18、350页。

的《阿长与〈山海经〉》以及《〈朝花夕拾〉后记》者，肯定对其热切关爱版刻和石印的"绘图的书"留下极深的印象。上述二文均提及的《点石斋丛画》[1]，系1885年由上海点石斋书局石印的汇编性质的画谱，与前一年创刊的《点石斋画报》没有直接关系。但有两点值得注意，一是同为尊闻阁主人所主持，一是与画家吴友如密不可分。鲁迅正是着眼于后者：

> 吴友如画得最细巧，也最能引动人。但他于历史画其实是不大相宜的；他久居上海的租界里，耳濡目染，最擅长的倒在作"恶鸨虐妓"，"流氓拆梢"一类的时事画，那真是勃勃有生气，令人在纸上看出上海的洋场来。但影响殊不佳，近来许多小说和儿童读物的插画中，往往将一切女性画成妓女样，一切孩童都画得像一个小流氓，大半就因为太看了他的画本的缘故。[2]

同样对吴友如的"时事画"感兴趣，鲁迅不只关注题材，更强调观察的眼光与绘画的技巧：吴氏因久居租界耳濡目染而特别擅长关于妓女与流氓的"时事画"。这与《题〈漫游随录图记〉残本》之批评画家凭空臆造，故"图中异域风景""与实际相去甚远"，以及《上海文艺之一瞥》嘲笑吴友如"对于外国事情，他很不明白"，故笔下错漏多多[3]，思路十分接近。后者更直接论及《点石斋画报》：

> 在这之前，早已出现了一种画报，名目就叫《点石斋画报》，是吴友如主笔的，神仙人物，内外新闻，无所不画，但对于外国事情，他很不明白，例如画战舰罢，是一只商船，而舱面上摆着野战炮；而决斗则两个穿礼服的军人在客厅里拔长刀相击，至于将花瓶也打落跌碎。然而他画"老鸨虐妓"，"流氓拆梢"之类，却实在画得很好的，我想，这是因为他看得太多了的缘故；就是在现在，我们在上海也常常看到和

---

1 参见《鲁迅全集》第二卷第247—248、326页，人民文学出版社，1981年。
2 《〈朝花夕拾〉后记》，《鲁迅全集》第二卷第326页。
3 参见《题〈漫游随录图记〉残本》，《鲁迅全集》第八卷第371页；《上海文艺之一瞥》，《鲁迅全集》第四卷第292页。

他所画一般的脸孔。这画报的势力，当时是很大的，流行各省，算是要知道"时务"——这名称在那时就如现在之所谓"新学"——的人们的耳目。前几年又翻印了，叫作《吴友如墨宝》，而影响到后来也实在厉害，小说上的绣像不必说了，就是在教科书的插画上，也常常看见所画的孩子大抵是歪戴帽，斜视眼，满脸横肉，一副流氓气。[1]

一方面批评吴友如对外国事情不太了解故笔下多有纰漏，另一方面又承认《点石斋画报》在晚清传播"新学"的意义，我以为鲁迅的说法比较稳妥：既表彰功绩，又避免刻意拔高。本文之将讨论的焦点，定在已经"东渐"的"西学"上，也是意识到画家们对于未曾寓目的"外国事情"无从落笔。只是有一点鲁迅没有提及，《点石斋画报》中也有些画家不太可能熟悉的"外国事情"和"异域风景"画得相当精细，那是因为有外国画报和照片可做临摹的蓝本。

包天笑的个人经验，让我们了解《点石斋画报》对于当年苏州读者的巨大吸引力；鲁迅则是以史家的眼光，断言该画报成为其时想知道"时务"的人们的耳目。至于《点石斋画报》之"流行各省"，虽有画报上各地增设销售点的广告[2]，毕竟无法落实具体的印数以及读者。这也是晚清报刊史研究的最大难处：其时主持报刊者都不太愿意认真负责地谈论报刊的销售量，偶有涉及，多为招徕读者，难免有夸张之嫌[3]。以目前学界掌握的资料，只能笼统地谈论《点石斋画报》的"流行"。不过，鲁迅由此推导出画报（旬刊）连续出版的巨大压力，导致画家笔调之趋于"油滑"，则是很有见地的：

> 学吴友如画的危险，是在只取了他的油滑，他印《画报》，每月要画四五十张，都是用药水画在特种的纸张上，直接上石的，不用照相。

---

1 《上海文艺之一瞥》，《鲁迅全集》第四卷第292—293页。
2 如第195号《点石斋画报》（1889年8月）所刊《点石斋各省分庄售书告白》，便开列京都琉璃厂点石、金陵东牌楼点石、苏州元妙观点石、杭州青云街点石，以及点石斋石印书局在湖北、汉口、湖南、河南、福建、广东、重庆、成都、江西、山东、山西、贵州、陕西、云南、广西、甘肃等地所设的分庄。值得注意的是，后面八省的点石斋分庄，均设在"贡院前"，可见书籍与科考的关系。
3 参阅拙著《中国小说叙事模式的转变》第269—279页，上海人民出版社，1988年。

因为多画，所以后来就油滑了，但可取的是他观察的精细，不过也只以洋场上的事情为限，对于农村就不行。[1]

相对于任熊和蔡照初为合作四十八躯列仙而互相琢磨，单是镌刻便需"五阅月而工始蒇"，不难明白石印给画家带来巨大便利的同时，也可能留下隐患：在巨大的市场压力下，画家们开始由"执着"而趋于"油滑"。

鲁迅之如此关注吴友如和《点石斋画报》，与少年的美好记忆有关，但更根源于20世纪30年代的现实需求。一是提倡连环图画，二是主张新兴的木刻家应学习传统的表现技法，三是希望借助于图像来了解历史。这三者，均与《点石斋画报》有或多或少的关联。

在20世纪30年代的大众化运动中，鲁迅写过不少文章，其中专论图文并举功用的有《"连环图画"辩护》《连环图画琐谈》和《〈看图识字〉》三则。一句"'连环图画'的拥护者，看现在的议论，是'启蒙'之意居多的"，基本上概括了其时的主流意见。鲁迅并不否认"启蒙"说的价值，只是将其推进一步，称古来中国人之所以喜欢"借图画以启蒙"，实在是"因中国文字太难，只得用图画来济文字之穷"[2]。而图文并举的努力，在中国，可谓源远流长，论者不该数典忘祖：

> 古人"左图右史"，现在只剩下一句话，看不见真相了，宋元小说，有的是每页上图下说，却至今还有存留，就是所谓"出相"；明清以来，有卷头只画书中人物的，称为"绣像"。有画每回故事的，称为"全图"。那目的，大概是在诱引未读者的购读，增加阅读者的兴趣和理解。[3]

从中国人古老的"左图右史"传统，到欧西为"增加读者的兴趣"而做书籍插图，乃至其时民间仍在沿用的《看图识字》，鲁迅除强调图像"能补助文字之所不及"外，还提醒论者注意，别小瞧这些很可能名不见经传的为书籍

---

[1] 《鲁迅全集》第十二卷第380页。
[2] 参见《连环图画琐谈》，《鲁迅全集》第六卷第27—28页。
[3] 同上书，第27页。

第四章 晚清人眼中的西学东渐 209

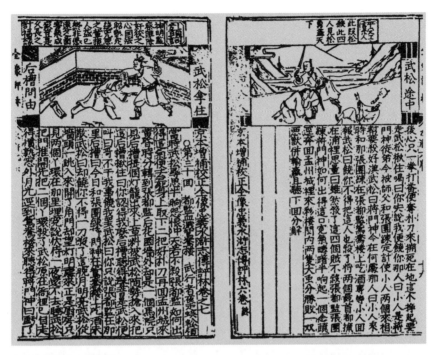

古代小说中的上图下说

卷头只画人物之"绣像"

插图的画师:"倘不是对于上至宇宙之大,下至苍蝇之微,都有些切实的知道的画家,决难胜任的。"[1]此语颇能显示鲁迅对于图像特殊的阅读趣味:一是不只求美,而且求真;二是不只欣赏现代西方,而且追怀古代中国。

后一层意思,在《"连环图画"辩护》一文以及与年青画家的通信中[2],表示得尤其清晰:鲁迅劝青年画家在学习欧洲名家的同时,希望其"更注意于中国旧书上的绣像和画本,以及新的单张的花纸"。1933年,在致何家骏、陈企霞的信中,鲁迅谈及连环图画的"画法",主张"用中国旧法",具体做法是:"花纸,旧小说之绣像,吴友如之画报,皆可参考,取其优点而改去其劣点。"[3]第二年,鲁迅致信魏猛克,表达了大致相同的意见:"中国旧书上的插画,我以为可以采用之处甚多,但倘非常逛旧书店,不易碰到。又,清朝末年有吴友如,是画上海流氓和妓女的好手,前几年印有《友如墨宝》,不知曾见到否?"[4]

至于前一层意思,不妨参照鲁迅刊行汉唐画像石刻的计划。鲁迅之着意收集汉唐石刻,开始于民初任职教育部时,此后二十多年,始终兴趣不改。1934年,鲁迅分别给姚克和台静农写信,谈论其编辑出版计划,着眼点明显偏于文化史而非美术史:"拟摘取其关于生活状况者""颇欲择其有关风俗者""唯取其可见当时风俗者,如游猎,卤簿,宴饮之类"[5]。同年,在写给郑振铎的信中,鲁迅对画家们之"一到古衣冠"便全都靠不住表示遗憾,希望借刊行汉魏石刻造像及晋唐人物画来扭转此颓势[6]。

回过头来,不难理解鲁迅之所以格外欣赏吴友如"勃勃有生气"的时事画,因其"令人在纸上看出上海的洋场来",完全可能为后世画家之表现晚清社会,提供必要的场景与细节。事有凑巧,半个世纪后,画家范曾为鲁迅小说插图,寻找到的最佳参考资料,竟然正是吴友如的时事画。在《生命的奇迹》一文中,范曾是这样描述1977年画《鲁迅小说插图集》时的情景:

---

1 参见《"连环图画"辩护》,《鲁迅全集》第四卷第446页;《〈看图识字〉》,《鲁迅全集》第六卷36页。
2 张望编《鲁迅论美术》(人民美术出版社,1982年)一书收集不少此类书信,可参阅。
3 参见《鲁迅全集》第十二卷第205页。
4 同上书,第372页。
5 同上书,第349、359、453页。
6 同上书,第465—466页。

第四章　晚清人眼中的西学东渐

《吴友如画宝》封面

彼时参考资料甚少，唯有《吴友如画宝》助我，因其描写社会人生诸相，时代与鲁迅先生所描述正相合。吴友如之画技至工而格近卑，然其观察生活之仔细，描画物件之精到，自是无匹作手。我画鲁迅小说中某些场景如唯连殳之哭丧，其中棺材、丧幛、头巾等等细节绝对无误；华老栓家床边的马桶、手中的灯笼形象刻画入微，皆有赖于吴公多多。[1]

《吴友如画宝》主要收集吴氏主笔《点石斋画报》（1884—1890）和自创《飞影阁画报》（1890—1893）的作品，其中"海上百艳图""山海志奇图""古今丛谈图""风俗志图说""古今名胜图说"等专题，对于今人之了解晚清社会，确为不可多得的图像资料。关于吴友如"技至工而格近卑"的判断，容可商榷；但强调其"观察生活之仔细，描画物件之精到，自是无匹作手"，与鲁迅、郑振铎等人的说法不谋而合。

30年代的鲁迅，曾以非常投入的姿态，大力支持新兴的木刻运动，这点学界早有论述。我想指出的是，在此过程中，鲁迅之热心于重新发现传统。最典型的，莫过于1935年2月4日致李桦信中的这段话：

---

[1] 范曾：《生命的奇迹》，《中华散文》2000年第1期。

《明眸皓腕》,《海上百艳图》

所以我的意思,是以为倘参酌汉代的石刻画像,明清的书籍插图,并且留心民间所赏玩的所谓"年画",和欧洲的新法融合起来,许能够创出一种更好的版画。[1]

在鲁迅看来,"镂像于木,印之素纸,以行远而及众,盖实始于中国"。这一版刻图像的传统,明清两代,"为用愈宏,小说传奇,每作出相","是为木刻之盛世"。只不过"光绪初,吴友如据点石斋,为小说作绣像,以西法印行",版刻艺术方才迅速衰落[2]。基于这一认识,提倡新兴木刻运动的鲁迅,与郑振铎合作,开始翻刻明清版画。除广为人知的《北平笺谱》和

---

[1] 参见《鲁迅全集》第十三卷第45页。
[2] 参见《〈北平笺谱〉序》,《鲁迅全集》第七卷第405页。

《十竹斋笺谱》外，起码晚明画家陈洪绶（号老莲）的插图集，便甚为鲁迅所挂念。在1934年和1935年，鲁迅在给郑振铎、许寿裳和李桦等人的若干信中，多次谈论翻刻陈老莲画册事[1]。另外一个引起鲁迅关注的版画家，很可能是清代的任熊（字渭长）。鲁迅对他所画的"仙侠高士，瘦削怪诞"显然颇有好感，才会在谈论某美国画家的插图"虽然柔软，却很清新"时提及[2]。

实际上，我们看看鲁迅所收藏的古代画册，个人作品以陈洪绶、石涛和任熊三家最为丰富。查《鲁迅日记》和《鲁迅手迹和藏书目录》，不难发现鲁迅收藏有石涛的《石涛山水册》（二种）、《石涛画东坡时序》《石涛纪游图咏》《石涛和尚、八大山人山水精品》等；收藏有陈洪绶的《陈萧二家绘离骚图》《陈老莲画册》《会真记图》《博古叶子》（二种）等；收藏有任熊的《高士传》《於越先贤像传赞》《卅三剑客图》《列仙酒牌》等[3]。其中《高士传》《於越先贤像传赞》和《列仙酒牌》三种，都是民初已收，30年代重购。石涛不好说，至于为何特别看重陈洪绶和任熊，除了其美术史地位显赫以外，恐怕还与鲁迅本人对于版刻的趣味有关。在人物画方面，吴友如学任渭长，任渭长学陈老莲，三者几乎可以说是"一脉相传"。

鲁迅收藏的画册，还包括点石斋石印本《诗画舫》（1888）、《点石斋丛画》（1885）、《海上名人画稿》（1885）、《申江胜景图》（1884）等。至于从《点石斋画报》中析出后重装的《淞隐漫录》《淞隐续录》（残本）、《漫游续录图记》（残本）和《风筝误》等，鲁迅还专门写了题记[4]。此外，装订后重出的121纸散页的《点石斋画报》本《淞隐漫录》，鲁迅也都保留下来了。

如果说阿英、徐悲鸿、郑振铎、包天笑之谈论《点石斋画报》，各自有所偏重；鲁迅的兼及历史与现实、生活与艺术、个人趣味与文化走向，无疑更值得重视。可这不等于说，《点石斋画报》曾因鲁迅的推荐而直接介入30年代的连环图画和木刻运动，并获得广泛的赞誉。相反，尽管得到鲁迅等人的好评，《点石斋画报》停刊后的命运，并不十分乐观。在将近半个世纪

1　参见《鲁迅全集》第十二卷第528页、第十三卷第108页、第十二卷第467页、第十三卷第105页。
2　参见《〈夏娃日记〉小引》，《鲁迅全集》第四卷第333页。
3　参见《鲁迅手迹和藏书目录》，鲁迅博物馆编刊，1959年。
4　上述四则题记均收入《集外集拾遗补编》，见《鲁迅全集》第八卷369—372页。

中，被专家学者偶尔提及的《点石斋画报》，并没有重刊的机会。20世纪50年代后期开始出现转机[1]，而最近20年不同形式的重刊本陆续出现[2]，则预示着其时来运转，很可能成为下个世纪中国读书界的"新宠"。

1999年10—12月初稿，2000年4月修订

附记：

本文关于石印术传入中国的介绍有误，需要更正。像大多数中国学者一样，当初我也受贺圣鼐1931年所撰《三十五年来中国之印刷术》误导，以为石印术1876年方才引入中国，且最初仅限于印刷天主教宣传品。后拜读汪家熔考证文章，方知石印术输入中国的时间，起码应提前三十多年（见氏著《商务印书馆史及其他》第443—445页，北京：中国书籍出版社，1998）；而苏精更将首次中文石印时间，提前到1825年（见氏著《马礼逊与中文印刷出版》第171—189页，台北：台湾学生书局，2000）。但早在19世纪30年代，就已经有传教士采用石印方式制作中文出版物，这一判断，并没有从根本上动摇美查1878年购进新式石印机器，开始成功的商业运营的意义。此前印刷图像，必须先有画稿，再据以木刻，或镂以铜版，费时费力不说，还不能保证不走样，更不要说无法做到"细若蚕丝""明同犀理"。而今有了石印技术，这一切都成为举手之劳。富有远见的文化商人美查之创办点石斋，对于画报能在中国立足并迅速推广开来，确实起了关键作用。

1　参见郑为编《点石斋画报时事画选》，中国古典艺术出版社，1958年。
2　如1977年台北的天一出版社刊行了33集的《点石斋画报》，1983年广东人民出版社刊行共五函44集528号的连史纸影印线装本，同年香港广角镜出版社刊行上下两册《点石斋画报》（1990年江苏广陵古籍刻印社据此影印），1989年日本福武书店出版了中野美代子和武田雅哉合作的《世纪末中国のかわら版——绘入新闻〈点石斋画报〉の世界》，1998年上海文艺出版社又推出了两大册的《点石斋画报》。此外，西文方面，有Fritz van. Briessen从《点石斋画报》中选译52幅图像并详加注释和解说的 *Shanghai-Bildzeitung 1884—1898, Eine Illustrierts aus dem China des ausgehenden 19. Jahrhunderts*（Atlantis,1977），以及Don J. Cohn选译50幅图像的 *Vignettes from The Chinese, Lithographs from Shanghai in the Late Nineenth Century*(The University of Hong Kong，1987)。关于若干重要刊本的评介，见拙文《仪态万方的〈点石斋画报〉》（《中国图书商报·书评周刊》1999年10月19日）。

附录一　《点石斋画报》各号刊行时间表——按王朝纪年排列：

光绪十年——甲1—12，乙1—12，丙1—5

光绪十一年——丙6—12，丁1—12，戊1—12，己1—5

光绪十二年——己6—12，庚1—12，辛1—12，壬1—5

光绪十三年——壬6—12，癸1—12，子1—12，丑1—8

光绪十四年——丑9—12，寅1—12，卯1—12，辰1—8

光绪十五年——辰9—12，巳1—12，午1—12，未1—8

光绪十六年——未9—12，申1—12，酉1—12，戌1—11

光绪十七年——戌12，亥1—12，金1—12，石1—11

光绪十八年——石12，丝1—12，竹1—12，匏1—12，土1—2

光绪十九年——土3—12，革1—12，木1—12，礼1—2

光绪二十年——礼3—12，乐1—12，射1—12，御1—2

光绪二十一年——御3—12，书1—12，数1—12，文1—5

光绪二十二年——文6—12，行1—12，忠1—12，信1—5

光绪二十三年——信6—12，元1—12，亨1—12，利1—5

光绪二十四年——利6—12，贞1—12

附录二　《点石斋画报》各号刊行时间表——按公元纪年排列：

1884年——甲1—12，乙1—12

1885年——丙1—12，丁1—12，戊1—12，己1—2

1886年——己3—12，庚1—12，辛1—12，壬1—3

1887年——壬4—12，癸1—12，子1—12，丑1—4

1888年——丑5—12，寅1—12，卯1—12，辰1—5

1889年——辰6—12，巳1—12，午1—12，未1—6

1890年——未7—12，申1—12，酉1—12，戌1—7

1891年——戌8—12，亥1—12，金1—12，石1—8

1892年——石9—12，丝1—12，竹1—12，匏1—9

1893年——匏10—12，土1—12，革1—12，木1—10

1894年——木11—12，礼1—12，乐1—12，射1—12

1895年——御1—12，书1—12，数1—12，文1

1896年——文2—12，行1—12，忠1—12，信1—2

1897年——信3—12，元1—12，亨1—12，利1—3

1898年——利4—12，贞1—12

第五章　转型期中国的"儿童相"

——以《启蒙画报》为中心

晚清画报虽说以识字不多的"妇孺"为拟想读者，可真正关注妇女儿童命运的并不多。不仅标榜"为儿童"，而且认真地"写儿童""画儿童"的，那就更是凤毛麟角了。本章以1902—1904年存在于北京的《启蒙画报》为中心[1]，探讨转型期中国的"儿童相"[2]。以图文并茂方式，介绍新知，培养信念，并呈现古今中外少年儿童的日常生活，这其中牵涉的政治立场、文化心态、新闻眼光以及绘画技术，值得深究。另外，解读《小英雄歌》等歌谣的精神意蕴，探索"蒙正小史"这一专栏与传统蒙书的关系，关注"游戏"怎样成为儿童教育的重要内涵、"知识"可否变得有趣，以及采用版刻而非石印对于《启蒙画报》的利弊得失等。一句话，在美术史、报刊史、教育史以及思想史的夹缝中，思考晚清中国之"何谓儿童，如何启蒙"。

---

[1]　《启蒙画报》的基本情况，参见彭永祥《〈启蒙画报〉》，载《辛亥革命时期期刊介绍》第一集第189—195页（丁守和主编），人民出版社，1982年。另据姜纬堂《〈启蒙画报〉五考》（《新闻研究资料》第三十集，中国新闻出版社，1985年4月），《启蒙画报》创刊于1902年6月23日，终刊时间为1904年年底。初日出1张，后改月出1册，又改月出2册，因另办两报，连续辍期，不得不停刊。目前留下来的有：日刊合订本7册，月出一册共5册，月出两册计20册，总共32册。

[2]　所谓"儿童相"，乃是与"儿童文"相对应，借用现代中国著名漫画家丰子恺的概念。1945年开明书店刊行《子恺漫画全集》，作者称："写儿童生活的八十四幅为一册，名曰《儿童相》。"（《〈子恺漫画全集〉序》，《丰子恺文集》艺术卷四，第243—244页，浙江文艺出版社、浙江教育出版社，1990年）在《漫画创作二十年》中，丰子恺将自家创作分成四个时期："第一是描写古诗的时代，第二是描写儿童相的时代，第三是描写社会相的时代，第四是描写自然相的时代。""我作漫画由被动的创作而进入自动的创作，最初是描写家里的儿童生活相。"（《丰子恺文集》艺术卷四，第387—391页）。在我看来，丰子恺漫画中最具创意，至今仍魅力不减的，正是"儿童相"。

《启蒙画报》

一、"妇女相"与"儿童相"

对于五四新文化人之"发现妇女"和"救救孩子",学界历来给予很高评价。翻阅《新青年》,确实有不少关注妇女问题和儿童问题的文章。如周作人的名文《人的文学》,提及在欧洲"女人与小儿的发见,却迟至十九世纪,才有萌芽";至于中国,"人的问题,从来未经解决,女人小儿更不必说了"[1]。而鲁迅《狂人日记》"救救孩子"的呐喊[2],更是振聋发聩。在众多论述中,我格外关注周作人的"两种委屈",以及胡适的"三个标准",因其最能说明那代人的学术视野及精神高度。

1929年10月,胡适作《慈幼的问题》,称有朋友对他说过一句很深刻的话:"你要看一个国家的文明,只消考察三件事:第一,看他们怎样待小孩子;第二,看他们怎样待女人;第三,看他们怎样利用闲暇的时间。"[3]此文多有激愤之词,如"中国三点之中,无论那一点都可以宣布我们这个国家是最野蛮的国家";还有"我们深深感谢帝国主义者,把我们从这种黑暗的迷梦里惊醒过来",理所当然地受到当局的严厉批判[4]。但文章提及中国儿

---

1 周作人:《人的文学》,《新青年》第五卷第6号,1918年12月。
2 鲁迅:《狂人日记》,《鲁迅全集》第一卷第432页,人民文学出版社,1981年。
3 胡适:《慈幼的问题》,《胡适文存三集》第4册第1175页,亚东图书馆,1930年。
4 胡适曾解释他为何采取这种激烈的姿态:"我是有意要这样说,使那些认为惟有中国才有精(转下页)

童的卫生以及教育问题，批判"女孩在家裹小脚，男孩在学堂念死书"[1]，称这样的国家没有希望，目的是揭发病痛，引起疗救的注意。

对于妇女及儿童问题的关注，周作人起步早，持续时间长，且更有系统性。1921年，周作人撰《小孩的委屈》："小孩的委屈与女人的委屈，——这实在是人类文明上的大缺陷，大污点。"[2] 此后，周作人不断敲打这个问题，称从"写女人的态度"是否自然大方，可评判文章或小说之优劣。此说大有见识，因为在男性中心社会里，对待女性的态度，往往可作为中国文人"文明程度"的标志[3]。而在撰于1945年的《小说的回忆》中，周作人批评《水浒传》之憎恶女人："写杀潘金莲杀潘巧云迎儿处却是特别细致残忍，或有点欣赏的意思，在这里又显出淫虐狂的痕迹来了"；更提及他为何很不喜欢李逵："设计赚朱同上山的那时，李逵在林子里杀了小衙内，把他梳着双丫角的头劈作两半，这件事我是始终觉得不能饶恕的。"[4] 对于毕生关注妇女及儿童命运的周作人来说，《水浒传》的残暴不能容忍；而其文章着力"嘉孺子而哀妇人"，与眼下正热火朝天展开的女性主义或性别研究，思路并不一致。本文论述的重点在儿童，故暂且搁置"女人的委屈"。

了解"小孩的委屈"这一"人类文明上的大缺陷"，并努力改善之，并非始自五四新文化人。起码，在那轰轰烈烈建构现代民族国家的晚清，儿童话题便开始浮出海面，为儿童而编纂报刊，乃其中重要一环。除了美国长老会传教士范约翰主编的《小孩月报》（1875年创办）与《画图新报》（1880年创办）外，国人办的儿童报刊，以《蒙学报》（1897—1899）为最

（接上页）神文明的夸大狂的人们有点警觉；引起人来骂，便更好，更足以造起运动！"参见胡颂平编著《胡适之先生年谱长编初稿》第3册第801页，（台北）联经出版事业公司，1984年。另，1929年，胡适因"人权与约法"与执政当局展开激烈论战，日记中夹有大量批判文章的剪报，参见《胡适全集》第三十一卷第315—558页，安徽教育出版社，2003年。

1　参见胡适《慈幼的问题》，《胡适文存三集》第4册第1175—1181页。
2　周作人：《小孩的委屈》，《谈虎集》第48页，岳麓书社，1989年。
3　周作人《扪烛脞存》称："鄙人读中国男子所为文，欲知其识见高下，有一捷法，即看其对佛教以及女人如何说法，即已了然无遁形矣。"（《书房一角》第166页，河北教育出版社，2002年）1949年12月10日，周作人在上海《亦报》上发表短文《〈水浒传〉》，批评《水浒传》"对于女人小儿的态度也很不好"，"旧小说中写女人的态度显得大方的，还要推《红楼梦》与《儿女英雄传》，这是很难得的，莫非因为著者是旗人的缘故，所以受旧文人的恶习较少么，这我不知道。"（《知堂集外文·〈亦报〉随笔》第20页，岳麓书社，1988年）
4　周作人：《小说的回忆》，《知堂乙酉文编》第12—13页，三育图书文具公司，1961年。

《蒙学报》

先,《启蒙画报》(1902—1904)、《童子世界》(1903)紧随其后。从民初到20世纪20年代,商务印书馆和中华书局争奇斗艳,分别创办《儿童教育画》《少年杂志》《学生杂志》《儿童世界》《儿童画报》和《中华童子界》《中华学生界》《中华儿童画报》《小朋友》等[1],为少年儿童编辑专门的报刊,终于蔚然成风,形成一重要的思想文化潮流。

这么多儿童报刊,绝大部分创办于上海,唯有《启蒙画报》存在于北京。谈论《启蒙画报》,最权威的资料,除了1913年京话日报馆刊行的彭翼仲述、诚厚庵记《彭翼仲五十年历史(上编)》,就是梁漱溟1942年撰写、日后多次补充的《我的自学小史》,以及初刊全国政协《文史资料选辑》第4辑(北京:中华书局,1960),后收入《忆往谈旧录》(北京:中国文史出版社,1987)等的《记彭翼仲先生——清末爱国维新运动一个极有力人物》。后者成文时,并非仅靠个人记忆,还查阅了许多历史资料,并采访彭翼仲亲属以及老舍、徐兰沅、萧长华、郝寿臣等。现各摘一段:

  《启蒙画报》最先出版。他是给十岁上下的儿童阅看的。内容主要是科学常识,其次是历史掌故、名人逸事,再则如"伊索寓言"一类的东西亦有;却少有今所谓"童话"者。例如天文、地理、博物、格致("格物致知"之省文,当时用为物理化学之总名称)、算学等各门都有。全是白话文,全有图画(木版雕刻无彩色)。而且每每将科学撰成小故事来说明。……计出版首尾共有两年之久。[2]

---

[1] 参见傅宁《中国近代儿童报刊的历史考察》,《新闻与传播研究》2006年第1期。
[2] 梁漱溟:《我的自学小史》,《梁漱溟全集》第二卷第670页,山东人民出版社,1990年。又,梁漱溟多次补写《我的自学小史》,全集所收乃全本。

彭先生所办报纸先后计共有三种，最先办的是《启蒙画报》，开始于1902年夏间出版；其次是《京话日报》，开始于1904年阴历七月出版；又其次是《中华报》，于同年阴历十一月出版。就在《中华报》出版后，感觉到三种性质不同的报刊难于兼顾得来，于是把《启蒙画报》停刊了。此后便是《京话日报》和《中华报》两种在发行，直到1906年阴历八月十二日同时被封为止。[1]

日后学界对于彭翼仲的家世、生平以及办刊经过，乃至《启蒙画报》的各种细节，有更为绵密的考证[2]；但这段概述文字，大致还能站得住。

晚清志士之办报办刊，总的思路一致，那就是愤国势之衰微，希望借此开通民智；认准报章乃"传播文明三利器"之一[3]，故全力以赴，不太考虑技术能力及经济效益，能走多远算多远。因外在环境恶劣，晚清的报刊旋起旋落。具体到每份报刊，又因拟想读者的需求以及办报人的立场及趣味，呈现很不一样的风貌。而这，往往在"发刊词"中就已表露出来。刊于《启蒙画报》第1期附页的《启蒙画报缘起》，自称"于蒙学为起点"，目标则是"合我中国千五百州县后进英才之群力，辟世界之新机"。如此宗旨，没有什么特异之处。倒是谈及编辑策略的三句话，值得格外留意。一是"孩提脑力，当以图说为入学阶梯，而理显词明，庶能收博物多闻之益"；二是"本报浅说，均用官话，久阅此报，或期风气转移"；三是"参考中西教育课程，约分伦理、地舆、掌故、格致、算术、动植诸学，凡此诸门，胥关蒙养，兹择浅明易晓者，各因其类，分绘为图"[4]。

晚清报刊中，凡追求普及，希望"妇孺皆知"的，有两条捷径可走：一是使用白话，二是配上图像。《点石斋画报》使用文言，《无锡白话报》没

---

[1] 梁漱溟：《记彭翼仲先生——清末爱国维新运动一个极有力人物》，《忆往谈旧录》第51页，中国文史出版社，1987年。

[2] 进一步的考辨，参见姜纬堂《〈启蒙画报〉五考》，以及姜纬堂《"彭翼仲案"真相》，《首都师范大学学报》1996年第5期；彭望苏《文采风流今尚存——百年之前的儿童刊物〈启蒙画报〉》，《贵州文史丛刊》2000年第5期等。

[3] 梁启超：《饮冰室自由书·传播文明三利器》，《饮冰室合集·专集》第2册卷二第41页，中华书局，1936年。

[4] 《启蒙画报缘起》，《启蒙画报》第1期，壬寅五月十八日（1902年6月23日）。

有图像，二者虽各有所长，但若是能让"图像"与"白话"结盟，启蒙效果必定更佳。1900年陈子褒撰《论训蒙宜用浅白读本》，其中有这样一段：

> 凡人无不喜看图画，而童子尤甚。盖有图则一目了然，且有趣味在焉。第物可图而事不可图；事间有可图，而理则不可图。训蒙先生孰不知图画之要者，然猝教以"明德""新民"，则图于何有？即教以"学而时习之不亦说乎"，则图于何有？故欲以图示童子，又非浅白读本不能也。[1]

而当年热心阅读《启蒙画报》的梁漱溟，日后在《我的自学小史》中称："《启蒙画报》出版不久，就从日刊改成旬刊（每册三十多页），而别出一小型日报，就是《京话日报》。……因为是白话，所以我们儿童亦能看，只不过不如对《启蒙画报》之爱看。"[2]一是"能看"，一是"爱看"，二者还是有等级差别。这就能理解为何编者要刻意强调《启蒙画报》的两大特征：既为"图说"，又是"官话"。

除了"缘起"开列的"伦理、地舆、掌故、格致、算术、动植诸学"，《启蒙画报》的栏目还有许多。先日刊，后月刊，再改半月刊，栏目设计迭经变迁，但有一点很清楚，那就是"参考中西教育课程"。换句话说，办刊人希望读者将其作为"教材"或"准教材"来阅读。因此，追求"博物多闻"，而不是"新闻事件"或"政治立场"[3]——简而言之，属于稳健的"开通民智"，而非激进的"社会动员"。

《启蒙画报》发行情况如何，是否真如第12册封底广告所言，"京外各埠派售本报处"包括保定、天津、山东、山西、南京、苏州、常州、上海、杭州、扬州、江西、福州、厦门、成都、重庆、武昌、开封、卫辉、广州、汕头、奉天、锦州等，没有实证资料。若真的实现，那可是覆盖了大半个中

---

[1] 陈子褒：《论训蒙宜用浅白读本》，陈子褒《教育遗议》第39—40页，《近代中国史料丛刊》第91辑，（台北）文海出版社，1973年。
[2] 《我的自学小史》，《梁漱溟全集》第二卷第671页。
[3] 《启蒙画报》之淡化"新闻"而突出"博物"，不说政治立场，单就编辑思路而言，接近美国传教士范约翰苦心经营的《小孩月报》和《画图新报》。关于后者，参见陈平原《教会读物的图像叙事》，《学术研究》2003年第11期。

国。不过，四川乐山人郭沫若在《我的童年》中提及，癸卯年（1903）清廷倾向于废科举建学校后，在成都入东文学堂的大哥将许多新学书籍带回家："甚么《启蒙画报》《经国美谈》《新小说》《浙江潮》等书报差不多是源源不绝地寄来，这是我们课外的书籍。"[1]

《启蒙画报》刊行时，郭沫若(1892—1978)和梁漱溟（1893—1988）乃"十岁上下的儿童"，符合编者对于读者年龄的设定。另外两位《启蒙画报》的热心读者，情况可就大不一样了。著名学者陆宗达（1905—1988）以及著名报人萨空了（1907—1988），日后曾撰文追忆小时候读《启蒙画报》的情境。"曾搜集过中国的画报，想写一本中国画报史"的萨空了，在《香港沦陷日记》中谈及："他办的《启蒙画报》合订本，在我七八岁时，曾是我最喜欢的读物，这个画报灌输了许多科学常识给我，像瓦特因为水沸发明蒸汽机，世界人种的分类，五大洲的形状，我都是由该画报而知道的。"[2] 1984年8月4日，陆宗达向王宁口述自传，提及宣统二年进学馆，上午学"四书"、念《千家诗》；"下午讲报，用的是当时宣传革新的《启蒙画报》，我从中学了不少新知识，印象最深的是当时大力宣传的武训办学，《画报》上还有国内和国际的时事大事记，还谈辛亥革命"[3]。《启蒙画报》1904年年底便已停办，不可能"还谈辛亥革命"；不过，童年陆宗达借此画报了解时事和新知，却是完全可能的。晚年追忆，细节上略有出入，也很正常。我关心的是，当陆宗达、萨空了能够阅读《启蒙画报》时，此画报实际上已经停办多年。

陆宗达祖籍浙江慈溪，1905年生于北京；萨空了1907年生于四川成都，1911年五岁时，随父亲举家迁回北京。若这两位先生的回忆属实，则其阅读《启蒙画报》的时间，大约是在1909年至1913年间。一份停办多年的旧杂志，居然依旧是京城儿童接受新知的"课外读物"，这可是个大喜讯。《启蒙画报》的发行数字无法统计，但当年的读者，不是看完就丢，而是将其保存下来，作为反复使用的"启蒙"读物。这与当初编者标榜

---

[1] 郭沫若：《我的童年》，《郭沫若全集》文学编第十一卷第43页，人民文学出版社，1992年。
[2] 萨空了：《香港沦陷日记》第95页，生活·读书·新知三联书店，1985年。
[3] 参见王宁《善教者，使人继其志——陆宗达先生口述历史摘抄》，载北京师范大学民俗典籍文字研究中心编《陆宗达先生百年诞辰纪念文集》第8—23页，中国广播电视出版社，2005年。

《京话日报》

"参考中西教育课程",可谓若合符节。

不愧是新闻史家,萨空了判断很准,《启蒙画报》"在北方是一个中国画报史中值得大书特书的画报"[1]。对于这份仅仅存在两年多的画报,读者日后追念不已:"我从那里面不但得了许多常识,并且启发我胸中很多道理,一直影响我到后来";[2] "这部《启蒙画报》的编述,我到现在还深深地记念着它"[3]。可惜的是,儿童教育功效长远,无法立竿见影,其意义必须多年后才凸显出来。彭翼仲手创的3份报刊,当初声誉最好、社会影响力最大的,并非供少年儿童阅读的《启蒙画报》。

《彭翼仲五十年历史(上编)》提及《京话日报》大受欢迎,"声价日起,销数遽达万份以上";而"稍有余力,又出《中华报》一种,文言体裁,专为开通官智而设。首创之《启蒙画报》,至是无暇兼办。计发行二十二个月停止"。[4] 同时办三份报刊,精力确实不济,可为什么舍弃的是创办最早的《启蒙画报》,而不是另外两种呢?除了画报制作麻烦成本较高外,更重要的是,编者更愿意跟"大人"而不是"小孩"对话。开启童蒙,不是不重要,而是"开花结果"十分遥远。而关注当下,直接介入社会改革,当然是《京话日报》和《中华报》更有力。

当务之急是开通"官智"与"民智",而不是启发"童蒙",彭翼仲的

---

[1] 萨空了:《香港沦陷日记》第95页。
[2] 梁漱溟:《我的自学小史》,《梁漱溟全集》第二卷第670页。
[3] 郭沫若:《我的童年》,《郭沫若全集》文学编第十一卷第45页。
[4] 彭翼仲自述、诚厚庵记录:《彭翼仲五十年历史(上编)》,姜纬堂等编《维新志士爱国报人彭翼仲》第116—117页,大连出版社,1996年。

这一趣味,从《启蒙画报》编辑思路的转变中,已经隐约透出。可编者对于何为"儿童",似乎心里没数。第二年第3期上的《嘉许幼童》,说的是生长在香港的李姓幼童,11岁,除中文外,通晓英文、法文,被传教士带到美国华盛顿大学念书;而同期的《面试幼童》则是南洋制造局招选幼童,只求能识字,"给纸笔书写姓名年岁籍贯,拔取送入学堂,以求上进"。都是"幼童",差别竟如此之大,那是因晚清刚办新式学堂,对入学年龄没有严格规定。1902年《钦定小学堂章程》规定:"儿童入蒙学四年后,以十岁入寻常小学,修业三年,至十三岁入高等小学。"可实际情况呢?"现在甫经创办,应予变通,准十五岁以下得入寻常小学,二十岁以下得入高等小学。"[1]

正因何谓"幼童"界说不清,编纂画报者,把握不住读者的年龄特点,《启蒙画报》于是越办越像大人杂志。第一年还好,拟想读者是小学一二年级;第二年风格大变,登了不少中学生才能阅读的长文。将林译《黑奴吁天录》改写成白话的《黑奴传》,以及刊载历数华工受虐惨状之《猪仔记》,被郭沫若称为"中国无产文艺的鼻祖"[2],可实际上超出六七岁儿童的阅读能力及欣赏趣味。至于算术,从加减乘除,一下子跳到公倍数、圆周率等,约略等于当时的初中课程。

二、"风姿豪迈"之"小英雄"

作为儿童读物的《启蒙画报》,其内容包含"为儿童"与"写儿童";后者又可分为"儿童相"与"儿童文"。本章之所以格外关注"儿童相",除了当年儿童的阅读感受,更因一部中国艺术史,儿童并没有得到很好的表现。正因为如此,1933年9月,鲁迅曾专门撰文,批评中国的"儿童画"实在没有出息:

现在总算中国也有印给儿童看的画本了,其中的主角自然是儿童,

---

1 《钦定小学堂章程》,舒新城编《中国近代教育史资料》中册第411页,人民教育出版社,1961年。
2 郭沫若《我的童年》称:"这里虽然充分地包含着劝善惩恶、唤醒民族性的意思,但从那所叙述的是工人生活,对于榨取阶级的黑幕也有多少暴露的一点上看来,它可以说是中国无产文艺的鼻祖。"(《郭沫若全集》文学编第十一卷第44页)。若"中国无产文艺的鼻祖"真的是《启蒙画报》,那未免太可怜了;此说反过来说明《启蒙画报》的笔调与趣味已日趋"成人化"。

然而画中人物，大抵倘不是带着横暴冥顽的气味，甚而至于流氓模样的，过度的恶作剧的顽童，就是钩头耸背，低眉顺眼，一副死板板的脸相的所谓"好孩子"。这虽然由于画家本领的欠缺，但也是取儿童为范本的，而从此又以作供给儿童仿效的范本。我们试一看别国的儿童画罢，英国沉着，德国粗豪，俄国雄厚，法国漂亮，日本聪明，都没有一点中国似的衰惫的气象。观民风是不但可以由诗文，也可以由图画，而且可以由不为人们所重的儿童画的。[1]

这篇《上海的儿童》，针对的是20世纪30年代上海的漫画与连环画，而不是此前30年的《启蒙画报》——后者绘画技巧虽不高明，但追摹传统蒙书、绣像以及年画，别有一番风味，起码笔下儿童并非鲁迅所嘲讽的"过度的恶作剧的顽童"或"一副死板板的脸相"。鲁迅此文有个重要提示：中国的儿童画之所以一脸"衰惫的气象"，不若"英国沉着，德国粗豪，俄国雄厚，法国漂亮，日本聪明"，与当下中国儿童的生存处境互为因果。画家"取儿童为范本"，其创作又成了"儿童仿效的范本"。因此，后人可从儿童画入手，观民风，察世俗，理解转型期中国的喜怒哀乐。

在这个意义上，你不能不欣赏《启蒙画报》——笔法稚拙，制作粗糙，但儿童形象生机勃勃。举《启蒙画报》创刊号上《小英雄歌》的插图为例，墙上挂着火枪，象征着保家卫国；桌上放着地球仪，那是开眼看世界；中间站立着一位"风姿豪迈天骨冲"的"小英雄"，正踌躇满志、意气飞扬，时刻准备建功立业。这就说到《启蒙画报》的特点：新闻性不强，属于连续出版的儿童读物；有时图像为主，有时文字为主，二者配合默契。而最能体现儿童的眼光及趣味的，莫过于画报中经常出现的歌谣或童谣。

晚清报刊中迅速崛起的童话、歌谣、学堂乐歌、儿童小说、儿童画等，主要着眼点是爱国与自强[2]。这一思想/文化潮流，连官府都介入其中。晚清最为热心学务的湖广总督张之洞，于光绪三十年（1904）十月刊行《学堂歌》，前有"宫保督宪张自作学堂歌发通省学堂普诵"，后有诵读学堂歌的

---

[1] 鲁迅：《上海的儿童》，《鲁迅全集》第四卷第565—566页。
[2] 参阅胡从经关于梁启超儿童文学理论与创作、关于"学堂乐歌"的发轫与传播、关于晚清小说中儿童文学作品的论述，见《晚清儿童文学钩沉》第1—15、21—36、77—106页，少年儿童出版社，1982年。

《小英雄歌》插图

仪式:"凡学生整列入学时、放学时、整列移动时、出队操演时,行步俱以歌为节。上六字缓读,每一字一步,此六字略一停顿;下七字急读,七字共四步。"张撰《学堂歌》共十三段,第一段提纲挈领:

> 天地泰,日月光,听我唱歌赞学堂。
> 圣天子,图自强,除却兴学无别方。
> 教体育,第一桩,卫生先使民强壮。
> 教德育,先蒙养,人人爱国民善良。
> 孝父母,尊君上,更须公德联四方。
> 教智育,开愚氓,普通知识破天荒。
> 物理透,技艺长,方知谋生并保邦。

值得注意的是,日后流传久远的德智体全面发展,这里全都有;而三育中体育优先,这样的安排很有时代特色。接下来,地理知识、大清历史、中华文明、分科知识、说乡贤、说名宦、说湖北、说立志、说亡国惨祸、说五戒、

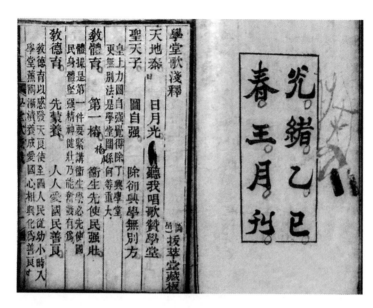

《学堂歌》

批维新党之自由平权。正是有感于"德国强,由毕相,人人当兵复故疆。胜强敌,合联邦,皆因小学人才昌",《学堂歌》的最后一段是:"众同学,齐奋发,造成楚材皆贤良。"

想象一百年前湖北等地的儿童,上学或出操时,"行步俱以歌为节",还是很让人感动的。其中关于分科知识,提及修身学、历史学、地理学等,甚至还有"图画学,摹物状,先用毛笔后尺量"。不过,如此《学堂歌》,只是儿童版的《劝学篇》(1898),注重道德教诲,而不讲究形象思维。此前两年,黄遵宪在《新小说》第3号上发表《幼稚园上学歌》,没讲那么多大道理,关切的是儿童上学读书的乐趣。该学堂歌共10节,第一节:"春风来,花满枝,儿手牵娘衣。儿今断乳儿不啼。娘去买枣梨,待儿读书归。上学去,莫迟迟!"[1]同样是"劝学",黄遵宪的技巧明显高明多了。

就在这种时代氛围中,《小英雄歌》登场了。这可是为整个画报定调子的,难怪格外亢奋:

---

[1] 人境庐主人:《幼稚园上学歌》,《新小说》第3号,光绪二十八年(1902)十二月。此歌未入《人境庐诗草》,但被辑入《最新妇孺唱歌集》(光绪三十年)和《改良唱歌教科书》(光绪三十三年)。相关情况参见胡从经《黄遵宪的儿童诗》,《晚清儿童文学钩沉》第16—20页。

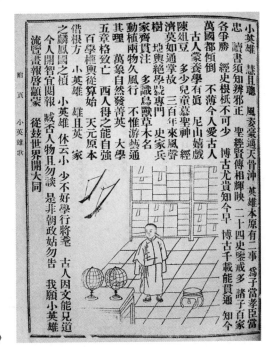

《小英雄歌》

小英雄，慧且聪，风姿豪迈天骨冲。
英雄本原有二事，为子当孝臣当忠。

这说的是"德"，以下该轮到"智"了，如"博古千载能贯通，知今万国都倾倒"等。这么说太抽象，接下来就是经史、掌故、舆地、动植物、格致、算学等各种学问，都希望"小英雄"能精通。而所有这些，恰好就是当年的学堂课程以及画报的专栏设计。最后，立志"为万世开太平"的"小英雄"，理所当然地必须时常"流览画报"：

小英雄，休云小，少不好学行将耄。
古人因文能见道，今人开智宜阅报。
臧否人物且勿谈，是非朝政故勿告。

《捕蛇歌》

《渔儿乐》

我愿小英雄，流览画报启颛蒙，从兹世界开大同。[1]

类似的歌谣，在合订本第1、2册里有很多，如主张兴孔教、弃佛教的《小儿保教歌》，希望"外国传教中国住，我们何不传教去"的《小儿传教歌》，"北方有大蛇，旧居莫斯酷"的《捕蛇歌》，还有题目显豁的《体操歌》《防疫歌》《华洋杂戏歌》等。最有意思的是《游学歌》："中国用人重科举，外国取士由学堂。科举文字均无用，学堂成材效验彰。……游学日本经费省，游学泰西用度昌……儿童有志青云路，同文之国是桥梁。古云学问无穷尽，向学未已游西洋。"[2] 这可是与张之洞"至游学之国，西洋不如东洋"的说法遥相呼应[3]，也可见那时的风气。

---

[1]《小英雄歌》，《启蒙画报》第1号，1902年6月23日。

[2] 除《防疫歌》出自《启蒙画报》合订本第2册外，其余如《小儿保教歌》《小儿传教歌》《捕蛇歌》《体操歌》《华洋杂戏歌》《游学歌》等，均出自《启蒙画报》合订本第1册。

[3] 张之洞《劝学篇·外篇·游学第二》："至游学之国，西洋不如东洋，一、路近省费，可多遣；一、去华近，易考察；一、东文近于中文，易通晓；一、西学甚繁，凡西学不切要者东人已删节而酌改之，中、东情势风俗相近，易仿行，事半功倍，无过于此。"

这些或长或短的歌谣，配上或精或粗的图像，确实能吸引那个时代的少年儿童[1]。举个例子，收入合订本第3册中的《渔儿乐》，以"小儿小船小池塘，池塘好比大海洋"起兴，最后是："我披我蓑荡我桨，钓鱼要钓别处鱼，撒网不撒自家网。小儿摇小舟，摇到天下五大洲，大鱼小鱼一齐到，那个鱼儿不上钩。"教儿童立大志向，以天下五大洲为竞技场，此等歌谣，虽说不上精妙，但陈义甚高，趣味雅正。

深知儿童教育与国家未来关系密切，晚清志士于是不敢懈怠，借助《启蒙画报》等读物，在开启"民智""官智"的同时，兼及"童智"。当初吟诵《小英雄歌》的郭沫若、梁漱溟、陆宗达、萨空了等，日后果然成了现代史上卓有成就的人物。由此看来，作者的预言、编者的苦心、读者的期待，并没有完全落空。

即便有这样那样的遗憾，很长时间里，中国缺少适合儿童阅读的画报，故《启蒙画报》还是很让人怀念[2]。正如郭沫若说的，"以儿童为对象的刊物很重要而且很不容易办好，可惜中国人太不留意了"[3]。世人之所以不留意儿童画报，是因为对儿童的生理、心理及趣味了解极少，不懂得"儿童好奇之发达阶级"，依旧"以成人之趣味律幼儿"[4]。正是有感于此，1914年，教育部佥事兼社会教育司第一科科长周树人（即日后的著名作家鲁迅）主持编辑了《全国儿童艺术展览会纪要》，此专刊收录了高岛平三郎的《儿童观念界之研究》[5]。此前一年，周树人还翻译了上野阳一的《艺术玩赏之教育》《儿童之好奇心》《社会教育与趣味》，分别刊1913年《教育部编纂处月刊》第一卷7册、一卷10册、一卷9、10册上。此外，据专家考证，《全国儿童艺术展览会纪要》章程栏所刊布的《儿童艺术展览会旨趣书》，

---

1 萨空了于战火纷飞中追忆儿时所读《启蒙画报》，特别提及"上面三分之二是画，下面三分之一是文字，文字往往是白话有韵的歌"。见《香港沦陷日记》第95页。
2 "我觉得近若干年所出儿童画报，都远不及它"（梁漱溟：《我的自学小史》，《梁漱溟全集》第二卷第670—671页）；"近来中国也出了一些儿童杂志一类的刊物，但我总觉得太无趣味了，一点也引不起读者的精神"（郭沫若：《我的童年》，《郭沫若全集》文学编第十一卷第45页）。
3 郭沫若：《我的童年》，《郭沫若全集》文学编第十一卷第45页。
4 参见上野阳一《儿童之好奇心》《艺术玩赏之教育》二文，载王世家、止庵编《鲁迅著译编年全集》第二卷第172—175页、161页，人民出版社，2009年。
5 高岛平三郎的《儿童观念界之研究》（未署译者名），初刊教育部社会教育司编《全国儿童艺术展览会纪要》（1915年3月），载王世家、止庵编《鲁迅著译编年全集》第二卷第285—303页。此文的发现过程，参见胡从经《一片冰心在於菟——鲁迅早期的儿童文学活动》，《晚清儿童文学钩沉》第215—230页。

很可能也出自周树人之手:"人自朴野至于文明,其待遇儿童之道,约有三级。最初曰育养。更进,则因审视其动止既久,而眷爱益深,是为审美。更进则知儿童与国家之关系,十余年后,皆为成人,一国盛衰,有系于此,则欲寻求方术,有所振策,是为研究。"[1]有此铺垫,不难明白五四新文化运动时期,为何最为关注儿童问题且有深刻论述的,是鲁迅、周作人兄弟。

三、"儿童最喜图画"以及寓教于乐

如何培育符合时代需求的"小英雄",乃古今中外"教育"之真谛。无论古代的私塾,还是现代的学堂,都把"开启童蒙"意义上的"启蒙"放在十分重要的位置。彭翼仲创办三报中,唯有《启蒙画报》是直接配合学堂教育的:"在办报的同时,他又办了'蒙养学堂',亲自教育儿童。学堂同报馆即设在一处(前门外五道庙路西),我就是那里的小学生"[2];"蒙养学堂和报馆印刷厂都在一个大门里,内部亦相通。我们小学生常喜欢去看他们印刷排版。"[3]既然画报与学堂如此紧密相连,谈论其得失成败,须回到晚清的启蒙教育。

庚子事变后,清廷危如累卵,在中外舆论的强大压力下,开始变法图强。其中一个重要措施,便是订立各种学堂章程。1902年颁布的《钦定蒙学堂章程》称:"凡蒙学以六七岁为入学之年,今开办伊始,姑展其学年至十岁以内。"至于课程,则包括修身、字课、习字、读经、史学、舆地、算学、体操,总共八门[4]。同年颁布的《钦定小学堂章程》称:"儿童自六岁起受蒙学四年,十岁入寻常小学堂修业三年;俟各处学堂一律办齐后,无论何色人等皆应受此七年教育,然后听其任为各项事业。"课程同样是八门,差异仅在于"字课"改为"作文",其余没有变化[5]。1903年《奏定初等小学堂章程》规定教授的科目还是八门,内容大致相同,名称则有很大变化:

---

1 关于《儿童艺术展览会旨趣书》作者的考辨,参见胡从经《一片冰心在於菟——鲁迅早期的儿童文学活动》,《晚清儿童文学钩沉》第226—229页。
2 梁漱溟:《记彭翼仲先生——清末爱国维新运动一个极有力人物》,《忆往谈旧录》第50页。
3 《我的自学小史》,《梁漱溟全集》第二卷第670页。
4 《钦定蒙学堂章程》,舒新城编《中国近代教育史资料》中册第402、399页。
5 《钦定小学堂章程》,舒新城编《中国近代教育史资料》中册第404、405页。

修身、读经讲经、中国文字、算术、历史、地理、格致、体操，另外，还加了一句："视地方之情形，尚可加图画手工之一科目或二科目"。不过，这里所说的"图画"，注重观察与造型，而不是审美或艺术[1]。

蒙学堂的"字课"，章程中有专门提示："凡天地人物诸类实字皆绘图加注指示之。"至于"修身"课，也可"绘图贴说，以示儿童"[2]。这一规定，使得晚清教科书的编纂发生巨大变化。此前此后，文明书局的《初级蒙学修身教科书》、彪蒙书室的《绘图蒙学修身实在易》[3]《绘图蒙学捷径》[4]，以及上海澄衷学堂的《字课图说》等[5]，这些带图的启蒙读物，都曾获得社会及市场的热烈支持。但在这场教科书争夺战中，获得最大成功的，还是商务印书馆及其竞争对手中华书局。

1902年商务印书馆刊《文学初阶》第1册，有杜亚泉叙言："更增图画，俾蒙童披览不致厌倦乏味，亦可识物之真形。"[6]1904年商务印书馆《最新初小国文教科书》第1册卷端刊有"编辑大意"，称："儿童最喜图画。本编插图至九十七幅，并附彩色图三幅。使教授时易于讲解，且多趣味。"[7]当事人蒋维乔日后追忆其编辑小学教科书，如何从无图到有图，再到因竞争激烈而力求图像完美，而到了编辑《最新国文教科书》时，已是

---

1 "其要义在练习手眼，以养成其见物留心、记其实象之性情。"参见《奏定初等小学堂章程》，舒新城编《中国近代教育史资料》中册第418、421页。

2 《钦定蒙学堂章程》，舒新城编《中国近代教育史资料》中册第399页。

3 汪家熔《民族魂——教科书变迁》（商务印书馆，2008年）介绍晚清诸多修身教科书，包括文明书局所刊《初级蒙学修身教科书》以及彪蒙书室的《绘图蒙学修身实在易》。前者的"编辑大意"划定修身范围："不外对国、对家、对己、对人、对社会、对庶物"；后者《序》称："初编借鸟兽草木来比喻，是开通小孩的悟心。二编借着中国古人的往事，夹叙夹议，是替小孩子立一个标准。三编借外国古人往事，亦是夹叙夹议，是叫小孩子知道做人道理中外都一样的。四编节取经书成语，缴足前三编的意思。"（第86—89页）

4 1901年11月号《万国公报》刊王亨统《〈绘图蒙学捷径〉广告》，称其"以为开蒙童聪明之初阶"，与《绘图蒙学课本》首集、二集、三集、四集等书，"以为进步之阶梯"。"其书中或载故事，或记近事，或究道理，或详格致，或穷天文，或考地理；或设比喻，或参问答；或论体学，或及算学，或节儒书，或辨字体，或作信札，皆为目下紧要之学。"见汪家熔辑注《中国出版史料·近代部分》第二卷第529—530页，湖北教育出版社，2004年。

5 王建军《中国近代教科书发展研究》（广东教育出版社，1996年）第二章第一节"清末自编教科书的最初尝试"，着重介绍南洋公学的《蒙学课本》、上海三等学堂的《字义教科书》、无锡三等学堂的《蒙学读本》以及上海澄衷学堂的《字课图说》，特别指出："《字课图说》的最大特点，乃在于借解说与插图帮助儿童识字"，"每字以说为主，兼有插图，或摹我国旧图，或据译本西图"（第103页）。

6 杜亚泉：《文学初阶·叙言》，见汪家熔辑注《中国出版史料·近代部分》第二卷第531页。

7 《编辑初等高等小学堂国文教科书缘起和编辑大意》，见汪家熔辑注《中国出版史料·近代部分》第二卷第536页。

"各课皆附精美之图画，图画布置须生动而不呆板，处处与文字融合"。如此用心经营，使得商务印书馆这套"最新之教科书"竟"盛行十余年，行销至数百万册"[1]。

至于竞争对手中华书局，其《初等小学修身教科书》和《初等小学国文教科书》的"编辑大意"，也都强调"本书图画丰富，以为儿童观感之助"；"本书图画丰富，以唤起趣味，且为观察实物之助"[2]。《教育部批中华书局赍送教科书请审定函》称前者"图画虽不精美，大致尚称适用"，后者"惟字句稍有瑕疵，图画未尽美善"[3]，俨然也是以图画是否精美为主要评价标准。

就在这由私塾向学堂过渡的时代，既遵守朝廷颁布的章程，又兼及儿童的阅读兴趣，这样的教科书最能获得市场的青睐。日后成为教育专家的安徽巢县人杨亮功，光绪二十九年（1903）进入家族所办"养正小学"，此学堂讲授的科目包括修身、读经、国文、历史、地理、格致、算术、体操，课本则用上海文明书局刊行的史地动植物等各种小学教科书："用白杭连纸、石印、线装的本子，远较现在小学所用教本为美观。上有插图，文字浅近，最易引起阅读兴趣。"[4]如此新旧杂陈的教育，与北京城里的梁漱溟很接近。唯一不同的是，杨用文明书局的课本，梁则兼及《启蒙画报》。

《启蒙画报》的栏目设计，努力向《钦定蒙学堂章程》靠拢，但因并非正式教科书，更能自由驰骋，以适应"儿童最喜图画"的趣味。比如，梁漱溟念念不忘其"每每将科学撰成小故事来说明"——"讲到天象，或以小儿不明白，问他的父母，父母如何解答来讲。讲到蚂蚁社会，或用两兄弟在草地上玩耍所见来讲。算学题以一个人作买卖来讲。诸如此类，儿童极其爱看。"[5]"它与今天的连环画、小人书略相近而又不同。少有国王、公主、老虎、狗熊的童话，却把科学道理撰成小故事来讲。"[6]

讲故事而配插图，这无疑最能吸引儿童；只是《启蒙画报》既然隐含教

---

1 蒋维乔：《编辑小学教科书之回忆》，见汪家熔辑注《中国出版史料·近代部分》第三卷第61—66页。
2 见汪家熔辑注《中国出版史料·近代部分》第二卷第539—540页。
3 同上书，第547页。
4 参见杨亮功《早期三十年的教学生活》第2—5页，（台北）传记文学出版社，1980年。
5 《我的自学小史》，《梁漱溟全集》第二卷第670页。
6 梁漱溟：《记彭翼仲先生——清末爱国维新运动一个极有力人物》，《忆往谈旧录》第51—52页。

《邓哀重学》　　　　　　　　　《描红模》

科书意趣，如何有效地传授知识，让儿童将"学习"作为"游玩"而不是苦差事，乃成败关键。设立伦理、地舆、掌故、格致、算术、动植物等栏目，用文字兼及图像的方式，深入浅出地介绍各种专门知识。简单的，讲乘法法则一人乘一马，或二人骑在二人肩上（《乘法实意》，合订本第4册）；稍为复杂的，讲西洋重学则有众所周知的曹冲称象故事（《邓哀重学》，合订本第2册）；需要"论力"，则送上坐冰床、放风筝等风俗场面。至于练习画地图，不妨"就借本报的地舆板"，像描红一样（《描红模》，合订本第6册）——接下来还有售价云云，顺便做起了广告。

在编者看来，"教小学生，原不必拘守成法，叫他们听得有趣儿才好。板着面孔说实理，算法一门，便难讨好了"（《乘法记号》，合订本第4册）。反对板着面孔讲纲常、说实理，希望将枯燥无味的"学习"，转变成其乐无穷的"游戏"，这一思路，在《游戏格致·引子》中表达得最为清晰：

> 儿童的性情，没有不喜欢游戏的，亦没有不怕讲学问的。会教导的

人,能把学问中事,行在游戏里头,顺着儿童性情,变法子引诱。常见五六岁七八岁的孩子,不是堆泥人,就是画鬼脸,再不然弄水,弄火,放松香,化锡拉。这些事情,都有妙理,不趁着这时候教导,必等待囚人入书房,板着脸讲纲常,无怪对牛弹琴。往往入学多年,眼面前的理,全都不能领悟。[1]

作者称,若能把格致这样专门的学问,跟游戏相结合,甚至变成"游戏格致",则"我们弱支那,后来的新子弟,一脱无锁无枷的活地狱"。以《加减除合》和《叠除三次》为例,单看图像,或正月灯会,或旅人远行,只有细读文字,方才知道是在传授算术知识。贪玩的孩子们很可能读图而入文,潜移默化中受教育。与此类似的,还有借小孩玩火或斗蟋蟀来讲授格致知识、动物知识的图文。

不是说中国人没有娱乐,而是中国人没把娱乐和学问相勾连。比如中国人卖艺变戏法,"围着一大圈子人,在四面傻看。其实耍的看的,都是糊里糊涂,于学问上头,丝毫没有用处";与此相对应,西洋人也玩耍,但要出了大学问——此处以千里镜和显微镜为例[2]。"寓教于乐"说来容易,真做很难。在晚清,最有可能落实这一教育理念的课程,莫过于音乐与体操。

"外国中小学堂皆有唱歌音乐一门课程,本古人弦歌学道之意;惟中国雅乐久微,势难仿照。"按照1903年《奏定初等小学堂章程》的规定,若缺乏师资等,此课程也可改为"以读有益风化之古诗歌列入功课"[3]。《启蒙画报》则不苟且,《霓裳三叠》(合订本第3册)称:"泰东西各国,从大学堂,到小学堂,功课中,都有音乐一门,唱些个军歌、修身歌。学堂弹唱,要是中国老学究看见,必定怒发冲冠,气坏了。不知道春诵夏弦,古是有的。"除了说理,作者还以王维自幼学音乐为证;而在《善通音律》(合订本第3册)中,更是直截了当地提倡学堂应开展音乐教育。

比起音乐课,包含"游戏"且在户外开展的体操课,更容易博得儿童及社会的好感。提及晚清新式学堂开设体操课的妙处,借用沈心工编著《学

---

1 《游戏格致·引子》,《启蒙画报》第二年第3册下。
2 《游戏格致·新戏法》,《启蒙画报》第二年第3册下。
3 《奏定初等小学堂章程》,舒新城编《中国近代教育史资料》中册第424页。

第五章 转型期中国的"儿童相" 237

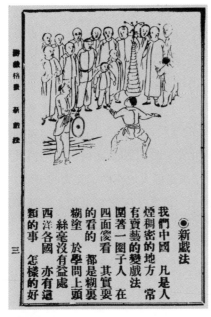 

《新戏法》

校唱歌集》（1904）中的《兵操》："男儿第一志气高，年纪不妨小。哥哥弟弟手相招，来做兵队操。兵官拿着指挥刀，小兵放枪炮。龙旗一面飘飘，铜鼓冬冬冬冬敲。一操再操日日操，操得身体好，将来打仗立功劳，男儿志气高。"[1] 此课程不仅让学生强壮体魄，锤炼意志，为有朝一日"打仗立功劳"奠定基础，还因其步调一致，场面壮观，很具观赏性。因此，无论是偏远地方蒙学堂的学生出操[2]，还是京城里大学堂举行运动会[3]，都会吸引无数观众。无形中，这也是在倡导一种新风尚，普及一种新知识。明白这一点，不难理解《启蒙画报》为何将体操放在那么重要的位置："中国当今讲自强，第一小儿入学堂。学学[堂]功课毋求备，第一认真下操场。"[4]

1　参见胡从经《晚清儿童文学钩沉》第25页。
2　郭沫若《我的童年》提及癸卯学制制定后的新气象，连他所在的四川乐山的蒙学堂，也开洋操课。"那时候的'洋操'真是有趣，在操'洋操'的时候差不多一街的人都要围集拢来参观。"（《郭沫若全集》文学编第十一卷第47页）
3　"晚清北京，同样属于'新政'，可以跟'巡警合操'相抗衡的观赏性场景，莫过于新式学堂之运动会。"参见陈平原《城阙、街景与风情——晚清画报中的帝京想像》，《北京社会科学》2007年第2期。
4　《体操歌》，《启蒙画报》合订本第1册。

不能说传统中国从无"寓教于乐"的努力，《启蒙画报》第1册《强记无益》就提及明朝侍郎吕坤少时如何愚笨，塾师无可奈何，可尽兴玩耍时却突然开窍，可见"勉强记诵，断非读书的正理，何况加以蛮刑呢"。而这位吕侍郎，日后撰有一卷《演小儿语》，周作人表扬其"知道利用儿童的歌词，能够趣味与教训并重，确是不可多得的"[1]。好动与贪玩，这本是儿童的天性，可明清士大夫家庭迷信"苦读"的效果，"极欲规范孩子日常的活动范畴，希望塑造成一个个沉静好读的儿童，终日端坐案前，不与群儿相嬉，不受外物引诱，一心背诵圣书"[2]，结果是极大地扭曲了儿童的天性。

《启蒙画报》接受那个时代的新观念，讥笑"困溺诗书的人，课子最严"乃"不解教育"：

> 昨日走到一位朋友家，天色昏黑，灯光渐明。这位朋友的邻居，是一位极困溺诗书的人，课子最严，人人都夸他教法好。据我看来，恐未解教育的道理。为什么如此说呢？昨天那样晚的时候，还听见他在那里课子。读书的声音，仿佛罪囚呼冤；督责的声音，仿佛牧人叱犊。夕阳落山，字迹早已看不清楚。从早至晚，学生的精神困顿，更不必问了，不久将病。教育正格，断非如此。[3]

《启蒙画报》第二年第4册下《半日学堂》称天津仿照东西洋规矩，办起了半日学堂："我中国小孩念书，向来是整天关在书房里，坐在那里，一步也不许动。还有那野蛮的先生，不是打就是骂，还有跪香跪板那种不堪的刑罚。以致教育人材的学堂，倒像官府的法堂，罪人的牢狱一般。"编者推荐的外国榜样是：海国逸事之《惠灵敦》和《亚嘎雪士》，前者关心园丁的小儿如何喂养虾蟆，后者则是为妹子玩的泥人穿戴小衣小帽，作者还大发感叹："虽是小孩子游戏，到后来学问成就，可全得了这些事的力。"[4]

接下来便是中外对照了，以外国儿童"游戏时候得来的学问"，批评

---

[1] 周作人：《吕坤的〈演小儿语〉》，《谈龙集》第164页，岳麓书社，1989年。
[2] 参见熊秉真《童年忆往——中国孩子的历史》第112页，（台北）麦田出版公司，2000年。
[3] 《不解教育》，《启蒙画报》合订本第7册。
[4] 《亚嘎雪士》，《启蒙画报》合订本第9册。

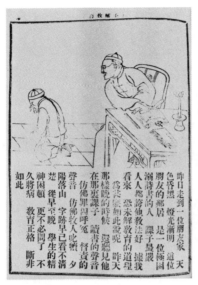 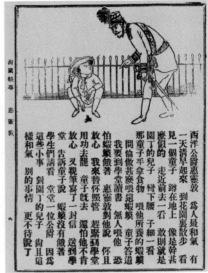

《不解教育》　　　　　　　　《惠灵敦》

中国之困守书房:"外国小学堂里,都有一个花园,叫小儿游玩";"中国先生的规矩,必是一步不准出书房,如同监禁一般。这等恶习,实为可恨。"[1] "学生们细细看着,便晓得开人智慧,决不在乎死读古书。游戏时候得来的学问,比那咿唔窗下的,乐苦天渊。村学究闻听这话,必然大怒也。"[2] 强调游戏对于儿童的绝大意义,批评传统中国的死读古书,作者甚至到了疾言厉色的地步:

> 我中国小孩念书,向来是整天关在书房里,坐在那里,一步也不许动。还有那野蛮的先生,不是打就是骂,还有跪香跪板的那种不堪的刑罚,以致教育人材的学堂,倒像官府的法堂,罪人的牢狱一般。学生见了先生,像奴才见了主人一般,连个大气也不敢出。可怜那天机活泼、娇嫩柔弱的小孩,整日的受这苦楚,仿佛是初发芽的树枝,终日拿火逼着他,有个不枯萎的么?小学生筋骨还没坚固,脑筋也没有长足,正如草木方生,全仗着春风和煦,雨露滋培,方能渐渐的茂盛,岂可用恐吓

---

[1] 《学堂花园》,《启蒙画报》合订本第2册。
[2] 《叙公园一》,《启蒙画报》合订本第7册。

威逼。种种的虐待，不但没丝毫的益处，并且动加凌辱，受惯了打骂，便养成没有廉耻的根基，长大了还能有志气么？[1]

可惜积重难返，改变国人的教育观念谈何容易，即便百年后的今天，也还有很长的路要走。但《启蒙画报》之提倡多让小儿游玩，毕竟是起了个好头。

四、蒙书传统与版刻画报

晚清学堂开设的各门课程，最受朝廷重视、也最容易图像化的，莫过于修身课。1902年《钦定蒙学堂章程》对于修身课程的设计是："教以孝弟、忠信、礼义廉耻、敬长尊师、忠君爱国，比附古人言行，绘图贴说，以示儿童。"[2] 同年颁布《钦定小学堂章程》，称"修身"一课"取《曲礼》、朱子《小学》诸书之平近切实者教之"[3]。1903年《奏定初等小学堂章程》规定第一学年的修身课："摘讲朱子《小学》、刘忠介《人谱》、各种养蒙图说，读有益风化之极短古诗歌。"[4] 至于二、三、四、五学年的修身课，全都注明"同前学年"。

与算术、格致或体育等科目不同，修身一课带有很强的意识形态色彩，无论什么时代，都会得到统治者的高度重视。清政府当然也不含糊，在颁布学制以及具体审查时，最关注的是伦常之道、礼义之防。是否"皆本中国古圣贤所述之伦常道德"，于是成了评判修身教科书的准则[5]。此类教科书，不能依赖翻译，只能自行编纂，既要在传统的经史子集中翻跟斗，又不能背离新时代的思想倾向与精神诉求，这也不容易。难处不在原材料——就像"章程"提示的，传统中国不乏各种"养蒙图说"；如何新旧接榫、里应外合，"而要在传统典籍中，寻得符合新时代精神及当时教育立意的典范，就更形困难"了[6]。

---

1 《半日学堂》，《启蒙画报》第二年第4册下。
2 《钦定蒙学堂章程》，舒新城编《中国近代教育史资料》中册第399页。
3 《钦定小学堂章程》，舒新城编《中国近代教育史资料》中册第405页。
4 《奏定初等小学堂章程》，舒新城编《中国近代教育史资料》中册第421—422页。
5 参见王建军《中国近代教科书发展研究》第175—176页。
6 参见邱秀香《清末新式教育的理想与现实》第144—146页，（台北）政治大学历史学系，2000年。

蔡元培、张元济、高梦旦合编的《最新修身教科书》基本依照新学制规定，但宣扬的伦理道德，又与传统教材有所不同，比如，不从忠君而从养育之恩来谈报效祖国，讲孝也是选取那些比较理性的，不宣传卧冰求鱼、哭竹、恣蚊之类故事[1]。但与此同时，在编纂形式上尽可能借鉴传统蒙书，"引用古事之可为模范者"，且"每课附以插图"[2]。这一策略，类似日后讨论民族形式时所说的"旧瓶装新酒"。教科书不同于个人著述，不新不行，全新也不行——更何况是政府格外关注的修身课程。

《启蒙画报》中的专栏设置

《启蒙画报》创办之初，就有兼及学堂的意图，当然不会忽略"章程"的要求。将"修身"放在第一位，既符合蒙学堂教学的需要，也因此科最好配合图像。《启蒙画报》的时事性质不强，在专栏设置方面，"伦理"总是排在第一位。此伦理专栏，第一年第1—4期是"蒙正小史"，第5—9期都是"寓言"或"喻言"，第10—12期变成了小历史（第12期特别注明"列女传"）。不管讲人物还是动物，讲中国还是外国，都是借简短故事来励志或教诲。梁漱溟说得没错，《启蒙画报》的"蒙正小史"最有儿童趣味："开初还有一门'蒙正小史'，专选些古时人物当其儿时的模范事迹来讲，儿童们看了很有益。"[3] 此连载性质的"蒙正小史"，总共103则，大都采自传统蒙书，略加修订，主要是添加若

---

1 参见王建军《中国近代教科书发展研究》第122—124页。
2 参见蒋维乔《编辑小学教科书之回忆》，汪家熔辑注《中国出版史料·近代部分》第三卷第65页。
3 梁漱溟：《记彭翼仲先生——清末爱国维新运动一个极有力人物》，《忆往谈旧录》第52页。另，同页还有以下论述："至于名人逸事，则有如诸葛亮、司马光、范仲淹很多古人以及外国的拿破仑、华盛顿、大彼得、俾斯麦、西乡隆盛的种种故事，长篇连载。它行文之间，往往在人的精神志趣上能有所启发鼓舞，我觉得好像它一直影响我到后来。"

干时代色彩。

鲁迅《朝花夕拾·二十四孝图》曾提及"每看见小学生欢天喜地地看着一本粗拙的《儿童世界》之类,另想到别国的儿童用书的精美,自然要觉得中国儿童的可怜"。回想自己童年时获得长辈赠送的《二十四孝图》,竟是那么开心。虽然对国人走火入魔的"孝道"多有讥讽[1],但鲁迅依然对这册"下图上说,鬼少人多"的小书竟有如此巨大影响力表示赞叹:"那里面的故事,似乎是谁都知道的;便是不识字的人,例如阿长,也只要一看图画便能够滔滔不绝地讲出这一段的事迹。"[2]而作为儿童的鲁迅,更是对此类带图的书格外入迷:"我那时最爱看的是《花镜》,上面有许多图。他说给我听,曾经有过一部绘图的《山海经》,画着人面的兽,九头的蛇,三脚的鸟,生着翅膀的人,没有头而以两乳当作眼睛的怪物……可惜现在不知道放在那了。"[3]据鲁迅自述,自从阿长找来了绘图的《山海经》,那便成了"我最为心爱的宝书";而后更是自行收集绘图的书如《尔雅音图》《毛诗品物图考》《点石斋丛画》《诗画舫》等[4]。

约略与鲁迅撰写《朝花夕拾》同时,周作人也撰《儿童的书》,谈及儿时如何爱看绣像书,也提及《尔雅图》和《诗中画》,当然还有竹久梦二的那些优美的插图。"这儿童所需要的是什么呢?我从经验上代答一句,便是故事与画本。"只可惜"中国现在的画,失了古人的神韵,又并没有新的技工。我见许多杂志及教科书上的图都不合情理",于是作者感叹:"我固然尊重人家的创作,但如见到一本为儿童的美的画本或故事书,我觉得不但尊重而且喜欢,至少也把他看得同创作一样的可贵。"[5]

过了四分之一个世纪,周作人老调重弹,表彰"古已有之"的"字画并重":"明朝后半的板画的发达是很可惊异的,但是他全是知识阶级的专有品,不单是人民,就是儿童也得不到他的好处,直至清季才有点变化,先

---

1 鲁迅谈及《二十四孝图》,主调是调侃与批评,但也有理解之同情:"其中自然也有可以勉力仿效的,如'子路负米','黄香扇枕'之类。'陆绩怀橘'也并不难,只要有阔人请我吃饭。"参见《朝花夕拾·二十四孝图》,《鲁迅全集》第二卷第254页。
2 《朝花夕拾·二十四孝图》,《鲁迅全集》第二卷第253页。
3 鲁迅:《朝花夕拾·阿长与〈山海经〉》,《鲁迅全集》第二卷第247页
4 同上书,第248页。
5 参见周作人《儿童的书》,《自己的园地》第109—112页,岳麓书社,1987年。

是石印的画报，随后有插画的教科书，这才通俗化起来了，可是吴友如的画风几十年还有影响，至今难得看到好的插画。"[1] "好的插画"固然难得，可这个传统在中国源远流长。若《二十四孝图说》，不过是"故事和图画类最著名的蒙学读物"而已[2]。传统蒙书中，兼及图文的比比皆是。撇开政治立场，单就编纂思路及出版形式而言，不同于上海的《点石斋画报》从《伦敦新闻画报》等西洋画报获得灵感，北京的《启蒙画报》更多地从传统蒙书及小说绣像、年画中汲取养分。

《二十四孝图说》

　　那些以故事形式宣讲仁义、孝悌以及因果报应的蒙学读物，大多兼及图文，虽刊刻不精，绘图技术欠佳，但数量多且传播甚广："近世各种插图，图说，图解本的幼学材料，数量也在增加之中。像《小学图》《蒙养图说》《增订绘像日记故事》《绘像注释魁字登云日记故事二卷》《圣门事业图》及《前后二十四孝图说》等，均在借图文之并茂，吸引读者兴趣，并益流传。插图之绘者，固有知名之士如丁云鹏者，一般坊间寂寂无名之匠人杆［梓］工亦多，各适雅俗不同读者之市场需要。"[3] 相对来说，"图画类的蒙学读物，以焦竑的《养正图解》、陶赞廷的《蒙养图说》和涂时相的《养蒙图说》影响最大、流传最广"[4]。三书均成于明人，《养正图解》有清武英殿刊本，附录有清仁宗的《养正图赞》和清高宗的《养正图诗》，规格最高，可画的是大人的故事，不若涂时相的《养蒙图说》之贴近儿童生活。后

---

1 《小人书》，初刊1949年12月12日在上海《亦报》，见周作人《知堂集外文·〈亦报〉随笔》第21页，岳麓书社，1988年。
2 关于《二十四孝图说》的生成与流传，参见徐梓《蒙学读物的历史透视》第200—206页，湖北教育出版社，1996年。
3 熊秉真：《童年忆往——中国孩子的历史》第151页。
4 参见徐梓《蒙学读物的历史透视》第212页。

《养正图解》，清代武英殿刊本

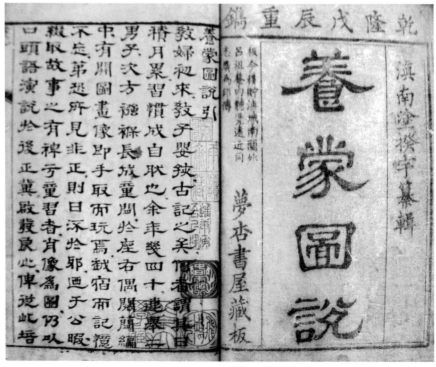

《养蒙图说》

者收录图说各90幅，每图有四字标题，采用白话解说，明白易懂，且图画精美。涉及的内容包括忠孝、聪慧、勤学、敦睦等，与《二十四孝图说》及《绘像日记故事》多有相同，只是解说文字不错，显得不太迂腐。

《启蒙画报》开篇的《小英雄歌》，其中有云："不薄今人爱古人，古人蒙养学有真。尼山嬉戏陈俎豆，多少儿童慕圣神。"这里就以《养蒙图说》第一则《陈设俎豆》与《启蒙画报》第1册《尼山俎豆》相比较，二者图像略有因袭，文字则各有千秋：

> 这是鲁国孔夫子，他为小儿时，天性端庄，不好顽耍，凡与群儿嬉戏，即将家中碗碟取将来桌上，摆成行列，极其整齐，如祭祀陈设之礼一般。可见天生圣人，周旋中礼，举动自与常人不同，所以能身通礼乐，删述六经，为万世宗师。学者以圣人为法，即当于小时的事学起。其后孟子之母三迁其居，必择邻于学官，以成就孟子为大贤者，盖得此意矣。¹

> 至圣先师，孔子，周朝人，人称之为圣人。说圣人是天生的，学不会的，那里知道，我孔子，是无一日不学，无一事不学。原来圣人，是学成功的。圣人样样都能，亦无一样不肯教人。在周朝时，专以教人为心，后人名为孔教。这是中国几千年来，第一个大教主。幼时，陈设俎豆以为戏。戏都是学，这是个个学生们知道的。²

这是传统中国"个个学生们知道的"故事，只因时势转移，讲述者立场不无差异。《启蒙画报》讲孔子，文字越发浅白，但没做更多发挥；其他"蒙正小史"各则，大多在借鉴传统蒙书的同时，或穿插时事，或发表高论。

梁简文帝裔孙萧大圜，幼时聪明勤学，可见"帝王家的贵胄，比寻常人家，更是不同"；"欧美兵制，就是太子，也是一样充兵。若是因为宗室，格外将就，不肯教他多读书，这件事，是爱他，是害他，仔细想来，实在有些不解，岂有怕他学好的吗？"（《简文之裔》，合订本第2册）"西哲

1　《陈设俎豆》，《养蒙图说》第一卷，［明］涂时相著，梦杏书屋藏版，乾隆戊辰重镌。
2　《尼山俎豆》，《启蒙画报》第1册。

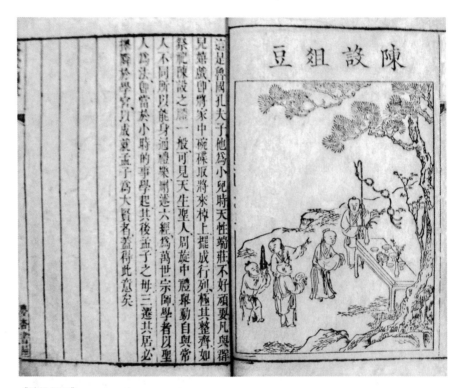

《陈设俎豆》

《尼山俎豆》

说中国二十四史，只有事迹，全无理想，所以政治上没有进步"，但李琪13岁作赋，立意高远，可见"李琪少年，颇有些理想，西哲当不能讥"（《李琪作赋》，合订本第3册）。讲完李东阳入国子监读书，接下来是："按：国子监，即是京师大学堂。有了乡会试，国子监实是废物。若把科举永远停止，从国子监取人才，可以不必另造大学堂，比科举强得多呢"（《东阳擘窠》，合订本第4册）。此类引申发挥，今人看来多牵强附会；可在当年，却让儿童从旧书堆中读出新意境，说不定其乐无穷呢。

只要是图文书，不管是给大人读的《圣谕像解》，还是给小孩子看的《二十四孝图》，目的无非是"因中国文字太难，只得用图画来济文字之穷"，再就是"增加阅读者的兴趣和理解"[1]。鲁迅提及"书籍的插画，原意是在装饰书籍，增加读者的兴趣的，但那力量，能补助文字之所不及，所以也是一种宣传画"，这些叙事性质的画作，从《唐风图》《耕织图》《孔子圣迹图》一直说到明代画家仇英的《飞燕外传图》和《会真记图》等，"凡这些，也都是当时和现在的艺术品"，自有其独立的审美价值[2]。当初翻阅《启蒙画报》的小孩子，或许只看有无插图，不问绘画水平高低[3]；但后世史家则不能不有所挑剔，并感叹为儿童读物做插图之难。周作人称"现今中国画报上的插画，几乎没有一张过得去的，要寻能够为儿童书作插画的，自然更不易得了，这是一件可惜的事"[4]，话说得太满，近乎吹毛求疵。但对比《启蒙画报》合订本第2册的《涑水美谈》《陆郎怀橘》，与明人涂时相《养蒙图说》的《击瓮出儿》《怀橘遗亲》，你必须承认，讲述同样的故事，文字高低不论，绘画技巧上明显地今不如昔。

相对于仕女画之成绩辉煌，很早就成为重要门类，风俗画中的儿童，并非表现的主体（此乃整个社会认知的问题，非独画家为然）；各种百子图或胖娃娃，更多的是作为大人的玩物或吉祥的象征。若从绘画史上看，战国的玉佩、汉代的石刻或魏晋的壁画上，都有儿童形象，但多与妇女在一起，是

---

[1] 参见《且介亭杂文·连环画琐谈》，《鲁迅全集》第六卷第27页。
[2] 参见《"连环图画"辩护》，《鲁迅全集》第四卷第446页。
[3] 郭沫若在《我的童年》中追怀《启蒙画报》："每段记事都有插画，是一种简单的线画，我用纸摹着它画了许多下来，贴在我睡的床头墙壁上，有时候涂以各种颜色。"见《郭沫若全集》文学编第十一卷第43页。
[4] 周作人：《儿童的文学》，《艺术与生活》第33页，岳麓书社，1989年。

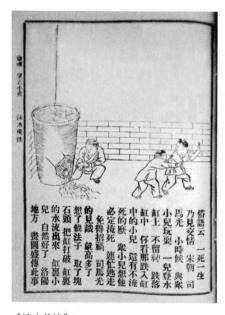

《涑水美谈》　　《陆郎怀橘》

《击瓮出儿》

《怀橘遗亲》

第五章　转型期中国的"儿童相"　　249

《婴戏图》，[宋] 苏汉臣绘

陪衬而非主角。据说，唐代的张萱乃"我国画史记载中最早的一位擅画儿童的画家"，而两宋则是儿童题材绘画的鼎盛时期[1]。宋代画家关注日常生活，描写风俗人情，儿童开始进入其视野，若苏汉臣的《婴戏图》、李嵩的《货郎图》以及阎次平的《四季牧牛图》等，都有关于儿童生活场景的精细描摹。或嬉戏，或牧牛，或闹学，或斗蟋蟀，或放风筝，这些儿童画，"既刻画了天真活泼的儿童形象，也反映了当时的社会风尚"，"成为当时一种较为别致的专门画题"[2]。而从宋人苏汉臣《婴戏图》、李嵩《观灯图》《采莲图》到明清年画中的"秋庭戏婴""五子夺莲"等，这又是一脉相承。那些头大身小、喜气洋洋的胖娃娃，深受广大群众，尤其是农村妇女和新婚夫妇的宠爱："因为在画面上反映了他们对自己家庭的美满理想——'麒麟送子''早生贵子''五子登科'等寓意多子吉祥的心意。"[3]

为《启蒙画报》工作的画家，没有机会见到宋人的《婴戏图》或《观

---

[1] 参见畏东《中国古代儿童题材绘画》第16、24—44页，紫禁城出版社，1988年。
[2] 王伯敏：《中国绘画通史》下册第339页，生活·读书·新知三联书店，2000年。
[3] 郭味蕖：《中国版画史略》第184、201—202页，朝花美术出版社，1962年。

《雨后思湖上居》,《唐诗画谱》

《五子夺莲》,杨柳青年画

灯图》，他们主要借鉴的是明清版画[1]。关于儿童造型，绣像小说《金瓶梅》之"逞豪华门前放烟火"，以及《百咏图谱》之"飞絮"、《唐诗画谱》之"雨后思湖上居""闲夜酒醒""牧竖"等，都有很好的呈现，可惜比例太小。不及年画喜庆，如清末北京年画《岁谷丰登》、杨柳青年画《五子夺莲》[2]、潍坊年画《年年有余》，以及苏州桃花坞年画《百子嬉春》等，那种大头娃娃的形象，在《启蒙画报》众多介绍科学知识的插图中留下深刻印记。

同样是图像叙事，比较杨柳青之《智比人高》[3]与《启蒙画报》中的同题图画，后者明显粗糙很多。这里牵涉画家水平，也与制作工本与流通渠道有关。梁漱溟曾极力为《启蒙画报》的画师刘炳堂辩解："刘先生极有绘画天才，而不是旧日文人所讲究之一派。没有学过西洋画，而他自得西画写实之妙。所画西洋人尤有神肖，无须多笔细描而形相逼真。"[4] "刘先生作画不是旧日文人写意一派；他虽没有学过西洋画法，而自能得西画写实之妙。可惜当时只能用木板雕刻，不免僵拙，又墨印没有彩色。"[5] 在晚清北京画报人中，刘炳堂确实是比较活跃的；但要说他如何"极有绘画天才"，那可就是夸大其词了。要说造型能力，刘炳堂不及《飞影阁画报》的吴友如；即便限制在版刻，也都不如明代的《养蒙图说》精美。

梁漱溟所说的"可惜当时只能用木板雕刻，不免僵拙"，依据的大概是《启蒙画报》合订本第9册之《本馆主人谨白》：《黑奴传》请得北京丹青名手刘炳堂为其插图，本来是"神彩焕发，栩栩欲活""即景生情，须眉毕肖"的，"惜乎手民粗拙，笔意全失。将来逐渐改良，拟付石印，自见庐山真面目焉"。1884年创刊于上海的《点石斋画报》早已采用石印术，因而"不用切磋与琢磨，不用雕镂与刻画，赤文青简顷刻成，神工鬼斧泯无迹"[6]，而1902年彭翼仲在北京办画报，居然还采用木版刻印，费时费力不

---

[1] 偶尔也有临摹西书插图的，如《法兰西爱国女子》讲述若安的故事，以及《新戏法》中外国人用望远镜观天文，无论造型还是笔法均来自西方。
[2] 载王树村编著《中国民间年画史图录》下册第560页，上海人民美术出版社，1991年。
[3] 同上书，第563页。
[4] 《我的自学小史》，《梁漱溟全集》第二卷第670页。
[5] 《记彭翼仲先生——清末爱国维新运动一个极有力人物》，《回往谈旧录》第52页。
[6] 吴友如绘制：《点石斋》，《申江胜景图》上卷，（上海）点石斋，1884年。

《智比人高》，杨柳青年画

《智比人高》，《启蒙画报》

《启蒙画报》上的"两宫御览"字样

说，因多了一道工序（雕版），很难保证画作的"纤细精妙"。在新技术冲击下，这种旧的出版形式实在难以为继。实际上，晚清三十年刊行的一百多种画报，采用木版刻印的，目前仅见《启蒙画报》。

制作工艺的落后，不仅限制了画家水平的发挥，也使得其无法像其他画报那样与新闻结盟，而只能退回到传统蒙书的立场与趣味。若时间充裕，不计工本，版刻图像也是能出精品的。问题在于，月出一两册，根本没时间精雕细刻。说是准备引进石印术，最终又没能实现。办在天子脚下，政治立场比较温和（也只有这样，才可能"两宫御览"），侧重科学与新知的传播，较多照顾儿童特点，这些都值得表彰。虽因制作工艺及画家能力，《启蒙画报》所呈现的"儿童相"不够尽善尽美；但正如该画报第二年第1册广告所说的："京师首善，民智未开，本馆创设画报，足以启迪蒙稚。"

附记：

此文初稿曾在新加坡国立大学主办的"中国现代文学和文化中的儿童发现"国际学术研讨会（2008年12月19—21日）上发表，收入徐兰君、安德鲁·琼斯编《儿童的发现》（北京大学出版社，2011年4月），当时只有前三节，第四节乃这次入集时补写。

第六章　鼓动风潮与书写革命

——从《时事画报》到《真相画报》

晚清诸多画报中，政治上最为激进的，当属广东人何剑士（1877—1915）、高剑父（1879—1951）、陈垣（1880—1971）、潘达微（1881—1929）、陈树人（1884—1948）、高奇峰（1889—1933）创办或参与编辑的《时事画报》《平民画报》《广州时事画报》《真相画报》。四画报前赴后继，刊行于1905—1913年，而这正好是推翻帝制的关键时刻。

《时事画报》，旬刊，潘达微、高剑父、陈垣、何剑士等编辑，1905年9月创刊于广州，至1910年出至第131期（后期在香港编印）。《平民画报》1911年7月16日创刊于广州，编辑兼发行人为邓警亚，撰述画师为何剑士、潘达微等；此画报刊数不详，只知1912年10月改为《广州时事画报》（我见到的最后一期《广州时事画报》是1913年3月出版的第11期）。《真相画报》，旬刊，1912年6月5日创刊于上海，高奇峰编辑，真相画报社出版，1913年3月出版第17期后停刊。

晚清画报本以记录新闻、讲述故事、开通群智、传播文明为宗旨，主要从属于新闻史。若《点石斋画报》之吴友如，艺术史家谈论"插图艺术"时会涉及[1]；至于晚清北京各画报上最为活跃的画师李菊侪（曾与兄长李翰园合作《金玉缘图画集》）、刘炳堂等，今天的学者大都不关心。但潘达微、高剑父等编绘的《时事画报》《平民画报》《广州时事画报》《真相画报》（与之相关的还有《赏奇画报》《时谐画报》）则很不一样，编绘者直接介

---

[1] 参见《郑振铎艺术考古文集》第193页，文物出版社，1988年；阿英《晚清文艺报刊述略》第92页，古典文学出版社，1958年；郑逸梅：《吴友如和点石斋画报》，《清娱漫笔》第39—40页，上海书店，1982年。另见武田雅哉的《清朝绘师吴友如の事件帖》，（东京）作品社，1998年。

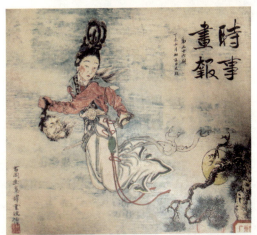

《时事画报》

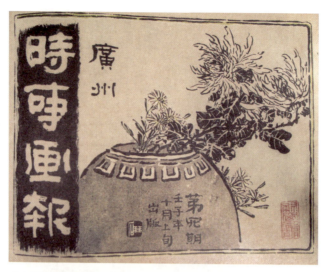

《广州时事画报》

《真相画报》

入现实政治（参加同盟会、暗杀团以及黄花岗起义），日后又成为岭南画派的关键人物，再加上首刊《时事画报》的《廿载繁华梦》（黄世仲撰）乃晚清小说中的佼佼者，因而，这三个画报于新闻史之外，在政治史、美术史、文学史上也有其地位[1]。

本文着重讨论以下问题：第一，画家如何"革命"；第二，画报怎样"叙事"；第三，图文能否"并茂"；第四，雅俗有无"共赏"；第五，石印与照相之短长。结论是：四画报高调的革命论述与浓厚的文人趣味，既大大提升了晚清画报的文辞及绘画水平，也为《点石斋画报》开启的晚清画报史画上了不太完美的句号。

一、画家如何"革命"

迥异于晚清其他画报，《时事画报》等基本上不考虑商业利益，也非一般意义上的思想启蒙，而是旗帜鲜明地鼓吹革命。这里所说的"革命"，不是梁启超式温文尔雅的"诗界革命""小说界革命"，而是孙中山那样以推翻清廷、创建民国为目标的暴力政治。上述6位画报人，都是热血青年[2]，但介入实际政治的程度不同。陈垣虽在1913年年初"以革命报人身份正式当选众议院议员"，但在晚清，基本上是以笔为枪，"读书不忘爱国"[3]。这与陈树人"我本艺林人，自幼成画痴""革命思潮起，波澜要助推。我遂走香江，笔政初主持。大义着攘胡，文字力鼓吹"的自述比较接近[4]。高剑父更为积极主动，1906年在日本参加同盟会，组织"支那暗

---

[1] 阿英《晚清小说史》第83页（人民文学出版社，1980年）论及黄小配的《大马扁》，此书底本即初刊《时事画报》的《党人碑》；《廿载繁华梦》在文学史上的地位，参见郭延礼著《中国近代文学发展史》第三卷第2028—2032页，山东教育出版社，1993年。关于高剑父、何剑士等美术活动，参见毕克官《中国漫画史话》第22—28页，百花文艺出版社，2005年；阮荣春、胡光华著《中国近代美术史》第42—47页，（香港）商务印书馆，1997年；刘瑞宽《中国美术的现代化：美术期刊与美展活动的分析（1911—1937）》第109—113页，生活·读书·新知三联书店，2008年。至于政治史上的潘达微等，见下面的论述。

[2] 辛亥年黄花岗起义时，这6位画报人，最大的34岁（何剑士），最小的22岁（高奇峰）。

[3] 参见刘乃和《陈垣年谱》第10—22页，北京师范大学出版社，2002年；张荣芳、曾庆瑛《陈垣》第23—29页，金城出版社，2008年。

[4] 陈树人：《寄怀高剑父一百韵》，《战尘集》第41—42页，商务印书馆，1946年。陈树人《寒绿吟草》（上海：和平社，1929年）卷首陈大年撰《作者小传》，文中有曰："以清政不纲，决（转下页）

杀团"[1];黄花岗之役,"举义时,高氏任支队长,但因为事先同志以拈生死阄分配任务,高氏拿到'生阄',所以担任外围接济及运输军械的工作,没有直接参加攻击"[2]。大凡谈及高剑父历史功绩,都会刻意强调其早期的革命生涯[3];我更倾向于认为,高剑父早年的政治热情,与其日后努力倡导"新国画运动"时之不屈不挠,二者之间确有某种精神上的联系[4]。至于本人追忆以及后世论述中出现的不少夸饰之辞,则难以取信[5]。真正在"辛亥革命史"上留下深刻印记的是潘达微,尤其是其冒险为烈士收尸,并将其合葬于黄花岗[6],得到了革命派以及后世史家的一致褒扬[7]。

《时事画报》等创办于舆论环境相对宽松的广州(及香港)[8],主要编辑及作者又是如此年轻气盛、热血沸腾,难怪其政治色彩特别浓烈。单看高

(接上页)心鼓吹革命,绘事之外,历主香港《广东日报》《有所谓报》《时事画报》笔政。时中山先生方从欧美赴日本,道经香港,格例不克登岸,树人偕陈少白、黄世仲等秘密登船谒之。中山先生告以拟在日本组织同盟会,树人即欣然就船上加盟,时乙已岁,同盟会尚未正式成立也。"

1 参见大华烈士(简又文)《革命画师高剑父》,《人间世》第32期,1935年7月20日;郑彼岸、何博《暗杀团在广东光复前夕的活动》,《广东辛亥革命史料》第81—84页,广东人民出版社,1981年。

2 参见陈芳普《高剑父的绘画艺术》第32页,台北市立美术馆,1991年。

3 参见陈芳普《高剑父的绘画艺术》第27—33页;蔡星仪《高剑父》第23—31页,石家庄:河北教育出版社,2002年;王丹《岭南画派大师——高剑父》第26—45页,广东人民出版社,2009年。

4 "兄弟追随总理作政治革命以后,就感觉到我国国画,实有革命之必要。这三十年来,吹起号角,大声疾呼,要艺术革命,欲创一种中华民国的现代绘画。几十年来受尽同道之种种攻击,要打倒我、消灭我,要使我这派不能成功。做革命工作时受尽这痛苦;而艺术革命也竟有这劫运,在我国欲改革一件事,实在不是容易的事。"见高剑父《我的现代国画观》第29页,(台南)德华出版社,1975年。

5 "近代中国丛书·先烈先贤传记丛刊"之《革命二画家——高剑父、潘达微合传》(臧冠华著,[台北]近代中国出版社,1985年)采用小说笔法,多有夸饰之辞,不足为信。至于高剑父口述、学生笔记的《七十自述》(初刊1948年《真善美》,收入李伟铭辑录整理《高剑父诗文初编》第344—346页,广东教育出版社,1999年),过分夸大自家在辛亥革命中的作用,编造了不少"辞官"的故事(参见黄大德《辛亥革命中的高剑父》,《南方都市报》2012年10月24日)。

6 参见潘达微《黄花岗七十二烈士殡葬之情形》及黄大德《潘达微与黄花岗》第一章"舍身护忠骨,缔造黄花岗",分别载政协广州市天河区委员会《天河文史》编委会编印《天河文史》第9期(2001年12月)《潘达微与黄花岗——纪念辛亥革命九十周年暨潘达微诞辰一百二十周年》第132—135页、5—15页。

7 参见邹鲁《广州三月二十九日革命史》第87—88页,周光培主编《辛亥革命文献丛刊》第1册第287页,广陵书社,2011年;曹亚伯《广州三月二十九日之役》,中国史学会主编《辛亥革命》第4册第173—255页,上海人民出版社,1961年;陆丹林、刘锡璋:《潘达微瘗葬七十二烈士的经过》,《广东辛亥革命史料》第60—62页,广东人民出版社,1981年;广东省中山图书馆编纂《辛亥革命在广东》第78、127页,广东教育出版社,2001年。

8 同样创办于广州的《赏奇画报》则力求平稳,如季毓《赏奇画报缘起·释例》称:"本报审慎立言,凡干涉闺阃政界,不轻阑入。"季文载《赏奇画报》丙午年(1906)第1期。

《黄冈乱事》

剑父所拟《本报约章》，似乎并无特别之处[1]；第1期围绕"反美拒约"做文章（《女界光明》《华人受虐原因图说》《蒋女士生祭曾少卿》等），也算比较稳健。可随着革命党人在各地举行起义，画报从一般的"觉世"与"讽世"，走向了直接鼓吹"革命"。以1907年为例，从《论近日政府对于拿获革党之政见》，到《黄冈乱事》，到《轰杀恩抚》，再到《祭国士文》[2]，全都是站在清政府的对立面，或表彰"乱党"，或直接与朝廷唱反调。而年底刊出的《革命博物院》，介绍俄政府拟设专门收藏提倡革命之文书、檄文、相片、书籍等的"革命博物院"，然后大加发挥："二十世纪，一革命

---

1 "本报仿东西洋各画报规则、办法，考物及纪事，俱用图画，一以开通群智、振发精神为宗旨。"高卓廷：《本报约章》，《时事画报》创刊号，1905年9月。
2 《论近日政府对于拿获革党之政见》，《时事画报》丁未年第6期，1907年4月；《黄冈乱事》，《时事画报》丁未年第11期，1907年6月；《轰杀恩抚》，《时事画报》丁未年第15期，1907年7月；《祭国士文》，《时事画报》丁未年第17期，1907年8月。

《革命博物院》

之时代也。革命风潮,淹及全世界。革命之人之事既多,则革命之物亦夥。吾意天下之物,无博于此者。俄政府拟设此革命博物院,当视他博物院,广大千百倍,不然不足以示其博也。"[1]

积极鼓吹"革命"的《时事画报》,对于"暗杀"情有独钟。从1906年年初的"日日都话有暗杀,究竟为乜原因"的粤讴《暗杀》(亚钟),到1907年表彰俄国虚无党人的《女革命党》,再到1909年讲述安重根刺杀伊藤博文的《暗杀》[2],只要有暗杀事件发生,不管是国内还是国外,《时事画报》必定积极追踪报道。关注突发事件,这本是画报"新闻性"的体现;问题在于,除了讲述事情的经过,此画报往往低两格,发一番惊世骇俗的宏论——如此模仿"太史公曰",足见其政治激情与书生本色。

---

[1] 《革命博物院》,《时事画报》丁未年第30期,1907年12月。
[2] 《暗杀》(亚钟),《时事画报》丙午年第4期,1906年3月;《女革命党》,《时事画报》丁未年第13期,1907年6月;《暗杀》,《时事画报》乙酉年第16期,1909年10月。

讲完俄国虚无党人如何以木匠身份入宫，放置炸弹，谋炸俄皇，最后功亏一篑，接下来便是：

> 辑者曰：俄国之虚无党，诚足令人谭之而色变哉。我国暗杀之士，莫盛于战国秦初之间，史迁编《游侠传》，有慨于此等人物，良有深意也。俄之虚无党，诚非吾国人所可及。我国往者之游侠，类多以刃、以锥，而俄虚无党则炸药也。……然有此锥，有此炸，而专制酷烈之君主，少知所惕，则力士与木匠，亦足多矣哉。[1]

至于徐锡麟刺杀安徽巡抚恩铭，无疑是当年最为激动人心的"特大新闻"。同样是讲完事情经过，再来一番热情洋溢的评议：

> 二十世纪世界，炸弹世界也。革命风潮，无国不有。我国为外潮所激荡，革党日盛一日，屡以起事，随即扑灭。殆所谓本国兵势，御外侮则不足，防内患则有余者乎。革党近乃一变其方针，为个人轰杀主义。虽大事难成，亦聊以快一时之意气欤！往日革党多空言家，今则竟有实行者。一般政界中人，安得不怵然惊也。[2]

这则《轰杀恩抚》，结束处嵌有"暗杀主义"印章。晚清志士之所以热衷暗杀，既受俄国虚无党人的刺激与启示，也是出于敌我双方力量悬殊的考量，还有就是参与者多为热血青年，崇尚牺牲，希望借此"伸民气"，"铸国魂"[3]。

辛亥革命成功后，《广州时事画报》刊出潘达微等《广州平民日报添招股份简章》，其中有一《平民报之历史》，称："本报发刊于庚戌九月，为内地第一革命机关日报，以提倡大举暗杀为目的，发挥人道大同为宗旨。"[4]其实，不仅《平民报》如此，《时事画报》及其后续的《平民画报》，也都是见缝插针，明里暗里表彰实行暗杀的革命党人。

---

1 《狠辣之党人》，《时事画报》丁未年第7期，1907年5月。
2 《轰杀恩抚》，《时事画报》丁未年第15期，1907年7月。
3 参见陈平原《晚清志士的游侠心态》第四节"暗杀风潮之鼓吹"，《中国现代学术之建立》第224—229页，北京大学出版社，1998年。
4 《平民报之历史》，《广州时事画报》壬子年第3期，1912年10月。

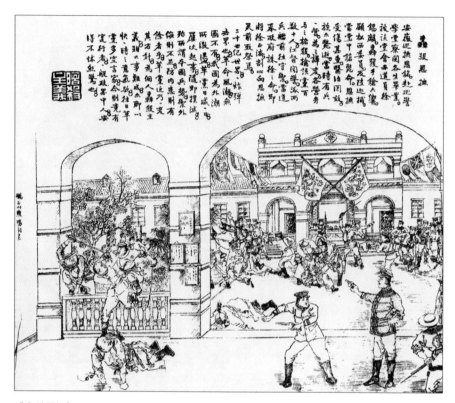

《轰杀恩抚》

画报从属于新闻,不能故意抹杀或歪曲事实;可即便不直接发表评论,单是角度的选择以及版面的编排,也都能表达自家立场。如革命党人熊成基1908年冬发动安徽新军起义,事败逃匿,《时事画报》的报道表面上不偏不倚,讲述安徽、江苏两省如何联手缉捕"安庆叛首熊成基",最后甚至还有一句"熊果获,亦两省政界之福也"——因徐锡麟案弄得各省官吏人心惶惶。可此图用特写的方式,刊出熊的小照,不也是一种无言的表彰[1]?这与徐锡麟刺杀安徽巡抚恩铭后,《时事画报》刊出报道《轰杀恩抚》、时论《妄哉徐锡麟,愚哉徐锡麟》、资料《徐锡麟之亲供》、图像《徐锡麟之真

---

1 《党人踪迹》,《时事画报》乙酉年第1期,1909年2月。其实,熊成基此次并没被捕,而是逃往东京。1910年熊回国,在东北进行革命活动,谋炸清廷考察海军大臣载洵及萨镇冰,事败被捕,于2月27日就义。其狱中自书供词广为传诵:"我今日早死一日,我们自由之树早得一日鲜血;早得血一日,则早茂盛一日,花方早放一日。"

"熊成基像",《党人踪迹》

像》一样[1],都是一种明贬暗褒。

对于潘达微等人来说,直接介入的"革命活动",是广州辛亥"三二九"起义。"黄花岗"于是成了寄托理想与情怀的重要标识。潘达微以《平民报》记者身份四处奔走,说服善堂出面为起义烈士收尸一事,当初报章上已有提及[2];"辛亥五月出版"的《广东最新绘图近事——革党潮》,更是围绕埋葬烈士的黄花岗大做文章[3]。同年闰六月十一日《平民

---

[1] 《轰杀恩抚》及《妄哉徐锡麟,愚哉徐锡麟》,刊《时事画报》丁未年第15期,1907年7月;《徐锡麟之亲供》及《徐锡麟之真像》,刊《时事画报》丁未年第16期,1907年7月。

[2] "有河南潘达微往江绅处陈请,愿帮同各善董料理检埋各事。当由江绅电商善堂,许其同往。各骸发胀,有棺小不能容者,均另易棺,统葬于大东门外之黄花冈。"见程存浩整理《广东最新绘图近事——革党潮》第111页,香港出版社,2011年。

[3] 《广东最新绘图近事——革党潮》中提及黄花岗的诗文有:棱的谐文《黄花冈赋》(第222—224页)、帝民的谐文《黄花冢记》(第224—225页)、缉公的板眼《黄花冈祭革党》(第251—254页)、宋(转下页)

画报》第3册上有一页彩画,下乃叙事性质之《焚攻督署》,上为潘达微（铁苍）所绘黄花岗:"七十二坟秋草遍,更无人表汉将军。此陈元孝先生句也,移题黄花岗,觉有韵味,读者以为何如?铁苍并志。"[1]辛亥革命成功后,七十二烈士受到了新政府的大力表彰,黄花岗更是名扬天下。高奇峰所编《真相画报》第1期上,与之相关的图片及文章就有:《广州黄花岗七十二烈士墓》《广州黄花岗三烈士墓》《七十二烈士纪功碑》《民军追悼赵声》《孙中山先生致祭黄花岗》（其一、其二）、《民军致祭黄花岗》《广东海军将校及海军学生致祭黄花岗》《广东海军全体致祭黄花岗》等[2]。如此说来,提倡革命、参与革命而且见证革命之成功,是《时事画报》诸君作为画家兼新闻人的最大特色。

二、画报怎样"叙事"

《时事画报》刊出很多叙事文学,如章回小说、短篇小说以及班本等。黄世仲的长篇小说《廿载繁华梦》,几乎从画报创刊起就开始连载,且有连续性页码。到了丁未年第21期《时事画报》,刊出整页广告,推销此即将单独印行的长篇小说:

> 是书详序周庸祐近事,第一回出世,已为社会欢迎。全书四十回,全稿已脱,本社今经发刊,准九月内出版。分三大册,价银九毫,用上好纸张,洋装精美,另有新图画付印。届期出版,阅者幸留意焉。发行另议。光绪三十三年丁未八月吉日,《时事画报》谨告。

此广告的另一半,是推介同属黄小配撰、同样初刊《时事画报》、"只作叙事,不加论断,是书于社会有绝大关系,不可不快睹也"的《党人碑》[3]。

连载晚清重要小说《廿载繁华梦》,固然是《时事画报》的光荣。可就

（接上页）四郎的龙舟《黄花冢党魂游十殿》（第263—273页）、宋四郎的粤讴《黄花冢》（第274—275页）。

1 铁苍所绘黄花岗图,载《平民画报》第3册,辛亥年闰六月十一日,1911年8月5日。
2 参见《真相画报》第1期,1912年6月。
3 《本社小说〈廿载繁华梦〉全书出版预告》,《时事画报》丁未年第21期,1907年9月。

出版形式而言，如此小说配插图，刊行于1903—1906年、由著名小说家李伯元主编的《绣像小说》早已有精彩表现。差别仅仅在于，《绣像小说》以创作一流"小说"为目标，《时事画报》则更强调"图画"的意义。有感于"欧美化民，多由小说"，商务印书馆于是纠合同志，"远摭泰西之良规，近挹海东之余韵，或手著，或译本，随时甄录，月出两期，借思开化夫下愚，遑计贻讥于大雅"[1]。《时事画报缘起》则称，牛津大学学生宿舍里"悬有古今豪杰照影"，而日本笹川种郎又讥笑"支那无完美小说，无特异绘画"，加上"曩者申江尝设画报矣，然堕于风流自赏恶习，于国家观念绝无斯须之影响"，

《绣像小说》

于是，"同人之创办斯报也，本善善恶恶之旨，以缮警醒图为最初目的，以深入人心为最后希望"[2]。依照时人的眼光，前者属于"小说启蒙"，后者则更接近"图画救世"。

《时事画报》上刊发长篇小说如《廿载繁华梦》《党人碑》，时事剧如班本《蒋女士生祭曾少卿》（剑士）[3]、连环漫画如《孔子之轶事图纪》（五郎）等[4]，所有这些，无论怎么精彩，都不是画报的主业。既然是"画报"，首先必须直面当下，讲述正在发生的"时事"。晚清画报中，以"时事"命名者，先后有广州的《时事画报》（1905—1910）、上海的《时事画报》（旬刊，上海时事报馆编印，1907—1910年陆续刊行）、北京的《时事

---

[1] 商务印书馆主人：《本馆编印〈绣像小说〉缘起》，《绣像小说》第1期，1903年，见陈平原、夏晓虹编《二十世纪中国小说理论资料》第一卷第68—69页，北京大学出版社，1997年。
[2] 隐广：《时事画报缘起》，《时事画报》创刊号，1905年9月。
[3] 此剧表彰以曾少卿为首的上海商务总会，如何因美国虐待华工并限制华工入境，掀起抵制美货运动，一上场就是："殉国耻，救同胞，伟人可敬。"参见剑士《蒋女士生祭曾少卿》，《时事画报》创刊号。
[4] 五郎：《孔子之轶事图纪》，《时事画报》乙酉年第14期，1909年9月。

画报》（1907）以及《燕都时事画报》（1909）等。即便不在刊名中标明，既然办的是"画报"，也大都以讲述"时事"为重点。

《时事画报》创刊一周年，专门刊文说明为何如此命名，以及如何区分"时事"之广义与狭义[1]。当初因拒约风潮而起的《时事画报》，后因"政府忌之愈深，欲施其剧烈手段，社友散避，而此画报遂黯然无声"，只好另办《平民画报》；光复之后，潘达微等舍弃《平民画报》，重新复活《时事画报》（即《广州时事画报》）。在《画报复活感言》中，潘称实在舍不得"时事"二字："时事者，近代之观察物也。一时一事，变幻百出，绘影绘声，莫时事若。同人之不欲去此二字，职是故耳，岂有他哉。"[2]

编刊画报的本意，即以图像方式写新闻、讲故事、发议论；如果舍弃了新闻性，那就背离了办报初衷。画报可以夹杂"古事"，但必须以"时事"为主干，至少也得"影射现实"。晚清广州、上海、北京三地的《时事画报》，都与当下的日常生活发生紧密联系，但以"广州版"政治上最为激进，也最为旗帜鲜明。这里有编绘者的个人立场，但恐怕也与"天高皇帝远"的地理环境有关。

石印画报若想坚持"新闻性"，最直接的办法，就是《点石斋画报》所开创的"画中有话"。即在同一个画面中，图文互补，讲述某件值得关注的"时事"。如1907年5月22日，受孙中山委派的许雪秋和同盟会嘉应州主盟人何子渊等发动黄冈起义，于是有了《时事画报》丁未年第11期的《黄冈乱事》："四月十一夜，潮州饶平县黄冈地方，土人与厘局吵闹，匪党乘机煽乱，声势汹汹，声言专与官为难……"文字部分负责叙事与议论，图像则力图呈现激烈的战斗场面，二者相映成趣[3]。如此图文合一，叙事有繁简，文字可雅俗，但均为晚清画报的常规。《时事画报》真正有创意的是何剑士的《时谐》（1906），以及《旬日要事记》（1905）、《旬日要事纪图》（1907）等[4]。前者将画面划分成很不规则的若干格，讲述各种时事及趣闻；后两者每页分六至八格，一格一事，让十天中的时事"一览无遗"。可

---

1 陶陶：《本报出版一周岁纪念文》，《时事画报》丙午年第26期，1906年9月。
2 鲁达：《画报复活感言》，《广州时事画报》壬子年第1期，1912年10月。
3 《黄冈乱事》，《时事画报》丁未年第11期，1907年6月。
4 剑三郎：《时谐》，《时事画报》丙午年第23期，1906年9月；《旬日要事记》，《时事画报》创刊号，1905年9月；《旬日要事纪图》，《时事画报》丁未年第30期，1907年12月。

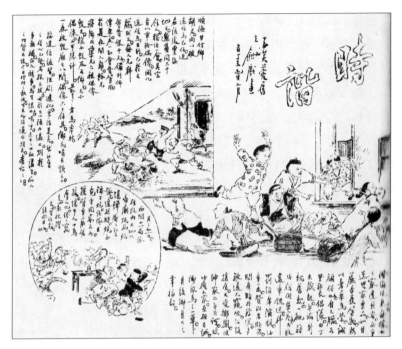

《时谐》

《旬日要事纪图》

惜此类创意,画家们只是偶尔为之,没能长久坚持下去。

画报之叙事,若局限于单幅图像,无论你怎么"画中有话",总是显得单薄。解决的唯一办法,就是连续性报道。这样,才有可能很好地兼及新闻、图像与叙事。而在《时事画报》生存的年代,最合适这么做的,莫过于徐锡麟-秋瑾事件。徐之刺杀恩铭,在晚清轰动一时,除了上面提及的《轰杀恩抚》等,《时事画报》丁未年第22期(1907年9月)刊《禁止追悼徐锡麟》、第31期(1907年12月)载《读徐锡麟传书后》。秋瑾被捕,一开始被定位为"徐案株连";可很快地,秋案后来居上,成为晚清最著名的"冤案"。

1907年7月15日(阴历六月六日),秋瑾于家乡浙江绍兴的轩亭口以谋反罪被杀。消息传出,在各界激起强烈反响,由此甚至引发巨大风潮[1]。上海等地报章,不管政治立场如何,大都仗义执言。本就倾向革命的《时事画报》,自然不会放过此谴责政府、表扬英烈的大好机会。丁未年第16期(1907年7月)集中报道此事:《徐锡麟之亲供》《徐案株连》《草木皆兵》;丁未年第17期(1907年8月)除漫画《草木皆兵》(剑),还有讥讽官府乱捕无辜的《何革命党之多也》,以及借古讽今的《范滂传·聂政姊》。而在同期所刊《防革命鄂督教忠》(剑)文后,又有潘达微题写的"秋风秋雨愁杀人"——当年传说秋瑾于大堂之上写下此诗句。丁未年第27期(1907年11月)《李县令身殉秋瑾案》、丁未年第30期(1907年12月)《贵福潜逃》,二者仍属秋瑾案的余波。丁未年第31期(1907年12月)"文苑"栏,刊《吊秋瑾》(鲸)。戊申年第4期(1908年3月)讲述吴芝瑛、徐寄尘如何集资葬秋瑾于西湖,且举行公祭(《公祭秋瑾》),戊申年第26期(1908年11月)《女界光明》,戊申年第29期(1908年12月)刊照片《呜呼鉴湖女侠秋瑾墓》,背面是徐寄尘撰述、吴芝瑛书丹的《鉴湖女侠秋君墓表》。乙酉年第15期(1909年10月)《秋瑾墓》,乙酉年第17期(1909年11月)是黄叶村人撰《哭徐秋二侠文》《[锦堂春慢]·哭徐秋二侠》。

如此众多有关秋瑾的图文,无一例外,都是壮怀激烈。不妨以下面两则为例。在报道秋瑾案的同时刊出《范滂传·聂政姊》,自然是别有幽怀。请

---

1 参见夏晓虹《纷纭身后事——晚清人眼中的秋瑾之死》,《晚清女性与近代中国》第286—325页,北京大学出版社,2004年。

第六章 鼓动风潮与书写革命 269

《徐案株连》

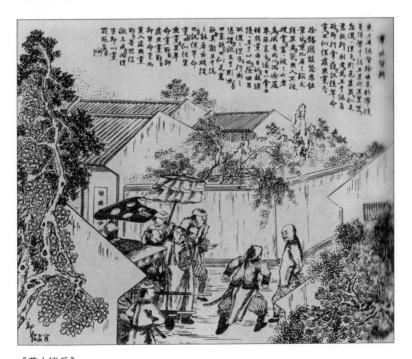

《草木皆兵》

《草木皆兵》（剑）

《公祭秋瑾》

《范滂传·聂政姊》

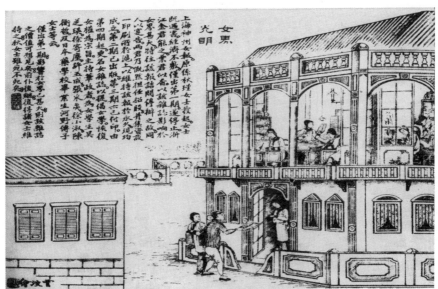

《女界光明》

看文后的"辑者曰":"腐迁编刺客列传以表彰聂政诸人,卓哉腐迁之识也。近世日化之子,动曰'大和魂''武士道',而反于祖国二千年之侠士忘之也,更何论侠士之侠姊乎!吾谓东汉范滂有母而滂之名以成,战国聂政有姊则政之名以著,皆祖国女界之伟谭也。"¹至于《女界光明》则是讲述秋瑾发起的上海《神州女报》如何在秋瑾遇害后继续运行,第4期起更名为《女杂志》,"以提倡女学,恢复女权为宗旨",由吴芝瑛、徐寄尘等主持笔政:"仅出第一期,影响于女界已甚大。则该杂志之价值可想见矣。前仆后继,复得诸女士维持之,秋女士虽死不死矣。"²

在及时报道秋瑾案以及旗帜鲜明地表彰英烈这方面,远在岭南的《时事画报》,比起就近采访的《申报》《时报》《神州日报》等,一点也不逊色。或许,选择"连续报道",乃画报叙事的最佳方式。可与此相媲美的,是《真相画报》上关于宋教仁案的集中呈现:《广州时事画报》只有区区一幅《普天同悼》³,未免过于单薄;《真相画报》从第14至第17期(最后一期),每期都有叙事、纪念、调查(文字及照片)等,如此编排,既体现党派立场,也符合媒体趣味。

三、图文能否"并茂"

《时事画报》创刊号上,刊有一《画报茶会》。对于了解此画报的特色,这幅图文格外关键:"本报于是月初五,假城西述善堂开设茶会,到者二百余人,画界学界人居其多数,内有女美术家三人。先由潘氏陈说本报宗旨办法,次由陈君章甫演说图画之关系,后来宾陆续演说图画之有益于社会,措辞均剀切详明,至下午罢会。"⁴此次茶会的参加者,主要是画界中人,与新闻界或文学界关系不大;而这正是《时事画报》的最大特点——无论编者还是作者,均以画家为主。

潘达微"陈说本报宗旨办法"的"演说",并没在画报上登载;但报首所刊高剑父拟《本报约章》,可做"发刊词"看待。称办画报是为了"开通群智振发精神",这在晚清属于通例;难处在于,是否真能做到"考物及纪事俱用图画"。对于这一点,《时事画报》的编者极有信心,承诺:"本报

---

1 《范滂传·聂政姊》,《时事画报》丁未年第17期,1907年8月。
2 《女界光明》,《时事画报》戊申年第26期,1908年11月。
3 《普天同悼》,《广州时事画报》壬子年第11期,1913年3月。
4 《画报茶会》,《时事画报》创刊号,1905年9月。

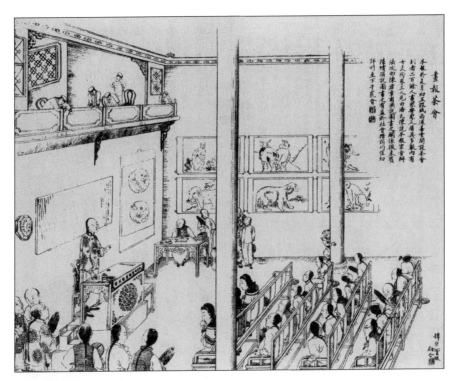

《画报茶会》

不惜重资，延聘美术家专司绘事，凡一事一物，描摹善状，阅者可以征实事而资考据。"[1]

关注这一点，是因为晚清之编刊画报，"画家"比"文人"更为关键。《点石斋画报》1884年5月8日创刊于上海，同年6月7日的《申报》上刊出点石斋主的《请各处名手专画新闻启》，称："故本斋特告海内画家，如遇本处有可惊可喜之事，以洁白纸新鲜浓墨绘成画幅，另纸书明事之原委，函寄本斋。如果惟妙惟肖，足以列入画报者，每幅酬笔资两元。"[2] 1893年创刊的《新闻报》，开创随报附送画报的先例，月成一册，其第2册总目题《新闻报馆画报目录》，首为仓山旧主叙："画报创自泰西，非徒资悦目赏心，矜奇炫异也。有一事焉，图而绘之，可以增人之见识，有一物焉，摹

---

[1] 高卓廷：《本报约章》，《时事画报》创刊号。
[2] 点石斋主：《请各处名手专画新闻启》，《申报》1884年6月7日。

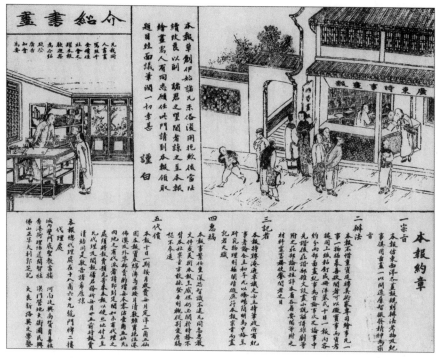

《本报约章》

而仿之,可以裨人之研求。缘人世间之事与物,有语言文字所不能详达者,端赖此绘事极形其态,以昭示于人。"[1]在中国,吟诗作文乃读书人的当行本色;至于绘画能力,则必须接受专门训练。故但凡创办画报,"延请名手,精心图绘"便成了第一要务。至于效果如何,那又另当别论了[2]。

《时事画报》创刊号上众多渲染图画魅力的诗文,包括拍鸣所撰粤讴《"时事画报"》:都说要唤醒国民,"有画就唔同,一枝妙笔,巧夺天工";"笔墨通灵,色相可穷,眼见与共耳闻,同一妙用"[3]。至于隐广的《时事画报缘起》,谈及小说、诗歌、图画同为"艺术","然其感触最

---

[1] 《新闻报馆画报目录》,转录自阿英《晚清文艺报刊述略》第96页;又见《阿英美术论文集》第80页,人民美术出版社,1982年。

[2] 阿英这样评论《新闻报馆画报》:"惜画报内容,在实质上,并不能如叙引所称。选绘各事,仍不外社会琐闻之类。即所谓国家大事,除恭维朝廷,道说吉利外,实无所有。绘事技巧,亦不如'点石斋'。"见阿英《晚清文艺报刊述略》第86页及《阿英美术论文集》第81页。

[3] 拍鸣:《"时事画报"》,《时事画报》创刊号。

速、印脑最深者，厥惟图画"。在具体阐述"图画"如何有益于启蒙事业时，此文的思路明显超越晚清一般画报：

> 国民乎，其有以梅兰菊竹图之飘逸不羁主义，枯木介石图之自立强硬主义，风尘三侠图之武士道主义，爵禄侯王图之最大幸福主义，百鸟归巢图竞争剧烈之独立主义，以警国民眼帘，触国民视线者乎！吾知他日必有买丝绣其遗像，馨香顶祝者矣。是则我国前途之幸也。[1]

晚清画报的发刊词，大都强调图画如何配合新闻；而按照隐广的思路，图画本身自有其独立价值，连传统的梅兰菊竹图都能激发民气，不一定非配合叙事不可。注重图画的艺术性，此乃扬《时事画报》诸君之专长，可也为日后的陨落埋下了隐忧。

《时事画报》丙午年（1906）第4期、丁未年（1907）第11期与戊申年（1908）第17期所刊《美术同人表》，开列画家名单28名，只是前后略有变化；若再添上不在名单中，但时常"友情出演"的蔡哲夫等，如此豪华的画家阵容，在晚清所有画报中，仅此一例。这些画报特聘的作者，大都是有固定润格的职业画家[2]。更重要的是，光绪三十三年（1907）十二月二十日至次年正月初十，高剑父、潘达微、何剑士、尹涤云在广州城西下九甫兴亚学堂举办"广东图画展览会"，揭开了近代广东美术展览会的序幕[3]。《时事画报》戊申年（1908）第1期所刊谭云波绘《图画展览会之纪盛》，介绍此展览会的内容："一、同人绘画之定评；二、同人绘画寄售；三、同人即席挥毫；四、陈设古画展览。"此后各期画报，还连续选载展览会上的作品。至于乙酉年（1909）第1期冯润芝绘《美术展览会之热闹》，则报道在香港举行的第二次"广东图画展览"，其中提及"会中瓷品，为高君剑父所制"。

如此强大的画家阵容，确实让其他报刊及书籍相形见绌。黄世仲1906年创办《粤东小说林》，第二年更名《中外小说林》；1908年年初为吸引公

---

1 隐广：《时事画报缘起》，《时事画报》创刊号。

2 参见《书画同人润格一览表》，《时事画报》丙午年第25期，1906年10月。

3 参见李伟铭《图像与历史——20世纪中国美术论稿》第107、131页，中国人民大学出版社，2005年。

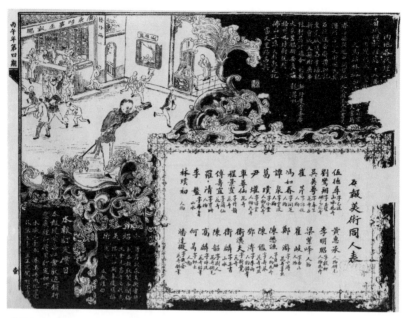

《美术同人表》

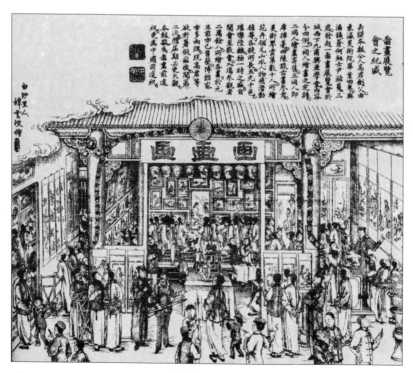

《图画展览会之纪盛》

《绘图中外小说林》封面　　《宦海潮图画》

众，又改名《绘图中外小说林》[1]。新杂志上刊有"快看快看《绘图中外小说林》出版"的广告，而所谓"大加改良"，也不过是"于每回小说加绘图画，另于篇首增插时谐漫画及名人胜迹等图像，以新阅者之眼帘"[2]。《绘图中外小说林》所刊"广东近事小说"《宦海潮》的插图，与《时事画报》上各种画作及插图相比，明显得笨拙。广州辛亥"三二九"起义后不到两个月，一笑生选录当时报纸文章凡四百余段十万余言，分序文、新闻、舆论、时评、谐文、剧本、龙舟、南音、板眼、粤讴十类，以《广东最新绘图近事——革党潮》书名在广州刊行。该书《例言》特别说明："此书图画凡十一幅，俱聘各家画师描写当时情形，点石附在书内。"[3]这连环画性质的11图[4]，就内容说十分难得，但绘画技巧也不高明。

1　这三个杂志的关系，参见方志强编著《小说家黄世仲大传》第62—71页，（香港）夏菲尔国际出版公司，1999年；申友良编著《报王黄世仲》第146—150页，中国社会科学出版社，2002年。

2　此广告刊1908年1月18日（丁未年十二月十五日）出版的《绘图中外小说林》第17期，编号延续此前的《中外小说林》，参见郭天祥《黄世仲年谱长编》第214—215页，中国社会科学出版社，2002年。

3　程存浩整理：《广东最新绘图近事——革党潮》第38页，香港出版社，2011年。

4　第一幅"革党在小东营会议起事之图"；第二幅"革党扑攻督署焚烧箭道之图"；第三幅"革党掷放炸弹之图"；第四幅"官督军队在城内巡搜革党之图"；第五幅"佛山弁闻革党到预备之图"；第六幅"革党在乐从往佛山之图"；第七幅"居民因乱事纷纷迁逃回乡之图"；第八幅其一"官军督队捕获革党之图"；第八幅其二"官兵往居民住宅搜查炸弹之图"；第九幅"官绅处于恐慌时代之图"；第十（转下页）

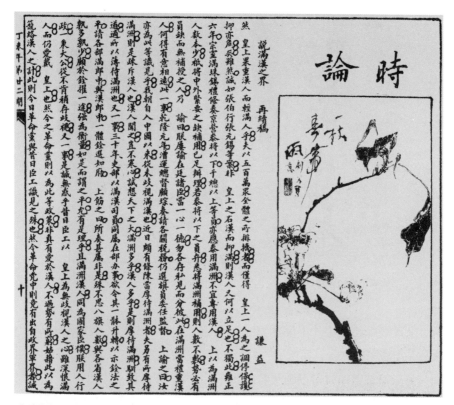

《说满汉之界》

可另一方面,画家阵容过于强大,也给《时事画报》《真相画报》等带来某种困惑。困难在于,好画家特立独行,不屑于为配合文章(小说)而挥毫;《时事画报》上的画作,好多是事先画好,编辑时随意穿插进去的。以下二文/图,便是最好的例证:毅伯《论近日政府对于拿办革命党之政见》,配潘达微的花鸟画;谦益(陈垣)《说满汉之界》,题图则是高剑父的"一枝春带雨"[1]。几乎从一开始,《时事画报》就喜欢见缝插针,编入同人创作的各种山水花鸟画。这些图画很精美,可与"正文"没有任何联系。

这就涉及一个两难的困境——画报希望延揽更多著名画家,以提高其艺

(接上页)幅"政界奖励军兵之图"。

1 见《时事画报》丁未年第6期,1907年4月;丁未年第22期,1907年9月。

术质量；可著名画家不满足于只是"插图"，更愿意独立表现自家的才华。《时事画报》的封面画水平很高，插图则不太均匀。《点石斋画报》早期画师吴友如，以及《北京画报》的画师李菊侪，都以画仕女画起家，擅长人物及场面的描述；高剑父等则多从花鸟山水画入手，人物造型非其所长。"岭南三大家"（高剑父、高奇峰、陈树人）之名扬四海，那是日后的事情；编辑画报时，他们都还只是"本报美术同人"。《时事画报》上精心绘制插图，注重人物形象，接近百姓趣味的，是郑云波、罗宝珊、郑侣泉、冯润芝等。美术史家欣赏何剑士那样放纵自如的笔墨，而对谭云波等"绘画人物例多模仿海上画刊《点石斋画报》"不太以为然[1]；可画报主要从属于新闻，其插图"以能肖为上"。这一点，当初"尊闻阁主人"美查为《点石斋画报》所撰《缘启》，就已有言在先："要之，西画以能肖为上，中画以能工为贵。肖者真，工者不必真也。既不皆真，则记其事又胡取其有形乎哉？"[2]若想在中国推广原产于泰西的"画报"，就必须培养且尊重那些能用图画"考物及纪事"的插图画家。

到底是独立绘画，还是配合文字叙事，这对于画家来说，是个艰难的选择。画报若想"图文并茂"，最简单的办法是，一册之中，图文各自独立，交相辉映。但明眼人都明白，"好文"加"好图"，不等于就是"好画报"。如何处理文辞（小说、诗歌、杂文、报道等）与图画之关系，乃画报成败的关键。著名画家执掌画报的编辑工作，好处是不缺好图，缺陷则是老想脱离文字的羁绊，一不小心就将"画报"编成了"画册"。

早期《点石斋画报》的台柱子吴友如，光绪十六年（1890）转而独自创办《飞影阁画报》《飞影阁画册》；其抛弃新闻性，专注于仕女人物，从"画报"角度看是倒退，而从画家的自我实现而言，则是成功。后人根据其粉本1200幅编成的《吴友如画宝》，至今仍有观赏价值。活跃在《时事画报》及《真相画报》上的画家（尤其是高剑父、高奇峰兄弟），同样不甘心于当配角，更强调画家的主体性，也更愿意在画报上发表自家的作品[3]。《时事画报》以叙事为主，画家的"发表欲望"受到了某种控制；而到了

---

1 参见李伟铭《图像与历史——20世纪中国美术论稿》第119页。
2 尊闻阁主人：《点石斋画报缘启》，《点石斋画报》创刊号，1884年5月8日。
3 《真相画报》第1期刊高剑父、高奇峰的画作《雪松》《鸟鸣春涧》；以后各期，常有自家作品发布。

《真相画报》,"画报"基本上变成了"画册",除了理论文章,重在发表古人以及自家的画作。

四、雅俗有无"共赏"

1905年《时事画报》创办,陈树人撰《时事画报出世感言》,称:"沉沉大陆,遍是愁城;莽莽神州,已无净土。用是摇海岳先生之健笔,快描变幻风云;仿福泽谕吉之前模,热望开明社会,此《时事画报》所由设也。"[1] 1912年潘达微等舍不得"时事"二字,将《平民画报》改回《广州时事画报》,第1期上有署名弦外的《说画报》:"今夫报,适于学子,必见弃于农工;悦于齐氓,必贻讥于大雅。曾不若画报之宜人:骚客赏其逸致,童稚爱其斑斓;有文癖者得而诵哦,不识丁者得而抚玩。而况现世之史,实之者尽时事乎哉。"[2] 同样从属于启蒙事业,与晚清画报多以识字不多的妇孺为主要拟想读者不同,潘达微、陈树人等志向更为高远,内容方面希望"披卢梭之钜制""具林肯之苦衷",形式上则更强调画报的"艺术""美术"以及"美学"价值[3]。

如此兼及雅俗的宏大志向,更多落实在画报的文字上。据高剑父所拟《本报约章》:"内容约分两部:图画纪事为首,论事次之。论事中先谐复庄:谐部杂文、谈丛、小说、讴歌、杂剧等附之;庄部论说、短评、本省各省要闻等附之。材料丰富,务使餍阅者之目。"[4] 无论是上海《点石斋画报》之浅近文言,还是北京《开通画报》的通俗白话,一般都缺乏文学性,很难作为单独的文章品鉴。《时事画报》不一样,庄部、谐部都有好文章。晚清画报中,可从"文学"角度切入的,《时事画报》很可能是独一无二的。撇开外稿《廿载繁华录》等长篇小说,就说画报中人的作品,最值得关注的是何剑士和陈垣,二者恰好是一谐一庄。

晚清画家之描摹战争场面,其实大同小异[5];差别主要靠画中的文字,

---

[1] 韧生(陈树人):《时事画报出世感言》,《时事画报》创刊号。
[2] 弦外:《说画报》,《广州时事画报》壬子年第1期,1912年10月。
[3] 参见韧生的《时事画报出世感言》、隐广的《时事画报缘起》,以及弦外的《说画报》。
[4] 高卓廷:《本报约章》,《时事画报》创刊号。
[5] 对比《点石斋画报》创刊号(1884)上的《力攻北宁》与《时事画报》丁未年第32期(1908)(转下页)

以及与之对应的文章来体现。《时事画报》的最大特点在于，不满足于"就事论事"，讲完故事后，非发一番议论不可。如讲述完"东江会党起事"，接下来就是："按：盗之多由于民之穷也，民之穷由于政府之聚敛也。而民无以为生也，及其党乱，又从而杀之，则直谓政为盗之源，可也。"[1]此类图中文字，作者多不可考，只能笼统地断为"画报同人"。还有一些虽署名，但未能辨清真实作者的，如《戏拟办铲地皮学堂简章》（并序）的作者"拔剑狂歌客"[2]。

正如老友潘达微所说的，"世之津津乐道剑士者，什九以其谐画著也"[3]。其实，何剑士之"韬身文人学子之林"，不仅谐画，而且谐文。何剑士刊《时事画报》丙午年第23期（1906年9月）的《时谐》、丁未年第1期（1907年2月）的《时谐》、戊申年第10期（1908年6月）的《遍地药线》，以及《时谐画报》丁未年第2册（1907年12月）上的《江浙路要事绘图》等，均以夸张的造型为主，配上冷嘲热讽的三言两语，二者相得益彰。何文善用方言俚语，亦庄亦谐，亦正亦邪，易懂且有趣，文士及民众均能接纳。作为近代中国第一代漫画家，傲岸不羁的何剑士，其个性、才华及想象力得到了学界的广泛认可。若考虑到其创作的班本、粤讴、图跋、谐文，以及散见于《时事画报》和《天荒》上的诗作[4]，将何剑士作为"文学家"来看待，也并非毫无道理。

至于陈垣之参加《时事画报》，据其自述，是"只管报中文字"[5]。陈垣刊于《时事画报》上的杂文，能辨认出来并收入其嫡孙陈智超所编《陈垣早年文集》的，共57篇。这些文章长短不一，大都持民族主义立场，以考据说"史"，与画报所讲述的"时事"遥相呼应。若《时事画报》丁未年（1907）第23期的《说纸鹞》、第30期的《书〈水浒传〉》、第31期的《秦

（接上页）的《镇南关战事》，画家所描述的战争场面，差别不大。

1 参见《东江会党起事》，《时事画报》乙酉年第18期，1909年11月。
2 "本学堂以制作贪酷官吏为宗旨。然贪酷要义，宜注重铲地皮，故本学堂以铲地皮命名。"参见拔剑狂歌客《戏拟办铲地皮学堂简章》（并序），《时事画报》丙午年第4期，1906年3月。
3 大觉：《霜花余影记》，《天荒》第46页，1917年刊本。
4 "剑士有《玉芙蓉诗集》八卷，录其近作如下"，见《天荒》第47—51页。
5 陈垣《忆〈时事画报〉》称："据我所知，广州《时事画报》创始人为潘达微，又名潘心微，是革命画家，同事中有何剑士、高剑父、谭云波等。我只管报中文字，当时同写文字者有岑学侣、胡子俊等。"见《陈垣早年文集》第405页，（台北）"中央研究院"中国文哲研究所，1992年。

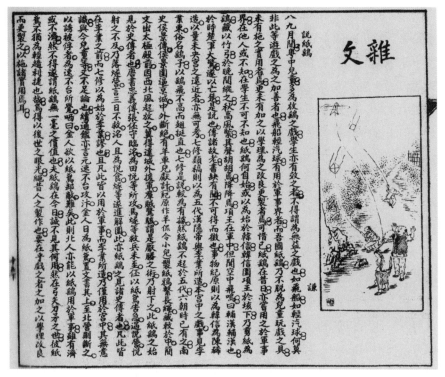

《说纸鹞》

桧害岳飞辨》等,都使用浅近文言,简洁、雅驯,风华内敛,乃有学有识的好文章[1]。陈垣少年即以"能文"见称[2],日后成为著名史学家,其"述学文体"颇受赞许[3];此一举重若轻、简明扼要的"学者之文",在《时事画报》上已初露头角。

陈垣为《时事画报》撰写"杂文"或"短评",截至1908年春;此后

---

[1] 同是评说《水浒传》,单就文章而言,陈文比黄世仲刊《粤东小说林》丙午年(1906)第3期的《〈水浒传〉于转移社会之能力及施耐庵对于社会之关系》,以及《绘图中外小说林》戊申年(1908)第8期的《著〈水浒传〉之施耐庵与施耐庵之著〈水浒传〉》,明显高出一筹。

[2] 陈垣1939年10月5日给家人信中称:"卅年前,憬老(汪兆庸)见予写作小品,以为必传。当时受宠若惊,不审何以见奖至此。然因此受暗示不少。三十年来孜孜不倦,未始非老人鼓舞之效也。"参见陈智超编注《陈垣来往书信集》第445页,上海古籍出版社,1990年。

[3] 1960年5月,钱穆给时正负笈哈佛的得意门生余英时写信,畅谈"述学文字"。被钱氏列为"论文之正轨"者,有章太炎、梁启超与陈垣。参见《钱宾四先生论学书简》,载余英时著《犹记风吹水上鳞——钱穆与现代中国学术》第253—254页,(台北)三民书局,1991年。

画报停刊又重组[1]，陈垣则转而创办光华医学院，关注医学史去了。辛亥年间，陈垣也为《震旦日报》写了不少短评，但已与画报没有什么关系了[2]。与陈垣在《时事画报》上只发短文不同，1907年起留学日本的陈树人在《时事画报》与《真相画报》上所刊作品，文体相当驳杂，包括诗、文、小说、粤讴、诗话、译述等。我特别关注的是陈译英国波露然布罗运著《美术概论》（The Fine Arts），因其体现了《时事画报》的另一倾向——拟想的读者群中，包括高雅的文人学者。

从1907年起，《时事画报》变得越来越高雅：丁未年（1907）第5期起，连载中英对译的《珠江井》（英国佛来蔗著、蔡有守译），这已经很令人诧异了；戊申年（1908）第9至第12期连载陈树人译《美术概论》（前后各期未见），更是有点匪夷所思；到了《广州时事画报》第9期（1912年12月），甚至出现了《世界语概论》。这一学院化趋势，在1912—1913年的《真相画报》中表现得更为淋漓尽致。第1期起连载陈树人译述《新画法》（一名《绘画独习书》），因未设专栏，还看不太清楚"庐山真面目"；这里仅以第14期《真相画报》为例：时事画、滑稽画、纪事画的分量明显减少，打头的是二幅"中国古今名画选"（高剑父、高奇峰），接下来各专栏，有《论北宋画学之盛》等"论说"、《中国美术志》等"谭丛"、《动物画家德兰斯传》等"传记"、《新画法》等"学术"，还有就是"文苑"和"小说"。如此编排，已经远离普通民众，更像是办给美术学院师生阅读的"学报"或"画刊"。

潘达微、何剑士、高剑父、高奇峰等人主持的《时事画报》及《真相画报》，可以说是晚清最为"高雅且精致"的画报。其政治上的"高调"，表现为鼓吹风潮、书写革命；其艺术上的"高调"，则是普及学术、提倡新文人画。晚清画报本以识字不多的妇孺为主要拟想读者，希望借助图文之间的互相阐释，让下层民众"喜闻乐见"。经由高剑父、潘达微等画家的不懈努力，画报由俗入雅，制作水平大为提升。可雅到了极点，必将难以为

---

[1] 《时事画报》乙酉年（1909）之停刊以及在香港复刊的经过，参见颜廷亮《黄世仲与〈时事画报〉》，《明清小说》2004年第2期。

[2] 陈垣《短评》（二）称："昔之世重科名，故翰林、进士尚。今之世重学问，故有专门之学者佳。"（见《陈垣早年文集》第386页）或许正是意识到这一点，作者辛亥革命后迅速转入学界，潜心著书立说。

继——除非不考虑商业运营。

《时事画报》及《真相画报》最后都因"政治迫害"而关门,这其实是"好事",因其不必讨论令人尴尬的商业问题。或同盟会在背后支持(《时事画报》),或广东省政府出资(《真相画报》),这直接或间接导致了潘、高等人的编辑趣味,与晚清绝大多数画报不同。这既决定了《时事画报》《真相画报》等的艺术成就,也暗示其内在的缺陷——党派立场鲜明的另一面,就是某种程度上丧失了新闻媒体的独立性。

《时事画报》及《真相画报》之所以将关注点逐渐从"时事"转移到"美术"或"学问",既有画家的内在趣味,也是外在环境决定的。编辑或阅读画报,除了求知欲,还必须有政治激情,而这又是与波澜壮阔的大时代密切相关的。《时事画报》创办两周年,赖亦陶撰文纪念,依旧围绕"时事"二字做文章,称同人之所以甘心日为笔砚奴隶,就因为"反复乎枪轰恩铭诸图,若有深感"[1]。可此类激动人心的重大事件,随着革命成功,正逐渐消失。于是,从《时事画报》到《平民画报》到《广州时事画报》再到《真相画报》,无论编者还是读者,政治激情迅速消退。

1912年潘达微为《广州时事画报》撰《画报复活感言》,称:"此报来由,乙巳之秋,事值拒约,强崛出头。中历多故,为伥所苦,同志走避,不敢与语。民国鼎新,欢乐芸芸,斯报复活,还我精神。"[2]可是,既然革命热潮逐渐消退,对于当初壮怀激烈的画报人来说,"还我精神"谈何容易。借用潘达微对于何剑士心态的描述:"国人呼号拒美苛约时,剑士亦挺跃而出问世事";"剑士尝随民党涉革命事,迨告成功,而亦不过尔尔"。于是,"剑士始绝世务,潜迹惟恐不深,第以书画自给"。[3]谭云波为《广州时事画报》第7期绘制的封面画,镜子中的"美人",竟幻化成了"髑髅"[4]。而这意象很符合伤时忧世、以烟酒消愁、日吐血数次的画家兼诗人何剑士的趣味。

实际上,这种革命胜利后的失望与颓唐,确实以何剑士最能代表。"民

---

1 赖亦陶:《本报出版第二周岁感事文》,《时事画报》丁未年第22期,1907年9月。
2 鲁达:《画报复活感言》,《广州时事画报》壬子年第1期,1912年10月。
3 大觉:《霜花余影记》,《天荒》第46页。
4 《美人髑髅》:《广州时事画报》壬子年第7期,1912年12月。

《广州时事画报》

何剑士所绘"雄鬼"

国一周九月",何剑士画菊花丛中的"雄鬼",并题曰:

> 昔为烈士杀贼,今为雄鬼杀谁?
> 满眼黄花零落,秋坟自去唱诗。
> 世事一年如旧,风云缅想当时。
> 可有宵阑拔剑,问谁失意睚眦。[1]

---

[1] 此何剑士《雄鬼》图文,乃《广州时事画报》壬子年第4期(1912年11月)折页。据李伟铭告知,此图有1913年广州十七甫澄天阁电版彩色精印本。

民国初年的画报，或缺乏激情（如《广州时事画报》），或过于专业化（如《真相画报》），都不是很理想。而这并不全然是个人趣味，很大程度是时势使然。即便仍在报道"时事"，少了"革命"这一激动人心的主角，全都成了琐碎的日常见闻，这画报还有什么看头？

著名革命党人胡汉民为《真相画报》撰写《发刊祝词》，称高奇峰等"皆忧深虑远之士，观其言，盖有异于他之以绘事为能者"[1]；怀霜的《真相画报·序》也称高奇峰等曾"出没枪林弹雨中，举鼎革战场，一逯一决，收之眼底"，因此最有可能达成"美术以救世"的目标[2]。看看《真相画报》的自我期待——"监督共和政治，调查民生状态，奖进社会主义，输入世界知识"[3]；如此陈义不可谓不高，可这是区区画报能实现的目标吗？实际情况是，"革命胜利"之后，画报及画报人面临巨大的转型危机。很快地，诸位画报同人，或转入专业绘画（高剑父、高奇峰）、或潜心历史研究（陈垣）、或沉湎佛家以及慈善事业（潘达微），或在官场与林下之间吟咏与徘徊（陈树人）。至于忧愤最深的何剑士，则在1915年早早病逝了。

五、石印与照相之短长

《真相画报》第1期上自我介绍，称本报图画分7种类型：除"历史画""美术画""滑稽画""地势写真画""名胜写真画"外，另外两种涉及"时事"，一为"时事写真画"："民国新立，时局百变，事有为社会上注视，急欲先睹为快者，本报必为摄影制图，留作纪念。其无关重要，概付阙如"；一为"时事画"："本报惧文字之力，有时而穷，特罗致名手，以最奇妙之思想，绘最重要之现状，一触眼帘，荡入脑海，社会心理，悠然而生。"[4]而实际情况则是，"时事写真画"日渐增多，"时事画"则迅速消亡。换句话说，《真相画报》上讲述时事的，主要是摄影家。搁下调色板，端上照相机，封面的变化，预示着此画报日后的发展方向[5]。而这一转变，

---

1 胡汉民：《发刊祝词》，《真相画报》第1期，1912年6月。
2 参见怀霜《真相画报·序》，《真相画报》第1期。
3 同上。
4 《本报图画之特色》，《真相画报》第1期。
5 《真相画报》第1期封面是画家端着调色板在画画，第2期封面则是摄影师在调整镜头。

《真相画报》第1、2期封面

开启了日后《良友》《北洋画报》等摄影画报的先河。

从《点石斋画报》（1884）走到《真相画报》（1913），这30年中，单就传播媒介而言，中国画报经历了版刻（如《启蒙画报》）、石印以及照相3个阶段。很明显，照相将取代石印，成为下一阶段画报的主流。但这种变化，并非突如其来。19世纪中叶，摄影术在法国最先问世，作为一种全新的观察、记录、表现生活的"新技术"，随后迅速传播到全世界。《点石斋画报》中出现了不少拍照的场面，如1884年的《奇形毕露》（甲五）便着意渲染此"尺幅千里，纤悉靡遗"的摄影技术[1]。可碍于采用石印，《点石斋画报》无法纳入照片。1901年的《大陆报》创刊号上，刊出照片11张；1902年梁启超在日本横滨创办《新民丛报》，更是大量使用照片。1907年，中国第一本摄影杂志《世界》（张静江、吴稚晖、李石曾等编）在法国巴黎创办，可惜仅出了两期。

创办《时事画报》的潘达微，同样对摄影有强烈的兴趣，辛亥革命后还曾在广州创办照相馆，且有不少摄影技术方面的探索。因采用石印，且有强大的画家阵容，《时事画报》只是偶尔插入照片，如1908年的《呜呼鉴湖女

---

[1] 《北洋画报》第六卷卷首号（1928年12月）在介绍"中国最初之画报"时，故意选录了此图。

侠秋瑾墓》以及1909年的《秋瑾墓》等[1]。1909年年初的《时事画报》上，刊登《请看本报是年改良之特色》："改良格式，增加电版，绘事精神，撰述丰富，务餍阅者，而益群智。"[2]这里的"增加电版"，就是在石印画报中穿插电版的新闻图片。从后期《时事画报》偶一为之的尝试，到《真相画报》主要以照片叙事，如此巨大变化，与辛亥革命期间摄影技术的广泛运用有直接关系。

商务印书馆1911年11月至1912年4月间刊行的《大革命写真画》，共14集，600余幅照片，配简单的中英文说明，有力地展现了"大革命"的宏伟壮阔。这些照片，既来自中外人士的摄影作品，也有截取纪录影片的；民国元年高剑父奉孙中山命组织"中华写真队"所拍摄的照片，除了在《真相画报》刊出，也是"《大革命写真集》的选材来源之一"[3]。此外，《红十字会战地写真》《欧洲战影》《欧洲写真画》等专题摄影集的大量刊行，以及《东方杂志》等综合类杂志大量使用照片，使得原本只是生存于各大城市影楼的"摄影术"，被越来越多的教育界、文化界以及艺术界人士所接纳，承认这是一种"艺术形式"，而并非只是"奇技淫巧"。正是这一大背景，直接促成了《真相画报》的诞生并引领风骚[4]。

阿英在《中国画报发展之经过》中称："石印画报一直繁荣了三十年，到清末民初，才跟着印刷事业的发展，更达到第三阶段。在这一时期里的画报，由于辛亥（1911）政治的变革，内容上有了极大的变更，就是在印刷术上，也从石印时期发展到采用铜锌板。"[5]技术方面的进步，使得照片拍摄及印制越来越便宜，反而是雇用大批画家不合算。另外就是画报读者趣味的变化——更加欣赏"真相"的呈现，而不是画家的笔墨技巧[6]。

---

1 分别刊《时事画报》戊申年第29期，1908年12月；乙酉年第15期，1909年10月。
2 《请看本报是年改良之特色》，《时事画报》乙酉年第1期，1909年2月。
3 参见冯天瑜《图片影像与辛亥革命》，《江汉论坛》2012年第1期。
4 参见王跃年《从〈真相〉到〈良友〉——1912—1937年中国摄影画报简论》，《民国档案》2004年第3期；潘耀昌、徐立：《上海早期都市文艺先锋——〈真相画报〉》，《上海大学学报》2011年第2期。
5 此文副题"为《良友》一百五十期纪念号而作"，载阿英《晚清文艺报刊述略》第90—100页，引文见第97页。
6 戈公振从新闻史家的立场出发，批评《点石斋画报》等"惟描写未必与真相相符，犹是一病耳"，并称"自照片铜版出，与图画以一大革新"（《中国报学史》第202页，中国新闻出版社，1985年）。因追求"真实性"而特别推崇新闻摄影，这固然在理；可想象镜头冷冰冰，不带任何感情色彩，能够不偏不倚地传达"真相"，未免过于天真。

《平民画报》之潘达微画作

如果说1884年的中法战争，促成了石印术在晚清画报中的广泛运用（以《点石斋画报》为代表）；那么，1911年的辛亥革命，则促成了摄影术在民初画报中的异军突起（以《真相画报》为先驱）。其实，无论石印还是照片，早在这两个画报创办之前就已经被引入中国，只是正逐渐靠近的"技术"与"审美"这两条线，恰好碰上政治风潮的鼓荡，当即风行天下。

但是，摄影杂志技术上的成功，并不一定代表美学上的胜利。晚清画报发展过程中画笔与镜头之争，世人大都倾向于后者，因其代表"科学"，且"尺幅千里，纤悉靡遗"。可实际上，对于突发事件来说，不在场的摄影记者无能为力，而同样不在场的画家则可以通过遥想、体味、构思而"虚拟现场"，这大概就是"笔绘画报"的优越性吧[1]。

画报人对于自家工具的特性及优劣，其实是相当自觉的；只要翻看吴友如等《申江胜景图》之《点石斋》[2]，观察《真相画报》封面中照相机的位置，就不难明白这一点。技术及媒介不同，审美观念必定有很大差异：同样是描摹黄花岗上的松树，《平民画报》（1911）上潘达微的画作，与

---

1 1928年12月《北洋画报》第六卷卷首号上，武越所撰《画报进步谈》便故意贬低镜头而高扬画笔："笔绘画报，善能描写新闻发生时之真景，有为摄影镜头所绝对不易攫得者。"
2 吴友如绘制的《申江胜景图》（点石斋，1884年），全书分上下两卷，共62图，每图配一诗或词。上卷第30图题为"点石斋"，其配诗很好地表达了时人对于此一新工艺的强烈兴趣。

《真相画报》所刊照片

《真相画报》所刊黄花岗照片

《真相画报》（1912）中的照片，效果就是不一样。除了画作本身的美感，还牵涉画报的叙事能力。绘画可以悬想，照相则必须在场；画报的工作目标，到底是讲述"革命故事"呢，还是表达"英雄崇拜"？如何看待民初画报中叙述的片断化，以及"画面感"逐渐取代了"叙事性"，当是见仁见智的问题。

同样书写黄花岗起义，图像与文字有别。洋洋洒洒的《大革命写真画》，无法复原半年多前的故事；《真相画报》第1期上众多黄花岗图片，说的也都是今人如何追怀先烈，或伟人如何仪表堂堂，而不是义军殊死搏斗的过程。《南越报》上连载的黄世仲"近事小说"《五日风声》，以及《广东最新绘图近事——革党潮》中的拍板歌《党人血》[1]，倒是对整个起义过程有详细的描写，只是略嫌拖沓。潘达微刊登在《平民画报》上的《焚攻督署》，图像之外，配上两段简要的文字，兼及叙事、议论及抒怀，殊为难得：

> 三月廿九晚五点钟，革党猝起。有一坐肩舆，率众直攻督署。署门卫兵，与相抗，不敌，随关左侧门，为党人炸弹轰开，遂直入。当入时，有一人身躯雄伟，而貌粗怪，手持两短枪，向大堂一路直轰，复投炸弹。其余一面目瘦削者，吹号筒，指挥党徒直入。至二堂相继演说，略发挥种族主义，且言起事之由，词甚激昂慷慨。管带金振邦与战，不敌，被轰死。卫队死伤亦众。革党搜至上房，不见一人，遂纵火。督署延烧一夜，火犹未息。张督暨各家人，事前灵警，先逃去，故不及于难。
>
> 按：革命一事，当以广义观之，不必限于某时某地。其年代湮远者，如法如美，姑不具论。即近年来如土耳其之革命，葡萄之革命，墨西哥之革命，皆足惹起世人视线。今日中国亦有此，能不慨欤！（印章［政治问题］）[2]

---

1 吊民：《广州血》，《广东最新绘图近事——革党潮》第254—263页。阿英《黄花岗纪事——广东拍板歌》（阿英：《小说二谈》第200—202页，古典文学出版社，1958年）称："这真可说是一篇很优秀的民间史诗，在数百句的唱词里，很悲壮地唱说了这一回事变的经过。"可惜阿英没有指明《党人血》的出处，以致学界很长时间不知所云。

2 潘达微：《焚攻督署》（图及文），《平民画报》第3册，辛亥年闰六月十一日，1911年8月5日。

《焚攻督署》(潘达微绘)

相形之下,《真相画报》的纪念图片,不说了无生气,起码也是略嫌呆板。即便同是《真相画报》,民恭的《辛亥广州竹枝词十咏》也比那些冠冕堂皇的照片精彩。十咏中,第二至第五首涉及此次战斗:

> 督署堂皇八字开,枪声炸弹响如雷。
> 上官奔窜鼠寻穴,卫队散若山奔颓(三月廿九夕党人扑攻督署,总督张鸣岐微服逾墙走,卫队仓皇各鸟兽散)。

> 巡防营勇荷枪来,狭路相逢杀气开。
> 人声叫啸动天地,血肉狼藉委尘埃(小东营巷战)。

> 累累京观路旁尸,事业生平一局棋。
> 不爱头颅爱名誉,万声齐道好男儿(司后街陈尸)。

> 黄花岗上黯生愁,千古英雄土一坏[抔]。
> 七十二坟凭吊遍,斜阳低挂树梢头(黄花岗在东门外,三月廿九之役,七十二党人丛葬于此)。[1]

若讲求情节之"一波三折",以照片加解说的方式叙事,其实不如小说、散文乃至竹枝词。《真相画报》上关于史坚如的表彰,包含小传《烈士史坚如事迹》以及三幅照片:(1)"史坚如烈士遗像"、(2)"被炸后抚署之后墙及烈士机关部之遗址"、(3)"前清广东抚署之正门(数年前已改为广东高等工业学校)"[2]。如此以照片为主的讲述,必定偏重于人物纪念,而不是如何将故事讲得"风生水起"。

以照片为主的画报,特定场景呈现得很好;而以绘画为主的画报,则似乎更擅长讲故事。当然,若引入战地记者、增加连续性画面、补充文字说明,照片为主的画报同样可以"神采飞扬"地讲述波澜壮阔的大故事——而

1　民恭:《辛亥广州竹枝词十咏》,《真相画报》第1期,1912年6月。
2　见《真相画报》第11期,1912年9月。

《真相画报》关于史坚如的表彰

且讲得很精彩。到底是选择画笔,还是更多地依赖照相机,这一抉择直接导致了清末民初画报的转型。而这一进程,几乎与辛亥革命同步。民国以后的画报,尤其是1926年分别创刊于上海与天津的《良友》(1926—1945)、《北洋画报》(1926—1937),技术上走的都是《真相画报》的路子,只是扬弃其过于学术性,重新关注时事,增加娱乐色彩,以适应普通读者的欣赏趣味。

2011年10月17日初稿、2012年10月29日修订于香港中文大学客舍

第七章　流动的风景与凝视的历史

——晚清北京画报中的女学

在晚清，无论是开民智的"画报"，还是张女权的"女学"，上海都走在北京前面。不谈细枝末节，就讲声名显赫者，1884年5月8日创刊的《点石斋画报》，还有1898年5月31日正式开学的中国女学堂（即"经正女塾"），都让历来高傲的北京人瞠乎其后。晚清中国，推动西学东渐的主要力量，在朝气蓬勃的开埠城市上海，而不是暮气沉沉的帝都北京。虽有最高学府京师大学堂（1898年创立），谈论作为新学代表的报章、演说以及女子教育等，北京人都没能站在潮头。有1864年创立的贝满女子小学，可那属于传教士的事业；有1872年创刊的《中西闻见录》，每期都有若干插图，但那属于科学知识图解，与日后画报之以图像叙事不可同日而语。

要说北京民智之开，庚子事变是个重要的转捩点。"当兹八国联军攻破北京，两宫仓促西狩。迨和议告成，土地割让，主权丧失，国民为之震惊，志者为之愤慨。人人发愤求强，深识者咸以振兴教育，启发民智为转弱图强之根本。"一时间，北京城里，出现了民间办学、办报的热潮。在这中间，彭翼仲之"愤国势之衰颓，毅然辞官，创办画报"（《启蒙画报》，1902），便成了标志性的举措[1]。至于"一时文明女子，都欣欣的报名入堂，北京有女学堂，学界有女学生，从此起"的[2]，当推沈钧及其夫人创立的豫教女学堂（1905）。

开启民智的大业，北京人起步较晚，但并非毫无作为。就像《京话日

---

[1] 管翼贤：《北京报纸小史》，原刊《新闻学集成》第6辑（中华新闻学院，1943年），见杨光辉等编《中国近代报刊发展概况》第402页，新华出版社，1986年。

[2] 《补记豫教女学堂开纪念会事》，光绪三十二年（1906）十月十七日、十九日《顺天时报》。

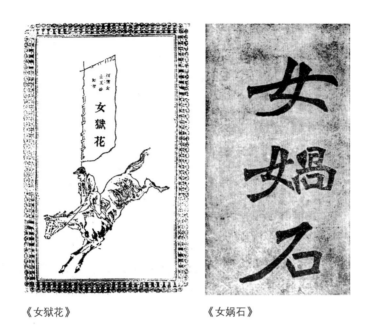

《女狱花》　　　　　　　《女娲石》

报》主笔彭翼仲说的,热心肠的北京人,一旦觉醒,就会有不俗的表现:"北方风气开的慢,一开可就大明白,绝没有躲躲藏藏的举动。较比南方的民情,直爽得多。"[1]明白这一点,对于庚子后北京风气的急剧变化,当不会有任何疑惑。

只是因为生活在天子脚下,北京的志士们,即便豪气冲天,说话做事仍有诸多限制,不像流亡海外或避居租界者,可以肆无忌惮地嘲骂皇上。如此倾向于"改良"而不是"革命",难怪历来讨论晚清思想文化变革的,大都不太关注庚子后京城里出现的诸多新气象。其实,这些今人读来感觉不太畅快的"启蒙论述",更贴近当年京城民众的实际思考——如把"皇太后懿旨"拿来当提倡女学的令箭,这是上海的革命家所不能接受的。可另一方面,像小说家王妙如、海天独啸子那样描写觉悟了的新女性,一个黑虎偷心拳便送了蛮不讲理的丈夫的命(《女狱花》,1904),行刺太后不成则浪迹江湖(《女娲石》,1907),也绝非北京那些创办女学的人所能想象。思绮斋所著《女子权》(1907)、《中国新女豪》(1907)相对温和些,主人公

---

[1] 《北方人的热血较多》,《京话日报》1906年5月15日。

（贞娘、黄英娘）先在北京高等学堂念书，后赴美、日游学，归国后创办女工传习所，大获成功并奉旨成婚，这样的生活轨迹，接近当时京城女学生的梦想。换句话说，从办女学入手，争取妇女解放，这一思路，更容易为一般民众所接纳。

晚清京城里的兴女学，固然令人振奋，但绝非《女子权》等小说描写的那样轰轰烈烈。倒是与"女学"同时出现的"画报"，以妇孺为主要拟想读者，其对于女学堂以及女学生的报道与表彰，较为低调，但更真实可信，切近历史的本来面目。二者本就同属新学，互相勾连，理所当然。本文试图以画报的图文来钩稽北京女学的发展；反过来，又以女学的眼光，来审视画报的性别意识。

一、画报与女学

同样关注妇女的日常生活及其命运，画报与女学，二者天然地具有某种亲和力。在具体论述之前，有必要对晚清京城里兴女学、办画报的大致状况，做简要的介绍。

谈论晚清的兴女学，必须兼及民间的言论与朝廷的立法。前者一往无前，后者犹豫不决，二者互相牵制，共同制约着女学事业的发展。几乎所有的研究者都会提及，1907年3月，学部奏定《女子小学堂章程》以及《女子师范学堂章程》的颁行，标志着中国第一次将女子教育纳入政府主导的学制系统。此举自是关系重大，但坚冰必须一点点融化，此前已见若干松动的迹象。光绪二十九年十一月二十六日（1904年1月13日）荣庆、张百熙、张之洞《奏定蒙养院章程及家庭教育法章程》，称"女学之无弊者，惟有家庭教育"，硬是将女子之受教育，限制在培植"持家教子"的能力[1]。勉强将女学纳入家庭教育中，虽有点不伦不类，但毕竟是个突破。至于《学部奏定女子师范学堂章程折》自我辩解，说得好像是早有安排，故

---

[1] 参见荣庆、张百熙、张之洞《奏定蒙养院章程及家庭教育法章程》，朱有瓛主编《中国近代学制史料》第2辑下册第573页，华东师范大学出版社，1989年。

意这么步步为营似的¹，不太可信。实际原因是阻力太大²，只能走一步看一步。研究者对当初清廷之将女学纳入家庭教育，虽大不以为然，仍颇多谅解之辞，或称"后来女子教育之建立，即肇端于此"³；或说"癸卯学制颁行后，女学兴办之风徐徐吹起"⁴。京城里的兴女学，正式发端于1905年（而不是1907年），可作为佐证。

由日本中国驻屯军司令部主持、京师大学堂师范馆总教习服部宇之吉主编的《北京志》⁵，1904年开始编撰，1908年定稿并正式出版，所收内容截至1907年7月。其中第十五章专门介绍"清国教育制度及北京的官立、公立、私立学校"（前译学馆教习安井小太郎撰写），特别提到其时刚兴起的女子教育："南方虽然偶有率先设女子学校者，但也只是听到非难之声日高"；"然而，形势发展终于迫使以如此守旧顽固著称的北京也成立了女子学校"⁶。或许是为了彰显京城女子教育所受日本影响，作者提及美国基督教公理会创办于1864年的贝满女校和美国基督教卫理公会创办于1872年的慕贞女校时，多有错漏；所谓后者"虽称学校，实为收养贫穷女子之处"⁷，明显与事实不符。据1909年《顺天时报》："现今我国新设立的各女学堂，所有各科女教习，多有慕贞女学堂毕业女学生充任的。"⁸不过，作者对服部宇之吉等日本教习及其夫人，如何介入当初京城里刚崛起的女子教育，还有各女校"除振儒女学堂外，都聘请日本女教员教授日语、体操、唱歌、织毛线等"，有相对详尽的描述，值得我们关注。

1　"故前年奏定学堂章程，将女学归入家庭教育法，以为先时之筹备。上年明定官制，将女学列入职掌，以待后日之推行。惟近日臣等详征古籍，博访通人，益知开办女学，在时政固为必要之图，在古制亦实有吻合之据。"见朱有瓛主编《中国近代学制史料》第2辑下册第666页。

2　此折里所说的"京外臣工条奏请办女学堂者，不止一人一次。而主张缓办者，亦复有人"，方是实情。因争议太大，此前广东、湖南、湖北、江苏等省，均有裁撤女学的举措。参见朱有瓛主编《中国近代学制史料》第2辑下册第650—657页。

3　参见卢燕贞《中国近代女子教育史》第12页，（台北）文史哲出版社，1989年。

4　参见罗苏文《女性与近代中国社会》第124页，上海人民出版社，1996年。

5　服部宇之吉主编《北京志》（东京：博文馆，1908年），中译本改名《清末北京志资料》（张宗平等译，燕山出版社，1994年）。

6　参见服部宇之吉主编、张宗平等译《清末北京志资料》第186页，燕山出版社，1994年。

7　服部宇之吉主编、张宗平等译《清末北京志资料》第218—219页。关于这两所女校的历史，参见李爽麟等的《贝满女中》以及马燕的《慕贞女校》，分别见北京市政协文史资料委员会选编《北京文史资料精华·杏坛忆旧》第306—328页、254—267页，北京出版社，2000年。

8　《记外人设立各学堂》，宣统元年（1909）九月二十一日《顺天时报》。

据学部总务司编《第一次教育统计图表》（光绪三十三年），截至1906年秋，京师共有女子学堂12所，职员22名，教员59名，学生661名[1]。《东方杂志》第四年（1907）第4期的教育栏称："京师学界，近颇发达。兹经督学局详细调查，计官立各学堂四十二处，公立中小各学堂三十五处，私立中小各学堂四十三处，私立女学堂七处，各堂肄业学生共约一万一千五百余人云。"[2]两相对照，不难见出当年京城里的男女学堂，比例非常悬殊。服部宇之吉主编《北京志》时，关于北京官立、私立中小学的基本资料，大半依据的也是学部的这次调查，不过提及女学堂时，有不少补充[3]。现将相关资料略作考辨，借以显示朝廷正式表态支持女学前，北京女学的基本状态。

豫教女学堂：地址在干面胡同东头路南，光绪三十一年（1905）八月一日创办，设立人沈钧，时有教员6名，职员5名，学生50名。服部博士及其夫人协助经营，学生来源只限于中等以上家庭，国语以外的课程全用日语讲授。

振懦女学堂：地址在西四牌楼北前毛家湾，光绪三十一年（1905）八月一日创办，设立人崇芳，时有教员6名，职员3名，学生60名。

淑范女学堂：地址在东总布胡同，光绪三十一年（1905）八月五日创办，设立人英显齐、文时泉，时有教员5名，职员2名，学生80名。学生一律免交学费，除创办者出资外，请求内外人士捐助。

女学传习所：内城的在西城石驸马大街，外城的在骡马市绳匠胡同，中城的在隆福寺西口，三处女学传习所，均为京师大学堂东文教习江绍铨所创设。一般认为，江之创办女学，最早是在光绪三十二年（1906）八月（外城女学传习所），其实不然。"从前库资胡同传习所创立时，在北京女学界为最先"[4]——这则《女学纪念会展览详记》，统计数字甚多，明显是江本

---

[1] 参见朱有瓛主编《中国近代学制史料》第2辑下册第649页；李又宁、张玉法编《近代中国女权运动史料》下册第1165页，（台北）龙文出版公司，1995年。

[2] 参见李又宁、张玉法编《近代中国女权运动史料》下册第1073页。

[3] 参见服部宇之吉主编、张宗平等译《清末北京志资料》第188—195、207—209页。补充的内容，包括创建早（光绪三十一年二月），但办在肃亲王府邸，"首先收公主、妃嫔等十三人入学"，类似日本华族女学校的和育女学堂。

[4] 《女学纪念会展览详记》，宣统元年（1909）八月十八、十九日《顺天时报》。

人或传习所提供的，必须有另外的证明材料，方能坐实。《参观内城女学传习所记》和《三城女学传习所开学》二文，谈及女学传习所沿革，都提到"最早成立的在内城库资胡同"，后因场地原因，拟转金台书院旧址，不成；改绳匠胡同豫章书院旧基，并定名外城女学传习所[1]。查光绪三十二年（1906）五月二十一日《顺天时报》，果然有《奏立金台女学堂》："江亢甫比部先在京师西城设女学传习所，现届暑假停课，并另订章程，扩张改良，拟移金台书院旧地，改为金台女学堂，呈明学部，日内即将奏明办理。"如此说来，若追根溯源，女学传习所的创办，确实是在光绪三十一年（1905）。据《顺天时报》报道，1906年创办外城女学传习所时，有学生一百三四十人，是当时北京女学界"规模最整备、课程最完善、教员最有名誉、学生最为众多的"[2]。三处女学传习所，还有一个值得骄傲的，那就是为之题匾的，不是女诗人，就是女画家："三处大门上匾额，外城是吴芝瑛女士题的，内城是吕碧城女士题的，中城是孙诵昭女士题的，这亦是三传习所的特色。"[3]

译艺女学堂：地址在顺治门内化石桥，光绪三十二年（1906）三月十一日创办，设立人谢祖沅，时有教员5名，职员6名，学生40名。

四川女学堂：地址在四川营内四川会馆，光绪三十二年（1906）四月六日创办，设立人四川同乡，时有教员6名，职员2名，学生41名。

慧仙女学堂：地址在北城净土寺，光绪三十三年（1907）正月二十五日开学，以慧仙女士遗产设立，内务府郎中诚璋负责管理，两名日本人教习机织、体操等，中国女士讲授汉文，学生约70名。此女学堂的骄傲，是曾获得皇上及皇太后赏赐的匾额。

以下所论晚清北京各画报所谈论的女学堂，大致不出此范围。

晚清北京诸多画报中，《启蒙画报》创刊最早，因而得到学者们的普遍推崇。一般的报刊史著述，都会提及其巨大的身影。若戈公振初版于1927年的《中国报学史》、管翼贤初刊于1943年的《北京报纸小史》，以

---

[1] 参见《参观内城女学传习所记》，光绪三十三年（1907）四月初五日、初六日《顺天时报》；《三城女学传习所开学》，宣统元年（1909）七月十九日至二十三日《顺天时报》。

[2] 《详记外城女学传习所八大特色》，光绪三十二年（1906）十一月十日《顺天时报》。

[3] 《三城女学传习所开学》，宣统元年（1909）七月十九日至二十三日《顺天时报》，见李又宁、张玉法编《近代中国女权运动史料》下册第1190—1194页。

及丁守和主编的《辛亥革命时期期刊介绍》、黄河编著的《北京报刊史话》、陈玉申的《晚清报刊业》等,多少都会提及创刊于1902年的《启蒙画报》[1]。其他京城里的画报,则没有那么幸运。张静庐辑注的《中国近代出版史料二编》,提及《启蒙画报》《当日画报》《浅说日日新闻》《醒世画报》《燕都时事画报》5种[2];彭永祥所撰《中国近代画报简介》,则简要介绍了《启蒙画报》《北京画报》《开通画报》《醒世画报》《时事画报》《当日画报》《北京白话图画日报》《浅说日日新闻》《燕都时事画报》9种晚清北京画报[3]。

《北京画报》

晚清画报散落世界各地,且多为"断简残编",查询及翻阅极为艰难。这里将我曾寓目的18种晚清北京刊行的画报,按照创刊时间排列,并做简要的介绍。

《启蒙画报》,1902年创刊,彭翼仲、彭谷生编辑,刘炳堂绘图;

《北京画报》,1906年创刊,张展云编辑,刘炳堂绘图;

《开通画报》,1906年创刊,松寿卿编辑,金润轩总理,李菊侪、英铭轩绘图;

《星期画报》,1906年创刊,杨采三演说,顾月洲、孙月樵绘图(前期秋鹏、杨寿龄绘);

---

[1] 参见戈公振《中国报学史》第109页,中国新闻出版社,1985年;管翼贤《北京报纸小史》,见杨光辉等编《中国近代报刊发展概况》第402页;彭永祥《〈启蒙画报〉》,见丁守和主编《辛亥革命时期期刊介绍》第一集第189—195页,人民出版社,1982年;黄河编著《北京报刊史话》第16—17页,文化艺术出版社,1992年;陈玉申《晚清报刊业》第152页,山东画报出版社,2003年。

[2] 参见《清末民初京沪画刊录》,张静庐辑注《中国近代出版史料二编》第297—301页,群联出版社,1954年。

[3] 参见彭永祥《中国近代画报简介》,载丁守和主编《辛亥革命时期期刊介绍》第四集第656—679页,人民出版社,1986年。

《新铭画报》

《益森画报》，1907年创刊，学退山民编撰，刘炳堂绘图；

《日新画报》，1907年创刊，李翰园、李菊侪绘图；

《（北京）时事画报》，1907年创刊，刘泽生编纂，常伯勋、匡墨庄绘图；

《北京日日画报》，1908年创刊，沈恩镕绘图兼总理，忠杰臣演说兼编辑，李瑞臣新闻兼编辑；

《浅说日日新闻画报》，1908年创刊，王子英经理，姚叔云、柳赞成编辑，德泽臣绘图；

《中实画报》，1908年创刊，杨曼青编辑，李菊侪绘图，金润轩总理；

《绘图五日报》，1908年创刊，编绘人不详；

《当日画报》，1908年创刊，英铭轩编绘；

《两日画报》，1908年创刊，英铭轩、沈厚奎、李瑞臣合办；

《（北京）白话画图日报》，1908年创刊，杨兢夫创办；

《新铭画报》，1909创刊，杨丽川发行，张云舫编辑，赵振清督印，刘伯龙绘图；

《醒世画报》，1909年创刊，张凤岗编辑，李菊侪绘图；

《燕都时事画报》，1909年创刊，广仁山、来寿臣编辑；

《正俗画报》，1909年创刊，雷震远编辑兼发行，项德斋印刷，李菊侪、胡竹溪绘图。上述晚清刊行于北京的画报，不像大名鼎鼎的《点石斋画报》，当初发行量本就不多，加上主要面对的是妇孺及下层百姓，历来不为图书馆及藏书家所看重，百年后的今天，更是难觅踪影。最近两年，《醒世画报》的重刊，《清末民初报刊图画集成》及其续编的出版[1]，给研究者提

---

[1] 《旧京醒世画报》，中国文联出版社，2003年；《清末民初报刊图画集成》及其续编，全国图书馆文献缩微复制中心编印，2003年。

供了很大的方便。可即便如此，仍有半数以上的晚清北京画报音信渺茫。

当初北京刊行画报之盛况，不妨借用兰陵忧患生撰于1909年的《京华百二竹枝词》，其中有这么一首：

> 各家画报售纷纷，销路争夸最出群。
> 纵是花丛不识字，亦持一纸说新闻。[1]

诗后有小注："我国报纸，较之东西各国，固不得谓之发达；而各家画报，购者纷纷，尝见花界中人，识字与否，率皆手持一纸，销路之广，于此可见一斑。" 比起著述之文，报刊文章显得"浅显"；而有了以图像为中心的画报，日报又相对"高深"起来。1906年的《北京画报》上，有一幅《看画报掉眼泪》，很能显示其时画报对于下层社会的影响：

> 最容易感动人的，第一是戏曲，第二就是图画。北城慧照寺，乐众阅报社门口，贴着我们《北京画报》，见天有许多人，围着观看。那天有一老者，看到华工受苦那段，不由的大哭。本来是啊，同是中国人，看见同胞的那样苦情，再要是不动心，那还算是人吗？[2]

可见，鲜活的图像配上浅俗的文字，确实容易渗透到妇孺以及下层社会。

如果不是梁漱溟的再三追忆，世人对于《启蒙画报》的印象，当不会如此深刻。1942年，梁漱溟撰《我的自学小史》，谈及彭翼仲所办三种报刊，尤其着意表彰《启蒙画报》："我从那里不但得了许多常识，并且启发我胸中很多道理，一直影响我到后来。"[3] 1960年，在《记彭翼仲先生》一文中，梁更是详细描述此画报如何介绍科学知识、历史掌故以及名人逸事，再次强调其对自家少年时代思想志趣的影响：

> 说到《启蒙画报》，徐兰沅先生极有印象，自称幼年非常爱看它。

---

1 兰陵忧患生：《京华百二竹枝词》，路工编选《清代北京竹枝词》第126页，北京古籍出版社，1982年。
2 《看画报掉眼泪》，《北京画报》第16期，光绪三十二年（1906）九月上旬。
3 梁漱溟：《我的自学小史》，《忆往谈旧录》第8页，中国文史出版社，1987年。

《恭贺立宪》

这恰同我一样。……它行文之间，往往在人的精神志趣上能有所启发鼓舞，我觉得好像它一直影响我到后来。[1]

《启蒙画报》创刊于1902年夏，两年后，彭翼仲又分别主办《京话日报》（1904年8月16日）和《中华报》（1904年12月7日）。同时主持图像、白话、文言三种报刊，需要花费大量时间、金钱和精力，实在忙不过来，彭于是停办《启蒙画报》。

光绪三十二年（1906）七月下旬的《北京画报》上，刊出一幅《恭贺立宪》，画面前方是游行的学生队伍，举着国旗、"日新学堂"以及"恭贺立宪"三面旗子；背景则是日新学堂和报馆[2]。学堂、报馆以及筹备立宪，三者都是晚清新学的象征，将其凝集在一个具体的画面，实在妙不可言。问题

1　《记彭翼仲先生》，《梁漱溟全集》第七卷第78页，山东人民出版社，1993年。
2　《恭贺立宪》，《北京画报》第12期，光绪三十二年（1906）七月下旬。

在于，左侧的"启蒙画报馆"其时已经消失，如此描绘，更像是在追忆与凭吊；而一左一右的"中华报"和"京话日报馆"，半个多月后又被清廷巡警部同时查封（1906年9月29日）。了解这些，面对如此喜气洋洋场面，很难不油然而生悲壮的感觉；仔细品味，又可能读出某种嘲讽的意味。

《启蒙画报》当初流通甚广，第4册上刊登的"外埠派送处"，包括保定、天津、济南、南京、苏州、扬州、无锡、上海、杭州、太原、南昌、九江、福州、厦门、成都、重庆、武昌、汉口、长沙、岳州、开封等城市；到了第12册封底广告，派送处又增加了广州、汕头、常州、陕西、锦州等。值得格外关注的是，每回本报派送处名单上，都有上海的务本女学塾；而第7至第9册画报上还刊登了"女学报馆广告"。这两者提醒我们，画报与女学之间，存在着某种内在的关联。

另一个合适的例子，是张展云的先后创办《北京女学》（1905年9月）和《北京画报》（1906）。前者"不仅是当时北方地区唯一的妇女报刊，也是我国最早的妇女日报"[1]，其提倡女子教育的思路，自然会在后者那里得到体现。举两个例子，看看《北京画报》是如何关注"北京女学"的。其一，杭州惠兴女士为兴学而殉身，京剧名伶田际云在北京组织义演[2]，此等京城文化界的大事，热心女学的张展云所主持的《北京画报》，自然会有所反映；《戏园子进化》不单介绍田际云如何开演《惠兴女士传》，还提及正式演出前，彭翼仲、王子贞和张展云分别登台演说，大受欢迎[3]。其二，女学堂章程还没正式颁行，京城里的女学生，走在大街上，连维持社会秩序的警官都加以讥笑；作者于是站出来，称女学乃教育的根本，警察当尽力保护才对，没有理由胡言乱语[4]。

"母教关于国家之富强，国民之幸福"；"欲教育国民，先教育国民之母，此女学堂所以为切要之图也。"[5]诸如此类的"女学论述"，放在当

1　参见黄河编著《北京报刊史话》第19—20页，文化艺术出版社，1992年。
2　参见夏晓虹《晚清女学中的满汉矛盾——惠兴自杀事件解读》，《晚清女性与近代中国》，北京大学出版社，2004年；夏晓虹《旧戏台上的文明戏——田际云与北京"妇女匡学会"》，《现代中国》第5辑，湖北教育出版社，2004年12月。
3　《戏园子进化》，《北京画报》第3期，1906年。
4　警官语："好端端的，立这种混［账］女学，将来把这些姑娘们，闹成大肚子，也就不立了。"参见《警官没教化》，《北京画报》第14期，光绪三十二年（1906）八月中旬。
5　《公立女学堂公启》，《日新画报》第19、20期，戊申年（1908）正月初六日、十一日。

《妇人开通》

时的东京或上海,实在不算高明,但大致代表了那个时候北京画报中"兴女学"的思路。比如批评女子没教养,称"这也是女学不兴之过";想改变女子粗俗不堪的言谈,那就只能"望女学多多设立几处吧"[1]。福寿堂文韵畅唱"六国合约",卖女座三天,"所收的座钱,全都助了女学啦";"五强女学校前日去了二位美国妇人,高方二女士进内参观诸女生成绩品并所读书籍,该女士颇为赞扬",诸如此类的好事,晚清北京画报最为津津乐道[2]。至于像东华门内某书铺常有位文明的妇人来买书报,拿回去讲给不识字的妇女们听,或者像西堂子胡同某宅的太太很是文明,定了《醒世画报》,天天给丫鬟们讲解,如果都这样,"何愁女学不兴?"[3]如此明确地将女学与画报相勾连,值得注意。

画报办在京城,很难体现革命思想,自然更多地瞩目百姓的日常生活,具体而微地呈现新学引进以及文明输入的曲折过程。因其针对下层百姓以及妇女儿童,没有多少高调的论述;因其更多平民趣味,故笔墨琐碎,贴近日常生活。比如,同样谈论女学,跟小说家的天马行空不同,画报的作者会注

---

[1] 参见《请看女子没教育》,《开通画报》第2期,光绪三十二年(1906)八月;《妇女无知》,《正俗画报》第26期,宣统元年(1909)闰二月二十六日;《没教育》,《醒世画报》第22期,宣统元年(1909)十一月十一日;《欠教育》,《醒世画报》第59期,宣统元年十二月二十一日(1910年1月31日)。

[2] 《票友热心》,《开通画报》第3期,光绪三十二年(1906)九月;《时事要闻·外国人参观学堂》,《正俗画报》第27期,宣统元年(1909)闰二月二十七日。

[3] 《妇人文明》,《醒世画报》第53期,宣统元年十二月十五日(1910年1月25日);《妇人开通》,《醒世画报》第48期,宣统元年十二月初八日(1910年1月18日)。

意女学生走路的姿态以及公众的目光,女子服饰的变化,女子上街可能碰到的骚扰,女学堂对于周围环境的影响等,所有这些,都是兴女学过程中所遭遇到的实实在在的问题。在这个意义上,"画报"中的"女学",更为真实可感。

二、如何"启蒙",谁来"正俗"

谈论晚清北京18种画报,以"启蒙"开头,以"正俗"结尾,如此排列,当然带有很大的偶然性。不过,话说回来,在众多关于画报宗旨的论述中,"启蒙"与"正俗",确实是使用频率很高的"关键词"。

《启蒙画报缘起》称:"将欲合我中国千五百州县后进英才之群力,辟世界新机。特于蒙学为起点,而发其凡。"实现此等宏愿,除了借助图文并茂形式,还有:"本报浅说,均用官话,久阅此报,或期风气转移。"[1]这一点,马上与此前活跃于上海的《点石斋画报》拉开了距离。

从1884年尊闻阁主人撰《点石斋画报缘启》起[2],几乎所有创办或提倡画报的人,都要强调画报兼及妇孺,有利于开通民智。后世的研究者,对此"启蒙"论述,有不同的解读。叶晓青将《点石斋画报》作为大众文化的代表,认定妇孺及未受教育的人均能享受;康无为(Harold Kahn)与李孝悌对这种看法不以为然:"主要的原因是《点石斋画报》不是纯粹的图片,还需要靠文字来阐明其意涵或道德教训,而这些文字多半是用典雅或陈陈相因的文人文字写成,一般不识之无的群众,根本不可能靠着这些文字来理解画报的内容。"[3]所谓"老妪能解",当然只是比喻,就像元白诗一样,不能完全坐实。不过,比起日后诸多北京画报来,《点石斋画报》各期画面上的文字,确实是文绉绉的,没能真正落实其"浅白通俗"的承诺。而无论是《启蒙画报》《北京画报》《星期画报》,还是《开通画报》《醒世画报》《正

---

1 《启蒙画报缘起》,《启蒙画报》第1册,1902年6月。
2 尊闻阁主人:《点石斋画报缘启》,《点石斋画报》第1号,1884年5月8日。
3 参见叶晓青《〈点石斋画报〉中的上海平民文化》,《二十一世纪》创刊号,1990年10月;康无为《画中有话:〈点石斋画报〉与大众文化形成之前的历史》,《读史偶得》,(台北)"中央研究院",1993年;李孝悌:《走向世界,还是拥抱乡野——观看〈点石斋画报〉的不同视野》,《中国学术》2002年第3期,商务印书馆,2002年秋。

俗画报》，几乎所有刊行于北京的画报，都是"浅说新闻"。办报的人放得下架子，这是一方面；北京人擅长官话，这又是另一方面。

《醒世画报》上所刊杨曼青一文，对于画报之如何深入百姓，有很精彩的描述；而且，其使用的"大白话"，很能体现北京画报的文体，值得大段引述：

> 打算家家都能开通，就仗着报纸的好处了。比如一家之内，有不识字的人，莫非还请个讲报纸的教习吗？不用不用。这就用着画报的辅助。家有妇孺，给他画报一看，只要肯在画篇上上眼，就容易引其入胜。竟看画篇不明白，自然就问：这画的是怎么一档子事情？再有人能够讲说出来，慢慢地就能上了报瘾。您说这个道理有没有啊？所以说画报能够开通妇孺知识，又不在白话报以下了。[1]

将京城里平民百姓的日常口语，直接搬上画报，这样的"浅说"，方才名副其实。

刊行于北京的画报，画面不见得精彩，但文字都很浅俗，念得出来，听得下去，难怪可以贴在阅报栏上，或在大庭广众中宣讲。下面选择若干画报编者的自述或读者的评说，大致体现其时北京画报的三种思路：第一，以开通民智为目标；第二，以妇孺为拟想读者；第三，启蒙论述中包含性别意识。考虑到这些资料搜罗不易，尽可能完整引述（而不是寻章摘句，随意穿插），以便日后研究者使用。

第一，以开通民智为目标。《中实画报》的《本馆广告》称："今本馆纠合同志，组织本报，以开通民智，输入文明，敦厚风俗，激发忠爱为宗旨。"[2]《北京日日画报》的《久雨方晴复见日》称："蒙总厅批准，本报拟于本月二十日出版。本报也不必说甚么材料丰富咧，纸料洁白咧，好与不好，本报也不必自自夸赞。众目所睹，本报编写印，总以精益求精，非图多畅，实贪多一位看报者，我国多一位开通国民，所以本报不惜重资改为当日

---

[1] 杨曼青：《看画报之益》，《醒世画报》第12期，宣统元年（1909）十一月初一日。
[2] 《本馆广告》，《中实画报》第2期，光绪三十四年（1908）四月二十九日。

画报。"¹《正俗画报》的《浅说》称："今天是《正俗画报》出版的头一天，应当把宗旨说一说。为什么叫'正俗'名目呢？皆因近二年来北京风气大开，可未免有点儿过火，实与人心风化大不相宜。要照这们下去，恐怕越开通越坏吧。本报同人为挽救时局起见，组织这种画报，以期纠正人心。然而一小小的画报，能有多大力量，无非尽我们一分苦心。这篇浅说，就算出版的祝词吧。"²

第二，以妇孺为拟想读者。《星期画报》的《本馆附启》："本馆同人创办此报，志在开通风气，择紧要新闻排印在前，掌故、历史、科学、说部，捡有庀时局者，挨次附列于后，加注浅说，即妇女小儿，听人讲解，自能明悉。"³《日新画报》的《日新画报出版刊词》："立宪不容易，第一是地方自治，第二是教育普及。……所以本馆同人想要叫人人通开〔开通〕，处处自治，家家肯叫学生入学堂受教育。"要说开通民智，文言不如白话，白话不如画报，为什么？"不识字的人，看见新闻画，也可以明白了事。再者姑娘学生老太太们，拿着当画儿看，说说讲讲，也可以添好些个见识，兴一兴家庭教育。"⁴《两日画报》的《报论》论述报纸对于开通民智的功用："又恐不认字，也没人念给你听，你虽有心阅报，这不就辜负你的热心啦吗？所以又有各种画报，识字的人不用说啦，就是不识字的，要看画报，凡事画出图像来，虽说你不认识字，一瞧图像，也可明白八九啦

《两日画报》

---

1 忠杰臣《久雨方晴复见日》，《北京日日画报》第1期，光绪三十四年（1908）五月二十三日。
2 《浅说》，《正俗画报》第1期，宣统元年（1909）闰二月初一日。
3 《本馆附启》，《星期画报》第3期，光绪丙午年（1906）九月。
4 《日新画报出版刊词》，《日新画报》第2期，1907年。

吧。而且小孩子当画瞧，再有人一批给他听，您想小孩子打一小儿，他就常听说甚么爱国咧，合群咧，自强咧，团体咧，要比从先小孩子由小就听《西游》咧，《封神》咧，大概差的多吧。"[1]《中实画报》作为祝词的《酬谢总厅》，说明画报对于开通民智的作用："阅报人家内，妇女小孩，借着看画为由，慢慢的引其入胜，家长讲给他们听，日子久了，还许也上上画报瘾哪，可比烟瘾强的多呀。"[2]《正俗画报》的《祝本报出版词》："现在贵报出版，又多一种开通智识改正风俗的利器，实在是国民的幸福哇。而且，画报妇孺阅看，尤有益处。盖妇女为国民之母，若是一开通，那还愁国不强吗？不由得为我中国风俗之前途贺。"[3]

与《点石斋画报》之侧重域外风光介绍不同，晚清北京的画报，更关注身边发生的故事以及百姓的日常生活。这是时代变化以及公众趣味转移的结果，没什么可非议的。问题在于，光有"开通风气，破除迷信"的宏伟志向，而且表示"从此我们的报，写、画、印均要注意的研究，大加改良"，不见得就真的能提供精彩的产品；往往是这样：办报人心有余而力不足[4]。除此之外，还必须考虑画报中蕴含着的性别意识。

所谓启蒙论述中的性别歧视，几乎在"以妇孺为拟想读者"这一策略设定中，就已不可避免地存在。而这，其实是晚清所有画报编者及读者所面临的共同困境。吴趼人小说《二十年目睹之怪现状》第二十二回，提及主人公"我"（即九死一生）回到家中，见到家人刚买的书报。下面这段话，很有象征意味：

> 只见我姊姊拿着一本书看，我走近看时，却画的是画，翻过书面一看，始知是《点石斋画报》。便问那里来的？姊姊道："刚才一个小孩拿来卖的，还有两张报纸呢。"说罢，递了报纸给我。我便拿了报纸，到我自己的卧房里去看。

---

[1] 忠杰臣：《报论》，《两日画报》第78期，戊申年（1908）二月二十日。
[2] 杨曼青：《酬谢总厅》，《中实画报》第2期，光绪三十四年（1908）四月二十九日。
[3] 求实生：《祝本报出版词》，《正俗画报》第6期，宣统元年（1909）闰二月初六日。
[4] 比如《两日画报》，就是典型的力不从心。从已刊各期看，作者缺乏基本的绘图及文字表达能力，这样的画报，不可能得到读者的欣赏。参见《敝报停滞之原因》和《本馆同人谨白》，《两日画报》第83期，戊申年（1908）三月十四日。

第七章　流动的风景与凝视的历史　311

《说本报的宗旨》

小说中没有具体评述《点石斋画报》，可将其留给虽也精明但毕竟属于"女流之辈"的姐姐，而让男主人公独独拿走并非"画的是画"的报纸。行文之中，作者显然将图像与文字——具体说来是画报与报纸，做了高低雅俗的区分[1]。

明知这是晚清女性受教育程度偏低这一现实所决定的，可当你面对《开通画报》创刊号上的《说本报的宗旨》时，还是会有一种震撼——原来，这就是所谓的"启蒙"。画面上，五位气宇轩昂的创办人——当然都是男性——正襟危坐，决定给"不好开通"的众女子提供精神食粮。以下的妙语连珠，发人深思：

　　哈哈，妙呀，今天是我们这《开通画报》，可是出了报了。什么叫

---

[1] 参见拙文《以"图像"解说"晚清"》，陈平原、夏晓虹编注《图像晚清》第1—30页，百花文艺出版社，2001年。

《开通画报》呢?就是要把像我们这类的人,愿意给开化的明白明白。今天既是出报日期,把这报宗旨说明。在下均住北京,办理开通民智,久有此意。无奈人少力单,孤树不林,同志五人,屡屡商议(恐怕有始无终)。我等又拿眼前有一个比样。就拿阅报处说罢,就跟不上讲报处。就如京中各种白话报纸,不是顶好的吗?可又比不上画报。怎么呢?要讲不好开通的,就是家中妇人。女子为国民之母。这女子要是心里不开通,一肚肠子迷信,还能够栽培出好国民吗?所以我们想到此处,除非报上画了图样,再添白话注解不可。想到这里,既要开通民智,非先开通国民之母不可。(指着好人家小姑娘说)既要开通无数人们,非开通那青年的小孩子不可,再者就是下等朋友们。前天不是竟闹谣言吗?那不是没受过教育凭据吗?一个个听见风就是雨,胡拉乱扯,就成众人。诸位呀,要是有子弟的,总要识字、合群、爱国、爱种,将来都成了有用大才。再说,报名就叫《开通画报》,抱定了开民智、正人心的宗旨。请诸位,瞧报罢。[1]

"抱定了开民智、正人心的宗旨"的,是诸多成年男性;至于准备接受教诲的,不是女子、小孩子,就是下等朋友们。所谓的"启蒙",本就隐含着"上智下愚"的不平等格局。这一切,在文字作品中还不太张扬;就因为画报的特殊表现形式,变得一览无遗了。

创刊号上刊出主办人的画像,这确实不常见;但画面中出现作为观察者的画家,在晚清北京画报里,却是相对普遍的。大量的新闻事件或生活场面,因记者/画师的在场,才有可能及时呈现。画报主人之亲自现身,除起"人证"的作用外,更提供了特定的观察角度与评判尺度。

倘若事件不是发生在大街上,而是在深宅大院或女子学堂,那么,记者或画师的"在场",更是一种身份或特权的体现。为了防微杜渐,学部奏定的《女子师范学堂章程》等规定,女学堂的教习必须"以品端学优,于教育确有经验之妇人充之","学堂仆役亦须用端正守礼之妇女",总理书记庶务员等可聘用五十以上笃行端品之男子,但"须于学堂旁近别建

---

[1] 《说本报的宗旨》,《开通画报》第1期,光绪三十二年(1906)八月十三日。

公务室，办理一切事务，不得与学堂混合"。至于访客，无论中外人士，"非由公正官绅介绍，且经总理监督认可者，不得入室观览"[1]。如此说来，能够登堂入室，就近观察大家闺秀的出阁，或者女学堂学生的展览，都是莫大的光荣。若《北京画报》上的《朱陈嫁娶图》，称本馆画师刘炳堂及京话日报馆主人彭翼仲被邀前往观看，或者像《星期画报》上的《女学展览》，称"本馆谬承雅爱，获入参观，模绘斯图，附录其事，登诸报端，以志盛举"[2]，如此"亲临其境"，当能强化画报报道的权威性。

可这么一来，花团锦簇中，夹杂着作为观察者与叙述者的记者或画师，如此构图方式，在我看来，暗藏玄机。晚清报刊上，大量提倡女学的文字，固然多出自男性之手；但仍保留不少女性的声音，比如秋瑾、何震、吴芝瑛、吕碧城、康同薇、孙清如等人的言论。画报不一样，其关于女性命运的观察，以及对于女学的提倡，全都来自男性作者的视野。以男性的眼光来观察、描述、赞美女学，不是不可以，但必须意识到其中很可能存在着某种焦虑、盲点乃至陷阱。比如，将女学生作为流动的风景来欣赏，而不考虑其实际利益与内心感受；又如，过分强调对于女学堂的保护，未尝不包含私心；还有，嘴上谈论的是"女学生"，笔下出来的却是"时装美人"——所有这些，都提醒我们注意晚清北京画报中潜藏着的性别意识。

三、女学堂的故事

晚清谈论画报之功效，最典型的，除"妇孺能解"外，再就是古已有之的"左图右史"。图之功用，要不"百闻不如一见"，要不"以丹青之妙笔，寓惩劝之微权"，再往下，还能说些什么？请看贾仲明的《日新画报题辞》：

> 要之，古之典章文物，俱有成图，后世博学家必借图书以征其考据。子不明图画之益处，此易知也。闻其风而采其事，画而出之。其善焉者，

---

[1] 参见《女子师范学堂章程》，朱有瓛主编《中国近代学制史料》第2辑下册第667—674页。
[2] 参见《朱陈嫁娶图》，《北京画报》第6期，光绪三十二年（1906）五月二十一日；《女学展览》，《星期画报》第45期，光绪丁未年（1907）八月。

使有所劝，而为善者日益多；其不善者，知有所惧，而不善者日益少。是即画者之用意，是即志士仁人之所许。由是以谈，即谓《日新画报》有古三百篇之遗意，亦无不宜。[1]

历数中国历史上各种有图之书，说明画报的功用，不仅仅是"启蒙"，还能"闻其风而采其事"，既惩劝当世，又给后世留下有用的史料。

这倒是很好的提醒。晚清画报中，有不少关于女学堂与女学生的描绘与议论，不妨将其与相关史料相互印证，透视晚清民间社会对于女子教育态度的转变，以及女学自身成长的经历。考虑到画报主要从属于新闻，必须是有"新鲜事"，才值得付诸丹青妙笔。这里选择几所女学堂的报道，略作钩稽。

读《东方杂志》1904年至1907年教育栏，以及这段时间《顺天时报》的相关报道，朝廷正式颁行女学堂章程前的北京女学，远不止上述七所；只不过或旋起旋灭，或教学不太正规，故不被后世史家提及[2]。开风气之先的豫教女学堂，得到服部宇之吉及夫人服部繁子的大力帮助，进展相当顺利，日本人所办《顺天时报》上也多有报道[3]。如此受到媒体大力追捧，留下很多相关史料的女学堂，应该在晚清北京画报上有所表现，可惜我一时没能找到（译艺女学堂同样落空）。这里主要以创办于1905年的振儒女学堂、淑范女学堂、女学传习所，以及开设于1906年的四川女学堂、创建于1907年的慧仙女学堂为线索，展示晚清女学的某一侧面。

《益森画报》上的《厮役演说》，虽只提及"某女学堂"，但既然位于西四牌楼毛家湾，自是非崇芳所办振儒女学堂莫属：

---

[1] 贾仲明：《日新画报题辞》，《日新画报》第1期，光绪三十三年（1907）十月。

[2] 如《东方杂志》第二年（1905）第11期"教育栏"称："端午帅前于召见时力言女学为教育根本，亟宜提倡，以为各省之导。太后特准将西山旃檀寺改为女学，无论华族编则皆可就学。西城二龙坑瑞氏、宝氏均有女学堂之设，惟经费不敷，因陋就简。近闻报房胡同刘君又新设一女学堂，每日功课，午时宣讲白话报，早晚读书识字，俟文理稍通，即添入英文、算学等科。"所有这些，都没有进入晚清北京女学的统计。

[3] 《顺天时报》上关于豫教女学堂的报道：《请开办女学堂》，光绪三十一年（1905）七月二十日；《北京豫教女学堂开学的演说》，光绪三十一年（1905）八月初二日；《豫教女学堂庆贺万寿并周年纪念会演说》，光绪三十二年（1906）十月十二日、十四日；《补记豫教女学堂开纪念会事》，《顺天时报》光绪三十二年（1906）十月十七日、十九日；《记北京豫教女学堂教育进步》，光绪三十三年（1907）正月初八日；《参观豫教女学堂新设织业科言》，光绪三十三年（1907）四月十八日；《记豫教女学堂织业科成绩大著》，光绪三十三年（1907）六月初一日；《记豫教女学堂最近事》，光绪三十四年（1908）三月二十二日。

第七章　流动的风景与凝视的历史　315

《厮役演说》

  毛家湾某女学堂，每日下午，各学生家多来相接。一女生仆人，年五十余，初十傍晚，在该堂门首对各家父兄及仆人演说"阅报之益"，津津有味，颇能动听。演说不奇，出自厮役则奇。[1]

学生年纪小，怕迷路，这是一方面；更主要的是，其时风气未开，女学生独自上路会有危险。《学部奏定女子师范学堂章程》甚至明文规定："学堂既有寝室，女师范生皆需住堂，不得任意外出。其星期及因事请假者，必须家人来接方令其行。"[2]至于"读报"与"演说"，同为新学的象征；将其置于"女学堂"前，所谓"传播文明三利器"[3]，可就完满无缺了。

1　《厮役演说》，《益森画报》第5期，光绪三十三年（1907）十一月中旬。
2　《学部奏定女子师范学堂章程折（附章程）》，朱有瓛主编《中国近代学制史料》第2辑下册第674页。
3　将学校、报纸、演说并列为"传播文明三利器"，如此晚清的时尚话语，其发明权虽属于日（转下页）

位于东总布胡同的淑范女学堂，原本进展顺利，1905年年底的《顺天时报》上，还以《女学进步》为题，做了专题报道[1]。两年后，学校出现了问题，《日新画报》第6期上刊出英显齐"声明开学"的告白："北京学界全鉴：淑范女学堂经理人文石泉君现因事告退。鄙人忝为发起人之一，不能坐视，谨择日接办，照常上课矣。"时过境迁，两位经理人何以分裂，无法查清，但知第11期的《日新画报》上，有了《女学开课》的好消息：

> 淑范女学堂前因乏款停课，现任义务教习汪女士联合赞成员，募捐接办，并添请义务教习数位，以[已]于月之十二日开学矣。像诸位有这样的热心，真是令人佩服啊。[2]

早年女学堂的教习，限于女性，且多为义务性质；也正因为如此，流定性很大，说不干就不干了。至于给予道义支持的"赞成员"，各学堂都有。最为豪华的阵容，当属豫教女学堂，一口气开出刑部侍郎胡燏芬、内阁学士吴郁生、掌京畿道监察御史汪凤池、翰林院编修汪凤梁等官员24名，大学堂总教习服部宇之吉、八旗高等学堂教习佐伯信太郎、《顺天时报》馆总办上野岩太郎等外籍人士6名。

从1905年起，京师大学堂教习江亢虎（绍铨）陆续开办内城、外城、中城三处女学传习所，其一系列举措，《顺天时报》上有详细报道。江曾留学日本，在大学堂教的是东文，与《顺天时报》自然关系密切。更重要的是，"江亢虎君一个人办理三个女学传习所，最为学界美谈"[3]，难怪其得到报馆主人的青睐——画报自然也不例外。"须知女学传习所的名称，出现在光绪三十一年，那时候还不成学校的规模。自从外城传习所那一处开办后，方才有具体的现象，这天是在光绪三十二年八月十三日，为女学传习所大纪念

（接上页）本人犬养毅，但其在中国的广泛传播，实有赖于梁启超的精彩发挥。参见《自由书·传播文明三利器》，《饮冰室合集·专集》第2册第41页，中华书局，1936年。

1 《女学进步》（光绪三十一年十一月二十四日《顺天时报》）称："京师内城淑范女学堂系由崇实中学堂管理员所组织而成者，开办以来，日益进步，现在学生已增至五十余名。顷闻该学堂已聘肃邸之妹为义务教员，闻该女教习热心教育，大有下田歌子之风。"

2 《女学开课》，《日新画报》第11期，1907年。

3 《三城女学传习所开学》，宣统元年（1909）七月十九日至二十三日《顺天时报》。

日。"¹那么，就从这备受关注的外城女学传习所的创立说起。

光绪三十二年（1906）八月，《北京画报》刊出《女学传习所开学情形》，报道江亢虎所办的外城女学传习所：

> 外城女学传习所，是江亢虎君创办的，立在绳匠胡同。一切房屋，都是洋式，比别的女学堂，格外壮观。八月十三日开学那天，门口挂起国旗。十二点钟，考取的学生，陆续来到，一共一百三十几名。男女来宾，约有五百人，其中有端午帅、戴尚书、唐春卿侍郎、宝瑞臣阁学、刘仲鲁太常、孟绂臣参议，是日都登台演说，直到四点钟才散。²

约略与此同时，《星期画报》上也有一则《女学传习所开学》，其叙述更为详细，尤其是增加了端方的演说：

> 顺治门外绳匠胡同，女学传习所，房屋均改成西式，于八月十三日开学。是早，门口挂龙旗一对。十点钟，考取的女学生一百三十名，陆续到学。另外有男女来宾五百多人。两江总督端大人、礼部尚书戴大人、唐侍郎、宝阁学、刘太常、孟参议等人，皆在来宾之内。十二点钟，教习率领学生，到堂行礼毕。端大人首先登台，演说西洋女学的文明，属着美国第一。咱们中国皇太后，现在打算设一座高等女学。将来你们学生，在此毕业后，升入高等女学，作皇太后的学生，有多们体面呢。其次还有几位大老演说。最后江亢甫总办，也演说了一回。又把教习学生，合照像片一纸。到午后四点钟方散。³

设在城南绳匠胡同的外城女学传习所开校之日，前来庆贺的男女宾客竟有五百多，来宾中包括了前一年刚被清政府派往国外考察宪政的"五大臣"里的两位，即礼部尚书戴鸿慈与两江总督端方。端大人不枉出洋考察一场，居然能谈论"西洋女学的文明，属着美国第一"；至于皇太后打算设高等女

---

1 《女学纪念会展览详记》，宣统元年（1909）八月十八日、十九日《顺天时报》。
2 《女学传习所开学情形》，《北京画报》第15期，光绪三十二年（1906）八月下旬。
3 《女学传习所开学》，《星期画报》第2期，光绪丙午年（1906）八月。

《女学传习所开学情形》

《女学传习所开学》

学，也只有像他这样身份的要员，才能说得出来。晚清诸封疆大吏中，端方是最为热心女学的。《东方杂志》第二年（1905）第11期的教育栏，有这样的报道："端午帅前于召见时力言女学为教育根本，吸宜提倡，以为各省之导。"约略半年后，《顺天时报》上刊出消息，称：

> 闻日前端、戴两大臣来有电奏，系陈明美国女学校之章程及一切内容，最为完善，中国女学亟宜仿行。两宫览奏，颇为欣悦。现已拨内币十万两，派肃邸之姊葆淑舫夫人先行组织师范女学一所。[1]

无法判断慈禧太后之同意兴女学，多大程度上是受端方的影响。但1906年在南京的总督署中办起模范女子小学堂，"叫夫人亲做监督"[2]，以及1909年接办难以为继的中城女学传习所，都证明端方确实"素重中国女子教育"[3]；而且，其所作所为是以美国女学为榜样。

借周年纪念开办"女学展览"，既向公众推广女子学堂，也适当募集办学经费，江亢虎的这一举措，十分成功。《顺天时报》上，多有关于女学传习所周年纪念及其所办女学展览的报道[4]。至于第一次活动，则有《星期画报》的《女学展览》为证：

> 顺治门外丞相胡同，外城女学传习所，开学周年纪念，于八月间开展览会。十三日接待女来宾，十四日接待男来宾。本学学生课艺、画图、制造物件，暨京外各女学堂寄来之件，一概陈列学中，任人品评高下。十三日灯晚，并有电影儿戏，演毕散会。两日男女接待员，酬应都极周到。凡不在学之来宾，每位购入场券，费洋一元，此项作为捐助本学经费。本馆谬承雅爱，获入参观，模绘斯图，附录其事，登诸报端，

---

[1] 《拨币开办女学》，光绪三十二年（1906）四月初四日《顺天时报》。
[2] 《督署兴学》，《中国女报》第1期，光绪三十二年十二月初一日（1907年1月14日）。
[3] 《端制军维持女学界》，宣统元年（1909）十一月二十三日《顺天时报》。
[4] 参见《记内城女学传习所周年纪念会》，光绪三十四年（1908）三月十二日、十四日《顺天时报》；《记外城女学传习所第二周年会并展览会》，光绪三十四年（1908）八月十五日至二十日《顺天时报》；《女学展览会志盛》，宣统元年（1909）三月十日《顺天时报》；《女学纪念展览会详记》，宣统元年（1909）八月十八日、十九日《顺天时报》。

《女学展览》

以志盛举。[1]

"谬承雅爱,获入参观"的男女来宾,目睹京津各女校成绩,必定对此"文明气象"赞叹不已。历经百年沧桑,当初展览的照片已无从寻觅[2],幸亏还留下了画报上的这幅图像。

以办女学展览的形式,吸引热心教育的各界人士前来参观;与此相映成趣的是,借为灾民募捐,女学生开始走出校园。光绪三十三年(1907)正月,中国妇人会在厂甸为江北灾民募捐,此事轰动一时,各报多有报道。与《开通画报》的《赈济难民》不同,《时事画报》上的《中国妇人会》焦点突出,无论图像还是文字,均以女子的卖图与收捐为中心[3]:

---

[1]《女学展览》,《星期画报》第45期,光绪丁未年(1907)八月。
[2] "江总理又搜罗各处女校照像片,陈列在一堂内。计本校十八片,北京各女校十片,外埠各女校十片,文明气象,不由的令人羡慕。"(《记外城女学传习所第二周年会并展览会》)可惜,如此精彩的女学照片,今日已无处访寻。
[3] 参见《赈济难民》,《开通画报》第1期,1907年;《中国妇人会》,《时事画报》第1期,1907年3月。

第七章　流动的风景与凝视的历史　321

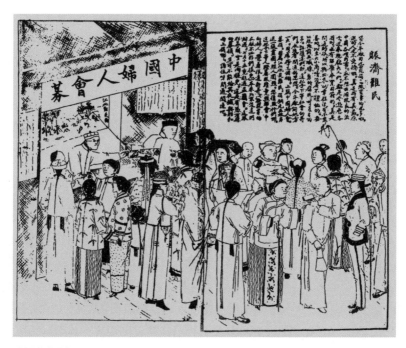

《赈济难民》

《中国妇人会》

> 正月十五前后，厂甸之中，商贾云集，士女纵横，洵盛事也。今年又有度支部杜主事之女公子，因江北难民，力图募捐，创设一妇人会，劝大家捐纳银钱，以济江北流民之难。当时也有捐十两银子者，也有捐七八元至一二元数十铜元不等，均已粘贴名衔榜示大众。噫，中国之热心同胞者，不意竟出于妇人女子之见，此亦中国文明之进步也。

这里所说的"杜主事之女公子"名成淑，为北京四川女学堂学生，时任中国妇人会书记。此次募捐，作为京城女学生走向社会的第一步，影响十分深远。四川女学堂及女学传习所的学生们，"印出《江北难民图》二万张，上附俗歌浅说，高揭红旗，上书'中国妇人会'五大字，在聚和祥参局门首石磴上，持图叫卖"，"此为中国女界向来未有之创举"；而"现今女界中，明白时局，热心公益的很多，那般冷血男子，对着这般热血女子，能不羞死吗"？[1]可不仅是女学生，北京花界中人，也有热心的。据《星期画报》称，二月念五六日在福寿堂开办灯晚会，给江北灾民赈济，共筹得洋银三千多元："这两晚上，凡花界的韵友，没有不来尽义务的，连登台演唱的，带不曾登台的，大约不下千人。"[2]

学界与花界共舞，这可不是什么好兆头。再加上发生了京师大学堂译学馆学生屈彊私下传信给杜成淑表示爱慕的事件[3]，社会上对于女学生从事慈善活动，颇有争议。女学传习所总理江亢虎多方联络，倡办规模宏大且品类繁杂的女学慈善会，包括"女学生制作品展览会，女学生物品贩卖，女学生唱歌游戏，古玩玉器书画展览会，女优唱戏，女优马戏，艺曲、烟火、奏乐等事，以娱耳目而爽精神，并拟以入场券所得之盈余金，均拨为赈款"等[4]，更是引人注目。终于，朝廷看不下去了，光绪三十三年（1907）二月二十三日，一纸通令，将女学生的活动重新限制在校门之内：

---

1 参见《女士售图助赈》，光绪三十三年（1907）正月初七日《顺天时报》；《请看淑文女士谈话文明》，光绪三十三年（1907）正月十七日。
2 《花界热心》，《星期画报》第24期，光绪丁未年（1907）三月。
3 参见夏晓虹《晚清女性与近代中国》（北京大学出版社，2004年）第二章"新教育与旧道德——以杜成淑拒屈彊函为例"。
4 参见《拟开女学慈善会》，光绪三十三年（1907）三月初五日《顺天时报》。关于江亢虎如何开展女学慈善会活动，见《女学慈善会大放花盒》（光绪三十三年二月初二日《顺天时报》）和《女学慈善会批准》（光绪三十三年三月初五日《顺天时报》）等。

> 现今女学方在萌芽，热心兴学者自应共体艰难，岂可以贻人口舌之事端，致生阻碍。今本部特为申明，劝诫各学生陈设手工物品以助赈需，仅可遣人送往，不必亲身到会。至于赴会唱歌舞蹈，于礼俗尤属非宜。招集马戏混迹其中，更非敬重学生之道。[1]

这里所说的"招集马戏混迹其中"，明显针对的是《顺天时报》上《拟开女学慈善会》的报道。

至于最早走出校门的，不是专门招收"中等以上女子"的豫教女学堂，而是设立在四川营内的四川女学堂，或许并非偶然。光绪三十二年（1906）正月十四日，《顺天时报》上刊有《川馆拟设女学》，称"闻川省京曹以现在女界文明日有进步，会商同志拟在宣武门外四川营四川会馆内设立女学堂一区，以开风气"，实在看不出有什么特异之处。可接下来的连续报道，让人目不暇接。先是开学前记者前往参观考察，借墙上的学堂简章，点出此女学堂之"大有来头"：

> 周游一遍，全堂规模，虽小小结构，颇有文明气象。看毕走出，见门洞西墙上挂着一张学堂简章。略看一遍，方知这会馆旧基是明朝有伟大名誉的四川女将秦良玉氏的旧址。看官可知道秦女将军的历史么？如有不知道的，请看下文。[2]

后又有关于四川女学堂举行开学典礼的报道，再一次提及四川女将秦良玉：

> 门中央上楣横一长额，上写十二字，这十二字却特别优美，为全国四百州学界中特色，这十二个是什么字呢？叫作"蜀女界伟人秦少保驻兵遗址"。看官怎瞧，这十二字，气象多么威武呀！原来这学堂旧址，就是秦女将军名良玉的勤王白杆军屯兵的地处，所以这胡同即名四川营。前明因秦女将有大功，所以封他为少保。看官你想，女少保古今有

---

[1] 《学部通饬京内各女学堂文》，朱有瓛主编《中国近代学制史料》第2辑下册第674—675页。
[2] 《考察南城新立四川女学堂》，光绪三十二年（1906）二月十七日《顺天时报》。

几人呀？女学堂门外有这匾额真是特色。[1]

早年女将军屯兵之处，如今办起了女学堂，这一古今对话，确实让人浮想联翩。

同样借女将军秦良玉故事激励女学生的，还有内城的女学传习所。宣统元年（1909）七月十九日至二十三日的《顺天时报》上，专门报道江亢虎所办三处女学传习所开学情状，其中提到海军筹备处设在石驸马大街路南，和内城女学传习所遥遥相对：

> 女学生早晚上学、散学时，经过海军处门前，必有能触发自强思想，或劝他丈夫或教他儿子为国家充兵，担当宪法上服兵役的，或者更有秦良玉第二女将，出在女学传习所中，亦未可知。[2]

"秦良玉第二"那样的女将军，暂时不可期，但"额者特女士和惠兴女士，一南一北，可称学界近今二大女杰"[3]，却是实实在在的榜样。

"幼娴诗礼，慨念时艰，屡拟创设学堂，以遭家多难未果"的慧仙（已故工部郎中承厚之妻额者特氏），特立遗嘱，将家产尽数捐助各学堂经费："计捐入惠馨女士所设杭旗之贞文女学五百两及京师所设公立小学堂银一万两，自立女工传习所一万四千四百两，佛教小学堂四百两及捐各学堂仪器银三百两，共捐银二万五千六百两。"[4]此等雅事，当年各报均有报道，这里选择的是《星期画报》上的两幅图像。

《星期画报》第24期上，刊有顾月洲所绘《慧仙女士遗像》及诚璋撰《慧仙女工学校校碑记》。碑记称："女士姓额者特氏，幼习书史，长通时务，归承厚君，益明世变。尝论中国重男轻女，积数千年之痼习，其病至于母教不昌，妇道不备，而女子亦往往甘于自薄，以分利为男子累。"因痛

1　《参观四川女学堂举行开学礼式》，光绪三十二年（1906）四月初九日《顺天时报》。

2　《三城女学传习所开学》，宣统元年（1909）七月十九日至二十三日《顺天时报》。

3　《请看女杰布鲁特额者特氏捐助学款二万五千七百两》，光绪三十二年十二月初六日（1907年1月19日）《顺天时报》。

4　《东方杂志》第三年（1906）第9期教育栏报道，见李又宁、张玉法编《近代中国女权运动史料》下册第1068页。

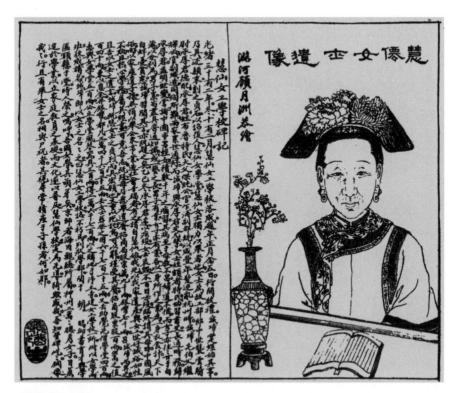

《慧仙女士遗像》

感女学不兴，额者特氏临终叮嘱母亲："中国风俗，向以家产遗子孙，无捐以举公众事业，造社会幸福者。有之，请自慧仙始。我死，以我家遗产兴女工。世好诚裕如性不欺，且热心学务，属其经画，可竟吾志。"诚璋（裕如）不辱使命，终于建起了以慧仙命名的女学堂。此事"列状学部，闻于朝，钦赐御书'育才兴学'匾额，悬于堂，时人荣之"[1]。

光绪三十二年十二月，慧仙女工学校落成；越年正月念五日，举行了隆重的开学典礼。关于慧仙女工学校开学典礼，刊于《星期画报》第23期的《女教起点》，有详细的描述：

---

[1] 诚璋：《慧仙女工学校校碑记》，《星期画报》第24期，光绪丁未年（1907）三月。另，光绪三十二年十二月初五日（1907年1月18日）《顺天时报》所刊《故女史捐产兴学》全文抄录此碑记，前有小引："工部郎中世袭云骑尉承厚君德配慧仙女史，遗嘱捐产约值银二万五千七百两，择地于北锣鼓巷净土寺创设女工厂，附设女学。现在房舍落成，订期明春正月二十五日开学。管理该厂诚璋君，独力办事，以全故女史之德，洵为中国女界增光。故特将其缘起，及诚璋君所撰《慧仙女工学校校碑记》，照录如左。"

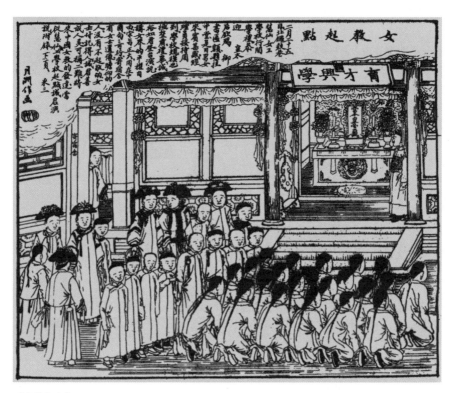

《女教起点》

  二月二十五日,北锣鼓巷慧仙女工学校行开学礼,恭迎皇太后钦赐御书匾额,悬挂中堂。是日男女来宾甚盛,经理员接待周到,学校规模也极整肃。礼毕,诚裕如君登台演说,讲女界的平权自由,宗旨正大,用在中国,句句可行。寄宿舍有女士遗像,瞻仰的人,没有不起敬的。女士托付得人,诚君善成人美,可称二难。将来中国女教的发达,当从慧仙女工学校起点。[1]

采写这则新闻的杨采三君,显然没有亲临现场,以致把两件事搞混了。举行开学典礼的时间是光绪三十三年正月二十五日(1907年3月9日),那时堂上悬挂的是光绪皇帝钦赐御书"育才兴学"匾;至于慈禧太后赏赐的"培才劝学"匾,则是二月二十五日(1907年4月7日)方被恭迎并高挂起来的。

---

1 《女教起点》,《星期画报》第23期,光绪丁未年(1907)三月。

慧仙捐产兴学的故事确实感人，称其为"忽从女界一方面，放出异样灿烂的文明光线"[1]，也未曾不可；但若真的将其作为"女教起点"来表彰，却又不见得很合适。史实上略有出入倒在其次，关键在于立说背后隐含着的正统意识。得到皇帝及皇太后的分别题匾，如此"殊荣"，当世无双；还有，开学前一天，正好学部颁行了女学堂章程。这两点，只能说明慧仙女工学校的兴办，符合朝廷的意愿。可在晚清，兴女学的真正动力在民间，而不是什么"慈宫注重女学"[2]；朝廷最终顺从了民意，但谈论"女教起点"，不该从此入手。

四、流动的风景与潜藏的欲望

晚清兴办女学堂，最缺的是合格的教习、教材、教室，以及充满求知欲的女学生。朝廷当然也关心这些，可似乎对服装设计更感兴趣。为什么？原先"养在深闺无人识"，女子爱怎么穿着，那是个人的事；如今抛头露面，走在大街上，女学生的服饰，于是关系整个社会风气。最先当然是抄袭国外的设计，如得到服部宇之吉帮助的《北京豫教女学堂章程》，便明文规定：

> 学生装服宜朴实，不宜华侈，虽富家大族，既到学堂，亦必去奢崇俭。[3]

豫教女学堂以"造就贤母良妇为目的"，对服装的规定更多着眼于个人道德修养，故还只是统而言之。到了1907年，学部奏定设立女子师范学堂及女子小学堂，牵涉民族国家想象，对女学生服饰的规定，于是变得越来越具体：

> 学堂教员及学生，当一律布素（用天青或蓝色长布褂最宜），不御纨绮，不近脂粉，尤不宜规抚西装，徒存形式，贻讥大雅；女子小学堂

---

1 《慧仙女杰捐产兴学补记》，光绪三十二年十二月初九日、初十日（1907年1月22、23日）。
2 《慈宫注重女学》，光绪三十一年（1905）二月二十三日《顺天时报》。
3 《北京豫教女学堂章程》，《东方杂志》第二年（1905）第12期。

亦当一律遵守。[1]

为何在女学生的服装上大做文章？就因清廷认定，"妇容之庄，有以养成高尚端淑之人格，礼教之防，莫先于此"[2]。故1910年《学部奏遵拟女学服色章程折（并单）》，对女学生穿着的设想，几乎到了"无微不至"的地步：

> 一、女学堂制服，用长衫，长必过膝，其底襟约去地二寸以上，四周均不开衩，袖口及大襟均加以缘，缘之宽以一寸为宜。
> 一、女学堂制服，冬春两季用蓝色，夏秋两季用浅蓝色，均缘以青。
> 一、女学堂制服，用棉布及夏布，均以本国土产为宜。[3]

另外，还有不得缠足，不得簪花傅粉，不得效东西洋装束等详细的规定。

这些严苛而且琐碎的规定，不见得真能推行全国，但起码在某种程度上影响了京城里的服饰潮流。兰陵忧患生于1909年撰《京华百二竹枝词》，其中有：

> 或坐洋车或步行，不施脂粉最文明。
> 衣裳朴素容幽静，程度绝高女学生。

诗后有小注，曰："女学生或步或车，经过街市，容貌服色，毕露文明。"[4]

如此正面肯定女学生的"不施脂粉"，不见得所有人都同意。比如，有人就以调笑的笔调，描述晚清京城里女子服饰的变化。《醒世画报》第16、第17期上，曾连载支那腐败人的来稿《女儿多爱学男妆》共六首：

> 足着乌靴假大方，女儿多爱学男妆；

---

1 《学部奏定女子师范学堂章程折（附章程）》，朱有瓛主编《中国近代学制史料》第2辑下册第674页。
2 《学部奏遵拟女学服色章程折（并单）》，朱有瓛主编《中国近代学制史料》第2辑下册第675页。
3 同上书，第676页。
4 兰陵忧患生：《京华百二竹枝词》，路工编选《清代北京竹枝词》第125页。

凤头鞋子虽抛却，终是趑趄向路旁。

世事于今尽改良，女儿多爱学男妆；
乱头粗服焦黄面，只为不亲脂粉香。

慵挽青青百宝光，女儿多爱学男妆；
尖头便帽欹斜戴，借把花姑当女郎。

新式衣裳巧样镶，女儿多爱学男妆；
雌雄到此浑难辨，一任他人说短长。

蹀躞茶楼引领望，女儿多爱学男妆；
纸烟风镜娇模样，竟尔相忘是窈娘。

结队（出）操列几行（原缺一字，拟补），女儿多爱学男妆；
漫说娘子军无敌，输却哥舒半段枪。[1]

这里所描述的不缠足（"足着乌靴假大方"），不簪花傅粉（"乱头粗服焦黄面"），袖口及大襟加缘（"新式衣裳巧样镶"），都是当年女学生的标准打扮。至于女子列队出操，更是学堂生活里最新鲜、最富于刺激的场面，为老百姓所"喜闻乐见"，甚至成为新年画的绝好题材[2]。

由于朝廷的大力提倡，更由于百姓的趋新骛奇，女学生的装扮，一时间竟成为时尚。嘲笑某男士模仿女学生，或"妓女穿裙子，假装正经人"[3]，都还不是最要紧的。晚清京城里引领时装潮流的，竟然不是妓女，而是女学生，这点与上海大相径庭。或许，北京人的时装趣味太受伦理观念的制约；但也可能是京城里的妓女缺乏自信，这才需要抄袭女学生的服饰。《醒世画

---

1 支那腐败人：《女儿多爱学男妆》，《醒世画报》第16、17期，宣统元年（1909）十一月初五日、初六日。
2 参见杨柳青年画《女学堂演武》，王树村编著《中国民间年画史图录》下册第544页，上海人民美术出版社，1991年。
3 参见《是男是女》，《日新画报》第27期，1908年；《乱穿》，《日新画报》第28期，1908年；《学生耶妓女耶》，《北京白话图画日报》第464号，宣统二年（1910）正月十七日。

《学生耶妓女耶》　　　　　　　　　　《鱼目混珠》

报》上的《鱼目混珠》，对这种局面很不以为然：

> 十九日午后，王广福斜街有两个妓女，打扮的狠文明，穿着一双皮靴，鼻梁上架着一付金丝眼镜，大襟上带着一朵花儿，直像个女学生。咳，中国服制杂乱无章，男女随便胡穿混带，以致鱼目混珠呦。[1]

连妓女都喜欢模仿女学生的打扮，可见"女学堂制服"的成功；至于男女服装随便混穿，大街上从此不辨雌雄，这又有多大的危害呢？

在守旧者看来，此举确实非同小可。服饰风气的转移，意味着女性自我定位的变化。"女儿多爱学男妆"，与女性不再安于闺阁，开始勇敢地走上街头，二者之间具有某种天然的联系。《日新画报》上的《女界现象》称，十七八岁的大姑娘没教养，拿着风筝满大街疯跑，皆缘于"女学堂不甚发

---

[1] 《鱼目混珠》，《醒世画报》第34期，宣统元年十一月二十三日（1910年1月4日）。

《姑娘御车》

达"[1]。其实,作者误会了,若女学堂进一步发达,满大街疯跑的姑娘,还会更多。不妨看看《新铭画报》上的《姑娘御车》:

> 前门大街,昨有一姑娘自己揽辔的一辆大马车。观此姑娘,约在二十上下岁。细一打听,敢情是某学堂的学生。那种得意的样子,就不必提了。咳,这就是自由吗?(有点过火吧?)[2]

不只跑风筝,还亲自揽辔大马车,这样的场景,随着女学的发达,将会变得司空见惯。如此举措,是否真的"有点过火",端看个人的立场及趣味。

也有对此持宽容乃至赞赏的态度的。比如《星期画报》上大兴杨采三撰

---

1 《女界现象》,《日新画报》第25期,1908年。
2 《姑娘御车》,《新铭画报》第33号,宣统元年(1909)八月初四日。

《女士走马》

稿、潞河顾月洲绘图的《女士走马》,便是很好的例证。女学生骑马经过琉璃厂,有人嘲笑说,女子只配管二门里头的事,不该如此瞎逞能;作者于是站出来,为女学生辩解:

> 咳,说这话的,就算顽固到家了。古人教女子办家里的事,是他的天职;没说过教女子不懂外边的事。现今盼望中国自强,女子会骑马,正是自强的苗头儿。请问当年那花木兰替父从军,谯国夫人领兵打仗,他们都不会骑马吗?[1]

花木兰、冼夫人(谯国夫人),还有秦良玉,这都是晚清常被提及的女英

---

[1] 《女士走马》,《星期画报》第22期,光绪丁未年(1907)二月。

《古今百美图·秦良玉》

雄。先为《点石斋画报》主笔,后独力创办《飞影阁画报》的上海画家吴友如,甚至将此三女杰与西施、王昭君、罗敷、莺莺等历史及文学人物并列,合成《古今百美图》。

《木兰辞》广泛流传,《隋书·谯国夫人传》也多为人知,反而是明末女将秦良玉,因其牵涉历史与文学,需要略做辨析。吴友如制作的《古今百美图·秦良玉》,除引《明史·秦良玉传》,介绍因夫死袭职的秦良玉如何在明季的兵荒马乱中,"亲率土兵数千名,削木为梃,所至立功,保护数郡,号白杆兵"。后因勤王有功,获御制诗二章,其中有"从此麒麟添韵事,丹青先画美人图"[1]。秋瑾《题〈芝龛记〉》第八章中,"莫重男儿薄女儿,平台诗句赐蛾眉。吾侪得此添生色,始信英雄亦有雌"[2],咏的便是此

---

1 参见《古今百美图》,《吴友如画宝》第3册第50页,中国青年出版社,1998年。
2 《题〈芝龛记〉》,《秋瑾集》第55页,上海古籍出版社,1979年。

事。据学者考证，秋瑾诗文里，最常提及的女侠，竟然不是人所共知的花木兰、梁红玉，而是秦良玉，这与其格外欣赏董榕撰于乾隆年间的《芝龛记乐府》有关[1]。

有趣的是，这么一个生活在明末的巾帼英雄，竟与晚清北京的兴女学挂上了钩。比如，四川女学堂便很好地利用了此地乃秦良玉驻军旧址这一故实，充分调动读者的历史想象，让前代女杰为今日之"振起女魂"效劳：

> 考察这四川女学堂，恰巧是秦女将军的遗址，借此可以振起女魂。学堂果能发达，教育果能膨胀，学生的程度，一天高一天，那秦女将军的名誉也必一天大一天。秦良玉是前代的女杰，想不到过了二百多年，因为开办女学，又提起秦女将军，可见名誉是万年不会磨灭的。[2]

而在1906年4月四川女学堂的开学典礼上，年仅17岁的"女教习刘大小姐"登台演说，也拿秦良玉大做文章[3]。

借秦良玉来为女学护驾，或者坚称"女子会骑马，正是自强的苗头儿"，都无法完全消解社会上对于女学生满街跑的担忧。这种担忧，并非毫无道理；只是解读方式不无歧异。1907年3月的《顺天时报》上，有一则《各国女学情形》，提及走出家庭的女子的命运：

> 然以深闺之弱女，浸入社会活动之中心，耸立于万目注视之焦点，世人认为轻佻、为浅薄，或所难免。倘不慎之始，流弊所及，令女界再沉沦黑暗之世界，又未可知也。[4]

作者是从女性命运着眼，可言谈中带出某种偏见。何以女性一旦进入社会，

---

1 参见夏晓虹《始信英雄亦有雌——秋瑾与〈芝龛记〉》，《文学评论丛刊》第一卷第2期，江苏文艺出版社，1998年。
2 《考察南城新立四川女学堂》，光绪三十二年（1906）二月十七日、十九日《顺天时报》。
3 "（刘）痛陈我国时局的危急，历述我国女界的腐败，并驳斥女子无才便是德七字的谬谈，又详论秦女少保的事迹，和古代班昭诸女伟人，及东西各国女界伟人的历史。侃侃而谈，滔滔不绝，四座都为之动容。"（《参观四川女学堂举行开学礼式》，光绪三十二年（1906）四月初九日《顺天时报》）
4 《各国女学情形》，光绪三十三年（1907）二月初九日、初十日《顺天时报》，见李又宁、张玉法主编《近代中国女权运动史料》上册第289页。

便会"耸立于万目注视之焦点"?这里隐藏着一个假设:上街的女性,很容易成为观赏的对象;而观看靓丽的女学生,乃大多数男性潜藏的欲望。所谓"近日女学始兴,而一二荡检逾闲之女流,阳昌学生之名,阴行越礼之事"[1],板子打的是女流,根源却在男子身上。关键在于,"好女子"成群结队,坦然行走在大街上,吸引公众目光,调动男性的潜在欲望,此举很可能使得"礼崩乐坏",整个社会秩序从此失去控制——这才是朝廷以及卫道士们最为担忧的。

回头再看蒙养院或女学堂章程,体会主事者深深的忧虑。荣庆、张百熙、张之洞《奏定蒙养院章程及家庭教育法章程》规定:"少年女子断不宜令其结队入学,游行街市,且不宜多读西书,误学外国习俗,致开自行择配之渐,长蔑视父母夫婿之风。"[2]站在朝廷的立场,严防女子"自行择配""蔑视父母",不无道理;可为何还要禁止其"结队入学,游行街市"呢?说是为了保护弱女子免遭侵害,可未尝没有担心男性被诱惑的考虑。《学部奏定女子师范学堂章程折(附章程)》称,"中国女德,历代崇重",最为重要的,是认真攻读《列女传》《女诫》《女训》等,"及外国女子修身书之不悖中国风教者"。接下来规定,无论中外人士,不得随便进入女学堂参观;女师范生必须住堂,不得任意外出[3]。此等规定,所要严加约束的,不完全是女性,还包括其可能的诱惑对象。

1908年的《奏为遵议设立女子师范学堂折》中,有一段话,很值得玩味:

> 所以必使住堂者,放假有定期,不使招摇过市,沾染恶习。至学堂衣装式样,定为一律,以朴素为主,概行用布,不服罗绮,其钗珥亦须一律,不准华丽。[4]

一个"不服罗绮",一个"不使招摇过市",二者之间,有内在的联系。这

---

1 参见《广东学政示禁男女学生同开茶会》,朱有瓛主编《中国近代学制史料》第2辑下册第651页。
2 荣庆、张百熙、张之洞《奏定蒙养院章程及家庭教育法章程》,《中国近代学制史料》第2辑下册第573页。
3 《学部奏定女子师范学堂章程折(附章程)》,《中国近代学制史料》第2辑下册第674页。
4 《奏为遵议设立女子师范学堂折》,李又宁、张玉法编《近代中国女权运动史料》下册第1175页。

《花界热心》

一规定，主要不是为了女子自身的道德修养，而是担心"服罗绮"且"招摇过市"的女学生，成为都市里最为亮丽的风景，吸引大量公众目光，对现有社会秩序造成冲击。奏折的起草者，其实相当了解中国普通民众的趣味；只是其防患于未然的思路，未必真能奏效。

女人打扮入时，路人难免多看两眼；但警察对盛装女子评头品足，或者男学生"两眼直勾勾的竟瞧来往的妇女，外带着大开批评"，可就不太文明了——晚清北京画报中，多有纠正如此陋俗的[1]。最能显示这种民间趣味的，当属《开通画报》第8期上的《花界热心》。"自从江北遭此惨状，北京各色人等，都发了善念。惟妓女向例热心，因江北饥民大家商议大开演说会，上捐的人颇踊跃。"[2]很可惜，如此激动人心的场景，被画面右上角那手持望远镜的男子给破坏殆尽。人家在募捐，他在看什么？不外是尽情欣赏

---

1 参见《特别装梳》，《新铭画报》第32号，宣统元年（1909）八月初三日；《不够资格》，《正俗画报》第21期，宣统元年（1909）闰二月二十一日；《学生野蛮》，《醒世画报》第52期，宣统元年十二月十二日（1910年1月22日）。

2 《花界热心》，《开通画报》第8期，1907年。

第七章　流动的风景与凝视的历史　　337

《不开通》

那"盛装表演"的妓女。

如果大街上走动的，不是性感妖艳但地位卑下的妓女，而是"中等以上人家"的大姑娘，无疑更具"观赏性"。这不是笑话，而是当初女学堂面临的最大困境。朝廷之所以希望将女学堂与热闹的街市相隔绝，或者规定"因事请假者，必须家人来接"，部分原因也是有感于民智的"不开通"。

1907年的《日新画报》上，有一幅图，真的就叫《不开通》，说的是：

> 甘石桥第一女学蒙养院，每日下学时候，街上人挤了个满儿，简直的过不去人。看学生虽是好事，可也别妨碍交通呵。可是该处守望的，也该竭力的劝劝才好。[1]

女学堂门口挤满人，是来看女学生的；不用说，观众都是男性。校门口牌子，横的是"京师第一蒙养院"，竖的则为"西城私立第一两等女学堂"。

---

[1] 《不开通》，《日新画报》第9期，1907年。

可以与此媲美的，是《正俗画报》刊登的《太不像事》：西单牌楼北边京师第一蒙养院附设女学传习所门口，站着几位女学生，旁边不远处就是停放人力车处；车夫们不只窥视，而且调笑，说这个发式新潮，那个脚太大。作者于是感叹：这实在不成体统，警察应赶紧将车夫轰走[1]。

围在女学堂门口的男性，倘若只是"观赏"，即便你认定其举止不太文明，也奈何他不得。当初学部设计女子师范学堂章程时，已经意识到这种可能性，故称：

> 开办之后，倘有劣绅地棍，造谣诬蔑，借端生事者，地方官有保护之责。[2]

问题在于，人家不是"劣绅地棍"，也没有"借端生事"，地方官吏无权弹压。不必驾马车、跑风筝，单是年轻漂亮的女学生，成群结队，游走街市，如此流动的风景，便是对于男性潜在欲望的充分调动。这才明白，"女学堂服装"为何会成为妓女争相模仿的对象。

五、仕女画与新闻画的结盟

观看女子，尤其是"衣裳朴素容幽静"的女学生，可以是行走在街上的公众，也可以是稳坐在家中的读者。后者不会影响对方的生活，也没有任何骚扰的嫌疑，尽可自得其乐。而在这方面，刚刚出现的画报，起了很大作用。不同于古已有之的仕女画，画报主要从属于新闻，其呈现出来的，必须是活动着的当代女性。问题在于，仕女画的强大传统，使得画报的创作者与阅读者，自觉不自觉地向其倾斜。

画报的第一要素，自然是新闻与图像的结盟。换句话说，主要以"图像"方式（配合若干文字），报道社会新闻，描述日常生活，体现作者的社会及文化理想，这是画报迥异于一般报章或画册的最大特征。晚清北京画报自然也不例外。借用《益森画报》创刊号上署名"编辑者识"的《〈益森画

---

1 《太不像事》，《正俗画报》第18期，宣统元年（1909）闰二月十八日。
2 《女子师范学堂章程》，朱有瓛主编《中国近代学制史料》第2辑下册第667页。

报〉述旨》，便是：

> 将欲网罗异事，纂组鸿文，精治丹青，借明皂白，朝野佥载，尺幅具千里之观，惩劝兼资，右史有左图之助，舍画报其曷以哉！[1]

"网罗异事"与"精治丹青"并重，此乃所有画报都必须遵循的规律。只不过晚清北京画报将主要读者群锁定在妇孺及识字无多的下层百姓，故更强调其通俗性。不见得都像《启蒙画报》那样，"以图说为入学阶梯"，故将各门知识"各因其类，分绘为图"[2]，但隐约都将采用图像的理由，指向了知识普及。

可是，这还不够。既然采用了"图说"新闻的形式，就不能不接受另一种眼光的审视。如果只是开启童蒙，帮助识字无多者了解社会新闻，图像之优劣，关系不大。可一旦走出教育史、新闻史的视野，进入文化史乃至美术史的范畴，画师绘图水平之高低，可就是至关重要的了。《开通画报》曾经自我反省："窃思滞销之故，实为图画未尽美善。"至于改良宗旨，希望"上而王公大人，下而农工商贾，总期其披阅流连，开卷有益"[3]，关键也在于如何迅速提升图像制作水平。《正俗画报》上的论说，更进一步。除按照惯例，论证"欲知妇孺之开通与否，社会之改良与否，均视画报之优劣之涨缩为定衡"，更强调："夫画报与风俗人心有密切之关系，既为教育之一助，又为美术之一端。"[4]

活跃于晚清画报上的画家，日后成为美术史重要论述对象的，前有《点石斋画报》主笔吴友如，后有创办《时事画报》等的高剑父。但一般情况下，画报上的作品，因技术手段（单色印刷）及生产流程（大量绘制）的限制，很难成为传世之作。即便如此，因其售价低廉，流传广泛，对于那些无法得到名画原作或精美复制品的民众来说，相对简陋的画报，依旧是他们获

---

1 《〈益森画报〉述旨》，《益森画报》第1期，光绪三十三年（1907）十月上旬。
2 《启蒙画报缘起》（《启蒙画报》第1册，1902年）称："孩提脑力，当以图说为入学阶梯，而理显词明，庶能收博物多闻之益。""参考中西教育课程，约分伦理、地舆、掌故、格致、算术、动植诸学，凡此诸门，胥关蒙养，兹择浅明易晓者，各因其类，分绘为图。"
3 《告白》，《开通画报》"奉送第一期"，光绪三十三年（1907）十一月。
4 蛰鸿：《祝正俗报出版词》，《正俗画报》第7期，宣统元年（1909）闰二月初七日。

得美术史资料的重要途径。刊于1909年《醒世画报》上的《看画报之益》，专门谈论画报在传播美术这方面的功能：

> 看画报还有极大的一件好处，家有小学生小姑娘们，看完了画报，又可用他当个画稿，铺上纸描画。[1]

可以为此说做注脚的，是《启蒙画报》第6册上的《描红模》。作者建议采用小学生描红模的办法，来学地理知识：

> 就借本报的地舆板，用红色刷印，每天描一二张，描那一图，就把报上的那一段讲明，久而久之，各图描熟，自然不能再忘了。[2]

这里看重的是，描图的过程如何有助于记忆。其实，描图这一行为本身，还能培养审美情趣及绘画才能。读过鲁迅《从百草园到三味书屋》的，大概都会对以下描述感兴趣。先生读书入神时，学生们各做自己喜欢的事：

> 我是画画儿，用一种叫作"荆川纸"的，蒙在小说的绣像上一个个描下来，像习字时候的影写一样。读的书多起来，画的画也多起来；书没有读成，画的成绩却不少了，最成片段的是《荡寇志》和《西游记》的绣像，都有一大本。后来，因为要钱用，卖给一个有钱的同窗了。[3]

小说绣像值得一个个描下来，"精美的"画报自然也不例外。这里加了个修饰语，目的是将良莠不齐的画报加以区分。

不是所有的画报都能提供精美的图像，晚清北京画报中，图像制作水平天差地别。杨曼青建议拿着画报当画稿临摹，说是这么一来，"日子一久，何愁不能成一个将来的画师呢"？可他同时承认，京城各画报，有的图像很差，描出来乱七八糟的。这篇发表在《醒世画报》上的文章，不无贬抑他人

---

1 杨曼青：《看画报之益》，《醒世画报》第12期，宣统元年（1909）十一月初一日。
2 《描红模》，《启蒙画报》第6册，附页。
3 《从百草园到三味书屋》，《鲁迅全集》第二卷第282页，人民文学出版社，1981年。

并吹捧自家画师的嫌疑:"这话也不是专说《醒世画报》好,因为李菊侪画的有传神之处,铺上纸可以容易学着描。"¹此说虽是广告口吻,却也不无道理。对于晚清画报来说,画师确实起着决定性作用。

晚清北京画报中,除《星期画报》的画师顾月洲(明道),原先曾在《点石斋画报》上露过面²,其他人的创作活动,基本上都只限于古老的京城。其中最为活跃且绘画水平较高的,首推刘炳堂和李菊侪。

梁漱溟在追忆彭翼仲时,曾提及彭如何聘刘炳堂为《启蒙画报》画师:"画图出于永清刘炳堂(用烺)先生手笔。刘先生作画不是旧日文人写意一派;他虽没有学过西洋画法,而自能得西画写实之妙。可惜当时只能用木板雕刻,不免僵拙,又墨印没有彩色。"³除了采用版刻,《启蒙画报》之难以体现刘炳堂的水平,还有一个原因:画报中的很多作品,是摹刻古代名画或小说绣像(如第8册的《加减除合》《叠除三次》等图,一望便知仿自明崇祯本《新刻绣像批评〈金瓶梅〉》)。倒是日后为《北京画报》《益森画报》等制图,可见其绘画方面的基本功力。

先后为《开通画报》《日新画报》《中实画报》《醒世画报》《正俗画报》等绘图的李菊侪,是晚清北京最为活跃的插图画家。日后与其兄李翰园合作,为《红楼梦》绘制卷帙浩繁的连环画,更为今人所关注。阿英在《漫谈〈红楼梦〉的插图和画册》一文中,有这么一段:

> 我所见到较早、卷帙浩繁的连环图画,是李菊侪(又署觉生、李翰园,似非一人)的《石头记画册》。这是民初《黄钟日报》画报本,每日一张,版面有现在的连环图画四倍大,石印。已见到三百九十面,至宝玉、宝钗结婚,黛玉归天止,不完,不知曾否画完。⁴

作为红学史及清末民初艺术演进的重要史料,这本1913年至1914年华国书局石印之画册,2002年由北京图书馆出版社以《金玉缘图画集》为题刊印,重

---

1 杨曼青:《看画报之益》(续),《醒世画报》第15期,宣统元年(1909)十一月初四日。
2 参见拙文《以图像为中心》,《二十一世纪》第59期,2000年6月。
3 《记彭翼仲先生》,《梁漱溟全集》第七卷第78页。
4 阿英:《漫谈〈红楼梦〉的插图和画册》,原载《文物》1963年第6期,《阿英文集》第902页,生活·读书·新知三联书店,1981年。

新引起读者的关注。

确实像阿英猜测的那样，李翰园（墨林）并非李菊侪的别号，而是其兄长。两人曾共同为《日新画报》绘制插图，并各自在画报上刊登招徕生意的"告白"。毫无疑问，绘制人物画需要一定的功力，不是每个人都能上阵。当初李菊侪对于晚清北京画报界的描述，大致是准确的：

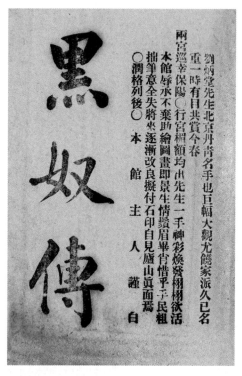

《黑奴传》广告

> 开通民智，画报虽为妇孺所欢迎，然非图画精良，不能醒阅者之目。北京画师报界同人中，能绘人物好手，除家兄李翰园及刘君炳堂早有心得外，能为社会普通欢迎者，实为寥寥。[1]

可即便是"能绘人物"的这三位，也很难说是其时北京画坛的翘楚。郑振铎撰《近百年来中国绘画的发展》及《〈北平笺谱〉序》时，提及不少清末民初活跃在北京的画家，没有上述四位的大名[2]。

这里不敢妄断刘炳堂等人的美术史地位，只想说明一点：他们是当年北京城里卖画为生的专业画家。这里引三则广告，说明这些画师的自我期待及工作兴趣。《启蒙画报》从第8期（1903）起连续刊登刘炳堂为之绘制插图的《黑奴传》，同时附以《本馆主人谨白》："刘炳堂先生，北京丹青名手也，巨幅大观，尤饶家派，久已名重一时，有目共赏。今春两宫巡幸保阳，行宫楣额，均出先生一手，神彩焕发，栩栩欲活。本馆辱承不弃，助绘图画，即景生

---

1 《李菊侪启事》，《醒世画报》第14期，宣统元年（1909）十一月初三日。
2 参见郑振铎《近百年来中国绘画的发展》及《〈北平笺谱〉序》，见《郑振铎艺术考古文集》第187—198页、237—238页，文物出版社，1988年。

情，须眉毕肖。惜乎手民粗拙，笔意全失。将来逐渐改良，拟付石印，自见庐山真面焉（润格列后）。"《开通画报》第7期（1906）上，刊有《李菊俦广告》："专画时派美人、新闻画报纸、南派山水花卉，现住板厂胡同中间路南。"至于《李翰园告白》，则刊登在《日新画报》第21期（1908）上："专门泰西油画传真，并仿照相生纸清水传真，朝衣大像，行乐喜容，指画南派山水，写意美人。凡有赐顾者，请至日新画报馆面议。"这三则广告，除了证明三位都是专业画家外，我更关注其将"时派美人"与"新闻画"并列。因为，这正是晚清北京画报的一大特色。

刊登广告的地方，是新兴的"新闻画报纸"；而用来招徕生意的主要手段，则是传统的仕女画。这是因为，在李菊俦看来，后者除了拥有广大的消费群体，更因其代表画家的艺术水平：

> 绘事中，莫难于时派美人，仕女图又为妇孺注视之集线。鄙人有鉴于此，今拟于本报后幅，添绘时装仕女图百幅，与各报同人互相研究，使绘图同臻善境。北京各画报日见发达，实为鄙人初心所愿。北京为人文汇海，诸大画家见报后，务祈来函指疵。倘鄙人绘事少少进益，能为社会欢迎，人执一篇，非仅鄙人幸甚，社会幸甚。[1]

作为职业画家，不只按需绘制"时派美人"，还准备在画报中连续刊发仕女图；而此举的目的，近乎摆擂台——"与各报同人互相研究，使绘图同臻善境"。这则"启事"，在商业目的外，还显示了画家本人在艺术上的极端自信。

这里所说的"艺术"，主要指仕女画的绘制[2]。《醒世画报》上，自刊出这则《李菊俦启事》后，每期基本上都附载一幅"时派美人"图——大都无题，偶尔也有题上"仕女画"三字的（如宣统元年十二月初十日的第50期）。其实，画报上附载仕女图，用以吸引读者，这不是《醒世画报》的

---

[1] 《李菊俦启事》，《醒世画报》第14期，宣统元年（1909）十一月初三日。
[2] 将女性作为绘画的主要表现对象，在中国，有着十分悠久的传统。战国、西汉墓葬中出土的帛画上，就已有体态动人的妇女形象。此后，随着画作中女性形象的日益突出，在人物画科内，逐渐建立起一个专门表现女性生活的分目，叫"仕女画"。历朝历代，均有著名画家，借助形态各异的女性形象，有效地表达了自己的审美理想。但经由长期积累，到了晚清，仕女画的表现方式日渐概念化、程式化。

《木兰从军》

独创。《点石斋画报》上首开"增刊"先例，包括图文并茂的插图书籍，以及印刷精美的名家赠画等，既是一种销售策略，也不无借此提高艺术品位的意图[1]。彩印的名家赠画，尺寸较大，装订时需要折叠，买回家后，熨平张贴，可以取代年画。此类彩图，品类繁多，并不限于仕女画。倒是吴友如主持的《飞影阁画报》，以及其作品汇编《吴友如画宝》，将"古今百美图""海上百艳图"作为重点项目来苦心经营。到了北京人创设画报，将仕女画与新闻画混编，俨然已成风尚。比如，在同一期画报上，《木兰从军》和《中国妇人会》齐驱，《罗敷图》跟《屈彊出京》并列，《曹大家》与《女学开课》对举[2]。所有这些，固然都属于"女性故事"，可一古一今，

1　瓦格纳的《进入全球想象图景：上海的〈点石斋画报〉》一文（《中国学术》2001年第4期，商务印书馆，2001年冬），注意到了《点石斋画报》的增刊：包括广告、连载的配插图的书籍以及折叠起来的插页画；对于后者，作者强调此乃美查为进一步提高画报文化地位所采取的策略，即"使得它同时也成为了一份艺术刊物"。

2　参见《（北京）时事画报》第1期（1907）、《（北京）时事画报》第2期（1907）、《日新画报》第11期（1907）等。

分列不同的艺术传统。其中，《（北京）时事画报》所刊仕女图，多署"伯勋临本"，这与《醒世画报》上李家兄弟的自出机杼不同；可作为阅读效果，二者却是一致的。

晚清北京各画报之热衷于并列仕女图与新闻画，最直接的效果是，画家不再追求写实，而是采用轻车熟路的仕女画笔法，来绘制所有中国女性——包括古代著名的丑女，以及当今充斥大街小巷的各式妇人。"举案齐眉"的故事众所周知，作者专门提醒大家"孟光长的很丑，而且又黑，可是最贤德"[1]，但画面上依旧是美女一个。嘲笑旗妇与大姑娘没教养[2]，可单是阅读图像，实在分不出与相邻的"仕女"又有什么区别。可以这么说，在很多情况下，强大的仕女画传统，抹平了所有中国女性的面孔。

这其实正是英国人美查所极为担忧的。在《点石斋画报缘启》中，尊闻阁主人（美查）感叹盛行于泰西的画报竟无法在中国立足，自称经过一番苦苦思索，终于找到了问题的答案：

> 仆尝揣知其故，大抵泰西之画不与中国同。……要之，西画以能肖为上，中画以能工为贵。肖者真，工者不必真也。既不皆真，则记其事又胡取其有形乎哉？[3]

而创立"新闻画报纸"，首先必须挑战这种审美趣味，强调"能肖为上"。晚清北京画报上的女性形象，最大问题是：凡特写镜头，多受仕女画传统牵制，故"不真"。

这里有画家本人艺术修养的限制，但我更关心的是，这些图像背后的读者目光。都说画报的主要读者是识字无多的妇孺，我很怀疑；单从画报中仕女画传统之强大，隐约透露出读者的欣赏趣味。翻阅这些夹杂大量仕女画以及"时派美人"的画报，其感觉很像站在"甘石桥第一女学蒙养院"门口观看女学生。如此"鉴赏女性"的目光，我相信很大部分来自成年男子——无论其社会阶层以及文化水准。

---

1 《举案齐眉》，《日新画报》第5期，1907年。
2 《实在难看》，《醒世画报》第33期，宣统元年十一月二十二日（1910年1月3日）。
3 尊闻阁主人：《点石斋画报缘启》，《点石斋画报》第1号，1884年5月8日。

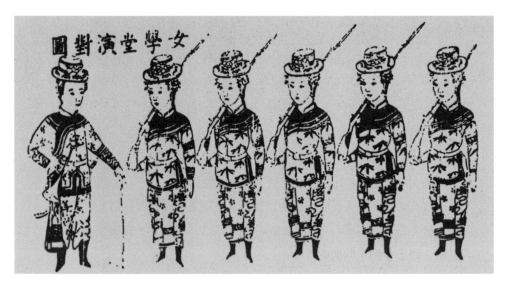

《女学堂演对图》

《女学堂演武》

借"启蒙"的名义观赏女性——尤其是受教育、有修养的新女性,这是晚清北京画报潜藏不露的趣味。这一点,是整个社会风气决定的。或者说,读者趣味与画家能力相互适应的结果,便是画报在报道/表彰女学时,以"仕女画"传统来改造"新闻画"。

其实,不仅仅北京的画报如此,清末民初众多关于女学堂及女学生的描述,都有这种赏玩的倾向。对于男性读者来说,"女学生"作为一种文化符号,兼及"时尚"与"性",极具观赏价值。举一个例子,清末民初刊行于河北武强的年画《女学堂演对图》[1],便是将这两个关键元素很好地结合起来。在变法维新、改良群治的大背景下,女学生扛枪出操,没有比这更时尚的话题了[2]。可仔细观察,除了作为时代标志的那杆枪,女学生姣好的脸蛋,妩媚的神情,华丽的服饰,还有那三寸金莲,都直指很可能为之"心旌摇荡"的男观众。回过头来,很容易理解,晚清的"漫说娘子军无敌,输却哥舒半段枪",以及半个世纪后的"中华儿女多奇志,不爱红妆爱武装",其震撼人心以及获得成功的秘诀,都是因其兼及"时尚"与"性"。

画报的制作者尽可嘲笑那些围在大街上观看女学生的普通民众"没教养",可自家之以仕女画改造新闻画,其实蕴含着同样的心理。并不否认晚清北京画报记录/宣传女学的意义,只是想加个按语:当初画报的作者及读者之所以关注这一新生事物,既包含"启蒙"的宏大目标,也不无鉴赏女性的潜在欲望。

六、凝视的历史

晚清北京尘土飞扬的大街上,走过若干身着崭新校服的女学生,吸引了众多民众以及记者/画师的目光。千万别小看这幅略显黯淡的图景。正是这些逐渐走出深闺的女子,十几年后,借助五四新文化潮流,登上了文学、教

---

[1] 《女学堂演对图》,《中国传统年画艺术特展专辑》第44页,(台北)中央图书馆,1991年12月;可与之相比照的,是光绪末年天津杨柳青所刊年画《女学堂演武》。
[2] 沈心工编著《学校唱歌集》(1904)中,有一首《体操》(女子用):"娇娇娇,这个好名词,决计吾们不要。吾既要吾学问好,吾又要吾身体好。操操,二十世纪中,吾辈也是英豪。"

育乃至政治的舞台,展现其"长袖善舞"的身姿,并一举改变了现代中国的文化地图。

画报的存在,起码让我们了解,这些其实并不弱小的"弱女子"们,如何在公众的凝视下,逐渐成长的艰辛历程。那些充满好奇心的"凝视",包含惊讶与激赏,也隐藏偏见与误会;但所有这些目光,已经融入女学成长的历程,值得我们认真钩稽、仔细品味。

"画报中的女学",不仅仅混合着民众的街头窥探与画师的笔墨技巧,还带着鲜明的时代印记。在这个意义上,必须直面的,除了具体的图像资料,还包括凝视中所呈现出来的历史,以及凝视本身的历史性。

视野开阔、兴趣广泛的晚清北京画报,并没自觉承担记录女学历史的重任;今人即便披沙拣金,所呈现出来的图景,无论如何都是残缺不全的,且多少带有"后设"的味道。明知存在如此陷阱,仍想借助五个具体场景,迅速掠过那风云激荡的年代,给予晚清女学"惊鸿一瞥"。

1906年的《开通画报》上,有《说说没有教育的女子罢》,讲述的竟然是汉朝朱买臣休妻的故事。借助于《烂柯山》等传统戏曲,女性读者大都晓得什么叫"马前泼水"。作者正是希望通过这广为人知的故事,激发女性受教育的欲望:

> 我望那有钱有力量的旗汉同胞哇,马马利利儿的多立些处女学堂女工厂,将来咱们全国的女子通盘的都有学问,全明白了人之大伦,不但没有嫌贫爱富的妇女,就连那不懂得家庭教育的妇女也就见不着一个儿了。[1]

早期女子教育的宗旨,并非培养独立意识与工作能力,而是"涵养女子之德性",故"慧眼识丈夫",也是题中应有之义。

学部终于同意开女学了,可又设置众多限制,目的是严防"一切放纵自由之僻说","总期不悖中国向来之礼教"[2]。如此朝廷意图,画报作者心领神会。1908年的《北京日日画报》上,有《学部限制女学生》图,配上三

---

[1] 《说说没有教育的女子罢》,《开通画报》第6期,1906年。
[2] 参见《女子师范学堂章程》,朱有瓛主编《中国近代学制史料》第2辑下册第668页。

言两语,竟然就把这一切说得清清楚楚:

> 听学部人说,该部以朝廷现在创设女子学堂,各省自应由官家一体设立,特订《女学堂章程》,今将最要紧的录于下。(一)男女学生不准交友;(二)禁止蓄留前额发;(三)不准创自由结婚之说;(四)男学开会,女生禁到,女学开会,男生禁到;(五)女学堂以三从四德为根本;(六)开女学原为昌明家庭教育,举凡一切关于国家之事,无须女学生干预,尤不准有登场演说之事。[1]

《学部限制女学生》

简洁的画面上,听训的,是毕恭毕敬的女学生;手持文本(或许就是《女子师范学堂章程》)训话的,自然又是学业有成、地位显赫的中年男子。

按照朝廷的设想,可以开办女学堂,但必须防止女学生目无尊长甚至妄议朝政。所谓"其无益文词概不必教,其干预外事、妄发关系重大之议论,更不可教"[2],就是这个道理。可思想的闸门一旦开启,后面的事情,其实很难控制。1908年的《北京日日画报》上,报道湖南某女子,撰写一《女界国会请愿书》,洋洋数千言,切中要害,可格于禁例,无法入都呈递,只好邮寄[3]。接受了新教育的众女子,虽暂时无法亲自进京递交请愿书,但其议

---

1 《学部限制女学生》,《北京日日画报》第160期,光绪三十四年(1908)十一月初六日。
2 参见荣庆、张百熙、张之洞《奏定蒙养院章程及家庭教育法章程》,朱有瓛主编《中国近代学制史料》第2辑下册第573页。
3 《女界国会请愿书》,《北京日日画报》第61期,光绪三十四年(1908)七月二十四日。另,1908年9月1—6日《神州日报》连载"湖南某女士所拟稿"《湘省女界请开国会书》,开篇即"为陈恳速开国会,以定天下,恭摺转请代奏事"云云。

《炸弹发现于东车站》

论朝政的意愿,已跃然纸上。

只要朝廷允许兴女学,总有一天,觉醒了的女子,会走上街头,勇敢地表达自己的政治立场。这一大趋势,根本无法阻挡。终于,风声鹤唳中,女革命党携带炸弹到了北京[1];随后,又有北洋女师范学堂组织提灯游行,庆贺中华民国成立[2]。短短几年间,行走在北京画报中的女学生,竟然从早先的"贤妻良母",一转而为"女革命党"。如此女学论述/想象的演变,可谓一日千里。

不妨说,晚清北京的画报,为中国女学的发展,勾勒了一个大致轮廓。但就像所有的"凝视"都有其历史性一样,北京画报观察女学的视角,以及描述女学的技法,严重受制于那个时候京城里的舆论环境。

京城里的女学生,会关心国事,但不可能像秋瑾那样运动会党,奔走革命;京城里的画报,有若干尖锐的讽刺画,也不可能像1905年创办于广州的

---

1 《炸弹发现于东车站》,《浅说画报》第1114号,宣统三年(1911)十一月二十六日。
2 《女子提灯会》,《浅说画报》第1161号,民国元年(1912)三月十三日。

《时事画报》（潘达微、高剑父、陈垣等编辑），直截了当地表达自家反抗清廷的政治立场。作为"第一声啼哭"，《启蒙画报》创刊号上的《小英雄歌》，就已经为整个晚清北京画报的叙述定下了调子。所谓"英雄本原有二事，为子当孝臣当忠"，如此温和的文化立场，放在当时的历史语境中，完全可以接受。接下来的"曲终奏雅"，更预示了日后北京画报某种很难超越的局限：

> 小英雄，休云小，少不好学行将耄。
> 古人因文能见道，今人开智宜阅报。
> 臧否人物且勿谈，是非朝政故勿告。
> 我愿小英雄，流览画报启颛蒙，从兹世界开大同。[1]

既然是办报（即便是娱乐性较强的画报），不可能没有任何褒贬抑扬。所谓"臧否人物且勿谈"，日后多有突破；可"是非朝政故勿告"，则成为晚清北京画报很难逾越的禁区。相对于同时期广州、上海等地的画报，北京人显得谨小慎微。

谈及此，不能不牵涉北京的舆论环境。在《北京志》第三十二章"京报、官报、报纸"中，执笔者服部宇之吉对当年北京的报业评价很低："现今北京的报纸，若依其名气排列顺序，则为《顺天时报》（系日本人经营）、《北京新报》《京话日报》《女学报》等。清廷报纸之特色为：报道及文章均很简单；有关文学美术之趣味性文章甚少；有关社会事项之记述亦少。各报纸虽略有不同，但大体皆不免有此类弊端。"[2]服部博士指摘的这些弊端，有些属于技术水平，如报纸篇幅以及报章文体等；但有的却是"大环境"决定的，怨不得记者编辑。比如，为什么缺少重要的社会新闻？还不是因为官府极力封锁消息[3]！还有，报纸从业人员，只要"言论稍有锋芒，鲜有不遭蹂躏者"[4]。《北京志》之所以没提当初影响很大的《京话日报》

---

1 《小英雄歌》，《启蒙画报》创刊号，壬寅年五月十八日（1902年6月23日）。
2 服部宇之吉主编、张宗平等译《清末北京志资料》第471页。
3 服部自己也提道："官府至今仍不向新闻记者报告事实，新闻记者亦不敢向官府探听事项，故有关官方或宫中之事不可信之报道甚多。"参见服部宇之吉主编、张宗平等译《清末北京志资料》第471页。
4 参见戈公振《中国报学史》第142页。

和《中华报》,就因此前一年,这两份报纸已被查禁。

在《我的自学小史》中,梁漱溟曾深情地回忆:"我所受益的是《启蒙画报》;影响于北方社会最大的,乃是《京话日报》;使他自身得祸的是《中华报》。"[1]《中华报》1904年12月7日创办于北京,彭翼仲主办,彭的妹夫杭辛斋任社长兼总编辑。1906年9月29日被巡警部明令查禁,罪名是:"妄议朝政,捏造谣言,附和匪党,肆为论说。"清廷不仅查封报馆,还将彭、杭二位"即日递解回籍,交地方官严加禁锢";后又以彭在押所行凶为借口,判发配新疆监禁十年(直到辛亥革命后,彭才得以遇赦归来)。关于彭翼仲之因言得祸,戈公振《中国报学史》第四章第九节"清末报纸之厄运"曾提及[2]。至于报馆被查禁的原因,我倾向于梁漱溟的说法,因其依据的是当事人自述(即《彭翼仲五十年历史》)[3]。如此舆论环境,难怪北京报人的言论,不及外地同行大胆泼辣。

限制民众的言论自由,大概是所有当权者的共同意愿。只是在某些特定时空(如晚清上海),朝廷"鞭长莫及"——不是不想管,而是管不了。至于天子脚下的北京,情况可就大不一样了。《北京日日画报》上,曾有《慈宫注重报纸》的专题报道:

> 皇太后以政治腐败多由于上下隔膜,又有污吏贪官从中作弊,因而国事日见退化。近因报章上代达民隐,消息灵通,凡是官吏的贤否,行政的得失,无不登载。虽不能十分的确,可是借以参考一切,实属有益。日前特饬李总管订购京津汉沪各报,以备观览。并派御医姚宝生每日进内,恭请平安,脉后即在驾前跪读各种报章,如有关系紧要事宜,必要派人密查。计每日所读的报章,有三十余份。[4]

---

1 梁漱溟:《我的自学小史》,《忆往谈旧录》第8页。
2 除戈公振的判断,杨瑾琤等人《〈中国报学史〉史实订误》附录另外两说,其中包括梁漱溟的意见。参见戈公振《中国报学史》第142、326—327页。
3 "彭先生之所以得罪,可能由于招人忌恨已久,而《中华报》的一篇报道却为事情爆发的导火线。有康梁一党的吴道明、范履祥二人由日本回国内有所活动,在天津被袁世凯的北洋营务处(相当于军法处)秘密处死,经《中华报》以'保皇党之结果'为标题揭发出来。"(梁漱溟:《记彭翼仲先生》,《梁漱溟全集》第七卷第79—81页)
4 《慈宫注重报纸》,《北京日日画报》第57期,光绪三十四年(1908)七月二十日。

作者是从正面肯定慈禧太后之"注重报纸",可办报人读到此,很可能吓出一身冷汗。在皇权至高无上的时代,不可能容许来自民间的尖锐批评;更何况慈禧本人又是那样的心胸狭隘,喜怒无常。因此,朝廷越是重视报章,北京的报业人员,越面临巨大的危险。

不管是否自愿呈送,进入皇宫的画报,政治上都不可能特别激进。北京大学图书馆藏《启蒙画报》,贴有专门印刷的插页,粉红色的纸张,上面印着二龙戏珠的图案,中间是"两宫御览"四个大字,下面还有小注:"癸卯年十二月全部进呈。"1902年夏天创办的《启蒙画报》,一年半后(1904年1、2月间),因某种特殊机缘,得以进入皇宫,这在当年,无疑是很大的荣耀。与此相媲美的,是张展云主持的《北京画报》——从光绪三十二年(1906)七月上旬刊行的第10期起,也都每期盖上"进呈御览"红印。不是所有的北京画报,都有"进呈御览"的荣誉;但徘徊在皇宫内外的北京画报,其关于女学的报道与论述,一般来说,偏于保守。诸如介绍日本女教育家下田歌子的言论,报道端方在外城女学传习所的演说,或者表彰慧仙女士的捐产兴学,这些都符合朝廷的意愿。至于女士走马是否合适,女学慈善会有无必要,属于细枝末节,即便有争议,也都问题不大。可谈论女学,表彰"女生开通","一路上所说的,均是破除迷信的话语",或者"见天白昼无事,观看各种科学新书并白话报等"[1],这当然很好,可一旦涉及"自由""平权"[2],画报主人的保守性,便暴露无遗。

这就很容易理解,为何晚清北京的报纸——包括画报——政治立场相当温和,没有多少叛逆性言论。1908年的《北京日日画报》上,刊有一则仿唐人刘禹锡《陋室铭》所作的《报馆铭》,很能体现晚清北京报章的特点:

> 牌不在老,风行则名;事不宜迟,电达则灵。斯是报馆,启我文明。墨痕开卷黑,铅字照机青。报告有访友,著述忌酸丁。可以谈国

---

[1] 《女生开通》,《浅说日日新闻画报》宣统元年(1909)八月十二日;《女界进化》,《浅说日日新闻画报》宣统元年八月初五日。

[2] 《醒世画报》第52期(宣统元年十二月十三日)上,有一《这叫平权自由吗》:"顺治门外海北寺街汪姓少妇,时常与他男人讲平权自由。前两天,该妇人晚上出去,没回家,他男人一问他,他反炸啦,说:现在时代平权自由,我不能受你压制,我爱怎么就怎么,你管不了。咳,这叫野蛮,不要脸,那能算自由吗?"

《女界进化》

政，宣民情。苟言论之克当，何神圣之可侵。外洋尚激烈，内地主和平。阅者云：何律之有。[1]

对于北京报人来说，既要"启我文明"，又不能触犯大清律例，其"谈国政，宣民情"，必须自我设限，不能越雷池半步。所谓"外洋尚激烈，内地主和平"，如此表白，其实不无自我调侃的意味。

2005年2月27日于京西圆明园花园

---

1 《报馆铭》，《北京日日画报》第185期，光绪三十四年（1908）十二月初四日。

第八章　城阙、街景与风情

——晚清画报中的帝京想象

从汉晋的《二京赋》《三都赋》，到宋元的《东京梦华录》《武林旧事》，再到明清的《帝京景物略》《燕京岁时记》等，两千年的中国文学史上，曾经出现过大量关于帝京的宫殿园囿以及日常生活场景的详细描述。而《清明上河图》等风俗画的存在，更是提醒我们，对于帝京形象的塑造，画家同样起了至关重要的作用。值得注意的是，到了晚清画报那里，这两条线索开始合并。当然，这里主要指的是观赏对象，而不是技术手段。随着时代的变迁，视角在转变，焦点在推移，辞藻和笔墨也都不再墨守成规，但帝京风光依旧。

在晚清画报中，"帝京"仍是热门话题。只不过，由于大众媒体的发达以及政治思潮的涌动，画报中的"帝京"，逐渐丧失了神圣感与神秘性。具体表现是：政治的、军事的北京迅速消退，而经济的、文化的北京逐渐占据主导地位。四时节序、饮食男女、世态人情、旧学新知等都市生活的各个层面，因画报的日常叙事性质，得以充分展开。如此骚动不安、杂花缤纷的帝京景象，既是晚清社会的真实写照，也蕴含着某种变革的动力。对照同时期"文字的帝京"与"图像的帝京"，探讨新兴的画报与都市日常生活之间的良性互动，可以从另一个侧面解读晚清的文化变革。

不同于"景物略"或"风俗画"的静态描述，作为连续出版物的"画报"，首先从属于"新闻"，这就决定了其"帝京形象"必定充满动感。不管是文字撰写还是图像制作，其工作方式，已经不可能再像晋人左思那样，

"其山川城邑，则稽之地图；其鸟兽草木，则验之方志"[1]，而必须关注瞬息万变的政局，以及发生在街头巷尾的大小事件。当然，面对如此变动不居的帝京想象，你依然能够感觉到"传统"的巨大存在。不仅仅是因为晚清北京的社会变革不如西学东渐的前哨上海那么激烈，更因画报制作者的知识背景以及欣赏趣味，限制了其视野。在这里，中心与边缘、历史与现实、传闻与记忆、旧学与新知、文字与图像等，决定了上海、北京两地的画报，在"帝京想象"方面存在着明显的差异。

在晚清，阅读及刊行画报最为积极的城市，除了上海，就是北京。上海肇始在先（最有代表性的《点石斋画报》创刊于1884年），北京奋起于后（发轫之作当推创办于1902年的《启蒙画报》），且颇有后来居上之势。这就应了《京话日报》主笔彭翼仲的说法："北方风气开的慢，一开可就大明白，绝没有躲躲藏藏的举动。较比南方的民情，直爽的多。"[2]画报固然可以流通到其他城市（每种画报的流通范围，从其开列的"发行处"大致可以猜测出来），但本城读者的阅读趣味，毫无疑问必须优先考虑。将京沪两地画报互相比照，看看上海人是如何看待北京，以及北京人怎样谈论自己的城市（有趣的是，那时的北京画报，不太喜欢讲述上海的故事），分析各自的"洞见"与"不见"，凸显"帝京想象"的丰饶与繁杂。在这一内部视角与外部视角的交会与对话中，东坡先生"横看成岭侧成峰，远近高低各不同"的天才预想，得到了很好的落实。

本文选择《点石斋画报》《时事报图画旬报》《图画日报》等6种上海画报，以及《启蒙画报》《北京画报》《开通画报》《星期画报》等17种北京画报[3]，探讨其关于帝都北京的记忆、想象、窥视与重现，尤其集中在

---

1 左思：《三都赋·序》，北京大学中国文学史教研室选注《魏晋南北朝文学史参考资料》上册第305页，中华书局，1962年。
2 《北方人的热血较多》，《京话日报》1906年5月15日。
3 本文选择《点石斋画报》（1884—1898）、《飞影阁画报》（1890—1894）、《时事报馆戊申全年画报》（1907—1908）、《舆论时事报图画新闻》（1909）、《时事报图画旬报》（1909）、《图画日报》（1909—1910）6种上海画报，以及《启蒙画报》（1902）、《北京画报》（1906）、《开通画报》（1906—1908）、《星期画报》（1906）、《益森画报》（1907）、《日新画报》（1907）、《（北京）时事画报》（1907）、《两日画报》（1908）、《北京日日画报》（1908）、《浅说日日新闻画报》（1908—1912）、《（北京）白话画图日报》（1908—1909？）、《新铭画报》（1909）、《醒世画报》（1909）、《正俗画报》（1909）、《燕都时事画报》（1909）、《（新）开通画报》（1910）、《菊侪画报》（1911）17种北京画报，作为主要论述对象。晚清画报散落世界各地，且多为断简残编，收集（转下页）

第八章　城阙、街景与风情　　357

《时事报图画旬报》

《星期画报》

《画图日报》

"城阙"所凝聚着的历史意识，"街景"所体现的空间布局，以及旧俗新知所表露出来的万种"风情"。在我看来，正是这三者的纵横交错，构成了古都北京的独特魅力，同时也使得读者的"按图寻访"或"卧游披览"成为可能[1]。

一、帝国风云与个人游历

作为800年古都，北京不同于一般商业城市，其最大特色，在于承载着帝国的盛衰与皇权的威严。帝制时代，这座城市不以市廛繁华，也不以生活便捷著称，甚至连文化发达、古迹遍地，也都不是其主要标志。对于"帝京"来说，最值得夸耀的，还是皇家建筑之恢宏，以及各种仪礼、庆

（接上页）齐全谈何容易，这里所论，仅限于所见部分。关于《时事报馆戊申全年画报》《舆论时事报图画新闻》《时事报图画旬报》和《图画日报》之间的关联，参见冯金牛为1999年上海古籍出版社复刊本《图画日报》所撰写的《序》。

[1] 1920年由商务印书馆出版的《实用北京指南》（徐珂编），其《凡例》称："本书附有北京风景画二十四帧，已至京者可得按图寻访之乐，未至京者亦有卧游披览之乐。" 在晚清，这一功能很大程度靠画报来实现。

《泛槎图》

典的无限荣光。《万寿盛典初集》（1717）、《御制圆明园四十景诗图》（1745）、《八旬万寿盛典插图》（1792）等纪实性的宫廷版画，其器物之繁多、场面之雄伟，让人叹为观止；而那些曾经有幸目睹皇家威严并享受京师奢靡的退隐官吏，也都念念不忘其在京师的仕宦与游历，因而采用图文并茂的形式，将这一记忆落实在"寿于金石"的纸面上。若张宝绘撰的《泛槎图》、张维屏编写的《花甲闲谈》、麟庆的《鸿雪因缘图记》以及陈夔龙的《水流云在图记》等，便是其中的佼佼者[1]。幕下士吴闿生在论及陈书时称："举凡夔巫之险，帝都之丽，黄流之迅，江淮之胜，湘沅之幽，黔关之雄，渤澥之巨，莫不遐探极览，尽入胸罗。"（《水流云在图记·序》）

---

1 《泛槎图》共6集，总103图，张宝（1763—1832）绘撰，嘉庆二十四年（1819）至道光十二年（1832）陆续刊行；此君喜旅行，能诗文，善绘画，广交游，各集多名人题跋。《花甲闲谈》16卷，张维屏（1780—1859）撰，道光十九年（1839）刊本，叶春塘绘图，凡32图。《鸿雪因缘图记》三集，麟庆（1792—1846）撰，道光二十七年（1847）刊本，每集80图，共240图，绘图汪英福、胡骏声等。1879年，上海点石斋曾刊行此书的英译选本。《水流云在图记》，陈夔龙（1857—1948）撰，图写生平游览七十余事，一直写到辛亥年六月津沽留别。此君庚子事变中被任命为留京办事八大臣之一，后历任漕运总督、江苏巡抚、湖广总督、直隶总督兼北洋大臣等要职。

《鸿雪因缘记》

可实际上，无论是作者还是读者，最希望玩味的，不是"湘沅之幽"，而是"帝都之丽"。

同样是用图像方式描摹帝都，皇朝的自我夸耀与官吏的记录胜游，二者之间，无论在规模还是视角上，都有很大的差异。晚清画报因其兼及"新闻"与"记忆"，恰好将这两者统一起来。《点石斋画报》上，描述左宗棠出处的《勋旧殊荣》《侯相出京》和《灵輀回籍》，谈论外交事务的《中法换约》《中外好会》[1]，还有《时事报馆戊申全年画报》中的《恩赏达赖品物》《袁世凯出京》《寿辰志盛》等[2]，在在体现了"政治的北京"在内政以及外交方面的重要性。这种帝国政治对于个体生命的绝对影响力，借助

---

1 参见《勋旧殊荣》，《点石斋画报》甲九，光绪十年（1884）；《侯相出京》，《点石斋画报》乙五，光绪十年（1884）；《灵輀回籍》，《点石斋画报》戊八，光绪十一年（1885）；《中法换约》，《点石斋画报》己二，光绪十一年（1885）；《中外好会》，《点石斋画报》辛十，光绪十二年（1886）。
2 《恩赏达赖品物》《袁世凯出京》《寿辰志盛》分别刊《时事报馆戊申全年画报》（上海：时事报馆，1909年）之"图画新闻"卷十一、"图画新闻"卷十四、"图画新闻"上册。

《侯相出京》

《点石斋画报》上这幅《宫门谢恩》[1]，得到淋漓尽致的表现——撇开具体人事，正叩头谢恩的官员，面对巍峨森严的紫禁城，必定是战战兢兢，诚惶诚恐。如此混杂着感恩、惊悚、惶惑与愧疚，乃那个时代有幸接近皇宫者的普遍心态。光绪年间极为流行的旅游指南《朝市丛载》，其《都门杂咏》中有一则《皇城宫殿》："巍巍帝阙令森严，咫尺天颜不易瞻。四海升平真气象，九霄湛露喜同沾。"[2]于此可见，国人对于"巍巍帝阙"的极端崇拜，确实是根深蒂固。

由达官贵人的游历，带出让人赞叹不已的"帝都之丽"，这还只是表面文章；倘若这"贵人"牵涉一段惊心动魄的历史，则其关于个人出处的

---

1 参见《宫门谢恩》，《点石斋画报》癸一，光绪十三年（1887）。
2 李虹若：《朝市丛载》第134页，北京古籍出版社，1995年。

第八章　城阙、街景与风情

《宫门谢恩》

图写,便具有了"史"的意义。庚子事变时任京兆尹并兼留京办事大臣的陈夔龙[1],其《水流云在图记》虽以生平游览为线索,绘制图像并缀以短文,七十余事中,当以庚子年间的"京兆走马""严城决策"等,最值得后人品鉴。

当然,谈论庚子年间的炮火连天,饱受煎熬的民众以及秉笔直书的史家,比起擅长自我表彰的大吏来,更有发言权。1902年,北京的《启蒙画报》(第5册)连续刊载26幅关于"拳匪之祸"的图说,从遽然祸起一直说到如何惨淡收场。而1909年上海的《图画日报》,更是从第149到第228号,逐号连载《庚子国耻纪念画》,在第一幅"团匪之缘起"前,有一段"引言":

> 庚子团匪之变,为我中国历来所未有,卒之创深痛巨,受耻实多。华人事过情迁,至今日已有淡然若忘之慨。因仿泰西国耻画法,追思当日各事,摹绘成图,并于每幅下系以说略一则。阅者披览之余,如能激发精神,永不忘此惨剧,亦未始非爱国之一助也。[2]

不同于个人荣辱,帝都之沉浮,象征着国家的兴衰;因而,庚子年间北京人之"创深痛巨,受耻实多",更值得后人永远铭记。

这么说来,帝京里那些辉煌的城阙与宫殿,也不见得都那么值得夸耀,说不定还隐含着若干历史的创痛以及民族的屈辱。就好像《时事报图画旬报》上的《正阳门城楼》,作者除了称赞其如何雄伟壮丽("登楼远眺,全城风景,如在目中;俯视车马,几同蚁阵"),更提及:

> 逮庚子之役,联军入京,城楼遭毁,城墙炮弹之迹,或如蜂窝。和议既成,筹款重建,仅一城楼,而报销闻至百万。说者谓其实不过二十余万已足。然工料之坚实,局面之堂皇,与庚子前有过之而无不及焉。[3]

---

1 参见魏开肇等辑《清实录北京史资料辑要》第527页,紫禁城出版社,1990年。
2 《庚子国耻纪念画》(一),《图画日报》第149号,1909年。
3 《正阳门城楼》,《时事报图画旬报》第2期,宣统元年(1909)二月中浣。

第八章　城阙、街景与风情　　363

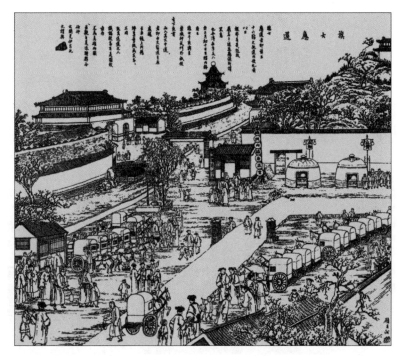

《旗女应选》

据《清实录》，光绪二十九年（1903）五月二十一日，直隶总督袁世凯等奏："估修正阳门楼工程"，"共需银四十二万九千余两"；六月初七日，皇上谕内阁："此项工程，着仍派袁世凯、陈璧切实勘估。俟正阳门修竣后，所余之款，即行分别轻重，陆续修理。"[1] 借战后帝京的重建，大发国难财，这很容易想象；至于具体账目[2]，远在天边的画报人，只能依靠传闻，而无法真正查清。我更关心的是，对于如此饱经炮火摧残的巍巍城楼，再好的修缮，也都抹不平历史的印记。所谓"局面之堂皇，与庚子前有过之而无不及焉"，不过是自欺欺人。

　　与帝国命运密切相关，而又具有观赏性的街头活动，莫过于皇上的选美以及状元的游街。《点石斋画报》上，述及皇上"选美"的，除了《旗女应

---

[1] 参见魏开肇等辑《清实录北京史资料辑要》第562—563页。
[2] 光绪二十九年（1903）工艺官局印书科刊行的《正阳门楼工程奏稿》（袁世凯、陈璧撰，铅印本，共四册），内附正阳门楼工程清单。

《上林春色》

选》，还有一幅《上林春色》，其文字部分相对有趣：

> 敬闻皇上于今春亲政，即举行大婚典礼。是以八旗外任各官，文职五品以上，武职四品以上，皆送女入都备选。上年入冬以来，宝马香车之取道津沽者，络绎不绝。舆边插有黄旗，大书"奉旨入选"字样，煌煌乎巨典也。[1]

与上海妓女的珠光宝气招摇过市，并借此引领时尚潮流不同，京城里的"美女"与"香车"，属于那些随时准备奉献给皇上的"大家闺秀"。车边插上"奉旨入选"的黄旗，当事人非常认真，而且很得意，旁观者——尤其是上海的读者——则可能觉得有点好笑。

另一种别有风情的游街，则与延续千年的科举考试联系在一起。从唐代

---

[1] 《旗女应选》，《点石斋画报》丁四，光绪十一年（1885）；《上林春色》，《点石斋画报》己七，光绪十二年（1886）。

《一元大武》

长安的曲江游宴,到晚清北京的鼎甲游街,构成了不同朝代京城里有着特殊政治意味的风俗画。杨静亭初刊于道光二十五年(1845)的《都门杂咏》,开篇第一首便是《传胪》:

抡材天子重文章,金殿胪传姓字香。
分道红旗来谒庙,满街争看状元郎。[1]

所谓的"状元郎",有文也有武,而且,各自游街的方式不同。《点石斋画报》上的《一元大武》,介绍武状元如何在唱完名后,换上盔甲,簪上金花,在榜眼、探花的陪伴下骑马过午门、端门、天安门、金水桥,然后出西安门,归寓。而大众比较熟悉的文状元,在《鼎甲游街》中,插花披红,由

---

1 路工编选:《清代北京竹枝词》第72页,北京古籍出版社,1982年。

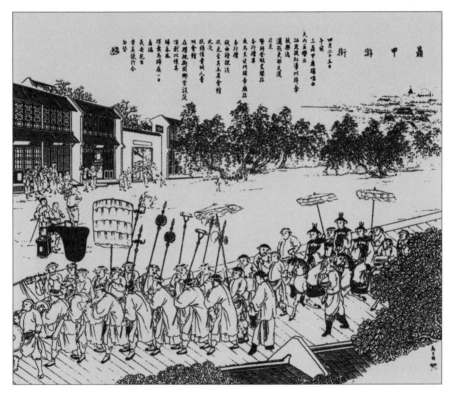

《鼎甲游街》

旗伞鼓乐开道，前往吏部文选司求贤科魁星阁，拈香行礼毕，再由榜眼、探花护送到他居住的贵州会馆。两相比较，武状元飞扬跋扈，而文状元则儒雅风流；前者称："功名者，国家使令人才之具，而亦贤豪所借为进身之阶也，人可不自勉乎？"后者则是："春风得意马蹄疾，一日看遍长安花。自昔美谈，于今勿替。"[1]

鼎甲游街，确实是千古美谈；可"美谈"中，还是隐约透露出时代风气的变化。之所以将状元送到贵州会馆，那是因为，光绪丙戌科（1886）状元赵以炯是贵州人氏。光绪十五年进士、久任京官的高树，在其《金銮琐记》中，留下这么一首小诗：

---

[1] 参见《一元大武》，《点石斋画报》壬一，光绪十二年（1886）；《鼎甲游街》，《点石斋画报》庚八，光绪十二年（1886）。

> 江浙文风本最优，盛时鼎甲帝恩稠。
> 转移边省翁师去，却少甘家一状头。

诗后小注："清末年，鼎甲渐及边省，盖以笼络天下士人之计。"[1] 科举风气之变迁，不是因各地人才起伏，而是老大帝国权力平衡的需要。光绪一朝十三科中，历来文化落后的贵州、广西，各有2人高中榜首，而历来文风鼎盛的浙江，竟无一名状元，这与此前江浙占绝对优势的科考形势，形成了鲜明对比[2]。不过，晚期帝国的状元，大多在政治上无所作为，仕途上也颇多曲折。久居京师、熟悉掌故旧闻仪礼制度的夏仁虎，在其《旧京琐记》中称："光绪一朝，所取状元皆不得意"；"以视先代鼎甲由清贵而直跻清要，盖不可以道里计，殆科举将废之先兆欤？"[3] 即便有幸成为"状元郎"，日后也都很难大显身手，留给公众的记忆，于是更多的是游街时的"无限风光"。

帝京不愧是权力中心，在《侯相出京》中，我们看到了封疆大吏的春风得意；在《宫门谢恩》中，我们看到了戴罪立功者的感激涕零；而在《上林春色》与《鼎甲游街》中，那种至高无上的政治游戏，则被赋予了某种俏皮而欢愉的娱乐色彩。正是这种政治之沉重与娱乐之轻佻的混合，为晚清画报表现帝京开启了一个巨大的空间。

二、作为"景物"的宫阙

对于北京城来说，最具代表性的建筑，无疑是巍峨的宫阙。这不仅代表国人的审美及建筑才华，更象征着皇权的至高无上。这就难怪，无论外国媒体还是在华传教士，提及"帝城胜景"，都会首先将目光聚集在天坛（《寰瀛画报》，1877）或紫禁城（《花图画报》，1881）。与新兴工商业城市上海不同，北京缺少《申江胜景图》中的娱乐色彩，呈现在《点石斋画报》中

---

1 参见吴士鉴等《清宫词》第127页，北京古籍出版社，1986年。
2 光绪朝十三状元，山东、福建、江苏、贵州、广西各二，顺天、四川、直隶各一。参见商衍鎏《清代科举考试述录》中的《清代殿试、会试历科首选姓名表》，见该书第153—162页，生活·读书·新知三联书店，1958年。
3 史玄、夏仁虎等：《旧京遗事·旧京琐记·燕京杂记》第79页，北京古籍出版社，1986年。

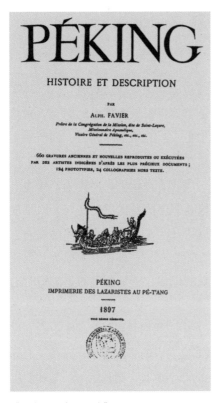

《北京：历史和记述》

的帝京城阙以及皇家庆典，其"政治性"招之即来，挥之不去。而到了《时事报图画旬报》和《图画日报》，情况为之一变，专门描摹皇家建筑的图像，开始大量涌现。

紫禁城固然雄伟壮观，但有机会"登城北望，见林中宫阙隐现，屋瓦皆作黄色，观之不禁肃然"者[1]，毕竟是少而又少。因此，无论国内还是国外，绝大部分读者，都对此类图像心驰神往。由于国势衰微，朝廷懦弱，晚清北京城里，外国人的活动范围远比一般中国人要大得多；再加上照相技术的日渐普及，千姿百态的皇家园林以及宫殿建筑，很自然地成为介绍中国的书籍之极好点缀。法国传教士樊国梁（Alph. Favier，1837—1905）1898年刊行于北京的《北京：历史和记述》（*Péking: Histoire et Description*），便包含大量精美的皇家建筑照片。而此类外文书籍以及风景明信片的大量流通，使得远在上海的画家，也都很容易"想象帝京"。

1909年8月16日，上海环球画报社创办了《图画日报》，开门见山，就是大名鼎鼎的"太和殿"，其图中文曰：

> 谨按：太和殿，基高二丈，殿高十一丈，广十一间，纵五间。前后金扉四十，金琐窗十有六，列鼎十有八，铜龟铜鹤各二，日圭、嘉量各一。丹墀为文武官行礼位，范铜为山形，镌正从一品至九品东西各二行，行有十八，列于御道两旁。每岁元旦、冬至、万寿三大节及大庆

---

1 《帝京胜景》（含插图"北京阜成门""恭亲王小像""紫禁城北面""紫禁城午门"和"大石桥"），上海清心书馆刊行《花图新报》第十一卷，光绪七年（1881）二月。

第八章　城闕、街景與風情　　369

《倫敦橋》

典，則御殿受賀。凡大朝會、燕饗、命將出師、臨軒策士及百僚除授謝恩皆御焉。殿額曰"建極綏猷"，為高宗皇帝御題。[1]

这段关于太和殿的描述，基本上摘抄自《日下旧闻考》卷十一"国朝宫室"，只是中间部分略作删节[2]。不仅《图画日报》，晚清画报中关于皇家建筑的文字介绍，大都不难找到其所本。至于图像，单看是否使用明暗与透视，也能约略猜出其到底是临摹自照片、铜版画，还是取法于原有的宫廷版画。

不仅仅是第1号上有《太和殿》，所谓"大陆之风景"，是《图画日

---

[1] 《太和殿》，《图画日报》第1号，1909年8月16日。
[2] 参见于敏中等编纂《日下旧闻考》第148页，北京古籍出版社，1983年。

报》贯穿始终的主打栏目，每期一幅，全都置于卷首。而总共404号画报中，涉及京师的"景物"还有《瀛台》（3号）、《正大光明殿》（8号）、《南海》（12号）、《玉蝀桥》（15号）、《寿皇殿》（36号）、《京师卢沟桥》（39号）、《保和殿》（79号）、《中和殿》（82号）、《五塔寺》（163号）、《玉泉山》（172号）、《京师丰台》（211号）、《京师大觉寺》（214号）等。这么说来，所谓的"帝京胜景"，似乎很荣耀。其实不然，你仔细看看，就在前10期中，除了上述三幅北京城里的皇家建筑，还有《法国路易十四王宫全景》（2号）、（伦敦）《皇家美术科学馆》（4号）、《浙江普陀山》（5号）、（伦敦）《国家图书楼》（6号）、《苏州玉带桥》（7号）、《伦敦桥》（9号）、《浙江之太湖》（10号）。将太和殿和普陀山、玉带桥并列，同称"大陆之景物"，显而易见是带着俯瞰、观赏、把玩的眼光。换句话说，皇家宫殿不再是高山仰止，画家和读者都将其作为"卧游"的对象。此举一方面让平民百姓对无法身历的太和殿、保和殿、中和殿的建筑形式以及殿内布置"了如指掌"；另一方面将皇家宫殿日常化、旅游化、商品化，也使其失去了原先的神秘感与崇高感。

　　只是静止地介绍某某建筑，其实有违画报的新闻性质。这点，《点石斋画报》做得比较好——即便对皇家宫殿感兴趣，也都是借庆典场面来展开，如《万寿盛典》《普天同庆》《九重高拱》《祝嘏情殷》《郊祀纪盛》[1]等——后者讲的是冬至祀天，皇上未能亲政，特派睿亲王代行大礼，仪式照旧。画家关注的，正是这一切照旧的"仪式"；因其带有表演性质，可以驰骋想象，把画面弄得很漂亮。同样热闹红火的，还有兼及内政与外交的《西藏入贡》《大赉贡使》等。因战争失利而签约，最好在室内进行（如《中法换约》《中外好会》）；至于有人前来朝贡，或有机会居高临下地赏赐来使，对于已经相当衰弱的王朝来说，不啻一剂强心针。如此有面子的事情，当然非在光天化日之下大张旗鼓地进行不可。将"屈辱"锁在室内，将"光荣"呈现屋外[2]，同是"交涉"，如此风景迥异，目的无非想证明王朝的威

---

[1] 《万寿盛典》，《点石斋画报》乙一，光绪十年（1884）；《普天同庆》，《点石斋画报》乙十，光绪十年；《九重高拱》，《点石斋画报》乙十二，光绪十年；《祝嘏情殷》，《点石斋画报》丙四，光绪十年；《郊祀纪盛》，《点石斋画报》丙四，光绪十年。

[2] 《西藏入贡》，《点石斋画报》乙七，光绪十年（1884）；《大赉贡使》，《点石斋画报》乙九，光绪十年（1884）。

第八章　城阙、街景与风情　371

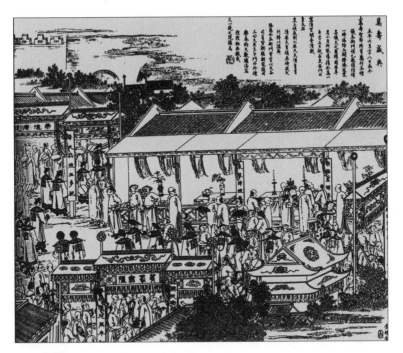

《万寿盛典》

《普天同庆》

严还在。

可经过了甲午战败以及庚子惨祸,原先至高无上的皇权,正日渐失去光芒;尤其是在民族主义思潮涌动的南方,辉煌依旧的皇家宫殿,已不再是高不可及,而是可供百姓赏玩的"胜景"。

有趣的是,约略同一时期,刊行于北京的画报,基本上不涉及皇家宫殿。站在远处观望的上海画师,正殚精竭虑地刻画皇城的威严;而生活在帝京的北京人,则对于皇城几乎是视而不见——不是不知道,而是普通人根本进不去,故"漠不关心"。整个北京城的基本格局,早在明代永乐年间就已经定型了——城市被分隔为外城、内城、皇城以及皇帝理朝和居住的紫禁城等几个功能完全不同的区域。王朝对于城市空间的使用,有严格的控制,不完全是等级差别,还包括民族区隔。到了清末,虽说控制已稍为松弛,但大多数汉人仍然只能居住在外城;至于皇城和紫禁城,普通百姓无论满汉都不允许进入,更不要说参观游览了。这就使得辛亥革命以前,北京城里的皇家园林、祭坛和庙宇,全都处在封闭状态。普通的北京市民,只有在厂甸、什刹海等民间庙会的场合,才能体会那种熔商业、娱乐与文化于一炉的乐趣[1]。至于皇家宫殿,虽近在咫尺,实则远在天边,何劳你我挂心?

上海的画家和读者并非不明白这一点,只是出于好奇,还是对各类皇家建筑情有独钟。稍早于《图画日报》的《时事报图画旬报》,就刊有笔触相当细腻的《颐和园》《正阳门城楼》《万寿山》《景山雪景》等。若《万寿山》一图,除渲染其"皇家气象",更提醒诸位,如此风光,与你我无缘:

> 万寿山在京师西二十余里,自马路筑成后,由顺治门而出,康庄大道,直达海甸,而山景乃历历在目。不特奇峰秀峦,佳气葱茏,且昆明湖一碧无涯,适与山光掩映成趣,尤占林泉幽胜。昔年每值盛夏,显皇后万几之暇,恒驻跸于此,为消夏计。山中树木干霄,亭台罨画,虽游人不能偶入,而长安道上客,如驱车偶过其地,盖扑尽俗尘万斛矣。[2]

---

[1] 史明正《走向近代化的北京城——城市建设与社会变革》(北京大学出版社,1995年)称:"这些庙会在某些方面与今日的现代公园活动类似,融文化、商业、社会和娱乐活动于一体,通常是每年、每季或每月一次,有的甚至更经常一些。"(第135页)

[2] 《万寿山》,《时事报图画旬报》第2期,宣统元年(1909)二月中浣。

第八章　城阙、街景与风情　373

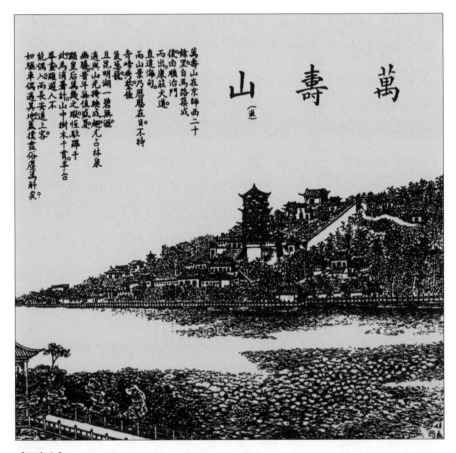

《万寿山》

既然"游人不能偶入",为何还是念念不忘?只能解释为强烈的"好奇心"。但有一点,将《万寿山》等皇家建筑与众多国内外风景名胜并置,实际上已经消解了皇权至高无上的政治内涵。即便"驱车偶过其地"的"长安道上客",其眺望如此"林泉幽胜",也只是为了"扑尽俗尘万斛"。

同样号称以下层民众为拟想读者,京沪两地的画报,为何在面对皇家建筑时,会有如此差异?身处"城里"与"城外",对于这座城市的想象,自然大不相同;但更重要的是,上海画报的"游览者"目光,以及北京画报的"在地民众趣味",同样对帝京的神圣性构成了挑战。至于像创刊于1906年的《北京画报》《开通画报》《星期画报》那样,不约而同地避开辉煌的宫殿,转入大街小巷,关注民众的日常生活,这样一来,画面上虽不怎么富丽堂皇,甚至显得有点零碎与错乱,但"平民"的目光,却借此得以真正浮现。

三、在禁苑与公园之间

谈论城市景观,京海之间,有一个很大的差异——所谓"申江胜景",基本上可以随意造访;而今人所熟悉的诸多帝京名胜,当年却是禁止平民进入的。京城里有的是好园林,但不少只供皇家享用,如《点石斋画报》中的《恭阅钦工》,述说皇上如何躬行孝道,命内府臣工兴修丰泽园,恭备皇太

《恭阅钦工》

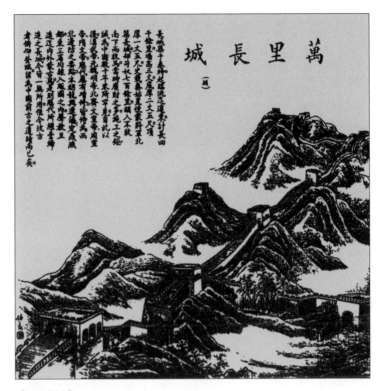

《万里长城》

后几余游幸[1]。画面上台榭楼观,古木参天,确实很清幽,可那绝对不是为了"与民同乐"。

当然,也有皇家无法垄断的好景色,就像《朝市丛载》所推荐的"西山霁雪""金台夕照""卢沟晓月""蓟门烟树"等"京都八景"[2],就得到了无数文人雅士的极力赞赏。《时事报图画旬报》推介天下名胜时,与"巴黎铁塔""纽约铁桥"并列的,就有属于帝京的"万里长城"和"金顶妙峰山"——后者包含若干宗教活动,前者则是纯粹的"风景名胜":

> 长城筑于秦时,起临洮,迄辽东,计长四千余里。墙高三丈,底厚两丈五尺,顶厚一丈五尺。史载秦始皇使蒙将军北筑长城,却匈奴七百

---

1 《恭阅钦工》,《点石斋画报》子九,光绪十三年(1887)。
2 参见李虹若《朝市丛载》第114—115页。

余里，胡人不敢南下而牧马。当时縻财之多，施工之巨，诚为中国数千年来所罕见。自此以后，汉武帝、元魏明帝、北齐文宣帝、周宣帝、隋文帝，历代屡有增修，皆恃为西北边防之要点。本朝龙兴辽藩，定鼎燕都，东三省均隶入版图之内，声教且远迄内外蒙古焉。是则历代所经营缔造之长城，今皆一无所用，惟令考古者俯仰登临，留为中国前古之遗迹而已矣。[1]

在热兵器时代，万里长城确实早已失去其军事防御的功能，"惟令考古者俯仰登临"，发怀古之幽思。即便如此，将如此历史悠远的帝京景致，与刚刚兴起的"沪滨百景"放在一起观赏、赞叹，感觉上还是有点滑稽。

起码，北京的画报是不会这么做的。晚清北京城里创办画报的，不仅对皇家建筑视而不见，对历代文人再三吟咏的"京都八景"等，也都毫无感觉。不是缺乏审美判断，而是基于坚定的启蒙立场——比起上海的画报来，北京画报整体上显得更为平实、厚重，这与经营者的心态有关。几乎每种画报，都会见缝插针地表达自家"开通民智"的强烈愿望。这里仅以1909年创办的《正俗画报》和《燕都时事画报》为例，看看北京人是怎么看待自己的画报事业的。

《正俗画报》第1期上有一则"代发刊词"，说的是："本报同人为挽救时局起见，组织这种画报，以期纠正人心。然而一小小的画报，能有多大力量？无非尽我们一分苦心。"[2]第2期打头的，是友人的贺词："故组织报馆，命名'正俗'，以整饬风俗为宗旨，以通达民隐为其责，借绘事而传神，借不律以宣化，使朝野无壅蔽之弊，俾上下有通融之欢。"[3]第6期上，又以"代演说"的名义，发表友人对于该报的祝词："贵报出版，又多一种开通智识改正风俗的利器，实在是国民的幸福哇。而且，画报妇孺阅看，尤有益处。盖妇女为国民之母，若是一开通，那还愁国不强吗？"[4]至于第7期上的"蛰鸿来稿"，更是一则视野宏阔的"画报论"：

---

1 《万里长城》，《时事报图画旬报》第1期，宣统元年（1909）二月上浣。
2 《浅说》，《正俗画报》第1期，宣统元年（1909）闰二月初一日。
3 清天一鹤：《祝〈正俗报〉出版词》，《正俗画报》第2期，宣统元年（1909）闰二月初二日。
4 求是生：《祝本报出版词》，《正俗画报》第6期，宣统元年（1909）闰二月初六日。

第八章　城阙、街景与风情

国家之强弱,每视乎报纸之多寡为正比例。何也?盖报纸之宗旨不一,无论其为赞襄政治,矫正风俗,或研究学术,鼓吹文明,要无非促国势之进行,道人民之开化。是报之有关系于国家者大矣重矣。而画报其尤要者也。夫画报与风俗人心有密切之关系,既为教育之一助,又为美术之一端。欲知妇孺之开通与否,社会之改良与否,均视画报之优劣之涨缩为定衡。所以,关心风化者,不可不维持之推广之,使之日进于完全美满之地位者也。[1]

《燕都时事画报》第1号上的《本报发刊辞》,首先表白自家办报的"四大主义":第一"条举时弊",第二"敷陈时事",第三"维持公益",第四"并不是专以营利为目的"[2]。第6号上的《三祝报界》,提及开通民智非从办报人手不可,可惜北京风气不如南方开通,"又搭着中国文字困难,多数人缺欠普通教育,所以有报也未必都喜欢看"。"好在兴[新]出各种画报,一则能引人兴会,二则妇孺易解。这个时代,各种画报,实在是各报的先导,更是救时的功臣。"[3]第7、第8号连载的《贺〈燕都时事画报〉出版并论其利益》,区分"议论激昂"的文话报与"文理浅近"的白话报,以及"更有一番深意"的画报。至于何为画报的长处:

譬如有一件新闻,要徒用笔墨述说,任你怎样儿齐全,也不能够把当时的情景,说的分毫不差。要是把他画出来,实时的景致,当场的事况,以及人穿什么衣裳,怎么样打扮,高矮胖瘦,全能毕露纸上。您看完了上头所以纪的事情,再一看所画的图,简直的如同当场眼见一个样,岂不比徒纪事情强的多么?[4]

类似的表彰画报的文字,《燕都时事画报》上还有好多[5]。如此"连篇累

1　蛰鸿:《祝〈正俗报〉出版词》,《正俗画报》第7期,宣统元年(1909)闰二月初七日。
2　《本报发刊辞》,《燕都时事画报》第1号,宣统元年(1909)四月二十九日。
3　爱新觉罗勋锐:《三祝报界》,《燕都时事画报》第6号,宣统元年(1909)五月初四日。
4　玉仲莹:《贺〈燕都时事画报〉出版并论其利益》,《燕都时事画报》第7、第8号,宣统元年(1909)五月初五日、初七日。
5　参见《燕都时事画报》第9、12、13、51、52号等。

《营业写真》之《卖凉粉》《卖西瓜》

牍"的自我宣传,无论说的、听的,都很真诚。这或许是北方人的特点,"知耻近乎勇",明白在"开通民智"方面落后于南方,于是急起直追。可画报不同于一般的"经世文章",本是需要一点"游戏精神"的[1],太认真、太执着、太沉重,反而做不好。比起上海的画报来,北京画报普遍显得平实有余,而洒脱不足。另外,还有画家技艺的问题——毕竟,要做到"所画的图,简直的如同当场眼见一个样",不是很容易。因此,晚清北京画报崛起的多,消逝得也很快。

说到晚清北京画报之缺乏"娱乐精神",从其对于时尚女性以及娱乐新闻的处理,可以明显看出来。在上海画报中,这两者占有很大的篇幅,且大都采用"鉴赏"而不是"批判"的态度。《图画日报》上的诸多专栏,细说上海滩上的各种风景与娱乐,若《上海社会之现象》《上海曲院之现象》等,多少还带有"谴责小说"的意味,而像《上海之建筑》以及《营业写真》(后者俗名"三百六十行",连载于第1—228号,每号二幅),熔知识

---

[1] 晚清国势衰微,有识之士深感责任重大,即便"游戏"时,也都自称:"岂真好为游戏哉?盖有不得已之深意存焉者也。"参见《论〈游戏报〉之本意》,《游戏报》第63号,1897年8月25日。

第八章 城阙、街景与风情　　379

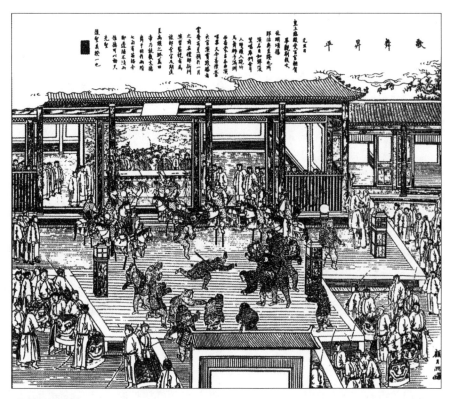

《歌舞升平》

性和趣味性于一炉，基本上没有什么道德教诲。至于《三十年来伶界之拿手戏》（第229—404号）这样的好题目[1]，本来应该是北京画报的囊中之物，可惜竟拱手相让了。

《点石斋画报》上有一幅《歌舞升平》，说的是元旦日皇上临殿受百官朝拜，然后开戏贺年。演出节目包括唱曲子、跑竹马、舞狮子以及表演摔跤等，一个月前由礼部衙门严格审查，通过的方能上演[2]。如此庄严、沉重的"演出"，必定缺乏娱乐色彩，更多的是作为"治国平天下"的工具。从礼

1　第404号《图画日报》（1910年8月）上，刊有最后一幅《三十年来伶界之拿手戏》，后有"海上漱石生"的"附识"："记者按：沪上三十年来，京苏徽陕名伶之多，不可缕计。本报每日录记，虽已得二百余人之谱，然近来杰出如……尚不止有百余人。加以女伶百余人，屈指尚有十余月可录。今因画报中辍，不得不戛然而止。他日或当编辑作单行本，以就教阅者也。"

2　参见《歌舞升平》，《点石斋画报》丙十，光绪十一年（1885）。

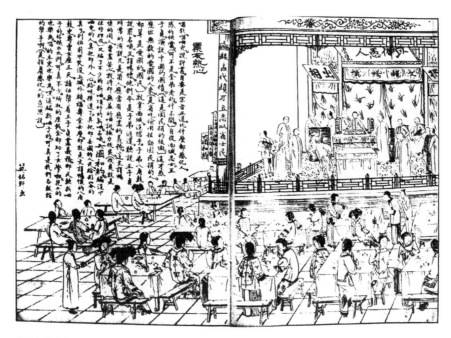

《票友热心》

部衙门的审查,到爱国志士的品鉴,着眼点都是道德教诲,而不可能顾及所谓的"娱乐精神"。在这个意义上,二者政治立场迥异,思路却是相通的。

创办于庚子事变后、肩负着启蒙重任的北京各画报,对于纯粹的"风花雪月"不感兴趣;偶尔涉及娱乐业,也都主要是指向其政治意蕴。一般的戏园,必须是上演爱国新剧,或者演出中夹杂政治演说,再不就是为了赈灾而义演,否则不值得推介。像《北京画报》上的《戏园子进化》,说的是广德楼玉成班主田际云排演新戏《惠兴女士传》,演出前还专门约请新学人士彭翼仲、王子贞、张展云登台演说;而《开通画报》上的《票友热心》,则是讲述"文韵畅怀"在福寿堂唱《六国合约》,而且卖女座三天,所得款项全部捐助女学[1]。只有这样充满政治激情的演出,北京的画报才会给予特殊的关注。

---

[1] 《戏园子进化》,《北京画报》第3期,光绪三十二年(1906)四月下旬;《票友热心》,《开通画报》第3期,光绪三十二年(1906)九月。另参见夏晓虹《旧戏台上的文明戏——田际云与北京"妇女匡学会"》(《现代中国》第5辑,湖北教育出版社,2004年12月)一文的考辨。

既具备一定的娱乐性,又有利于思想启蒙,还能允许普通民众参与,这样的公共活动,在晚清北京,大概唯有新兴的"公园"。皇家禁苑有很大的排他性,妓院及戏园又缺乏道德感,作为地理学以及文化意义上的公共空间,"公园"的出现,对于古都北京的意义非同寻常。这就难怪,敏感的画报制作人,会对"小荷才露尖尖角"的"公园"抱有如此浓厚的兴趣。

1902年创办的《启蒙画报》,曾对欧西各国已经相当普遍的"公家花园",做了专门介绍:"这公园因何叫作公家呢?因这一处地方,人亦多了,每逢礼拜日,那里去游玩呢?因此造了一所花园,亭台池沼,鸟兽花木,都可以赏心悦目。饮酒品茶,驰马下棋,样样均备。一人所费,顶多不过一二元罢。北京城十刹海,是玉泉山最好的水,地方极大,极幽雅,真是天生的一个公家花园。"[1] 大概嫌说得不够仔细,接下来,编者又连续五次专门讲述公园。在《叙花园二》中,说到公园里便于各种人之间的交往:"这种教化,中土人士见所未见。现在要是有人照办,必要闹出笑话来。风俗轻薄,亦难怪官来禁止。上海味莼园,所以必须在租界内也。"而在《叙公园三》中,又有对于公园情景的精细描述:

> 也有一家团聚闲谈的,也有闲步唱歌的,也有领着小孩,坐在椅子上教书的,也有坐着小马车,穿林游逛的。各人自乐其乐,天机活泼,没有一分拘束。这种境界,就是那一字不识的人,走入公园,他的胸襟,亦可以立时开化。……学生们自己想想,若是我们京里有这公园,逛的人自然不少。[2]

公园让人放松,可以怡情养性;公园有利于教化,可以开阔胸襟;但最重要的是,公园姓"公",普通民众可以自由出入。而这,在皇权至上的晚清,根本无法实现。

北京城里建公园,这一良好愿望,只能等辛亥革命成功后,才有逐步实现的可能。民国肇始,头几年,皇城内依旧是禁地。另外,因南北军代表订立的清皇室优待条件内明确规定,清帝逊位后迁居颐和园,等于间接承认颐

---

1 《公家花园》,《启蒙画报》第7册,光绪二十八年(1902)十一月。
2 《叙公园三》,《启蒙画报》第7册,光绪二十八年(1902)十一月。

和园是溥仪的私产。因此,所谓的"公园开放运动",虽也在逐渐展开,却是一波三折。对于拓展北京这座古老城市地理意义上的"公共空间",此举虽步履蹒跚,却于国民精神与文化建设大有裨益[1]。当初为此运动而撰写的众多宣传文字,浅显易懂,切中肯綮,且十分有趣:"现在星期休息,中国已经通行,但是通都大邑,没有个正当的游玩地处,因而闹得多数男子,都趋于吃喝嫖赌的道儿上去……设立公园,便是改变不良社会的一种好法子。"[2]将皇家禁地改造成真正意义上的"公园",最早的成功例子,便是旧时的社稷坛、今日的中山公园。

1914年秋,朱启钤建议辟社稷坛为公园,并因此发起募捐。列名发起人的,有段祺瑞、朱启钤、汤化龙等,而捐款最多的则属徐世昌和张勋。其募捐启事曰:

> 敬启者:窃以京都首善之地,人文骈萃,圜阓殷繁,向无公共之园林,堪备四民之游息。卒致城市之居,嚣闉为患;幽邃之区,荒芜无用。果能因地拓建,仿公园之规制,俾都中人士休沐余暇眺览其间,荡涤俗情,怡养心性,小之足以裨益卫生,大之足以转移风俗,消息至微,影响实巨。[3]

接下来就是引经据典的"考之欧美"云云。作者提议改成公园的,包括"南城先农坛、天坛,北城之积水潭、十刹海"等,而最值得马上经营的,则是"地址恢廓、殿宇崔巍,其松柏之古茂,即欧美公园亦不多觏"的社稷坛。实际上,在朱启钤的积极倡导与亲自主持下,1914年后,诸多皇家禁地如社稷坛(1914)、先农坛(1916)、天坛(1918)陆续向公众开放,至于北海以及颐和园之正式成为国家公园,则迟至1925年和1928年[4]。

---

1 参见史明正《走向近代化的北京城——城市建设与社会变革》第136—158页。
2 参见《市政通告》第二卷(1914),转录自史明正《走向近代化的北京城——城市建设与社会变革》第140—141页。
3 《中央公园廿五周年纪念刊》第2页,(北京)中央公园委员会,1939年。
4 关于北京的坛庙与园囿如何转变为公园,请参见汤用彬等著《旧都文物略》第三章"坛庙略"和第四章"园囿略",第35—79页,北京:书目文献出版社,1986年;另外,王炜、阎虹的《北京公园开放记》(《北京观察》2006年第11期)对此过程做了简要描述,可参阅。

所谓的"皇家禁苑",确实是在进入民国后才逐渐开放的;但慈禧太后于"新政"期间,在西直门外满洲亲王三贝子的花园里赐建的"万牲园"(即今北京动物园),仍可视为北京最古老的"公园"。提到"万牲园",不能不涉及此前北京已有的"万兽院"。1875年的《万国公报》上,曾刊发主编林乐知的《书〈申报〉创设博物院后》,称京城里皇宫西首大主教堂中设有"万兽院",搜罗中外奇禽异兽,"大而狮子,小而燕雀,无一不备,即螳螂蚱蜢等物,亦列其中";但那是"死者如生,枯者转荣"的标本[1],而非活物。换句话说,"万牲园"与"万兽院",虽然字面上看起来差不多,其实大相径庭——后者为博物馆,前者则是动物园。

据《清实录》,光绪三十二年(1906)八月二十六日,出使各国考察政治大臣戴鸿慈、端方等奏:"各国导民善法,拟请次第举办。曰图书馆,曰博物馆,曰万牲园,曰公园。"[2]其中的筹办万牲园,因无关政局,且近乎游玩嬉戏,得到了慈禧太后等的大力支持,得以迅速展开。1907年6月5日,端方出洋期间定购的动物抵达天津塘沽,随后转运北京,这批动物包括斑马、花豹、狮子、老虎、袋鼠、鸵鸟等,一共装运了59笼[3]。1907年7月19日,万牲园正式接待游客[4]。

如此新奇的"万牲园",在引起公众广泛兴趣的同时,很快也进入了画家的视野。第39号的《星期画报》上,有关于万牲园的翔实介绍:

> 西直门外三贝子花园,现在改作公园,又叫作万生园。里面安放着各种猛兽,各样异禽,都是中国人不常见的动物,许各色人入内游玩。为教华人开开眼,除礼拜日期不放游人外,其余单日男子入内,双日女子入内,每人收资铜元二十枚。开办以来,游人很多。[5]

游园规则同样见诸其他报刊;此画报的特出之处在于,追问老虎为何不咬德国饲养员,而对前来挑逗的中国人很不友好,难道真的是"兽欺华人"?同

---

[1] 参见林乐知《书〈申报〉创设博物院后》,《万国公报》第八年第三百六十二卷,1875年11月13日。
[2] 见魏开肇等辑《清实录北京史资料辑要》第582页。
[3] 《选购禽兽装运入京》,《大公报》1907年6月5日。
[4] 参见刘珊《万牲园史考》,《文物春秋》2003年第3期。
[5] 《兽欺华人》,《星期画报》第39号,光绪三十三年(1907)七月。

《花条马》

期画报还有一幅《花条马》,说的是:两匹斑马格外好看,在万牲园中独擅大名;记者因此很不服气,认为那只是皮毛而已。"窃恐怕伯乐复生,斯马必无取焉"——如此道德化的解读,未免太过迂腐。

变成"时尚"场所,也就会有各种匪夷所思的故事发生。1908年的《星期画报》,便曾对阔人"游园"时之横冲直撞表示极大的愤慨:

> 万牲园定章:凡入园游逛的人,无论是谁,都不准骑马坐车进去,人力车自行车也不准自己携带。自从开办,人人遵守。六月中旬,忽然有两个阔人游园,楞骑着双座自行车闯进去了,守门的人也不敢拦。到了园中,还有几个跟人,前护后拥,大声喊叫:让道儿啊!让道儿啊!这总算个游园的特色喽。[1]

---

1 《游园特色》,《星期画报》第80号,光绪三十四年(1908)六月。

《女学生游万牲园》　　　　　　《妓女好静》

连纯粹的娱乐活动,都要分出个三六九等,如此"游园特色",只能属于极端崇拜权力的帝京。

万牲园的最大特色在珍禽异兽,可偏偏有人看中的是花卉与林木。上海的《舆论时事报图画新闻》曾提及,北京女子师范学堂50名学生偕同堂中各教习,乘人力车到万牲园游览,画面上就只见植物,而没有任何动物的影子[1]。不能完全归咎于上海画家的凭空捏造,《燕都时事画报》也曾报道:京城里某校书很是文雅:"日前,独自一人赴万牲园游逛,在竹林中久坐。听说该校书见天如此,哈哈,可称好静啊。"[2] 不管是来看异兽,还是来赏花木,万牲园作为晚清帝京唯一的公园(虽然必须付费),在那个时代,必定凝聚了无数公众歆羡、赞许的目光,因此也就很容易"入画"。

---

1 《女学生游万牲园》,《舆论时事报图画新闻》,宣统元年十二月。
2 《妓女好静》,《燕都时事画报》第72号,宣统元年(1909)七月十二日。

四、日渐模糊的风俗画

光绪十年（1884），暮春时节，申报馆主人美查为创办《点石斋画报》，特意写下这么一段话："爱倩精于绘事者，择新奇可喜之事，摹而为图，月出三次，次凡八帧，俾乐观新闻者有以考证其事，而茗余酒后展卷玩赏，亦足以增色舞眉飞之乐。"[1]这里强调的是，"新闻"＋"绘事"＝"画报"。既然称"报"，从属于新闻，似乎没有任何疑义；问题在于，同一份报章，有各种专栏，所谈之事，可以是"新闻"，也可以是"旧知"，只要"新奇可喜"、能"增色舞眉飞之乐"就行了。这就难怪，《点石斋画报》中存在着大量没有多少新闻性的画面，后人为之编辑专门的"时事风俗画"[2]，或者论述吴友如的贡献时，兼及其"新闻画"与"生活画"，都是意识到其中的缝隙[3]。

表面上，这些图像也有时间、地点、人物，具备所谓的新闻三要素。可明眼人一看就明白，"事件"本身无关痛痒，作者真正关心的，是作为背景的"风土人情"。具体说来，就是兼采传统的"岁时记"与"风俗画"，用文字和图像呈现某一城市（或区域）的"风俗志"。像《点石斋画报》中的《京师求雨》《佛寺晒经》《庙祀财神》《验收驼马》等[4]，所着力描摹的，便是帝都北京特有的"风情"。

自南朝梁宗懔撰《荆楚岁时记》起，历代文人多有对"岁时纪胜"感兴趣的；类似的著述，不说汗牛充栋，起码也是车载斗量。除了"记"，还有"诗"，宋人蒲积中编《古今岁时杂咏》46卷，收诗2700余首，正所谓"非

---

1 尊闻阁主人：《点石斋画报缘启》，《点石斋画报》第1号，1884年5月8日。
2 参见吴庠铸编《点石斋画报的时事风俗画》，人民美术出版社，1958年。此书以及《点石斋画报时事画选》（郑为编，中国古典艺术出版社，1958年），其编辑思路明显受郑振铎的影响。
3 郑振铎高度评价《吴友如画宝》以及吴为《点石斋画报》《飞影阁画报》所绘制的诸多"生活画"，称其为"中国近百年很好的'画史'"（参见郑振铎《近百年来中国绘画的发展》和《〈中国古代绘画选集〉序言》，《郑振铎艺术考古文集》第193页、185页，文物出版社，1988年）。可实际上，吴友如的"生活画"，并非全都具有"新闻性"；这一点，在《吴友如画宝》中尤其明显。
4 《京师求雨》，《点石斋画报》甲十一，光绪十年（1884）；《佛寺晒经》，《点石斋画报》甲十二，光绪十年；《验收驼马》丙二，《点石斋画报》光绪十年；《庙祀财神》，《点石斋画报》丁七，光绪十一年（1885）。

《京师求雨》

《佛寺晒经》

惟一披方册，而四时节序具在目前，抑亦使学士大夫因以观古今骚人用意工拙，岂小益哉"！[1] 无论杂史、笔记还是诗文，关于"岁时"的文字，读书人一般都比较熟悉；相对来说，"风俗画"因留存及传播较为困难，其发展脉络便不见得广为人知。

就其对世俗生活的细致描摹和生动表现，宋人张择端的《清明上河图》当然是集大成者——借助于生产、贸易、旅游等生活场景，将500余口人物，50余匹牲畜，与城门、店铺、街道、桥梁、船只、车轿等交织在一起，纵横起伏，错落有致，实在让人叹为观止。可《清明上河图》并非孤例，更不是自我作古，此类表现意识，起码汉人画作中已露端倪。民国初年，陈师曾撰《中国绘画史》，称许汉武梁祠等画像石刻"多画帝王、圣贤、孝子、烈士、战争、庖厨、鱼龙杂戏等，刻画朴拙，亦可想见当时衣服车马风俗之制度"[2]。对于此说，鲁迅定然心有戚戚焉，单看他不断收集汉唐画像石，还曾设想"择其有关风俗者，印成一本"[3]，就可以明白。而最近50年，考古新发现层出不穷，汉墓壁画以及画像石、画像砖等大量涌现，其对于汉代社会生活的描绘，包括车马出行、战争狩猎、乐舞百戏、农耕纺织以及庖厨宴饮等，几乎到了"无远弗届"的地步。

史家论及"中国人物画的产生与发展"时，对于"历史上优秀的风俗画，可以让观者好像亲历于千百年前的市井中"，表示极大的赞赏——若唐代展子虔《长安车马图》、韩滉《田家风俗图》，宋代燕文贵《七夕夜市图》、李嵩《货郎图》，以及大名鼎鼎的《清明上河图》等，这些"都是宋及其以前有名的风俗画"。至于晚清吴友如绘《点石斋画报》，"把'里巷所闻，码头所见'，甚至把'洋人洋枪洋货'都入画"，在艺术史家王伯敏看来，也应该属于这个传统[4]。

其实，在吴友如之前，清代有两批很成规模的风俗画，值得关注。乾隆四十五年（1780），弘历南巡，金德舆奉上请方熏所绘有关两浙风土人情的《太平欢乐图》，博得龙颜大悦。光绪十五年（1889），上海刊行该

---

1 参见蒲积中《〈古今岁时杂咏〉序》，《古今岁时杂咏》，辽宁教育出版社，1998年。
2 《中国现代学术经典·鲁迅、吴宓、吴梅、陈师曾卷》第748页，河北教育出版社，1996年。
3 鲁迅：《致姚克》，《鲁迅全集》第十二卷第359页，人民文学出版社，1981年。
4 王伯敏：《中国绘画通史》下册第573—574页，生活·读书·新知三联书店，2000年。

第八章　城阙、街景与风情　　389

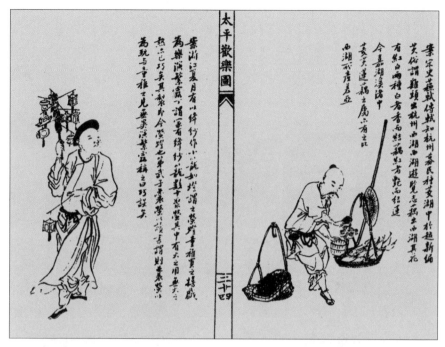

《太平欢乐图》

书的石印本，吴涂在序言中称许该图"其中负者、戴者、手挈而肩挑者，形神逼肖，百货骈臻，益以见当时景运之隆"。正如《三百六十行图集》编纂者所说的，普通百姓的劳作，文献本来就很少记载；即便竹枝词或通俗小说中有所描写，单靠文字也都难尽其幽微，故，"在摄影技术发明之前，这些绘画，为读者提供了最真切、最写实的社会生活图景"[1]。约略与此同时或稍后，在广州，也有一批外销画家正致力于市井生活的描绘。19世纪30年代庭呱所绘的360幅外销画，描绘的是广州的市井行当；而18世纪末蒲呱所绘同一题材的水粉画，则是100幅。对于理解特定时代广州的街头生活，这两批画作大有裨益，确实当得起"19世纪中国市井风情"的大名[2]。

1　参见王稼句《〈三百六十行图集〉前记》，《三百六十行图集》，古吴轩出版社，2002年。此书共选辑关于三百六十行的旧绘十种，《太平欢乐图》亦在其中；吴涂序言见该书第9页。
2　这些外销画现藏美国马萨诸塞州赛伦市的皮博迪·埃塞克斯博物馆，由黄时鉴、沙进整理成册，以"十九世纪中国市井风情——三百六十行"为题，于1999年由上海古籍出版社公开刊行。为帮助（转下页）

《冰上行槎》

　　《点石斋画报》中，讲述上海街头的"洋人洋枪洋货"的，好些是货真价实的"新闻画"；反倒是描述各地民众日常生活的，更符合"风俗画"的定义。那些关于东西南北岁时习俗的精细描摹，不管你用的是什么由头，读者都将其作为"风俗画"欣赏。举个例子，冬天北京人滑冰或乘冰床，这对于南方的读者来说，无疑具有很大吸引力。欣赏下面这幅《冰上行槎》，没有人会去追问那三个少女姓甚名谁，大家关注的，都是那"风雪中望之，俨然图画"：

　　京师近日天气甚寒，护城河渠积冰厚尺许，冰槎以此均下河。都人士女乘之往来，疾如飞梭，风雪中望之，俨然图画。初三日，阜城

（接上页）读者了解相关背景，编者还为许多画幅选配了清人所撰竹枝词。

[成]门外北河,有少女三人,雇之而赴西直门,掣电流星,快利无比。行至半途,槎忽陷入,幸经别槎救起,始获无恙。然而罗袜淋漓,受寒不浅矣。说者曰:河伯殆将娶妇,故将致意于冰上人乎?[1]

冬天乘冰床游玩,这是老北京流传久远的习俗。潘荣陛刊于乾隆二十三年(1758)的《帝京岁时纪胜》中,略为介绍了此种"以木作床,下镶钢条,一人在前引绳,可坐三四人,行冰如飞,名曰拖床"的玩意[2]。而富察敦崇刊于光绪三十二年(1906)的《燕京岁时记》,其"拖床"一节,有更为精细的描写:

> 冬至以后,水泽腹坚,则十刹海、护城河、二闸等处皆有冰床。一人拖之,其行甚速。长约五尺,宽约三尺,以木为之,脚有铁条,可坐三四人。雪晴日暖之际,如行玉壶中,亦快事也。至立春以后,则不可乘,乘则甚危,有陷入冰窟者,而拖者躲矣。[3]

如此"快事",对于初来乍到的外地人来说,是非观赏或亲自尝试不可的。初刊于光绪十二年(1886)、光绪年间广泛流传的"北京旅游指南"《朝市丛载》,全书共8卷,"举凡禁城之壮丽,衙署之纷繁,以及名人书画、厂肆珍玩,下至游宴之所、饮馔之细,无不备载而详说之"[4]。单从游玩角度看,卷六介绍的"市廛""寺观""古迹""戏园"以及"京都八景"等,最值得流连。而"时尚"部分,专门推荐的有"走堂""踢毽""轿夫""车夫""冰床""演官跤""灵雀衔丸""抖空竹"和"冰鞋"9种。其中对于"冰床"的介绍如下:"形如木床,下拖钢条,用绳曳之如飞。人坐甚稳,便于车马,如在琉璃世界行矣。"[5] 该书卷七《都门杂

---

1 《冰上行槎》,《点石斋画报》丙四,光绪十年(1884)。
2 潘荣陛、富察敦崇:《帝京岁时纪胜·燕京岁时记》第37页,北京古籍出版社,1981年。
3 《帝京岁时纪胜·燕京岁时记》第91页。
4 李虹若:《朝市丛载·自序》,《朝市丛载》,北京古籍出版社,1995年。该书《例言》称:"是书之作,原为远省客商而设,暂时来京,耳目难以周知,故上自风俗,下至饮食、服用以及游眺之所,必详细注明,以资采访,庶几雅俗供[共]赏。"
5 参见李虹若《朝市丛载》第118页。

咏》，杂钞前人及同时代人众多关于节令、人事、食品、市廛、风俗、技艺等的诗篇，其中《冰床》一则，版权应归杨静亭。

杨静亭的《都门杂咏》，初刊于道光二十五年（1845），其中《冰床》一首云：

> 十月冰床遍九城，游人曳去一毛轻。
> 风和日丽时端坐，疑在琉璃世界行。[1]

清人关于"冰床"的杂咏，可与杨诗相发明的，还有方元鹍的"爱他数里冰床坐，稳似春江一叶舟"（《都门杂咏》），以及褚维垲的"唤坐冰床载人去，顺成门外到前门"（《燕京杂咏》）。褚诗小注，涉及乘坐冰床的价格，还有点经济史意义："城河冰冻，俱设冰床，由顺成门拉至正阳门，约三四里，价以三四钱。"[2] 无论是潘荣陛、富察敦崇，还是杨静亭、李虹若，都将坐冰床作为一种纯粹的娱乐活动，只看到了"疑在琉璃世界行"之惬意，而没意识到这可能也是一种繁重的劳作。反倒是20世纪初编写《北京志》的日本人，注意到北京城里存在着两种截然不同的冰床："城外护城河及运粮河的冰床专为实用，而此处（什刹海）冰床则专供游玩之用。"[3]

如果只是介绍"冰床"之类习俗，这样的"风俗画"，不会有太大的争议；即便你不喜欢，也都无伤大雅。问题在于，传统中国的"岁时"，多有宗教背景。就像前面提到的《京师求雨》《佛寺晒经》《庙祀财神》《妙峰香市》《超度孤魂》等，其庄严的仪式，与佛教或道教息息相关。不妨以《超度孤魂》为例：

> 京师西直门外高粱桥，为玉泉山水东流必经之处，然地近荒僻，时有投河身死之人。七月十五日，该处建盂兰盆会，延僧设醮，普济孤魂。一时鬓影衣香，络绎于道。入夜，念经毕，施放河灯，万朵金莲，

---

[1] 杨静亭：《都门杂咏》，路工编选《清代北京竹枝词》第82页。《朝市丛载》收入此诗时，改"一毛轻"为"一绳轻"，"风和日丽"为"风和日暖"（第145页）。

[2] 参见孙殿起辑、雷梦水编《北京风俗杂咏》第39、52页，北京古籍出版社，1983年。

[3] 原京师大学堂总教习服部宇之吉主编的《北京志》，1908年由东京博文馆刊行；中译本改名《清末北京志资料》（张宗平等译），燕山出版社，1994年。此处引文见中译本第555页。

第八章　城阙、街景与风情　393

《超度孤魂》

　　浮荡水面，波光照耀，上下通明，诚一时之佳景也。[1]

西直门外高粱桥，因风景绝佳，常在清人的诗文中出现[2]。至于七月十五盂兰盆会，更是个流传久远、带有浓厚宗教意味的古老习俗。所谓"盂兰盆"，乃梵文Ullambana的音译，意为"救倒悬"，源于大目犍连救母的佛教传说[3]。自南朝梁大同四年（538）梁武帝于同泰寺设盂兰盆斋，中国各地逐渐形成了以

1　《超度孤魂》，《点石斋画报》乙三，光绪十年（1884）。
2　清人别文椇《燕京咏古》中有云："高粱桥水玉泉来，疏柳沿溪佛舍开。绝胜江南风景好，游人三月踏青去。"见王利器等辑《历代竹枝词》第五卷第4119页，陕西人民出版社，2003年。
3　清人富察敦崇《燕京岁时记》云："中元日各寺院设盂兰会，燃灯唪经，以度幽冥之沉沦者。按释经云：目连以母生饿鬼中不得食，佛令作盂兰盆会，于七月十五日以五味百果着盆中，供养十方大德，而后母得食。目连白佛，凡弟子行孝顺者亦应奉盂兰盆供养。佛言大善。后世因之。又《释氏要览》云：盂兰盆乃天竺国语，犹华言解倒悬也。今人设盆以供，误矣。"参见《帝京岁时纪胜·燕京岁时记》第76页。

放焰口施饿鬼食、在河中放莲灯为主的民间习俗,主旨是拜祭祖先,超度亡灵,送走灾祸疾病,祈求吉祥平安。

明清两代文人,对此习俗在京城里的表现,有很多精彩的描写。若明刘侗、于奕正《帝京景物略》卷二"春场"则:"(七月)十五日,诸寺建盂兰盆会,夜于水次放灯,曰放河灯。最胜水关,次泡子河也。"[1]清潘荣陛《帝京岁时纪胜》"七月"部分有:"每岁中元建盂兰道场,自十三日至十五日放河灯,使小内监持荷叶燃烛其中,罗列两岸,以数千计。又用琉璃作荷花灯数千盏,随波上下。"[2]当然,最精彩的,还属富察敦崇初刊于光绪三十二年(1906)的《燕京岁时记》——该书涉及此习俗的有"中元""荷叶灯""法船""盂兰会""放河灯"五则,摘两段文字,以见其风采:

> 中元黄昏以后,街巷儿童以荷叶燃灯,沿街唱曰:"荷叶灯,荷叶灯,今日点了明日扔。"又以青蒿粘香而燃之,恍如万点流萤,谓之蒿子灯。市人之巧者,又以各色彩纸制成莲花、莲叶、花篮、鹤鹭之形,谓之莲花灯。

> 运河二闸,自端阳以后游人甚多。至中元日例有盂兰会,扮演秧歌、狮子诸杂技。晚间沿河燃灯,谓之放河灯。中元以后,则游船歇业矣。[3]

从古到今,观赏"放河灯"的文人,不见得全都信仰佛教,但大都会承认,这确实是"一时之佳景"。正因如此,才有一而再、再而三的追忆、咏叹与描摹[4]。

有趣的是,同一座城市,同一种习俗,20年前在上海画报中备受赞赏,20年后在北京画报中则成了批判的对象。1906年的《北京画报》上,

---

[1] 刘侗、于奕正:《帝京景物略》第69页,北京古籍出版社,1983年。
[2] 《帝京岁时纪胜·燕京岁时记》第27—28页。
[3] 同上书,第75—76页。
[4] 如清人方元鹍《都门杂咏》:"佛寺盂兰荐九幽,银山衣库积成邱。儿童也爱中元夜,一柄荷灯绿盖头。"见孙殿起辑、雷梦水编《北京风俗杂咏》第39页。

甚至出现了要求警厅取缔盂兰盆会的说法："中国迷信的风俗，说七月十五是鬼节，要念经烧法船，超度鬼魂……这样有碍风化的事情，按说警厅应当管一管。"[1]

不仅中元节烧法船备受讥讽，连过"中秋"也都成了不可饶恕的"陋习"："月球随着地球转，那有什么神仙！只因古人造过一句谣言，说唐明皇游月宫……"至于妙峰山庙会，同样不敢恭维："京西妙峰山，年年四月间开庙，迷信的愚人，都去烧香……"[2]重阳佳节，登高望远，没有什么宗教背景，可作者依然认定，维新时代，何必多此一举[3]？好不容易有了新春正月的厂甸集会，画面上挤满糖葫芦、大风筝，可画家真正关切的，却是有人故意揪断气球的线，以便在女人堆里乱挤："不想极维新极文明的地方，也会出这种怪现象，咳！"[4]《浅说日日新闻画报》上连载的《燕尘杂志》，提及每到秋间，街巷里到处叫卖"山里红"；还说京师阔少，每到季秋皆养梧桐（鸟名）[5]，这些，总算有点民俗的味道，可在画报中的位置很不重要，近乎补白性质。换句话说，晚清北京画报的制作者，并不看好那些隽永清新的"风俗画"，即便偶尔出现，也都被赋予教诲的意味。

为何有此转折？并非上海与北京两座城市趣味迥异，而是时代变了，高扬"科学救国"旗帜的维新志士们，更多地考虑如何破除迷信，而无暇欣赏"岁时风俗"背后庶民的心情以及仪式的美感。同样刊行于上海的《绣像小说》，不也同样喜欢发表破除迷信的连载小说，如李伯元的《醒世缘弹词》、吴趼人的《瞎骗奇闻》、嘿生的《玉佛缘》以及壮者的《扫迷帚》等。可见，这里起决定因素的，是"时代风气"，而不是"地域特色"。

初刊《绣像小说》第43—52期（1905）、光绪三十三年（1907）始由商务印书馆推出单行本的《扫迷帚》，开篇第一句话就是："看官，须知阻碍中国进化的大害，莫若迷信。"既然"欲救中国，必自改革习俗入手"，小说于是

---

1 《七月十五城隍庙》，《北京画报》第11期，光绪三十二年（1906）七月中旬。
2 参见《中秋陋习》，《北京画报》第14期，光绪三十二年（1906）八月中旬；《野蛮结会》，《北京画报》第1期，光绪三十二年（1906）。
3 《说登高》，《两日画报》第6期，光绪三十三年（1907）九月十二日。
4 《有伤风化》，《日新画报》第21期，光绪三十四年（1908）正月十六日。
5 《燕尘杂志》，《浅说日日新闻画报》第279、287号，宣统元年（1909）八月初二日、初十日。

《扫迷帚》

借表兄弟间关于科学与迷信的争辩，逐渐展开"苏州迷信风俗志"[1]。小说第四回，同样有关于盂兰盆会的描写："中国民俗，每逢七月下浣，大都敛钱做那盂兰盆会。日则扎就灯彩鬼像，沿街跳舞，夜则延请僧道，拜忏唪经，搭台施食。各处大同小异，而以苏州为最著。"力主反对迷信的主人公资生等，此时也都"逢场作戏，随众观看"。接下来关于鬼出会场面的描写十分精彩，尤其是"鬼混鬼跳，鬼笑鬼闹，一路人看鬼，鬼看人，应接不暇，两人看着大笑不止"[2]，更是充满人情味，而忘却了原先设定的反迷信任务[3]。

晚清小说及画报中热火朝天的"破除迷信"，代表了那个时代思想的主流。经过庚子事变，亡国惨剧迫在眉睫，志士们以救国为第一要务，根本没

---

[1] 阿英称壮者此书为"苏州迷信风俗志"，对其总体评价是："《扫迷帚》是以朴质清丽的笔姿，缜密的理论，不可变易的事实，扫荡着一切的迷信风俗，可说是晚清的一部最优秀最有着影响的启蒙运动的书，但不能说是一部优秀的小说。"参见《晚清小说史》第116、120页，人民文学出版社，1980年。

[2] 《新中国未来记·扫迷帚·玉佛缘》第116—117页，百花洲文艺出版社，1996年。

[3] 正如阿英说的："这部小说最好的部分，不是各地迷信事件的报告，而是苏州迷信风俗的叙述。"参见《晚清小说史》第118页。

有心思谈风月,说民俗。正因提倡启蒙、破除迷信成了最为响亮的口号,京沪两地的画报中,"风俗画"日渐隐去,乃至基本消失。回到特定的历史情境,体贴那代人的忧心如焚,对于其驱逐"风俗画"之举措,虽不大以为然,却也可以有通达的体认。

这一抉择,使得晚清画报着力捕捉瞬息万变的"时事",而相对忽略同样风情万种的"民俗"。在我看来,只从"反迷信"的角度来解读"妙峰香市"等,是远远不够的。此举在政治史上,或许是个进步;可由此导致画报中美感的丧失,实在可惜。更何况,积淀在风俗中的"集体记忆"——即便是"迷信",是否非彻底铲除不可,也都还有商量的余地。

日本学者伊藤虎丸解读鲁迅早期论文《破恶声论》(1908)时,对于"伪士当去,迷信可存"的阐释,可谓独具慧眼:"鲁迅反对将'迷信'看作异端的态度,也反对仗着所谓'正确的''有权威的'思想来统一国民的思想,拒斥以'正'裁'迷'。所谓'正确的东西',实际上是某个时代、某种社会集团的'多数派'的意思。"[1]对于整日标榜"科学"和"正信"、但又缺少精神信仰的"伪士",鲁迅相当鄙视;而对于民众自发的、发自内心的信仰,鲁迅则表示充分尊重。借助鲁迅的思路,反省晚清画报之急功近利——因"反迷信"而舍弃"风俗画",或许不无裨益。

五、十字街头的"巡警"

所谓的"集体记忆",有新旧、大小之分。若重阳节之登高赏菊插茱萸,乃全国各地都有的习俗,晋人周处的"九月九日折茱萸以插头上,辟除恶气而御初寒"(《风土记》),以及唐人王维的"独在异乡为异客,每逢佳节倍思亲;遥望兄弟登高处,遍插茱萸少一人"(《九月九日忆山东兄弟》),是所有中国读书人都耳熟能详的。至于《点石斋画报》描写的"妙峰香市",则只属于北京及周边地区[2]。据《燕京岁时记》称:"每届

---

1 伊藤虎丸著、孙猛等译:《鲁迅、创作社与日本文学》第90页,北京大学出版社,2005年。
2 参见《妙峰香市》,《点石斋画报》丁八,光绪十一年(1885)。另,主要活跃于清末民初的张朝墉,其《燕京岁时杂咏》有曰:"四月榆钱满路飞,紫樱桃熟麦苗肥。鬓髿野花君莫笑,妙峰山里进香归。"见孙殿起辑、雷梦水编:《北京风俗杂咏》第59页。

《妙峰香市》

四月,自初一日开庙半月,香火极盛。……人烟辐辏,车马喧阗,夜间灯火之繁,灿如列宿。以各路之人计之,共约有数十万。以金钱计之,亦约有数十万。香火之盛,实可甲于天下矣。"[1]同样是山欢水笑人仰马翻的民俗,前者据说起源于战国时代,后者则不过三百年历史[2]。形成时间有长短、流播空间有广狭,但只要肯下功夫仔细描摹,任何民间习俗,都可转化为一幅幅精彩的风俗画。

值得注意的是,在特定地域里,有一些刚刚兴起的社会场景或生活习

---

1 《帝京岁时纪胜·燕京岁时记》第62—63页。
2 1925年4月30日至5月2日,受北大风俗调查会之托,顾颉刚等5人对位于北京城西北80里的妙峰山进行了学术考察。事后,顾将调查组成员各自撰写的文章编为《妙峰山进香专号》,在《京报副刊》上连载,又于中山大学刊行《妙峰山》一书(1928)。对于此次民俗学田野作业的感受,顾在《古史辨第一册自序》中有精彩的描述,可参考。

惯，还没积淀为"风土人情"，但已经成为该地区的代表性风景。对于此类"风景"的鉴赏与描摹，是晚清画报的一种特殊贡献。当初不过是记录趣闻，随意点染，无心插花，没想到日积月累，竟逐渐成为公众的共同记忆。

如果说晚清上海洋场最具冲击力的视觉形象，是马车上花枝招展的妓女；那么，北京街头最值得记忆的形象，则当推身穿制服、手执警棍的巡警。1908年的《北京日日画报》上，有一幅《北京大街景象》，用相当稚拙的文字和画笔，介绍京师的六项新事物："槐与柳两行碧青；设岗位指挥交通；太平桶以防危险；自燃灯大放光明；石子路洒扫干净；四轮车最走当中。"[1]在这图解式的"新街景"中，十字街头手执警棍的巡警，竟成了画面的中心。

为何地位卑微的"巡警"，竟然成了画报关注的中心？这恐怕与北京作为帝都的特性有关。如果说世界史上，决定城市兴衰的，主要是宗教、政治与经济三大要素；那么，对于中国的城市来说，政治的作用尤其明显[2]。作为帝国的行政中心，增加人口、扩大就业以及繁荣经济等，都不是关键所在；军事防御以及社会治安，方才是重中之重。比较晚明的城市图像，《皇都积胜图》中进贡方物的使节以及巍峨壮观的城墙，在在提醒你北京作为"政治都城"的特点；而《南都繁会图》则着力渲染南京市井的繁华，"仿佛在摩肩擦踵的人群中，在不断的视觉景象与消费活动中，方有城市的感觉"[3]。这与其从画家的个人立场（坚持还是背叛"官方及文士的观点"）寻找原因，还不如承认城市本身的性格起决定性作用。晚清上海与北京的区别，也类似于此——"商埠"与"帝都"之间的差异，单从街景就能一眼看出来。晚清北京画报之所以格外关注巡警，大概是无意识的；但这也在意料之中——毕竟，对于帝京来说，如何维护社会治安，是个重大的难题。

1902年1月7日，庚子年间狼狈出逃的慈禧太后等，终于从西安返回北京。面对满目疮痍且"人心浮动，抢劫横行"的帝都，当务之急，是如何

---

1 《北京大街景象》，《北京日日画报》第4号，光绪三十四年（1908）五月二十六日。
2 乔尔·克特金《城市的历史》（谢佩奴译，台北县：左岸文化，2006年）提及："决定城市兴衰的三大要素：具备宗教场域、提供庇护及施展权力、刺激贸易活动"（第35页）；而历史上，"决定中国城市命运的不是经济而是政治"（第91页）。
3 参见王正华《过眼繁华——晚明城市图、城市观与文化消费的研究》，载李孝悌编《中国的城市生活》第1—57页，（台北）联经出版事业公司，2005年。

除暴安良，稳定局面[1]。查《清实录》，光绪二十八年（1902）的奏折及上谕，基本上是围绕这个话题来展开的。一开始，京城里的治安，由步军统领衙门、顺天府和五城御史共同负责；1904年起，意识到"巡警为方今要政"，于是多有推广警政的奏折及上谕[2]。据1908年刊行于东京的《北京志》，所谓"北京的警察制度"，起步处是模仿上海工部局，在京城里设立工巡局，负责督修街道、管理巡捕等事务；随着影响日渐扩大，该机构接收了步军统领衙门在管理治安方面的实际权力。"后来，由于巡警部之设置，警察事务终于受到与其他政务同样之重视，新制度之基础日益坚固。"[3]对于半推半就的晚清"新政"来说，改革官制、编练新军、设立新式学堂（包括"高等巡警学堂"），以及建立新的警察制度，都是可圈可点之处。

同样担负维护社会治安重任，使得"毛贼潜踪明火少"，比起此前的"团防新设夜巡更，响炮鸣锣不断声"来[4]，巡警似乎更具权威性。除了"挟洋自重"，更因其"土黄色制服"和"三尺警棍"[5]，使得十字街头的巡警，颇具观赏性。吾庐孺宣统二年（1910）《京华慷慨竹枝词》中有《巡警》：

> 市巷通衢自指挥，提刀策马走如飞。
> 间阎守望凭谁助？都在朱门队队围。[6]

这里的"提刀策马"，按照警务条例的规定，应该是巡警长才对。不管是"佩剑"还是"三尺警棍"，身着制服的巡警，单就视觉效果而言，都显得颇为威风。老舍《我这一辈子》中，那位初当巡警的"我"，还真有一股新鲜劲儿："穿起制服来，干净利落，又体面又威风，车马行人，打架吵嘴，

---

1 参见魏开肇等辑《清实录北京史资料辑要》第554页。
2 参见魏开肇等辑《清实录北京史资料辑要》第567、575、579页。
3 参见服部宇之吉编、张宗平等译《清末北京志资料》第229—231页。
4 参见李虹若《朝市丛载》第150页。
5 "巡警带长三尺黑警棍，巡捕长在外城者佩剑，在内城者不佩剑。巡夜时，巡捕带枪。巡警以下至巡捕均着土黄色制服，厅丞、金事、知事等如同普通文官一样，未单独制定制服。"（参见服部宇之吉编、张宗平等译《清末北京志资料》第242页）
6 参见路工选《清代北京竹枝词》第143页，或王利器等辑《历代竹枝词》第五卷第3775页，陕西人民出版社，2003年。

第八章 城阙、街景与风情 401

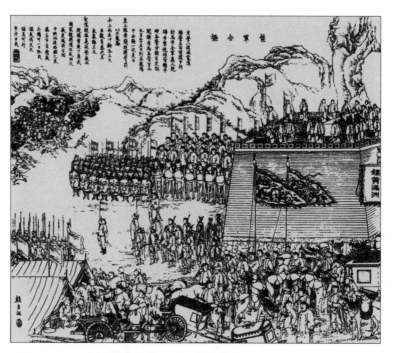

《禁军合操》,《点石斋画报》

《巡警合操》,《星期画报》

都由他管着。"[1]这样"体面"的形象,难怪画家很有兴趣。

大概是为了凸显帝京的"安全性",带有炫耀性质、场面十分壮观的"合操",因而得以不时举行。唯一不同的是,20年前表演的主角是禁军,20年后则成了巡警。《点石斋画报》强调的是"我国家龙兴漠北,武功之盛,度越前古";而《星期画报》则对"操法整齐""精神发达"的巡警不无保留:"总要在内容上多加研究,别专在外观上去做功夫才好"[2]。经历了庚子惨剧,国人终于明白,那些"骁勇善战"的八旗子弟兵,纯粹是银样蜡枪头。颇具观赏性的"合操",很可能徒有其表,根本不值得夸耀。也正是基于对国人擅长"表面文章"的反省,晚清画报之谈论巡警,多将其放置在嘈杂的街头,而不是规范的操场。

作为"新政"的象征,十字街头的巡警,刚刚出现,还真是给人耳目一新的感觉。检查形迹可疑的行人,抓捕隐藏的盗贼,或者救火时维持秩序,防止有人趁火打劫,明摆着,"这就是设立巡警的好处"[3]。而最让人感慨的是,巡警开始"变脸",不再总是恶狠狠的,而是变得和善亲民。《(北京)时事画报》的《疯狗咬人》,讲述的是巡警如何救出被疯狗追咬的小孩,且送其归家:"伊父母甚感李巡长之仁德。呜呼!若李者,诚不愧巡长之责矣。"[4]诸如幼女迷途遇巡长,或者巡警帮助推车,此类的"好人好事"[5],不时在画报中出现。正因将其作为看得见摸得着的"新政"来看待,画报的制作者,会用是否"文明"的高标准,来衡量大街上的巡警。《醒世画报》嘲笑某巡警站岗时买花生吃,《正俗画报》批评某巡警在岗亭里睡着了;至于"前天,崇文门内洞有巡警一人,与一未带〔戴〕军帽卫兵谈笑,适有妇女三人经过,该警等互相嬉笑",在作者看来,根本就是"不够资格"[6]。

1　老舍:《我这一辈子》,《老舍文集》第九卷第85页,人民文学出版社,1986年。
2　参见《禁军合操》,《点石斋画报》丙二,光绪十年(1884);《巡警合操》,《星期画报》第24号,光绪三十三年(1907)三月。
3　参见《形迹可疑》,《(北京)时事画报》第2期,光绪三十三年(1907)二月中浣;《花街火警》,《星期画报》第57号,光绪三十三年(1907)十一月。
4　《疯狗咬人》,《(北京)时事画报》第1期,光绪三十三年(1907)二月上浣。
5　参见《幼女迷途遇巡长》,《北京画报》第19号,光绪三十二年(1906)十月上旬;《巡警进(尽)职》和《巡警推车》,《日新画报》第18期,光绪三十三年(1907)十二月。
6　参见《巡士自由》,《醒世画报》第51号,宣统元年(1909)十二月十一日;《睡岗又见》,《正俗画报》第12期,宣统元年(1909)闰二月十二日;《不够资格》,《正俗画报》第21期,宣统元年(1909)闰二月二十一日;《巡警睡岗》,《正俗画报》第27期,宣统元年(1909)闰二月二十七日。

《疯狗咬人》

比起对尽职之巡警的表扬，晚清北京画报更为关心的是，巡警在行使国家（朝廷）赋予的权威时，是否过度使用暴力。任何强力机构，只要不加约束，不可避免地，都会走到这一步——作为"新政"产物的巡警，自然也不例外。对于巡警动辄罚款，还把人家抓到警厅，《北京日日画报》是如此劝说："嗳呀，这位警大老爷，遇事小题大作，未免有点儿气粗吧，我们想厅上也不能就听他的一面之词吧。"而《日新画报》的描述更为仔细："有押犯巡捕数人，行至锣鼓巷，遇一卖菜老人推车缓行当道，不知何故，巡捕用棒就打，打的甚是可怜。奉劝以后不可以随便打之，总以劝导为是。"[1] 眼看着骑马巡警将人力车撞倒，昂然而去，不予理睬，《菊侪画报》的追问是："保护人民者固如是乎？"至于《两日画报》上的《有点不文明》，批评巡警在维护治安时随意打人，还加了个按语："巡警任意打人，亦实不合

---

[1] 参见《巡警气粗》，《北京日日画报》第185号，光绪三十四年（1908）十二月初四日；《别打才好》，《日新画报》第3期，光绪三十三年（1907）。

《巡警气粗》

警章,但能开明劝导,也不致现像当街,惹得这群汉奸登上洋报。"[1]大概是外文报纸对此类事件多有报道,且严加谴责,方才引起国人的警惕。晚清北京城里,不合理、不合法的事情很多,为何专挑巡警的不是?道理明摆着:谁让你站在谁都看得见的十字街头,而且还标榜是"新政",这就难怪世人要指手画脚了。

作为游走街头的国家权力的代表,巡警之被观察、被批评、被误解甚至被歧视,都在情理之中。因为,真正决定国家命运、影响国计民生的达官贵人,躲在深宅大院里,你根本见不着。老百姓的不满与愤怒,只能向每天与之打交道的巡警发泄。再说,在北京这个地面上,迎头碰上的,很可能都是官,没有比巡警更小的公职人员了。就像《我这一辈子》所说的:"巡警们

---

[1] 参见《保护人民者固如是乎》,《菊俦画报》第3期,宣统三年(1911)九月二十三日;《有点不文明》,《两日画报》第78期,戊申年(1908)二月二十日。

《巡警白死》

都知道自己怎样的委屈，可是风里雨里他得去巡街下夜，一点懒儿不敢偷；一偷懒就有被开除的危险；他委屈，可不敢抱怨，他劳苦，可不敢偷闲，他知道自己在这里混不出来什么，而不敢冒险搁下差事。"[1]

世人只看见巡警的威风，没注意到其隐藏在威风下面的屈辱。不妨就以《星期画报》上的《巡警白死》为例：

> 四月十七日，一个意国洋人，与中国妓女，同坐一辆四轮马车，从前门桥上经过，抢着辙儿走。巡警近前拦阻，车夫不但不听，并且楞往前撞，把巡警撞倒，就打他身上轧过去了。当时有别的巡警，把该巡警抬到医院调治去了。旋因受伤过重，数日后就死了。[2]

---

[1] 参见老舍《我这一辈子》，《老舍文集》第九卷第86页。
[2] 《巡警白死》，《星期画报》第30期，光绪三十三年（1907）四月。

《轿夫蛮横》

虽说外务部为此发了照会,但没有任何效果,巡警实在死得太冤了。此事折射出来的,主要不是官府怕洋人的问题,而是北京城里官多,乘四轮马车或坐大轿子的,根本不把指挥交通的巡警放在眼里。"轿夫蛮横","巡警受辱",这样的话题,再三出现在报章上,凸显北京城的"官本位"。车夫之所以敢抡起长鞭照巡警脸上乱打,还不是仗着坐车(轿)人的气势?所谓"警务章程不准用压力",那只是托词[1]。没有警务章程的约束,巡警就敢对抗那怂恿打人的"某大佬"吗?

作为现代城市必不可少的小角色,十字街头的巡警,肩负着维护治安、指挥交通、修整街道、保障卫生等公共事务。但在威权体制里,尤其是在北京这样遍地是官的地方,巡警的地位十分尴尬。现代作家中,大概只有老舍

---

[1] 参见《巡警受辱》,《星期画报》第3号,光绪三十二年(1906)九月;《轿夫蛮横》,《日新画报》第15期,光绪三十三年(1907)。据《轿夫蛮横》称:"轿夫闹事,各报上说了不止一次啦。虽然说过劝过,也去不了他们的恶习。"

对于站在街头的下级巡警的辛酸苦辣，表示过深切的关怀。在《四世同堂》《我这一辈子》《龙须沟》《茶馆》中，老舍描写过因职责所在，凡事只能打马虎眼，对上狡猾，对下和善，故显得可笑、可悲而又不无可爱的巡警形象。《我这一辈子》中，主人公有这么一段自嘲：

> 巡警和洋车是大城里头给苦人们安好的两条火车道。大字不识而什么手艺也没有的，只好去拉车。拉车不用什么本钱，肯出汗就能吃窝窝头。识几个字而好体面的，有手艺而挣不上饭的，只好去当巡警……当兵要野，当巡警要文明；换句话说，当兵有发邪财的机会，当巡警是穷而文明一辈子；穷得要命，文明得稀松！[1]

小说中的巡警"我"，从清末一直干到民国，都是苦命活。小说结尾，儿子照旧当差，女儿也只能嫁个巡警，"一个人当巡警，子孙万代全得当巡警，仿佛掉在了巡警阵里似的"。

"五四"以后，随着学生运动日渐高涨，受命镇压的警察（军事警察与交通警察本来差别甚大，只是一般民众无暇仔细分疏），于是成了"暴力"的代表。其实，警察制度的建立，与现代大学一样，都是晚清"新政"的产物。晚清以降，街头巷尾维护治安的下级巡警，对于保护都市里平民百姓的日常生活，起了很大作用，不该一笔抹杀。

漫天风雪中，站立在十字街头的巡警，无意中成了晚清北京的一道新风景。解读如此集合着新政、暴力、善良与屈辱的巡警形象，多有发挥的余地，这里只是点到为止。

六、新学如何展开

晚清北京，同样属于"新政"，可以跟"巡警合操"相抗衡的观赏性场景，莫过于新式学堂之运动会。一年一度的运动会，人多，热闹，有气势，场面开阔，可供公众围观，因而值得画报描摹。人人都说"新学"好，可

---

[1] 老舍：《我这一辈子》，《老舍文集》第九卷第82—83页。

《运动会会运动》

教室里焚膏继晷的学习，很难在画报中出现，因其既缺新闻性，也无观赏性[1]。运动会就不一样了，既属于新式教育，又因其竞技性，充满动感和悬念；更重要的是，在时人看来，这是培养尚武精神、振起国家威严的表征。

创办于1906年的《开通画报》，曾这样报道京师大学堂举办运动会，各学堂诸生前来共襄盛举："各学队伍走在街上，号鼓齐鸣，真是振起国家的威严。足见学生们文武兼全，比起那些个书呆子，大有天渊。"[2] 将带有娱乐性质的运动会，提高到"振起国家的威严"的高度，如此论述，并非空穴来风。查光绪三十一年（1905）京师大学堂的《总监督为大学堂召开第一次运动会敬告来宾文》，对本校开办运动会的宗旨，竟有如此冠冕堂皇的论述：

---

[1] 郭沫若《我的童年》提及癸卯学制制定后的新气象，连他所在的四川乐山的蒙学堂，也开洋操课。"那时候的'洋操'真是有趣，在操'洋操'的时候差不多一街的人都要围拢来参观。"《郭沫若全集》文学编第十一卷第47页，人民文学出版社，1992年。
[2] 《运动会会运动》，《开通画报》，期数不详，约刊于1906年年底或1907年年初。日本东京实藤文库所藏《开通画报》，此期没有封面；但同期的《卖字助赈》提及江淮水灾，可与第8期上的《花界热心》相参照。

第八章　城阙、街景与风情　409

《文明结会》

盖学堂教育之宗旨，必以造就人才为指归，而造就人才之方，必兼德育、体育而后为完备。……窃谓世界文明事业皆刚强体魄所造就也。吾国文事彪炳，而武力渐趋于薄弱，陵夷以至今日，为寰海风涛之所冲激，士大夫之担学事者，乃知非重体育不足以挽积弱而图自存。直隶、湖北等省屡开运动大会，若京师首善之区，尤宜丕树风声，鼓舞士气。兹拟定本月二十四日散学堂特开运动会，使学生等渐知尚武，渐能耐劳。[1]

第二年的四月初二日，京师大学堂再次举办运动会，其"敬告来宾文"称："今本大学堂踵举斯会，幸都门各学堂乐与观成，联袂偕来，观者如堵，龟鼓声逢，龙旗景动，风声所树，举国景从，共[其]有关于吾国之前途、文明之先导者，将于此觇之矣。"[2]这回的雅集，有《北京画报》的《文明结

---
1 参见北京大学校史研究室编《北京大学史料》第一卷第291页，北京大学出版社，1993年。
2 同上书，第293—294页。

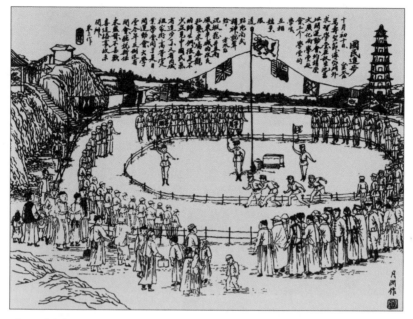

《国民进步》

会》为证:

> 四月初二初三两天,大学堂开第二次运动会。头天请各处私立学堂赴会,第二天请官立学堂赴会。会场很宽,来会的每天都有几千人。运动完了,各学堂排起队来,向国旗三呼万岁,并有北洋音乐队唱国歌。不但可以振尚武的精神,并且使人生爱国的思想。这样举动,真有文明气象了。[1]

有趣的是,无论大学堂还是画报社,都对具体的竞赛项目不感兴趣,而专注于"尚武的精神"以及"爱国的思想"。所谓"观者如堵",难道只是为了获得如此道德教诲?或者说,对于"文明气象"的刻意追求,压抑了组织者、参与者以及广大观众的好奇心?

1907年《星期画报》上的《国民进步》,在报道三所学堂的学生互相竞

---

[1] 《文明结会》,《北京画报》第1期,光绪三十二年(1906)。

赛,"很透点儿尚武精神"时,大发感慨:"大学堂今年反倒没有开会。听说新任朱监督,不甚喜欢这桩事,故未开办。"[1]光绪三十三年(1907)二月二十七日,大学堂曾公布"第三次运动会告示",称将继续联合各学堂,于三月二十四日、二十五日两天举行运动会。这个计划大概是落空了,我们没有找到大学堂如期举行运动会的相关报道;倒是同年的四月初一日,译学馆举行了连续三天的春季运动会[2]。那几年,京师大学堂总监督走马灯似地换人,先由曹广权暂行代理(1906年2—3月),后有正式任命的李家驹(1906年3月—1907年7月)和朱益藩(1907年7—12月),接下来又换成了刘廷琛(1908年—1910年9月)等。按任期推算,要对"大学堂今年反倒没有开会"负起责任的,其实是李家驹,而不是继任者朱益藩。不过,一直到民国成立,此后几年,京师大学堂确实没再举行社会广泛关注的、颇具观赏性质的运动会。

谈论晚清画报时,选择很具时代气息的"运动会",而不是古已有之的果报故事,或者官吏贪污、僧尼不轨,那是因为,在我看来,作为新兴媒体,"画报"与"新学"具有天然的联系。而且,时过境迁,其对于新学的记录与描述,还可以作为"历史记忆",供后人追怀。哪里没有杀人放火,何处缺乏流氓无赖?晚清画报中最值得称道的,还是记录下大转折时代北京这座都市的巨大变迁——具体说来,就是新学如何迅速崛起。

作为八百年的帝都,不用说,北京的文化底蕴深厚。《点石斋画报》上关于京师同文馆的教学活动,游历海外带回洋书,还有占验天文等,都可看作京师的"文明气象"[3]。可京师里新学事业之"勃发",是在遭受庚子惨祸以后;故对此新气象的表现,主要落在各种北京的画报身上。这里大致围绕学堂、演说、报章这"传播文明三利器",看看晚清北京画家是如何浓墨重彩刻画描摹的。之所以点明是"北京画家",那是因为,同时期的上海画家,只是偶尔涉笔于此[4]。因为上海的新学起步早,对于庚子以后京师里冒

---

1 《国民进步》,《星期画报》第53号,光绪三十三年(1907)十月。
2 参见北京大学校史研究室编《北京大学史料》第一卷第297页,以及王学珍等主编《北京大学纪事》第17页,北京大学出版社,1998年。
3 参见《海外奇书》,《点石斋画报》戊八,光绪十一年(1885);《占验天文》,《点石斋画报》壬二,光绪十二年(1886)。
4 《时事报馆戊申全年画报》之《学部藏书楼告成》("图画新闻"卷三)云:"学部建设藏(转下页)

《参观纪盛》

出的诸多"新生事物",早已习以为常,没什么好大惊小怪的。

新学开展比上海慢半拍的帝都北京,一旦起步,也自有可观处。所谓"文明开化",在北京,首先体现为创立各式新学堂。正所谓"物以稀为贵",比起数量众多、教学正规的普通学堂来,各种实业学堂反而更容易引起画报的关注。京师工业初等学堂的开办,还有某高官参观实业高等学堂,都被画家纳入视野[1]。女学传习所的开学、蚕桑女学的创办,以及"一概不收学费,以期振兴女学"的女子师范学堂招生[2],更是值得大书特书。因为

(接上页)书楼,竣工已久,兹悉该部司员曰:是楼建筑,皆仿西式,储书之处分上下两层,上藏中文图书,下藏西文典籍。现复咨行外部,转咨各国钦使,拟购采西书多种,以充架云。按:去岁大事,最有关系于学界者,一为升孔子祀,一为建藏书楼。夫尊圣右文,实经世之宏规。今国家多文为富,采及四夷,其即文明进步之嚆矢欤?"

[1] 参见《工艺开学》,《日新画报》第1期,光绪三十三年(1907);《参观纪盛》,《开通画报》第24期,光绪三十三年(1907)二月二十五日。

[2] 参见《女学传习所开学情形》,《北京画报》第15期,光绪三十二年(1906)八月下旬;《蚕桑女学成立》,《燕都时事画报》第8号,宣统元年(1909)五月初七日;《女学招生》,《(新)开通画报》第44号,宣统二年(1910)十月十三日。

《小小的学生登台演说》

女学生的大量出现,代表着"女士文明"时代的到来[1]。

学校是办起来了,但教学效果如何,必须找到公众能参与、鉴赏并做出独立判断的特殊途径。具体说来,就是举办教育成果展览会——陈列学生成绩,让家长及公众评断。1907年《星期画报》所刊《开展览会》,便是其中一例:

> 六月二十六、七、八三日,学部开展览会。在虎坊桥东越中先贤祠内,京城各学堂,大半赴会,或陈列该学诸生课艺绘图等卷册,或把学生制造的物件,送到较比高下,等等不一,任人入祠观览考察。这会虽

---

[1] 晚清画报中大量关于女士不良习惯的批评,最后都归结到"欠教育"或"女学不发达";至于表扬女学生之举止"文明",更是常见。参见《女士文明》,《(北京)时事画报》第1期,光绪三十三年(1907)二月上浣;《女学生文明》,《醒世画报》第12号,宣统元年(1909)十一月初一日。

然不动什么声色,惯能品较办学的优劣,还可感发学界的愤[奋]勉,诚然是一件善举哇。第一日开会,有国民小学学生,排队赴会,体操教习率诸生登台,作乐唱歌,游戏体操。当唱歌时,有人手拍风琴,节奏相和。参观人莫不称赞,这样功课,京师他学,得未曾有。小学程度,能够如此完全,足见该学校长刘瀛东君,是个关心时局的了。[1]

平日里的上课场面,很可能冷冷清清,缺乏观赏性;只有开学典礼以及成绩展览,热热闹闹、风风火火,符合公众趣味,也让画家有驰骋笔墨的绝好机会[2]。

同样热闹的"新学"场面,还有各种演说会。晚清画报中,此类场景甚多;至于演说内容,则是五花八门,大体不出当时提倡的各种新政[3]。一般情况下,画报只是报道事件,偶尔也有连画面带演讲稿的[4]。而最有趣的,莫过于《开通画报》上的《小小的学生登台演说》:三位十二三岁的小学生,平日里常在家中练习演说,因为,"上有好者,下必有甚焉者矣";到了九月初四日晚上,这三位小学生竟登台演说,"先讲的是国民的国民捐,又讲的爱群,极有精神"[5]。"演说"之所以备受关注,不仅是其谈论的内容,还包括其论述的姿态——于大庭广众中,公开讲述自己的政治主张,力图影响、说服他人。而这一点,对现代中国思想文化的形成,至关重要。

光绪二十八年(1902),梁启超借政治小说《新中国未来记》驰骋想象:60年后,国人在南京举行维新50周年庆典,同时,在上海开大博览会,不仅展览商务、工艺,而且演示学问、宗教。"各国专门名家、大博士来集者不下数千人,各国大学学生来集者,不下数万人,处处有演说坛,日日开讲论会,竟把偌大一个上海,连江北,连吴淞口,连崇明县,都变作博览会场了。"博览会场中间最大的讲座,公推博士三十余人分类演讲中国政治

---

1 《开展览会》,《星期画报》第39期,光绪三十三年(1907)七月。
2 如《女学展览》,《星期画报》第45期,光绪三十三年(1907)八月;《乐贤会纪盛》,《正俗画报》第10期,宣统元年(1909)闰二月初十日。
3 参见《演说立宪》,《星期画报》第3号,光绪三十二年(1906)九月;《青年开会》,《星期画报》第59号,光绪三十三年(1907)十二月;《热心社会》,《燕都时事画报》第14号,宣统元年(1909)六月二十四日。
4 若《正俗画报》第19期(宣统元年闰二月十九日)之《在理演说会》,除了画面,还附录演说全文。
5 《小小的学生登台演说》,《开通画报》第5期,光绪三十二年(1906)九月。

《花子看报》

史、哲学史、宗教史、财政史、风俗史、文学史等,其中又以全国教育会会长孔觉民老先生演讲的"中国近六十年史"最为精彩[1]。

喜欢谈论"演说",将其作为"新学"的象征,这在晚清小说中比比皆是。只不过其他小说家,并不都像梁启超那样对"演说"持全面肯定的态度。若《文明小史》第二十回"演说坛忽生争竞,热闹场且赋归来"、《学究新谈》第二十七回"言语科独标新义,捐助款具见热心",以及《学界镜》第四回"神经病详问治疗法,女学堂欢迎演说词",对于时人之追赶时髦、热衷于"演说",便不无嘲讽之辞。如此都市新景观,有人

---

[1] 饮冰室主人:《新中国未来记》第一回,《新小说》第1号,1902年11月。

正面表彰，断言此乃建立现代民族国家的必要手段；有人热讽冷嘲，称其为晚清最具特色的"表面文章"。但无论如何，借助于演说，"西学"得以迅速"东渐"，这点没有人怀疑。

所谓"孔觉民演说近世史"，速记生从旁执笔，于是有了《新中国未来记》，这当然只是"小说家言"。但"演说"之于维新大业以及现代民族国家的重要性，在梁启超的这一预言/寓言中，却是得到了畅快淋漓的呈现[1]。

比起"学堂"或"演说"来，"报章"的功用，在晚清画报中得到了强调。因利益攸关，这里有借谈论报纸之销行"打广告"，将自家业务与"中国风气开通"之类宏大叙事强行捆绑在一起的嫌疑[2]。而最离谱的宣传，莫过于某乞丐一边吃剩饭，一边看报纸："我虽然要饭吃，没事我就买一张瞧瞧，心里开通得多。"[3]此类自我宣传，一旦过了头，由"崇高"一转而变成了"滑稽"。尽管有如此"自我广告"的成分，晚清画报之谈论报章功用，依然值得关注。那是因为，作为"传播文明三利器"之一，北京城里异军突起的各类报章，其影响力有目共睹。

1880年，韩又黎刊《都门赘语》，其中《看报》及《申报》两则，颇具史料价值：

> 不住衙门不作官，闲情也爱说朝端。
> 抛将月例钱三百，留置窗前待客看。
> 堪舆不信九州宽，庄列荒唐欲问难。
> 海外传来开辟事，方知大块似弹丸。[4]

《申报》则下有小注："洋人设局，亦号《万国公报》。"英国商人美查1872年创办的《申报》，是以谋利为目标的商业报刊；至于基督教传教士主持的《万国公报》，其前身是1868年创办的《中国教会新报》，1874年方

---

[1] 参见拙文《有声的中国——"演说"与近现代中国文章变革》，《文学评论》2007年第2期。
[2] 《北京白话画图日报》第236号（宣统元年五月十二日）之《文明进步》称：天桥茶馆里代派卖北京新报，还有人拿着报纸，挨桌询问要不要新报，"可见中国风气开通多啦，可喜可贺"。
[3] 《花子看报》，《开通画报》第19期，光绪三十二年（1906）十二月二十八日。
[4] 韩又黎：《都门赘语》第30页上、第30页下，光绪六年（1880）春刊，斫桂山房存板。

才转变为关注时事的世俗读物。随着维新事业的逐步展开，1895年，康有为、梁启超等在京城里创办了以"抄录各馆新闻"为主的双日刊《万国公报》和《中外纪闻》，可惜很快就被取缔了[1]；庚子事变以后，北京的民间报纸方才大量涌现[2]，而且前赴后继——说"前赴后继"，那是因为，不断有报馆被查封，但又不断有新报章出现。先是《中华报》《京话日报》被查封，创办人彭翼仲被发配新疆（1906），后又有《京报》《公益报》被勒令停刊（1907），北京报人的生存处境，较上海等地要恶劣得多。宣统元年（1909）兰陵忧患生所撰《京华百二竹枝词》中，有：

> 报纸于今最有功，能教民智渐开通。
> 眼前报馆如林立，不见"中央"有"大同"。

诗后小注："《中央》《大同》报馆，于八月初三日封禁。"[3]理解北京舆论环境之严苛，对于各报章为了生存而采取"自我保护"措施及"自我广告"策略，似乎也应具"同情之了解"。

晚清画报中众多时人热心买报、读报的报道，半是纪实、半为广告，作为"史料"解读，必须打点折扣，但也不该完全抹杀。大概嫌一般人读报没什么新闻价值，晚清画报喜欢渲染的是妇女以及儿童如何渴望读报，并通过读报迅速提升其"文明"程度。"西堂子胡同某宅的太太很是文明，定了本馆一份报，天天儿念给丫鬟们听。中国女界要想［像］这位太太这样开通，呵，女界中可大有起色喽！"[4]表扬某太太文明，标志是"定了本馆一份报"，按照今天的标准衡量，自我广告的色彩未免太浓了；但我相信，当初画报初创，没有那么多规矩，戏台内喝彩，可以不避嫌疑。至于说某女子进化，某妇人文明，除了"爱看各类教科书并各种画报"，还落实在"讲给他那一溜儿不识字妇女们听"——就像画报所感慨的："咳，都像这位妇人肯

---

[1] 康有为创办的《万国公报》共刊行了45册，虽与传教士的《万国公报》刊名相同，内容上几无瓜葛。参见方汉奇主编《中国新闻事业通史》第一卷第540—552页，中国人民大学出版社，1996年。

[2] 参见管翼贤《北京报纸小史》，杨光辉等编《中国近代报刊发展概况》第399—432页，新华出版社，1986年；黄河编著《北京报刊史话》第14—24页，文化艺术出版社，1992年。

[3] 见路工编选《清代北京竹枝词》第125—126页。

[4] 《妇人开通》，《醒世画报》第48号，宣统元年（1909）十二月初八日。

《文明妓女》

讲解，中国何愁女学不兴？"[1]

画报的拟想读者，本来就以识字不多、阅读有困难的妇女与儿童为主。在画报主人看来，幼童看报，当然是有百利而无一弊："一可增长见识，二可以认几字，准比看《封神榜》等强的多喽。"[2]更何况，某小学生不只自己存钱买报读报，还将自己读过的报纸拿到街上去张贴，让别人也能阅读；甚至还有倒转过来，给大人念报的："念的极有滋味，听的那几位，无不点头咂嘴儿，您说可贺不可贺呀。"[3]

更有趣的是，不仅家中女眷、孩童喜欢读报，连妓女、和尚也都对报纸大感兴趣。《醒世画报》上有一则《文明妓女》，值得仔细品鉴：

> 朱家胡同丽华茶室，妓女翠喜素闻狠是端庄，并无一点青楼的积习，而且甚开通，所有北京报纸，无不阅看，所交之客，亦系端品之人。看起来文明人无处不有呕。[4]

将"读报"作为文明人的标志，这一点，放在晚清的特殊语境，完全可以理解。问题在于，当上海的名妓宝马香车招摇过市时，北京人更愿意褒扬妓女

---

[1] 参见《新铭画报》第158号之《女子进化》（宣统元年十二月十二日）及《醒世画报》之《热心讲报》《报迷贴报》《妇人文明》（前二幅刊第52号，宣统元年十二月十三日；第三幅刊第53号，宣统元年十二月十五日）。

[2] 《幼童看报》，《北京白话画图日报》第469号，宣统二年（1910）正月二十二日。

[3] 参见《小学生开通》，《北京白话画图日报》第229号，宣统元年（1909）五月初四日；《学生念报》，《北京日日画报》第77号，光绪三十四年（1908）八月初十日。

[4] 《文明妓女》，《醒世画报》第43号，宣统元年十二月初三日（1910年1月13日）。

第八章　城阙、街景与风情　419

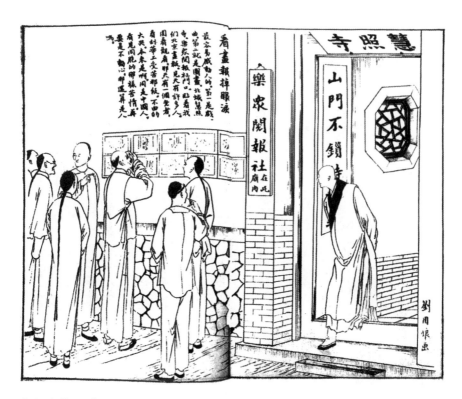

《看画报掉眼泪》

之喜欢读书，以及如何"文雅""好静"，甚至连捐钱都要捐到东安市场内的阅报处[1]，这当然形成了鲜明的对照。

在公众场合设立"阅报处"，以便没钱买报的人也能自由阅读，此乃晚清文化普及、思想启蒙的一大发明。1905年、1906年的《东方杂志》上，对于"近来京中风气大开，阅报处逐渐设立"多有报道。至于说"北京创办阅报社，以西城为最先，东、南城继之，惟北城除日新阅读社外，尚属寥寥"[2]，下面这则《看画报掉眼泪》可以略做补充：

> 最容易感动人的，第一是戏曲，第二就是图画。北城慧照寺乐众阅

1　《妓女助捐》，《开通画报》第26期，丁未年（1907）三月初九日。
2　参见《东方杂志》第二卷第8期（1905年9月23日）、第二卷第9期（1905年10月23日）、第二卷第12期（1906年1月19日）、第三卷第11期（1906年12月10日）教育栏的"各省报界汇志"。

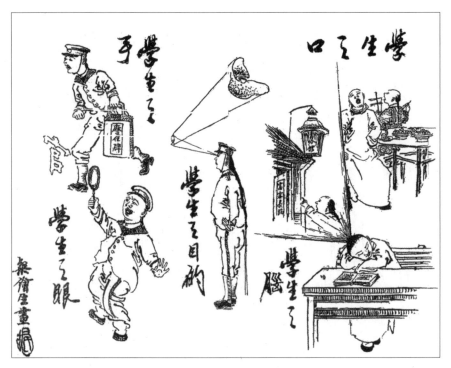

学生漫画,《正俗画报》

> 报社门口,贴着我们《北京画报》,见天有许多人,围着观看。那天有一个老者,看到华工受苦那段,不由得大哭。本来是啊,同是中国人,看见同胞的那样苦情,再要是不动心,那还算是人吗?[1]

相对贫贱的北城(老北京城的基本格局是:东富西贵南贫北贱),也有了阅报处,这还不算稀奇;让人惊讶不已的是,原本不食人间烟火的和尚,也都参与此维新大业——阅报社就设在寺庙门口,和尚更是迈出了大半个身子。当然,你可以说这是广告,为何贴在阅报栏里、让那老者感叹唏嘘的,正好是你们自家的《北京画报》?可《北京画报》之"独具慧眼",不仅这一幅,还有道士如何登台演说,以及喇嘛读报后大开窍,准备开办学堂等[2]。

---

1 《看画报掉眼泪》,《北京画报》第16期,光绪三十二年(1906)九月上旬。
2 参见《道士登台演说》,《北京画报》第5期,光绪三十二年(1906)五月十一;《喇嘛也开了化》,《北京画报》第18期,光绪三十二年(1906)九月下旬。

第八章　城阙、街景与风情　421

《宣武门前一女郎》

晚清画报中，也有对于新式学堂的批评，如《醒世画报》中讥笑在店铺门口紧盯女人的学生——"这几位学生前途定不可限量喽"；或者《正俗画报》中那幅关于学生的漫画——读书时打哈欠，脑子里想着妓院，手中提的是麻雀牌，眼中盯的是"官"字，至于"学生之目的"，很明确，那就是白花花的银子[1]。至于《益森画报》上刘炳堂所绘"韵语以纪本事"的《宣武门前一女郎》，很能显示京城士大夫温和改良的趣味：

宣武门前一女郎，辞家求学赴东洋。
床头老母垂危日，稍缓须臾也不妨。[2]

---

[1] 《学生野蛮》，《醒世画报》第52号，宣统元年（1909）十二月十二日；漫画（棨绘生画），《正俗画报》第27期，宣统元年（1909）闰二月二十七日。
[2] 《宣武门前一女郎》，《益森画报》第7期，光绪三十三年（1907）十二月上旬。

作者并不否定女子留学，但在学问与家庭伦理之间，希望能有更好的协调。总的来说，画报中涉及"新学"时，还是以表扬为主。毕竟，画报作为一种新兴媒体，本就与学堂、演说、报章等，同属"新学"阵营。

七、观察、见证与遥想

借助无数或零散或连续的图像资料（画报），我们得以进入晚清的历史。但所有的历史记忆，都夹杂着个人偏见；所有的历史场景，都不可能自然呈现。今人所见晚清画报中的场景，无不包含着画报人的眼光、趣味以及笔墨技巧等。

如何获得"帝京印象"，这首先取决于从何处观看。这里说的不是透视法之类的绘画技法，而是观察的角度以及标准的设定。不管是平视宫殿、深入街景，还是表彰新学、推崇公园，都蕴藏着某种价值评判——以"开通""文明"为标志的启蒙论述，与"西学东渐"大潮密不可分。

图像资料的直观性，使得原先隐藏在文字深处的感觉，跃然而出——我们的"帝京想象"，原来如此受制于某种异域的眼光。《点石斋画报》中随处可见的"西洋景"，既拓展了阅读视野，也构成了评价标准——众人之谈论帝京得失，自觉不自觉地都带入了西洋的眼光和趣味。这一点，有三幅图像可作佐证。

《点石斋画报》中的《西人游京》，说的是美国驻京公使"眺望南北海风景"时，如何歆羡不已；作者于是驰骋想象："传之西国，有不播为美谈者乎？"[1]这既是写实，也大有深意——日后关于"江山如此多娇"或"帝京风光无限"之类的论述，不也都喜欢引证外国人的观感？外国人的表扬固然值得庆贺，外国人的批评同样值得警惕。《益森画报》中的《学生野蛮》，称学生与邮差对骂，实在不堪入耳，这时候："从西来一日本人，停马观之，临行且叹且笑。北京有如此学生，不徒学界之玷，抑亦全国前途之惧。"[2]画面上最引人注目的，不是事件的主角学生与邮差，而是作为观察

---

1 《西人游京》，《点石斋画报》己八，光绪十二年（1886）。
2 《学生野蛮》，《益森画报》第5期，光绪三十三年（1907）十一月中旬。

第八章 城阙、街景与风情 423

《学生野蛮》

《冒雨参观》

者的日本人;尤其是其居高临下的姿态,以及极为蔑视的表情,对读者形成了巨大的压迫与刺激。至于《星期画报》所描述的场面,德国武官冒雨参观京城陆军贵胄学堂和陆军小学,更是让作者大发感慨:"请看冒雨参观,不辞泥泞,比中国人的好学何如哇!中国人也要这等努力,才能自强。"[1]画面上,与德国军人的严肃认真形成对比的,是中国官员的抓耳挠腮、若有所思。而画中的洋人,既是当事人,也是观察者,还是批评家——画报人正是如此借助洋人的视角,来叙述、描写、评论变化着的中国以及帝京。

不难想象,当画报人自觉不自觉地用西洋的眼光,来谈论帝都北京的种种变化时,必定有其知识盲点以及情感偏向;但在新学热潮刚刚形成的晚清北京,这一切"误差",既不可避免,也在可控制的范围之内。将洋人/西学作为视角,主要体现了晚清北京人"开眼看世界"的勇气,以及自我反省的能力,只要不是太过分(比如极端自卑或盲目崇拜),没必要以"后殖民"等理论来鞭挞苛求。今天看来,庚子后北京人之拥抱西学,固然十分粗浅,但一片天真烂漫,很是让人羡慕。反而是史家的穷追猛打,颇有过度阐释之嫌。

作为观察者,其眼光是否受到污染或遮蔽,与其距离的远近有关。这里的"距离",主要指的不是地理,而是心态——因为,没有理由认定,图绘北京时,上海画家就一定不如北京画家体贴入微。实际上,画报中所呈现的绝大部分场景,都不是画家直接所见所闻。《时事报图画旬报》中有一幅《景山雪景》,提及神武门外,皇宫之北的景山,雪天里登高远眺,"都城十万户,瓦迭鱼鳞,塔盘鸦影,几有一白无垠之意,诚奇景也";可因光绪皇帝梓宫暂安观德殿,此处防卫极为森严——画面上,一道红墙,加上大块的空地,拉开了作为禁地的景山与公众的距离。而《金顶妙峰山》恰好相反,描述过古松如何屈曲,还有香火怎样缭绕,作者仍不忘添上:"记者曾于丁未首夏一游其地,思之历历在目。"[2]作为画家,能亲临其境就近观察,那是最好的;万一做不到,借助相关资料"神游冥想",也不是完全不行。

描述京城里的大事小事,显然,北京画家占有天时地利;对这一就近观

---

[1] 《冒雨参观》,《星期画报》第23期,光绪三十三年(1907)三月。
[2] 参见《景山雪景》及《金顶妙峰山》,刊《时事报图画旬报》第3、第4期,宣统元年(1909)二月下浣、闰二月上浣。

《朱陈嫁娶图》

察的优长，北京画家毫不掩饰，且颇为自得。一个有趣的例子是，为了证明自家图像的权威性，画家竟作为观察者，直接钻进了画面。《北京画报》的《朱陈嫁娶图》，讲的是某佳人嫁与某才子，如此勾栏佳话，场面自是十分热闹，关键是：

> 迎娶的那天，有本馆画师刘炳堂，《京话日报》馆主人彭翼仲，都去观看一切，说句文话，叫做躬逢其盛。[1]

那作为观察者的画师，不仅出现在此婚嫁现场，还在谈论亡国惨祸或者教师打学生的画面上出现[2]。之所以画面中要出现叙事者，主要不是构图方面的

---

[1] 《朱陈嫁娶图》，《北京画报》第6期，光绪三十二年（1906）五月二十一日。
[2] 《请看亡国民》，《北京画报》第10期，光绪三十二年（1906）七月上旬；《教书匠下毒手》，《北京画报》第4期，光绪三十二年（1906）五月初一日。

《画图日报》

需要,而是为了凸显观看的特权,确认叙述的可靠。

  理论上,所有的画报制作人,都只是大小事件的旁观者,距离事件的发生地越近,越有就近观察的便利——这个"便利",包括信息容易传递,视野不受阻挡,更包括对于社会氛围以及人物心境有较好的感受与体贴。但"距离"与"立场"无关,更不要说个性化的笔墨情趣。反过来,有时候,正因为离得太近,利益相关,反而有所忌惮、有所遮蔽。所谓"不识庐山真面目,只缘身在此山中",落在晚清画报身上,再合适不过了。北京画报谈论身边发生的事件,之所以出现盲点,主要不是技术障碍,而很可能是基于自我保护本能,刻意回避某些敏感话题。

  远在天边的上海或广州的画报,可以直截了当地抨击朝廷,而生活在天子脚下,北京的画报更多受制于朝廷决策。与皇城的距离太近,决定了北京

《武妓可爱》

画报的政治立场不够鲜明；偶有表示抗议的，也都比较温和，甚至必须注明此乃转载自上海的《图画日报》[1]。敢于对朝廷查封京华报馆和民呼报社表示抗议[2]，或者嘲笑其将"民气"捆绑起来，然后侈谈"中外竞争"，已经是相当勇敢的了[3]。一般情况下，北京画报上没有所谓的"过激言行"。只是随着广州黄花岗起义（1911年4月）、武昌新军起义（1911年10月），时局大变，北京诸多画报上，方才出现攻击朝廷、赞同革命的大胆言论。

北京画报之相对保守，不只体现在政见的直接表达上，更落实在有关伦理的话题——尤其是关于女性命运的思考。《点石斋画报》上有一则《武妓

---

1 参见《醒世画报》第30号（宣统元年十一月十九日）之《毋使滋生》。一官员正努力将春草般的"报馆"二字拔掉，画上题曰"幽梦生描上海图画日报"。按：幽梦生乃李菊侪别号。
2 《查封报馆有感》，《北京白话画图日报》第460号，宣统二年（1910）正月十三日。
3 《中外竞争之比较》，《北京白话画图日报》第245号，宣统元年（1909）五月二十二日。画面上，西方人骑在马上，正快马加鞭，旁注"外国之民气"；而戴着眼镜的中国官员，却将驴子扛起来，迈开了四方步，旁注"中国之民气"。

《女界现象》

可爱》,说的是京师纱帽胡同某妓院,有无赖前来闹事,漂亮的"武妓"于是大打出手,然后飘然远逝。作者大发感叹:"能哉妓也!力足以服人而又智足以远祸,神龙见首不见尾,不图于平康中遇之。"[1]这故事,很容易让人联想到文康《儿女英雄传》里的十三妹。如此女侠,与上海街头弱不禁风的风骚女子截然不同,难怪为南方画家所青睐。可京城里的画家,显然不喜欢此类传说。《日新画报》上的《女界现象》,描述的是另一番风景:

> 正月十五日,后门外大街马路上,有一个十七八岁的大姑娘,拿着风筝来回奔跑,实在不好看。但分人家有点规矩,绝不能让姑娘在满街上疯跑。啊咳!此事不但因女学堂不甚发达,而于警务亦有妨害(其害

---

1 《武妓可爱》,《点石斋画报》壬三,光绪十二年(1886)。

乃电线电灯等类），岂不是无形的危险吗？该家长赶紧禁止才好。[1]

放风筝乃老北京的习俗，为什么大姑娘就不能做？说是怕挂上了电线，那还有几分道理；可作者的真实想法是：满街上疯跑的大姑娘"实在不好看"。这与上海画报之喜欢渲染高级妓女如何宝马香车招摇过市，形成绝大反差。北京也有时尚女性，喜欢自己驾车，但这在画报中却成了嘲讽的对象。《北京白话画图日报》谈及大姑娘赶马车，连说"此事出在东西洋各国，可不算出奇"，但在中国尤其在北京，绝对不行；而《新铭画报》则描写前门大街昨有一姑娘驾车，学生模样，很是得意。作者追问："这就是自由吗？"后面加了个括号——"有点过火吧！"[2]不完全是高级妓女与良家女子的区别，更重要的是对于"都市时尚"的看法不同，这背后蕴含着京沪两地文人学者审美理想与文化趣味的差异。

画报的制作，明显受制于读者的趣味；当年北京的诸多画报，主要在本城及周边城市销售。既然拟想读者是风气尚未大开的北方城市，其思想观念的相对保守，一点都不奇怪。他们可以赞成女学，但不希望这道"流动的风景"挑逗起公众长期压抑的欲望[3]；因此，谈及女学生的青春与活力，不免多有顾忌，显得格外拘谨。这是因为，距离太近，联想太直接，责任感及道德感太强，以致画报人无法做非功利的、纯审美的思考与判断。

以图像为主的画报，不同于以文字为主的其他书刊，对画师的绘图能力有很大的依赖。能够就近观察，对于画家来说，应该说是再好不过的了。可实际上，北京画家笔下的"帝京"，并不比上海画家占有优势。为什么？这里涉及画家的个人才华，更牵连"帝京想象"的艺术传统。有个细节，很能说明问题。《点石斋画报》上曾同时刊出两幅《帝京胜景》，画的都是永定门外娘娘庙，希望表现"都下风景，究非他处所能及"。甲图上的说明："是作来自北友，而列入《申报》者，余爱其说之清丽，故属画家照说绘图"；乙图则云："前图绘成后，而京师画友也绘是图寄下。仆不雅于此

---

[1] 《女界现象》，《日新画报》第25期，光绪三十四年（1908）二月。
[2] 参见《大姑娘赶马车》，《北京白话画图日报》第471号，宣统二年（1910）正月二十四日；《姑娘御车》，《新铭画报》第54号，宣统元年（1909）八月二十六日。
[3] 参见拙文《流动的风景与凝视的历史——晚清北京画报中的女学》，《中华文史论丛》2006年第1期。

道,为门外汉,曾不识其中三昧,自何敢妄肆雌黄。两图并存,以供赏鉴家之评量仔细也,何如?"[1]一南一北,两位画家都是"照说绘图"。二图平列,虽说娘娘庙的具体位置有变化,但人物场景、车马服饰相当匹配,并不觉得怎么突兀。远隔千山万水的两位画家,对于帝京的想象,为何大致相同?这里的关键是,画家在图写京城风物时,大都有所本。

不要说生活在19世纪末、有可能见识过帝京景象的京沪画家,就连19世纪初从未到过中国的日本画家,也都敢图写京城风物。冈田玉山等编绘的《唐土名胜图会》(共6集),除山川名胜、苑囿寺观外,还涉及典章制度、器物风俗等;前4卷描摹京师时,逐个介绍皇城内的府署司院,对于大内即紫禁城的刻画更是精细。就像皆川愿的《唐土名胜图绘序》所说的,"是书所图述,地已不可得躬诣,事又不可得亲访",办法只能是"皆用'识略''会典''盛典'诸书,以为其据"[2]。书中虽开列了《山海经》以降51种参考书,但在我看来,撰述文字时,《宸垣识略》《日下旧闻考》最有帮助;至于图像方面,主要借鉴的是《万寿盛典》《南巡盛典》《礼器图式》《三才图会》以及《天下舆地各省全图》。换句话说,单靠已有的典籍图册,也能大致描述皇城的概貌。这就难怪从未到过京城的日本画家,或者远在千里之外的上海画家,都能凭借想象,图写所谓的"帝京胜景"。

王原祁等绘制、朱圭镌刻的《万寿盛典图》(1717),从北京西郊畅春园一直画到内城神武门,其中的园林城池、庙宇市廛、歌楼舞榭、銮驾仪礼、市井百姓、官吏兵将等,无不惟妙惟肖。正如郑振铎在《中国古代版画史略》所说的:

> 这卷子除写皇家的卤簿仪仗外,并把当时北京的城内外的社会生活,民间情况的形形色色,都串插进去了,是重要的历史文献。绘者固尽心竭力以为之,刻者也发挥其手眼的所长,精巧地传达出这画卷的意境来。在美术史上,这样长的绵绵不断的画卷,是空前的,其所包罗的

---

1 《帝京胜景》(一、二),《点石斋画报》甲九,光绪十年(1884)。
2 参见皆川愿《唐土名胜图绘序》,冈田玉山等编绘《唐土名胜图会》,北京古籍出版社,1985年。东京博文馆刊《北京志》中也提及:"九重云深的皇城,是居民很难知晓之处,外国人又岂能得知其详?只能在此举出典籍所载之一隅。"(《清末北京志资料》第23页)该书介绍天安门、紫禁城、太和殿、景山、北海等,也都有模有样。

第八章　城阙、街景与风情　431

《万寿盛典图》

> 事物景象的多种多样，也是空前的。从山水、花卉、界画、人物到马、牛、道、释无一不有，该有多末大的魄力和修养才行啊。[1]

至于《八旬万寿盛典图》（1795），基本上是萧规曹随，其布局取景都从《万寿盛典图》那里来，只是为了适应季节的变化，将暖帽改成了凉帽。

清廷之所以不惜工本，以刀代笔，以印代绘，制作大量诸如《万寿盛典初集》《南巡盛典》《御制圆明园四十景诗图》等精美版画，目的主要是炫耀功业，推广所谓的"教化"。意想不到的效果是，皇家威仪、京城风光以及市井百姓的生活场景，从此得以流播海内外。同是图写帝京风物，珍贵的长卷，只能深藏宫廷，或供权贵赏玩，而雕版印刷则可以大量传播。不管是

---

[1] 郑振铎：《中国古代版画史略》，《郑振铎艺术考古文集》第411页，文物出版社，1988年。另外，周心慧著《中国古代版画通史》（第271页，北京：学苑出版社，2000年）以及翁连溪编著《清代宫廷版画》（第29—30页，北京：文物出版社，2001年）也表达了大致相同的意见。

《唐土名胜图会》的作者,还是《点石斋画报》的画家,当他们需要绘制京师场景时,都得以参照这些版画。关键不在于市井风光(各地大同小异,画家不难落笔),而是如何表现皇家威仪——这可不容易"悬想",没有目睹或参考资料,是画不出来的[1]。而上述大型版画的绘制者,多为供奉宫廷的画家。"这些宫廷画家,生活在宫里,并有为官者,对宫廷建筑、陈设、器物、行宫园囿,重要事件中的人物、场面多为目睹,或亲身经历。他们与雕刻名手合作,使绘画作品通过雕版的形式反映到版画作品上,并形成一种有宫廷特点、风格的写实版画作品。"[2]所谓"写实风格"的追求,包括某些解剖透视、明暗投影等技法的采用,但更重要的,还是建立在对于宫廷生活的熟悉这个支点上。这是日后无数民间画家在绘制与宫廷相关题材时,不能不依赖这些"样本"的缘故。

《点石斋画报》上的《京师求雨》《佛寺晒经》《超度孤魂》,以及《旗女应选》《侯相出京》《鼎甲游街》等,构图饱满,场面繁复,人物、景物的描写相当生动。何以千里外的上海画家,能够绘制出如此栩栩如生的帝京景象,而靠近京城的天津杨柳青画工,其表现反而逊色得多?同样描写皇家威仪或帝京风情,前者有宫廷版画《万寿盛典图》等可以借鉴;后者视野所限,只能自己摸索。看清末杨柳青年画《圆明园图》《京都紫禁城》,你会发现,圆明园变成了游乐场,紫禁城也跟城隍庙差不多,除了绘画技巧,更跟民间画工对帝京毫无感觉,而又没有恰当的参考资料有关。

同样是图写帝京,假如是"远景",如侧重历史记忆的风俗画面,可以借鉴《万寿盛典图》等;假如是"中景",如精致、静止的皇家建筑,可以取法西洋铜版画、风景明信片以及相关照片。若《时事报图画旬报》以及《图画日报》上众多国内外景物,运用透视,讲究明暗,而且各图之间大小相当、构思雷同,一看就是有所本的。

对于画报来说,"风俗画"或"风景画",虽则精彩,不是主攻方向;随处可见的日常生活,虽转瞬即逝,不太容易定格,却是其精神所在。而一旦进

---

[1] 王伯敏称:"康熙、乾隆时的有些宫廷画,其意义,虽然主要是用来纪念王朝的盛衰,但在当时来说,还起着'新闻照相'的作用。有不少作品,宫廷事先布置作者,使画家临场作画时有所准备,有的则是事后诏画。"(见《中国绘画通史》下册第295页,生活·读书·新知三联书店,2000年)

[2] 参见翁连溪编著《清代宫廷版画》第30页。

《京都紫禁城》，杨柳青年画

入"近景"——描摹大街小巷里充满动感的各种人事，画家须具备很好的观察力与造型能力。风俗画要求拉开来，从远处观看；时事画则必须贴近去，就近观察——不仅熟悉北京生活，笔墨也能达意。正如画师李菊侪说的，"北京画师报界同人中，能绘人物好手，除家兄李翰园及刘君炳堂早有心得外，能为社会普通欢迎者，实为寥寥"[1]。其实，还应该加上那位早年为《点石斋画报》绘图、日后活跃于北京画报界的顾月洲。顾控制宏大场面的能力，以及刘炳堂、李菊侪描摹人物神情的功夫，使得晚清北京画报颇有可观者。

选择还是避开宫阙，代表着各自的政治立场与文化趣味；在这点上，注重风情的上海画家与深入街巷的北京画家，各有其利弊。与上海画报对于北京的"遥想"不同，北京画家之描述帝京，好处是身处其中，很容易进入规定情境；缺点则是受制于朝廷高压，不可能畅所欲言。另外，上海画报中关于帝京景物的描摹固然精致，但混合着皇朝的自我塑造和外国人的鉴赏趣味；北京画家则撇开皇城等建筑，深入街巷，着眼局部，见证这座城市正在发生的剧烈变化——这样一来，画面或许不如前者讲究，甚至笔调稚拙，但有生气，更能显示北京这座城市的真实面貌，以及画家对于这座古城的款款深情。

---

[1] 《李菊侪启事》，《醒世画报》第14号，宣统元年（1909）十一月初三日。

谈论帝京，"遥想"并非贬义词——当初自有其好处，今日更是必不可少。随着时代推移，我们与《点石斋画报》《星期画报》等，相隔百年上下，如此悠远的距离，使得我们阅读残缺的图像资料时，只能唤起若干模糊的历史记忆。必须补充许多文字材料，如档案、野史、笔记、小说、竹枝词等，并经过一系列的图文互证，方才能从某一特定角度，呈现那已经永远消逝的历史瞬间。在这个意义上，阅读、体味、遥想晚清人的"帝京想象"，对于今人来说，并不那么容易，同样需要"精骛八极，心游万仞"，"观古今于须臾，抚四海于一瞬"[1]。

2006年12月21日初稿，2007年元月15日修订

---

1 陆机：《文赋》，郭绍虞主编《中国历代文论选》第66—67页，上海古籍出版社，1979年。

第九章 风景的发现与阐释

——晚清画报中的胜景与民俗

30年前,在《小说的书面化倾向与叙事模式的转变》中,我批评20世纪二三十年代中国学者喜欢引用美国小说理论家汉密尔顿(Hamilton)的说法:小说背景的进化与绘画背景的进化同步,只有到了18世纪下半叶,绘画和小说中的背景才真正为画家和作家所重视,并在作品中发挥重要作用:"此说证之于西方小说史、绘画史也许有理,可证之于中国小说史和绘画史则绝难成立。中国画家早在晋宋时就把山水自然作为表现的中心对象,而中国小说家迟至19世纪末还很少把山水自然作为小说中的重要角色来着力描写。"[1]为什么中西绘画会有这么大的差异,当然可以有一大堆论述。在我看来,不仅不同时代、不同阶层对于山水的体验截然不同;不同媒介、不同文类对于山水的表达更是有很大差异。所有这些,很难一言以蔽之。

多年以后,读广被征引的柄谷行人名文《风景之发现》,对其基本立论——"我认为'风景'在日本被发现是在明治二十年代"——我持怀疑态度。在柄谷行人看来,风景早就存在,但必须经由某种文学装置的发现,或者说被某美国哲学家、美术家"命名",才可能得到真正的呈现。在此之前,"在山水画那里,画家观察到的不是'事物',而是某种先验的概念";这与受"汉文学"遮蔽,诗文家及小说家不懂得"写生"是一个道理[2]。作者试图从风景的视角来观察"现代文学"的诞生,与其说"这里所谓的风景与以往被视为名胜古迹的风景不同,毋宁说这指的是从前人们没有看到

---

[1] 参见陈平原《中国小说叙事模式的转变》第290—291页,上海人民出版社,1988年。
[2] 参见柄谷行人著、赵京华译《日本现代文学的起源》第1—34页,生活·读书·新知三联书店,2003年。

的,或者更确切地说是没有勇气去看的风景"[1]。我不否认立场及视角的转移能发现或埋没新的风景,问题在于,你是否理解那些与你距离遥远、经由长期历史演进而变得程式化了的表达?说不定这些"表达",同样积淀着先人饱满的感情与敏锐的观察。今人熟悉且欣赏的现代文学及现代绘画中的风景固然是"风景",古人倾注无限热情"含道映物""澄怀味象"因而可观可赏可居可游的山水诗山水画[2],为什么就不可能是"风景"?在"写生""写心"与"写意"之间,中国画为何注重后两者,这牵涉古代中国人的思维方式及审美立场,需要认真探究。但不能因此而断言,在西学东渐之前,日本或中国就没有值得表彰的"风景"。恰恰相反,本文希望阐述,晚清画报中"风景之发现",有西洋画报的启迪,但更重要的是得益于传统中国的山水画、风俗画以及城市图。

在古已有之的"文化交流"中,对方所提供的,可以是直接范本,也可以是间接启迪,还可以只是精神上的召唤。同样道理,传统资源的发掘,可以是直接借鉴,也可以是间接挪用,还可以是施克洛夫斯基所说的"叔侄继承"[3]。正如本文所要论述的,晚清画报中的"风景"有一个自西往东的发展过程,最终借助"胜景图"的结构及生产模式,逐渐落实为可亲可近的"本地风光"。

一、画报之"西学东渐"

不管是美查的"画报盛行泰西,盖取各馆新闻事迹之颖异者,或新出一器,乍见一物,皆为绘图缀说,以征阅者之信",还是吴友如的"画报昉自泰西,领异标新,足以广见闻,资惩劝",抑或高剑父的"本报仿东西洋各画报规则、办法,考物及纪事,俱用图画,一以开通群智、振发精神为宗旨"[4],在宗旨、笔法与技术之外,都强调其与西洋画报的精神联系。单从

---

[1] 柄谷行人:《〈日本现代文学的起源〉中文版作者序》,《日本现代文学的起源》。
[2] 南朝宋画家宗炳《画山水序》:"圣人含道映物,贤者澄怀味象,至于山水,质有而趣灵。"
[3] 参见陈平原《中国小说叙事模式的转变》第152—155页。
[4] 参见尊闻阁主:《点石斋画报缘启》,《点石斋画报》第1号,1884年5月8日;飞影阁主:《飞影阁画报告白》,《飞影阁画报》第1号,1890年10月,又见《飞影阁画册》各册;高卓廷:《本报约章》,《时事画报》创刊号,1905年9月。

起源来说，没有人否定晚清画报取法泰西，因为，从传统中国的戏曲小说绣像或《三才图会》，是推导不出《点石斋画报》的。只是这个可敬的"领路人"，到底是手把手的技术传授，还是更多地属于精神感召，值得深入探究。

早期《点石斋画报》曾摹写英国《伦敦新闻画报》（Illustrated London News）[1]及美国《哈珀周刊》（Harper's Weekly），这点学界没有异议，只是在数量多大、比例如何上说法不一。这里需要仔细辨析，而不是笼而统之的提示。德国学者鲁道夫·瓦格纳直面这个难题，称吴友如等画师曾被西方画报的图像所深深吸引，因而《点石斋画报》中时见仿作：

> 西方图画的摹本和中国画师的原创画中使用的技巧都是一种可识别的惯例。尽管这不是一种完全没有问题的标准，因为原创画还没有全部被确认——这项工作直到今天也只完成了很小一部分，但还是可以确切地宣称这种引进（摹本）的规模。在《点石斋画报》前20集大约1920幅定期的图画中，得之于西方画报的图像摹本的数量是145幅或7%。[2]

在追溯《点石斋画报》的图像来源这方面，瓦格纳以及海德堡大学的师生做了大量工作，其考辨值得信任。另外，中国学者唐宏峰透过上海历史博物馆所藏《点石斋画报》原稿，以及跟这批画稿保存在一起的西方画报单页，讨论刊于《点石斋画报》甲五的《暹罗白象》如何出自1884年4月19日的美国《哈珀周刊》，由此证明"《点石斋画报》与同时期西方画报之间的交换沟通关系，西方画报图像确实是点石斋图像的重要来源"[3]。这些论述很精彩，但局限于早期的案例；随着时间的推移，晚清画报的西洋影响日渐消退，后起者甚至忘了"起源的故事"，基本上是追摹《点石斋画报》的榜

---

1 关于创始于1842年的《伦敦新闻画报》如何报道中国，参见沈弘《遗失在西方的中国史——〈伦敦新闻画报〉记录的晚清（1842—1873）》，时代华文书局，2014年。

2 鲁道夫·瓦格纳：《进入全球想象图景：上海的〈点石斋画报〉》，《中国学术》2001年第4期（第63页）。

3 参见唐宏峰《照相"点石斋"——〈点石斋画报〉中的再媒介问题》，《美术研究》2016年第1期。此文讨论"那头亚洲白象经过复杂的再媒介系统，得以呈现在晚清画报读者眼前"，主要涉及《点石斋画报》的媒介操作及其造成的图像特征，而不是到底有多少西洋画报被中国画师借鉴使用。

样,或干脆自力更生,另起炉灶。

借助个别《点石斋画报》图像被西方画报所采用,瓦格纳做出了更为志趣高远的假设:"《点石斋画报》和《飞影阁画报》与西方的画报相联,将中国在图像层面整合入一个全球性交流体系:在其中中国人可以通过改编自西方报纸的图画见识西方人,西方人也可以通过在西方出版的中国配图新闻的摘录了解到中国人对自己和西方的看法。"[1] 如此立说,我以为过于理想化了。所谓"交流",若水位相差太大,则从上往下流很容易,从下往上流极难。即便再找到若干例证,也无法改变晚清思想文化的大趋势——那就是"西学东渐"。

占压倒性优势的"西学",落实在画报的生产中,既是一眼就能辨认的西洋政治、科技、生活及景致,也含西画的绘图技法——后者比较隐晦,且表现不太理想。晚清石印画报中,除了若干临摹自照片及铜版画,还有绘制建筑时开始部分采用透视法,其他大部分作品,基本上仍恪守传统。而对于东西洋等域外风光及新科技、新器物的兴趣,也在随着时间的推移而日渐减弱[2]。上一代人惊诧不已的,下一代很可能习以为常。更何况,画报事业从上海向各地拓展,其他地方的画家并不像为《点石斋画报》供图的上海画家那样熟悉租界里华洋杂处的生活场景。存世15年的《点石斋画报》尚且有前后期之别,早期画报中常见的"西学印记"在日渐减少;庚子事变后各地纷纷创立的新画报,更是倾向于关注政治时事、日常生活以及本地风光。

另外,画报强调视觉表达,而在精确性方面,图文是有差别的。那些"一眼就能辨认"的西学,不见得如假包换。以人物为例,1909年《图画日报》上的"世界名人历史画",明显追摹梁启超主编的《新民丛报》,以连载形式(每人二三十幅),讲述欧美历史上的"英雄豪杰、魁儒硕彦",如拿破仑、嘉富尔、玛志尼、加利波的、罗兰夫人、噶苏士、大彼得、纳尔逊、俾斯麦、

---

[1] 参见鲁道夫·瓦格纳《进入全球想象图景:上海的〈点石斋画报〉》,《中国学术》2001年第4期(第95页)。
[2] 举个例子,从《中西闻见录》《格致汇编》《万国公报》关于气球的零星介绍(附图像),到《点石斋画报》中16幅充满戏剧性的"飞车"驰思,再到科学小说《月球殖民地》(1904)、《新纪头记》(1905)、《空中战争未来记》(1908)、《新纪元》(1908)、《新野叟曝言》(1909)等,你会发现,进入20世纪,气球已从科技新知转为创作灵感,忙着驾飞车空中打仗的是小说家。参见陈平原《从科普读物到科学小说——以"飞车"为中心的考察》,《中国文化》1996年第13期。

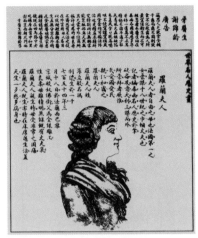 

《罗兰夫人》　　　　　　　　　《女界钟声》

威廉等[1]。由于计划过于庞大，最后没能达成目标；但其以图文互证的方式传播新知，还是很受欢迎。正因公众对广义上的西学（包括人物、科技、文化、景观、商品等）很有好感，这种"崇洋心理"很容易被商家利用。也是在1909年，同样刊行于上海的《时事报图画旬报》上，有西洋妇人敲响自由钟这一激动人心的场面，可细读这幅《女界钟声》的文字，你才发现，这原来是一则药品广告："此女界钟声图，乃唤醒女国民之有疾者而作。盖女子有疾，每有难言之隐，医治较男子不易奏功。上海五洲大药房，因特发明良药三种……"反过来，1912年《时报附刊之画报》多次刊出制袜机广告《君欲每日赚叁元乎》，最初是卷发束腰的西方女性，后换成了中国女性，随着国人政治热情的高涨，商家对于"吾女界"的呼唤更是提高了调门，最后大标题竟变成了"中国醒了"。本是推销药品或机器，一转眼竟成了慷慨激昂的政治论述[2]。要说文化符号的消费与挪用，视觉比文字更有效果，也更容易骗人。

1　《世界名人历史画·绪言》开列外交家、内政家、法律家、教育家等数十种英雄豪杰，并称"凡所以可歌可泣可敬可法之事实，为吾中国历代所罕见，当世所仅有者，笔之记之摹之绘之"。见环球社编辑部编《图画日报》第23号，第一卷第267页，上海古籍出版社，1999年。

2　叶晓青2009年在《亚洲社会科学》（Asian Social Science）上发表《20世纪初中国商业广告中的政治漫画》，第二年病逝前，专为此文写了则"后记"，称"商人对政治的敏感和准确让人感叹"（见叶著《西学输入与近代城市》第215页，北京大学出版社，2012年）。我同意她的意见。近日重读此文，发现她也用了"中国醒了"这则织袜机广告，不同的是，她主要从《申报》钩稽，我则着眼于《时报附刊之画报》，且追溯女性形象"由西而中"的演变过程。

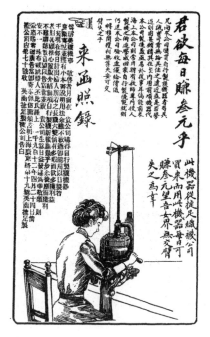 

《君欲每日赚叁元乎》

谈晚清画报中西学的影响,最好能兼及对象与技法。十多年前,我在《〈点石斋画报〉之流风余韵》中,描述阿英从报刊史、郑振铎从新闻画、徐悲鸿从中国画变革、包天笑从早年生活记忆,以及范曾从晚清社会场景等,表扬吴友如及《点石斋画报》那些"勃勃有生气"的时事画。不过,相对来说,鲁迅的论述最为全面:"如果说阿英、徐悲鸿、郑振铎、包天笑之谈论《点石斋画报》,各自有所偏重;鲁迅的兼及历史与现实、生活与艺术、个人趣味与文化走向,无疑更值得重视。"[1]这当然是后世史家着力钩稽的结果——鲁迅的意见散落各处,需细心寻觅与拼合,方能完整呈现。

钱锺书1984年在一封私人信件中谈及儿时阅读石印线装本《点石斋画报》如何"至废寝食",后读《日本风俗画大成》,"乃识吴友如辈渊源"[2]。其实,这段话在《钱锺书手稿集·容安馆札记》中有更为精确的表述:

---

1 参见陈平原《〈点石斋画报〉之流风余韵》,《文史知识》2000年第7期。
2 此信原稿流传在外,但因钱锺书书信手稿拍卖会被法院制止,故不便全文引录;相关信息,参见《钱锺书手稿大规模面世》(殷燕召),《光明日报》2013年5月21日。

镝木清方《日本风俗画大成》第八册（明治时代）中有《邮便报知新闻》六幅，出月冈芳年、小林永濯手，恍然悟《点石斋画报》所自出。而吴友如辈笔致粗俗，殊有邯郸学步之叹。[1]

日本江户末期著名浮世绘画家月冈芳年（1830—1892），早年画了很多战争画，晚年与《绘入自由新闻》签约，为其绘制新闻画，有大量作品传世；此等经历，加上通过学习西洋透视及素描，获得良好的造型能力，其人与吴友如确有某种相似处。可到目前为止，我没有找到"笔致"不见得"粗俗"的吴友如曾向月冈芳年或其他日本画家学习的直接证据。当然，拉开距离，在30年（1884—1913）的视野中观察晚清画报，则庚子事变后的创作，除了追摹吴友如等前贤，很可能与同时代的日本新闻插图及漫画有某种直接或间接的联系——这点广州的《时事画报》表现得尤其明显[2]。

晚清画报中的"西学"，主要体现在起源、对象及笔法。经过《点石斋画报》的模仿借鉴、消化吸收，后15年的晚清画报，其实已有很多变化。"起源"即便不是被遗忘，也只在论述时一笔带过；"对象"时有出现，但不占主导地位；"笔法"更是五花八门，兼及传统绘画与东西洋画报，而"漫画"的异军突起，或许更值得关注。需要仔细观察的是，在政治急剧动荡、传媒迅速崛起、文化移步变形的时代，"风景"作为晚清画报中不可或缺的角色，是如何长袖善舞并最终确立自己的地位的。

二、从江山形胜到都市风流

1931年，鲁迅在《上海文艺之一瞥》中，曾这样谈论《点石斋画报》："这画报的势力，当时是很大的，流行各省，算是要知道'时务'——这名称在那时就如现在之所谓'新学'——的人们的耳目。"[3]这里所说的"时务"

---

[1] 《钱锺书手稿集·容安馆札记》第2册第1157页，商务印书馆，2003年。
[2] 这方面的研究工作我尚未真正展开，只是1999年在东京大学观看"ニュースの誕生"（新闻的诞生）以及去年年初在京都漫画馆观看"江戸からたどる大マンガ史"（追寻江户以来的大漫画史）这两个特别展，这种感觉很强烈。
[3] 鲁迅：《上海文艺之一瞥》，《鲁迅全集》第四卷第293页，人民文学出版社，1981年。

与"新学",当然包括高妙的学问、玄虚的精神,但也落实在普通民众也能观赏的"新胜景"上——作为视觉形象为主的画报,承担的主要是后一种功能。

多年前我曾专门撰文,讨论为何谈晚清画报不该从1877年的《寰瀛画报》,而应从1884年的《点石斋画报》说起,理由是二者间存在巨大缝隙:从远在天边转为近在眼前,从风土时尚转为时事新闻,从英国铜版转为中国石印[1]。话说得有点绝对,但前者乃"英国有名画家"所绘制,远涉重洋来到上海,再由蔡尔康添加译文,这一制作过程本身,决定了其不能算"中国画报"的始祖[2]。而且,从广告文字中,不难理解这画报当初是如何吸引读者的。《申报》1876年5月26日刊出"本馆谨启"的《洋画出售》:

> 本馆现从外洋购得英国有名画师所绘中外各景致画图,如京师天坛大祭、南口商贾往来、外洋北极冰海、新造铁甲兵船、英法俄三国交仗,内中人物、房屋、树木、器械,以及一切情景,虽中国工笔界划,无此精致。共计十有八幅,本馆逐幅题明来历,以便阅者一望而知。俱用顶上洁白外国纸装裱成册,加以蓝色蜡笺盖面,均极工整。每册取洋贰角,此系外洋贵重之物,画者刻者皆名重一时,因初到中国,仅取薄价,以图扬名之意。定于礼拜一即本月初七日出售。如蒙赐顾,请至本馆账房购取,或向卖报人经手亦可。若外埠,概归卖《申报》者经理。特此告白。

第二年《寰瀛画报》正式发行,具体内容多有变化,包括"京师天坛大祭"改成了"中国万里长城",但都是强调"各画皆工细如生,为英国名人之作"[3]。换句话说,"内中人物、房屋、树木、器械,以及一切情景,虽中

---

[1] 参见陈平原《新闻与石印——〈点石斋画报〉之成立》,《开放时代》2000年第7期。

[2] 徐载平等《清末四十年申报史料》(新华出版社,1988年)称美查"经销"而不是"创办"在英国伦敦印刷的不定期画报《寰瀛画报》(第18、319页),此说比较准确。

[3] 《申报》1877年5月12日广告《〈寰瀛画报〉待售》:"启者。今拟创设一《寰瀛画报》,定于西历七月内先出第一号,诸事由申报馆经手。其第一号报中之画先列如左。计:一温邑加士,系英国历代之皇宫也;一火船,名哦士办,盖英太子游历之火船也;一印土王,名义白系恩者之陵;一英之巾帼时新妆饰各图样;一不用铁条之火轮车图,为印度所造者;一西尼士岭洞路,一为火轮客车在洞内者,一为火车甫由洞中出来者;一东洋人新旧衣冠各式;一日本女士坐车并随从各人;一中国万里长城。此画甚大,不订于报本内,盖合于裱好挂壁也。按以上所列各画皆工细如生,为英国名人之作。《寰瀛画报》主人启。"

国工笔界划，无此精致"，依旧是其最大的卖点。

几年后创办的《点石斋画报》，虽开启了以图像讲述时事的新模式，但"中外各景致"依旧不敢忽视。实际上，以视觉形象为主的画报，"风景之发现"乃是其融合知识性与观赏性的重要途径。只不过这里所说的"风景"，可以是山水自然，可以是城市景观；可以独挑大梁，也可以配合演出；可以孤军奋战，也可以联袂出场。随着时间推移，画报的"新闻性"在逐渐丧失，反而是那些异彩纷呈的"中外各景致"，吸引着后世无数读者。

创立《点石斋画报》时，美查曾感叹中国缺少画报，原因在于中西画法不同："要之，西画以能肖为上，中画以能工为贵。肖者真，工者不必真也。既不皆真，则记其事又胡取其有形乎哉？"[1] 不以"能肖为上"，除了限制社会新闻、人生百态的描摹，是否也限制了"风景之发现"？一般认为，中国绘画史上蔚为奇观的山水画，强调笔墨而非写生，因而越到后来越容易陈陈相因。可这牵涉绘画的类型（人物、花鸟、山水、宗教、历史、风俗）以及对于风景的认定。这里引入"胜景"的眼光，观察晚清画报如何在"图画"与"新闻"之间依违与徘徊，借助风景的选择、重构与阐释，达成某种商业、文化乃至政治的目标。

1931年，萨空了在燕京大学新闻学系演讲，谈50年来中国画报的三个时期，对于石印时代之"杂糅外国画报之内容，与中国传奇小说之插图画法与内容，而成点石斋式之画报"不太以为然[2]。其实，"新闻画报"虽好，但"杂糅"古今中外也不算出格。既然在中国办画报，吸纳传统的插图画法，以达成中西合璧的效果，一点都不稀奇。只是画报与新闻结盟，必定以动为主（时事），以静为辅（人物、科技、风景、民俗），那些最具观赏性、也最能驰骋画家想象力的"风景"，到底该如何出场？

晚清画报中层出不穷、水平参差的"风景"，基于画家的能力以及读者的趣味，逐渐从国外向国内转移。与此同时，与石印术的引进相配合，画报在绘制独立的或辅助性的"风景"时，不是取法笔墨讲究、意境高远的山

---

[1] 尊闻阁主人：《点石斋画报缘启》，《点石斋画报》第1号，1884年5月8日。
[2] 参阅萨空了《五十年来中国画报之三个时期及其批评》，初刊《新闻学研究》，燕京大学新闻学系，1932年刊；见张静庐辑注《中国现代出版史料乙编》第412页，中华书局，1955年。

《申江胜景图·序》

水画,而是借道原本附属于方志的山川及城市的版刻图像。这就说到一个并不偶然的"巧合"——1884年,申报馆主人美查在创办《点石斋画报》的同时,还"延画师吴君友如博观约取,绘图若干幅,图缀以诗,厘成卷帙,以供好奇者卧游之具"[1],那就是著名的《申江胜景图》。

在中国山水画中,着意绘制名山胜水,历来是别有幽怀。而随着城市繁华、文人雅兴以及旅游业的发展,明中叶以后,采用组画形式,表现本地实景山水,成了金陵画家的一种创作时尚。绘画史家将其追溯到宋代画家宋迪创作的"潇湘八景",我则更看重城市自觉与文化消费。都市风物的图像表达,包括气势万千的长卷以及便于传播、价格比较低廉的版刻。这里不说绚丽多彩的长卷《皇都积胜图》《南都繁会图》,就谈晚明朱之蕃编、陆寿柏绘图的《金陵四十景图像诗咏》,以及清初高岑编绘的《金陵四十景

---

1 黄逢甲:《申江胜景图·序》,《申江胜景图》,点石斋印书局,1884年;华宝斋书社,1999年。

图》[1]。后者往往与方志的编纂相结合，努力发现近在眼前的"风景"，着重点也从"江山形胜"转移到"都市风流"，具体制作时兼及审美眼光、地理知识以及旅游趣味，在一系列图文互动中，蕴含着某种地方意识、文人情怀乃至政治意涵[2]。

考虑到版刻的制作特点，以及消费人群的阅读兴趣，这种胜景图的制作，不求清幽高远，但求明确实用——看得清，认得出，可识别，能卧游。借用朱之蕃的《金陵图咏·序》：

> 宇内郡邑，有志必标景物，以彰形胜，存名迹。金陵自秦汉六朝夙称佳丽……乃搜讨纪载，共得四十景。属陆生寿柏策蹇浮舸，躬历其境，图写逼真，撮取其概，各为小引，系以俚句，梓而传焉。[3]

这里的关键要素，第一定景（"搜讨纪载，共得四十景"），第二写生（"躬历其境，图写逼真"），第三配文（"系以俚句"），第四刻印（"梓而传焉"）。对照黄逢甲的《申江胜景图·序》，除了时代不同，城市景观迥异，二书的宗旨、结构及趣味没什么两样：

> 若夫高桅劲橹，簇列浦溆者，各国之番舶也；巍楼杰阁，掩映金碧者，西人之馆宇也；微雨新晴，驾轻就熟，左驰而右逐者，遨戏之车马也；曲眉丰颊、嚼徵含商，魂销而心醉者，风流之薮泽也。……尊闻阁主人延画师吴君友如博观约取，绘图若干幅，图缀以诗，厘成卷帙，以供好奇者卧游之具。[4]

---

1 朱之蕃撰：《金陵图咏》，据明天启三年刊本影印，《中国方志丛书·江苏省·金陵图咏》，台北：成文出版社，1983年；朱之蕃编、陆寿柏绘图：《金陵四十景图像诗咏》，南京出版社，2012年12月；高岑编绘：《金陵四十景图》，收入清朝江宁知府陈开虞纂修的《康熙江宁府志》卷之二《图纪下》，康熙七年（1668）刊行于世，南京出版社，2012年12月重刊。

2 参见王正华《过眼繁华——晚明城市图、城市观与文化消费的研究》，李孝悌主编《中国的城市生活》第1—57页，（台北）联经出版事业公司，2005年；吕晓：《明末清初"金陵胜景图"研究》，《南京艺术学院学报》2010年第10期；田田《十七世纪金陵胜景图探微》，《贵州社会科学》2012年第10期。

3 朱之蕃编，陆寿柏绘图：《金陵四十景图像诗咏》，南京出版社，2012年12月。

4 黄逢甲：《申江胜景图·序》，《申江胜景图》，点石斋印书局，1884年。

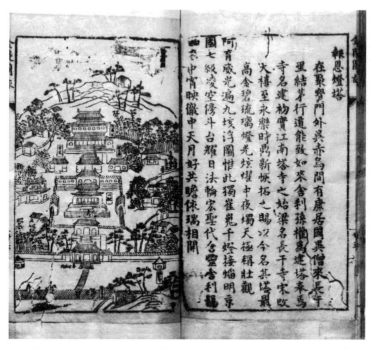

《金陵四十景图像诗咏·报恩灯塔》

《金陵图咏·序》

石印与版刻的效果当然不一样，但若谈画册的制作心态与阅读趣味，《金陵四十景图像诗咏》与《申江胜景图》没有多少差异。

要说变化，除了画家个人才华，晚清的吴友如远胜晚明的陆寿柏，更重要的是"胜景"的概念得到很大的拓展。全书62幅图中，有传统胜景图都会列入的名胜古迹，如"上海学宫""也是园""豫园湖心亭""静安寺""龙华寺"等，但不占优势，也不是读者最为关切的；反而是诸多商业与娱乐场所大出风头，如"公家花园""华人戏园""东洋茶楼""车利尼马戏""菊花山下挟妓饮酒"，还有大量西洋建筑让人耳目一新，如"上海制造局""招商总局""大英公馆""江海北关""法界招商局码头""怡和码头"等；至于文化场景及生活方式，也出现了很多新气象，如"点石斋""申报馆""会审公堂""巡捕房解犯""跑马""西人赛船""华人乘马车脚踏车""救火洋龙""吴淞火轮车"等[1]。这里的胜景，基本排除了自然山水（这与上海的城市特点有关），主要是景观、建筑、娱乐、游戏乃至某种特殊的生活方式。而所有这些胜景，日后经常出现在《点石斋画报》及诸多晚清画报中，成为其吸引读者的重要手段。

作为因西潮涌入而迅速繁荣的商业城市，上海明显不同于历史悠久、古迹众多的金陵或北京，需要调整游览者的眼光及趣味。正如《申江胜景图·序》说的，申江胜景的好处在"各国之番舶"及"西人之馆宇"等，对比"杭之西湖，苏之虎丘，以及罗浮、天台诸名胜"，一点都不逊色，差别仅仅在于"景之出于天与景之成于人"[2]。城市刚刚崛起，山水没什么好说的，编纂方志也非其所长；但消费文化的发达，使其独具营销城市的策略——那就是与古已有之的"北里志"传统结盟。

被当年的卫道士及后世的道德家指责不已的"脂粉地""销金窟"，主要通过女性、金钱、欲望、罪恶等"冶游"故事来落实。某种意义上，时尚的妓女成了上海这座现代城市的隐喻。但《点石斋画报》中那种"令人目眩的洋场风气"，以及妓女所代表的西洋物质文明的引进，很难用纯粹的道德判断来描述[3]。晚清上海，城市意识与大众传媒相伴而行，不说那些关

---

1 参见吴友如绘制《申江胜景图》卷上、卷下。
2 黄逢甲：《申江胜景图·序》，《申江胜景图》，点石斋印书局，1884年。
3 参见叶晓青《〈点石斋画报〉中的上海平民意识》第三节"令人目眩的洋场风气"，初刊（转下页）

于"海上繁华"的游记、小说、竹枝词等,就说带有旅游指南性质的"图说城市"——因石印术的引进,也因日渐增强的文化自信,此类"图说城市"的出版物很受欢迎。除了点石斋的《申江胜景图》,我们还能看到《申江名胜图说》(1884)、《海上繁华图》(1884)、《申江时下胜景图说》(1894)、《新辑上海彝场景致》(1894)、《海上游戏图说》(1898)、《绘图上海杂志》(1905)等[1]。但这么多出版物中,制作最为精良且影响最为深远的,还属吴友如绘制的《申江胜景图》——不仅是自然与人工的差别,更因"申江胜景"兼及世界与中国、新奇与日常、时尚与乡土,某种意义上,这是视觉化且趣味化了的"新学"。

这就说到晚清画报中着力表彰"本地风光"的,为何是上海而不是北京、天津或广州。对于"帝京"来说,最值得夸耀的,乃皇家建筑之恢宏,以及各种仪礼、庆典的无限荣光。《万圣盛典初集》(1717)、《御制圆明园四十景诗图》(1745)、《八旬万圣盛典插图》(1792)等纪实性的宫廷版画,其器物之繁多、场面之雄伟,让人叹为观止;可到了19世纪末20世纪初,关于帝京如何华美壮丽的图像书写,只见于外地[2],不见于北京——很难说是沮丧还是淡定,北京人似乎丧失了夸耀自己城市的愿望与能力。相反,迅速崛起的上海则野心勃勃,借助各种文字及图像,不断向全国各地读者输出繁华似锦、熠熠生辉的"上海形象"。

晚清画报中的风景,逐渐由域外向本国转移,这完全可以理解;但为何是"申江胜景"最终战胜自然山水及域外风光,而独占鳌头。借助叶汉明等《点石斋画报通检》,我们可以得出以下结论:此画报对于域外事务的关注(第8页),不及国内事务的一半(第16页,排列更加紧密);而国内最受关注的前10个城市分别是:上海(693幅)、北京(280幅)、南京(236

(接上页)《二十一世纪》1990年10月号,见《西学输入与近代城市》第113—116页;叶凯蒂:《清末上海妓女服饰、家具与西洋物质文明的引进》,《学人》第9辑,江苏文艺出版社,1996年4月。

1 参见吕文翠:《海上倾城:上海文学与文化的转异,1849—1908》第65—71页,(台北)麦田出版公司,2009年。

2 这里不谈照相,仅限于画报——1877年从英国输入的《寰瀛画报》,为适应中国读者趣味,销售时添上"中国万里长城"或"京师天坛大祭";1880年传教士范约翰在上海创办的《画图新报》,第一年第十一卷上的北京阜成门、恭亲王小像、紫禁城北面、紫禁城午门、大石桥等图,似乎是从铜版画上摹刻下来的,讲求透视,比例准确,只是线条粗细不一,参见陈平原《教会读物的图像叙事》第四节,《学术研究》2003年第11期。

幅)、苏州（154幅）、杭州（116幅）、宁波（103幅）、广州（99幅）、武汉（汉口加汉阳，97幅）、天津（89幅）、扬州（89幅）[1]。而晚清引进西学非常重要的香港（46幅），被挤出了前10名；只在芜湖（56幅）、温州（49幅）、镇江（45幅）之间徘徊。除了城市本身的重要性，当然与距离远近以及采写难易有关系。

城市的自尊与自觉，加上出版及传媒的相对发达，使得"上海形象"的制造及传播，远比其他城市更为成功。晚清画报30年，京、津、穗的画报，多以本地新闻为主；若干成功的上海画报则能放眼全国（乃至全球）。这与后者大都与大报结盟（如《点石斋画报》之于《申报》），或本身就是大报制作并附送（如《舆论日报》—《时事报》系列）[2]，故有较好的采编队伍与销售网络有关。

除了城市自信、传媒发达，晚清上海画报之喜欢并擅长制作"胜景图"，还包含某种发展旅游业的野心。《申江胜景图·序》所说的"抚是图者，虽未至申江，而申江之景其亦可悠然会矣"[3]，在日后各种以专栏形式推介本地风光的画报中，都能深刻体会到。北京画报的"在地眼光"与上海画报的"游客趣味"，使其同样面对帝京景物时，其选材、构图及文字有很大差异。

三、在报章与画册之间

从1884年《申江胜景图》刊行及《点石斋画报》创办，到1909年上海环球社编辑出版《图画日报》（1909），中间隔了四分之一个世纪。这期间，任何一种画报出现，都会有新的"风景"被发现与被阐释。只不过《图画日报》创立"上海之建筑"专栏，将此表彰"本地风光"的强烈欲望，得到彻底的释放。

"画报"之得以成立，与新闻结盟是第一要素。否则，图文并茂或左

---

1 参见叶汉明、蒋英豪、黄永松等《点石斋画报通检》第232—247页，（香港）商务印书馆，2007年。
2 阿英《中国画报发展之经过》称："至于新闻纸逐日附送画报单页，据所知，似始于《新闻报》，始刊期为光绪十九年（1893）十一月。"见《晚清文艺报刊述略》第96页，古典文学出版社，1958年。
3 黄逢甲：《申江胜景图·序》。

图右史，无论中外，均可追溯到非常久远的过去。可是，纯粹的新闻报道，无论配图如何精美，依旧无法满足读者广泛且变幻莫测的兴趣。其实，混杂与多元，正是晚清开始大量涌现的报刊的最大特点。谭嗣同表彰"报章总宇宙之文"[1]，正是看出其打破时空界限、忽略文体藩篱的优点。此外，还得考虑画家的自尊心，比如吴友如，先是从《点石斋画报》独立出来，自创《飞影阁画报》；不到三年，又有感于"画新闻如应试诗文，虽极揣摩，终嫌时尚，似难流传。如绘册页，如名家著作，别开生面，独运精思，可资启迪"[2]，因而改出《飞影阁画册》。不仅吴友如，周慕桥、刘炳堂、李翰园、李菊侪、高剑父等专业画家，都表示过"独运精思"绘制册页的强烈愿望[3]。

正是基于读者与画家的共同兴趣，晚清画报除了以单幅图像叙事，还可以有连续报道（如《点石斋画报》对于中法战争的跟踪）、专题叙述（如《点石斋画报》中的《朝鲜乱略》），再就是下面主要讨论的专栏设计。坚持画报新闻性第一的萨空了，对于中国石印时代画报之主旨紊乱，是持批评态度的——"可视为画谱，可视为消闲插画，亦可视为新闻画报"[4]。我则相反，认定此乃那个时代的画家及读者的趣味共同决定的，不仅没必要苛责，还必须给予充分的理解与同情。瓦格纳文章中专设一节，讨论《点石斋画报》的增刊，是很有见地的[5]。作为新生事物的画报，必须是多面手，不仅讲述新闻，还得有艺术、教育及消闲等方面的功能，这样，既提升画报的文化品位，满足画家的自尊心，也便于吸纳尽可能多的读者。时隔多年，新闻早已失效，但画报依旧可以作为很好的"启蒙读物"[6]，因其艺术、教育

---

1 参见谭嗣同：《报章文体说》，原刊《时务报》第29、30册，收入《谭嗣同全集》时改题《报章总宇宙之文说》，见下册第377页，中华书局，1981年。
2 《飞影阁画册小启》，《飞影阁画册》第1页，1893年9月。
3 参见《飞影阁第一号画册告白》，《申报》1894年5月30日；《本馆主人谨白》，《启蒙画报》第8册，光绪二十九年（1903）二月；《李翰园告白》，《日新画报》第21期，1908年；《李菊侪启事》，《醒世画报》第14号，宣统元年（1909）十一月初三日。至于高剑父等《时事画报》同人的趣味，从其经常刊登"画稿"及《本报美术同人表》可以看出。
4 萨空了：《五十年来中国画报之三个时期》，张静庐辑注《中国现代出版史料乙编》第412页。
5 参见鲁道夫·瓦格纳《进入全球想象图景：上海的〈点石斋画报〉》，《中国学术》2001年第4期（第75—94页）。
6 在《转型期中国的"儿童相"》中，我曾举陆宗达、萨空了的阅读为例，说明"一份停办多年的旧杂志，居然依旧是京城儿童接受新知的'课外读物'"。参见徐兰君、安德鲁·琼斯编《儿童的发现——现代中国文学及文化中的儿童问题》第79页，北京大学出版社，2011年。

及消闲的功能仍在。这是特殊时代的特殊需要,与分工明确的《伦敦新闻画报》不可同日而语。

设立各种专栏以及专题连载,这对于每日一期的画报来说,既是扬长——兼及新闻性与观赏性;也是避短——可以长期规划,提前制作。与《点石斋画报》附赠性质的增刊不同,后世画报的专栏,大都安排在正文中。画报中专栏的位置,可以在前,也可以在后;至于内容,更是五花八门,任由编辑自由组合。存世数量最多的晚清三大画报中,《图画日报》的画师水平最低,无法跟《点石斋画报》和《时事画报》相提并论[1]。但也有一个好处,那就是编辑格外用心,尤其体现在专栏及专题的组织上。专题指的是《庚子国耻纪念画》以及"绘图小说"《续海上繁华梦》、"世界新剧"《新茶花》《黑籍冤魂》《明末遗恨》等,专栏值得称道的有"世界名人历史画""三十年来伶界之拿手戏""营业写真"(俗名三百六十行)"上海新年之气象",以及下面将着重讨论的"大陆之景物"与"上海之建筑"。在《世界名人历史画·绪言》中,有一段话很能显示编辑的抱负:

> 握寸管,伸尺幅,以描写社会之景物,以形容世界之象态,启发人观感,增广人智识,其惟图画乎?其惟图画乎?然图画之风行于今日者,要皆今日发生之事实,若及于当代名人之事略者鲜矣,而及于古昔名人之政绩者尤鲜,而及于欧美名人之历史者,更渺焉不可得。[2]

不是一时兴起,而是长远规划,希望借图像叙事方式,全面介绍对于开启民智有意义的各种知识。这一思路,使得编者除日常的新闻报道,以及若干插科打诨的边角料,将整本杂志作为一本大书来经营。

具体到"风景"的呈现,主要由"大陆之景物"与"上海之建筑"这两个专栏来承担。前一个专栏共刊发366幅图文,原先的设想是全球眼光,不

---

[1] 晚清画报中数量巨大且得到较好整理的,当推《点石斋画报》(1884—1898)、《时事画报》(1905—1913)和《图画日报》(1909—1910),前两者集合诸多插图名家,第三种则大多笔墨呆滞。
[2] 桐:《世界名人历史画·绪言》,见环球社编辑部编《图画日报》第23号,第一卷第267页,上海古籍出版社,1999年。

《太和殿》

分内外，如第1号刊《太和殿》、第2号发《法国路易十四王宫》等；可办着办着，越来越偏向于中国。上海古籍出版社整理本共八大册，第一二册国内外对半分，第三至五册国外为主，第六至八册基本上都是国内[1]。到了总共147图文的"上海之建筑"，不用说，全都是本地风光。在"大陆之景物"第一《太和殿》与"上海之建筑"第十二"大清邮政总局"之间[2]，后者的描绘更为细密，文章也更为灵动。因为，那是自己身边的风景，无论画家还是文字作者，都有更多切身体会[3]。那些远在天边的中外名胜，画家很可能不熟悉，只好借鉴外国画报或明信片，至于文字，其实也多有所本[4]。等而

1　《图画日报》"大陆之景物"专栏最后18图，全部用来介绍东南亚劝业会——此乃中国历史上第一次以官方名义举办的国际博览会，1910年6月5日开幕，历时半年，共有中外游客30多万人参观。

2　参见《图画日报》第1、第12号，上海环球社，1909年。

3　晚清画报之表现城市景观，京海之间有很大的差异，"申江胜景"是可以随意造访的，皇家建筑则禁止平民进入。这就难怪画报涉及帝京景物的，只能照本宣科，普遍不及沪滨风景生动。参见陈平原《城阙、街景与风情——晚清画报中的帝京想像》，《北京社会科学》2007年第2期。

4　如《图画日报》第1号关于太和殿的描述，摘抄自《日下旧闻考》卷十一"国朝宫室"，只（转下页）

第九章　风景的发现与阐释　　453

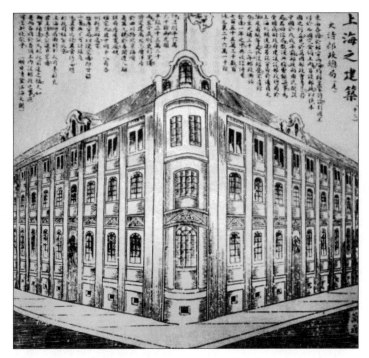

《上海之建筑·大清邮政总局》

下之的，那就整个照抄现成的图书[1]。

　　将《图画日报》147幅"上海之建筑"与62幅《申江胜景图》相对比，会有很有趣的发现。四分之一个世纪过去，上海变得更加繁华，也更加洋化。早年惊奇不已的"华人乘马车脚踏车""西人赛船""车利尼马戏""西人赛跑"等不见了，一是体例变化（"胜景"不一定是"建筑"），更重要的是那些情景已经习以为常，不值得大惊小怪了。另外就是与"胜景图"的制作者相关的"点石斋""申报馆""美查住宅"也消失了，人一走茶就凉，这一点也不奇怪。要说出版，轮不到点

（接上页）是中间部分略作删节。不仅《图画日报》，晚清画报中关于皇家建筑的文字介绍，大都不难找到其所本。相对来说，民居、寺庙或新建筑，情况好多了。

1　1909年刊行于上海的《时事报图画旬报》，其"沪滨百景"尚有新意，而介绍各地风光的，多有抄袭清人麟庆撰著、汪春泉等绘图的《鸿雪因缘图记》。参见陈平原《图像晚清——〈点石斋画报〉之外》第250—259页，东方出版社，2014年8月。

石斋书局，这回需要表彰的是商务印书馆[1]。此外，"上海之建筑"中有大量关于医院、善堂、邮局、铁路、博物院、巡警局的介绍（当然也有寺庙与教堂），明显体现城市发展以及时代的变化。而最最重要的是学堂勃兴——除了排在第一位的江苏教育总会，还有邮传部高等实业学堂、上海劝学所、龙门师范学校、务本女塾、格致书院藏书楼、英文书院藏书楼、南洋中学、寰球中国学生会、银楼公立学堂、上海测绘传习所、澄衷学堂、榛苓学堂、梅溪学堂、民立中学堂、养正学堂等。

两相比较，"上海之建筑"与《申江胜景图》基本一致的景点，不到十个。换句话说，除了城市变化，两代画家眼中，各有各值得讴歌的"风景"。即便同一景点（如跑马总会、江海北关、招商总局、救火局、制造局、自来水塔等），画作的构图及笔墨不同，而差别更大的是文字。

比如《申江胜景图》之《跑马场》，先是"凉秋八月天马来，西风卷地黄云开"，接下来整个比赛过程，甚至赛后上酒楼庆祝，也都津津乐道，诗篇的最后是："天下有道远人至，庙堂控驭岂无方？君不见昔日西秦牧马地，又不见今日上海跑马场。"对于那时的观众来说，观看跑马是很兴奋的事情[2]，诗人于是满怀激情，大胆渲染："欧洲健儿好身手，背插彩旗腰紫绶，五骑十骑交错驰，各愿争先不肯后。"[3]可25年后，"上海之建筑"第2号《跑马总会》关注的是建筑："西商跑马总会，在静安寺路之跑马场，建筑甚精。"还有发感慨："说者谓，西人办事，不特于游戏中寓尚武精神，且不惜经营缔造。若是，无怪租界之一广再广，绝不稍遗余力也。嘻！"[4]至于赛马规则及过程，则不太关心。对照两幅图文，一竞赛，一建筑；一古诗，一浅文；一渲染，一陈述——背后的差异在于，跑马对于1909年的上海来说，已经不再是新鲜事了。

更重要的是，作者对于期待读者的设定，显然有很大差别。都希望"抚

---

1 "商务印书馆印刷所"一则，不在"上海之建筑"，而在与之相配合、共连载18回的"上海著名之商场"："自戊戌后，学堂渐兴，新书日出，印刷类亦逐渐精良。然生涯之盛，出书之多，印刷之佳，首推商务印书馆为第一。"接下来详细介绍商务的历史演进、创办者的贡献，以及目前的规模，见《图画日报》第一卷第11号，第一卷第127页。

2 1884年《点石斋画报》第2号《赛马志盛》（甲二）称："西人于春秋佳日，例行赛马三天。……个中人固极平生快意事也，而环而观者如堵墙，无胜负之撄心，较之个中人尤觉兴高采烈云。"

3 《跑马场》，《申江胜景图》上卷第63页。

4 《跑马总会》，《图画日报》第一卷第14页。

第九章　风景的发现与阐释　455

《跑马场》

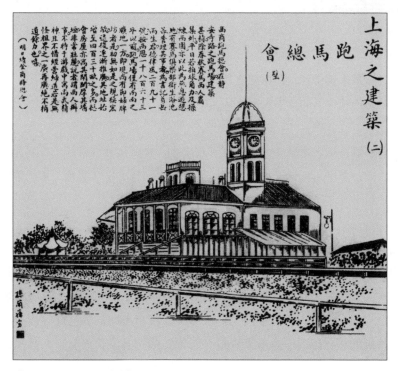

《上海之建筑·跑马总会》

《招商总局》

是图者,虽未至申江,而申江之景其亦可悠然会矣",《申江胜景图·序》面对的是传统中国的读书人,这从《招商总局》的文字可以看出:

> 西人来,轮船开,华人局面从此推,官商协力广招徕。轮飙往复江海隈,局中气象何崔巍,利权独揽钦奇才。吁嗟乎!胡越一家无猜疑,不如今日契岑苔,唐宗属此犹舆台。[1]

虽说诗歌不太重要,属于配合演出,可还是放不下架子。这里的用典,需略为解释。"胡越一家,自古未有也",见《资治通鉴·唐太宗贞观七年》;"苔岑"(或"岑苔")指志同道合的朋友,典出晋郭璞《赠温峤》;"舆台"乃古代社会两个低微等级,泛指卑贱的人。此等用典,说不上特别渊深,但与《点石斋画报》所标榜的"其事信而有征,其文浅而

---

[1] 《招商总局》,《申江胜景图》上卷第31页。

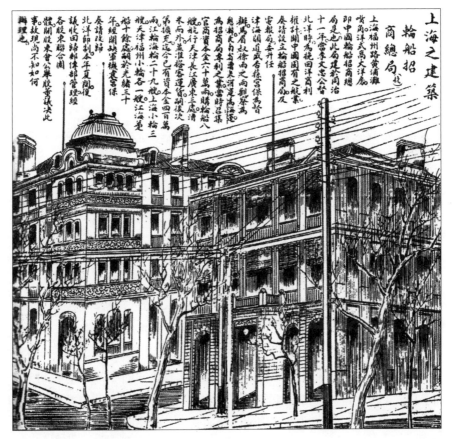

《上海之建筑·轮船招商总局》

易晓,故士夫可读也,下而贩夫牧竖,亦可助科头跣足之倾谈"[1],明显不同。到了《图画日报》,文字更加浅白,与一般新闻报道无异。就以内容相同的《轮船招商总局》为例:

> 上海福州路黄埔滩嘴角,洋式高大洋房,即中国轮船招商总局是也。此局建于同治十一年,当李文忠公督北洋时,为挽回洋商利权计,辟中国固有之航业,奏请设立轮船招商局及电报局,委升任津海关道盛杏荪宫保为督办,马眉叔、徐雨之两观察为总办。改南省漕米

---

[1] 申报馆主:《第六号画报出售》,《申报》1884年6月26日。

河运为海运，为招商局专利之业。当时召集官商资本六十万两，购轮船八艘，航行天津、长江、广东三处。漕米而外，并准搭客运货。嗣后次第扩充，迄今已有资本四百万两，江轮海轮二十九艘，上海小轮三艘，天津、福州小轮各一艘，江海趸船十余处。嗣于光绪三十年，经开缺军机处袁官保奏请，改归北洋节制。本年夏间，复议收回归邮传部管理。经各股东联合团体，开股东会公举股董议决此事，故现尚不知如何办理也。[1]

如此不用典故，缺少文采，平平淡淡，如实道来，对于读者或许更有用，因其信息量大。这走的是新闻报道的路子，而不是文人的驰骋才华。如此平实的文字，可见编者对于此"上海之建筑"的定位，更看重的是其"实用性"，而不是"审美品格"——若装订成册，甚至可以作为旅游指南来阅读。

设计介绍各地风光的专栏，说来是为了扩大视野、增长知识、添加趣味，但其实也有讨巧的成分。因专栏的图文可提前准备，运作起来比较从容，不像追踪时事的"新闻画"需要紧赶慢赶，压力反而没那么大。长期规划，多设专栏，这也是上海画报商业化运作比较成功的经验。与《图画日报》的"上海之建筑"相类似的，有1909年上海《时事报图画旬报》的"沪滨百景"。至于广州、北京、天津等地的画报，如《时事画报》《赏奇画报》《醒俗画报》《星期画报》等，虽无此类大规模优雅但静止的"胜景图"，但也会关注本地风光，有意无意间，给后世留下了大批珍贵的图像资料，以至今天关注城市形象、民众生活以及风俗变迁的学者，都愿意到晚清画报中去"考古"或"淘宝"。

四、风景转移中的文化与政治

观察晚清的风景图像，"自西徂东"是一种转移；从江山形胜到都市风流，也是一种转移。至于由大江南北遍地开花转为海上繁华一枝独秀，更是蕴含着时代风气的巨大变化。促成此风景转移的大趋势，看得见的是

---

[1] 孙兰荪：《轮船招商总局》，《图画日报》第27号，第一卷第314页。

经济实力,以及若干有效的商业操作;看不见的则是意识形态的影响。至于那些或沉稳或激情的画家及文人,借助图文之间的巨大张力,也可以发掘乃至改变那些潜藏在风景中的政治意涵。

画报中"风景"的呈现,并非只是技术层面的肖与不肖、工与不工;还包含制作者的立场与趣味。我在谈论晚清画报中的"帝京想象"时,提及帝京里那些辉煌的城阙与宫殿,可能是纯粹的风景名胜(如《万寿山》,但也可能隐含着若干历史的创痛以及民族的屈辱。举的例子是刊于《时事报图画旬报》第2期的《正阳门城楼》,作者除了称赞其如何雄伟壮丽,更提及:"逮庚子之役,联军入京,城楼遭毁,城墙炮弹之迹,或如蜂窝。"与此相类似的,还有这幅《颐和园》,作者固然抄录方志,推崇此地"景物之美",但更提醒读者:"当时建筑糜财,大半取之海军军费,合肥相国曾上疏力争,谏垣中亦有具折阻止者。"甲午海战北洋水师之所以全军覆没,很多人归咎于慈禧太后的

《正阳门城楼》

挪用海军军费修颐和园，了解这一背景，当能明白作者的忧愤[1]。

城市里的"胜景图"，并非只是客观呈现，清初高岑编绘《金陵四十景图》固然有寄托，清末广州《时事画报》诸多画家的写山摹水，同样有关怀。历史上声名显赫的八景、十景、四十景，因时事变迁说不定很快湮没无闻；而当初平淡无奇的小山丘，也可能因某个突发事件而被永远铭记。在这个神奇的"制造景观"的过程中，画报可以发挥不小的作用。如辛亥年闰六月十一日广州《平民画报》第3册上有铁苍（潘达微）所绘黄花岗图，除了参松与坟墓，再就是作者题字："七十二坟秋草遍，更无人表汉将军。此陈元孝先生句也，移题黄花岗，觉有韵味，读者以为何如？铁苍并志。"这里用的是著名抗清志士陈邦彦之子、清初岭南三大家之一陈恭尹的诗句[2]，只是所怀并非号称七十二疑冢的曹丞相，而是刚刚安葬于此的广州起义七十二烈士。此图下面是叙事性质的《焚攻督署》图文，讲述1911年4月27日（农历辛亥年三月二十九日）同盟会黄兴等在广州发动起义的整个过程。当初同盟会会员潘达微冒险奔走四方，请慈善机构出面收殓遗体，共得72具，合葬于广州东郊红花岗，并将其改名黄花岗。辛亥革命成功后，1912年广州军政府在原墓地建烈士陵园[3]，日后多次扩建，现收殓了喻培伦、林觉民、方声洞等有事迹可考的烈士86名。当初《平民画报》刊发黄花岗图，可真是"笔落惊风雨"，谁能想到，如此乱坟堆，日后竟成了万民景仰的名胜地。这主要得益于改朝换代，可画家及报人于风雨如晦之际，坚守理念、顶住压力、制造"胜景"的胆识，着实让人敬佩。

随着时间推移，读者趣味变化，学术潮流更新，当初很多日常生活场景，如今也成了很好的风景——我说的是画报中常见的民俗画面。光绪十九年（1893）十月二十六日，《点石斋画报》（木八）连载九幅《赛灯盛会》，那是有意为之；画报中有关二十四节庆的图像比比皆是，可惜散落各

---

1 参见陈平原《城阙、街景与风情——晚清画报中的帝京想像》，《北京社会科学》2007年第2期。
2 陈恭尹《邺中怀古》："山河百战鼎终分，叹息漳南日暮云。乱世奸雄空复尔，一家辞赋最怜君。铜台未散吹笙夜，石马先传出水文。七十二坟秋草遍，更无人表汉将军。"
3 高奇峰编《真相画报》第1期（1912年6月）上，与之相关的图片及文章就有：《广州黄花岗七十二烈士墓》《广州黄花岗三烈士墓》《七十二烈士纪功碑》《民军追悼赵声》《孙中山先生致祭黄花岗》（其一、其二）、《民军致祭黄花岗》《广东海军将校及海军学生致祭黄花岗》《广东海军全体致祭黄花岗》等。

处，其中提及元旦的43幅、提及元宵的33幅、提及端午的25幅，涉及中秋的17幅，涉及春节的44幅，涉及除夕的25幅[1]，并非都是风俗画，但多少总有一些"风俗画"的要素。表面上，这些图像也有时间、地点、人物，具备所谓的新闻三要素。但不少画作中"事件"本身无关痛痒，作者真正关心的是作为背景的"风土人情"。这等于是兼采传统的"岁时记"与"风俗画"，用文字和图像呈现某一城市（或区域）的"风俗志"。

光绪十年（1884）六月初五日出版的《点石斋画报》甲九，刊出两幅同题的《帝城胜景》，讲的都是北京永定门外娘娘庙如何建筑宏伟，风景秀丽。第一幅是上海画家张淇（志瀛）根据《申报》上的文字绘制而成，虽有娘娘庙的匾额，但寺庙基本隐没；前景是赏春的游客在煮茶垂钓，以及"三五村童戏水为乐"。此图完成后，编辑又收到京师画家顾月洲寄来的画稿，人物比例缩小，主体部分是娘娘庙；同样是溪流、茶楼、儿童、马匹，但更凸显"芳草成茵，野花遍地"，这是北方人对于春天特有的感觉。编者难以取舍，于是"两图并存，以供鉴赏家之评量仔细也"。若论为《点石斋画报》创作，张淇501帧，顾月洲只有区区23幅，二者不成比例；可仔细观察，《点石斋画报》中关于京师生活场景的描绘，好多出自日后成为北京《星期画报》主要画师的顾月洲之手。如《京师求雨》《年例洗象》《佛寺晒经》《超度孤魂》《庙祀财神》《妙峰香市》等[2]，作为"风俗画"，其笔墨精细、文字温馨，今天读来依旧十分精彩。

有趣的是，同一座城市，同一种习俗，20年前在上海画报中备受赞赏，20年后在北京画报中则成了批判对象。1906年的《北京画报》上，甚至出现了要求警厅取缔盂兰盆会的说法："中国迷信的风俗，说七月十五是鬼节，要念经烧法船，超度鬼魂……这样有碍风化的事情，按说警厅应当管一管。"[3]不仅中元节烧法船备受讥讽，连过中秋也都成了不可饶恕的陋习："月球随着地球转，那有什么神仙！只因古人造过一句谣言，说唐明皇游月

1　参见叶汉明、蒋英豪、黄永松等《点石斋画报通检》第400—401页。
2　《京师求雨》，《点石斋画报》甲十一，光绪十年（1884）六月二十六日；《年例洗象》，《点石斋画报》甲十二，光绪十年七月初六日；《佛寺晒经》，《点石斋画报》甲十二，光绪十年七月初六日；《超度孤魂》，《点石斋画报》乙三，光绪十年八月初六日；《庙祀财神》，《点石斋画报》丁七，光绪十一年（1885）五月十六日；《妙峰香市》，《点石斋画报》丁八，光绪十一年（1885）五月二十六日。
3　《七月十五城隍庙》，《北京画报》第11期，光绪三十二年（1906）七月中旬。

《帝城盛景》

宫……"¹为何有此转折？并非上海与北京两座城市趣味迥异，而是时代变了，高扬"科学救国"旗帜的维新志士们，更多地考虑如何破除迷信，而无暇欣赏"岁时风俗"背后庶民的心情以及仪式的美感²。

不仅北京的画报如此，广州的《赏奇画报》讲述番禺县属黄大仙祠以筹集学费为名演戏："摊艇、花艇、烟艇、差艇，及茶寮、酒棚，鳞次栉比，异常庆闹。"后面的"记者曰"，对此热闹场景持批判立场："民智未尽开通，神权犹得而迷信之，独一大仙祠也哉？"³天津的《醒俗画报》说到中秋赏月，献花果，焚香烛，祭拜兔儿爷，画面很美，可文字大煞风景，非加几句批判不可⁴。为什么？这就说到晚清画报中普遍存在的对于"文明开化"的过度崇拜。反而是主张革命的《时事画报》，刊登了不少精彩的风俗画，且不端架子，没有横挑鼻子竖挑眼，这点尤为难得。如丁未年（1907）第1期的《开灯》《借裤》，第2期的《生菜会》《土地诞》，第11期的《龙船》、第16期的《观音诞》以及第23期的《放鹞》等⁵，文图俱佳。此画报政治上很激进，文化上却颇为保守，这点值得关注。

也有前人无心栽花，如今竟然繁花似锦的。这里指的是后世读者在翻阅画报时别有慧心，自由剪裁，最终成就一幅幅既古旧又新鲜的"风景"。当初只是故事的背景，画家不见得认真对待，随意涂抹，只因那风景或场面实在太熟悉了，或有某种资料依据（照片、画报、明信片等），乃至下笔如有神，百年后阅读，竟然感觉"栩栩如生"。不管是学堂还是寺庙、城门还是商铺，穿越漫漫尘雾，能走到今天的，总会有某种兼及沧桑与美感的特殊韵味。

因早年影像资料缺乏，画报中那些朦胧的城市身影，如今被历史学家及文化研究者格外关注。广东人民出版社2014年整理重刊潘达微、何剑士、高

---

1 《中秋陋习》，《北京画报》第14期，光绪三十二年（1906）八月中旬。
2 初刊《绣像小说》第43—52期（1905）、光绪三十三年（1907）始由商务印书馆推出单行本的《扫迷帚》，开篇第一句话就是："看官，须知阻碍中国进化的大害，莫若迷信。"既然"欲救中国，必自改革习俗入手"，小说于是借表兄弟间关于科学与迷信的争辩，逐渐展开"苏州迷信风俗志"。
3 《借筹学费演戏》，《赏奇画报》第12期，1906年。
4 《兔儿转运》，见侯杰、王昆江编著《〈醒俗画报〉精选》第23页，天津人民出版社，2005年。
5 广东省立中山图书馆所编《旧粤百态：广东省立中山图书馆藏晚清画报选辑》（中国人民大学出版社，2008年），分"官场做派""社会治安""经济民生""大众文化""新旧交汇""民间习俗""江湖沉浮""工商广告"八个专题，以上所列七幅，均属第六"民间习俗"。

《借筹学费演戏》

《兔儿转运》

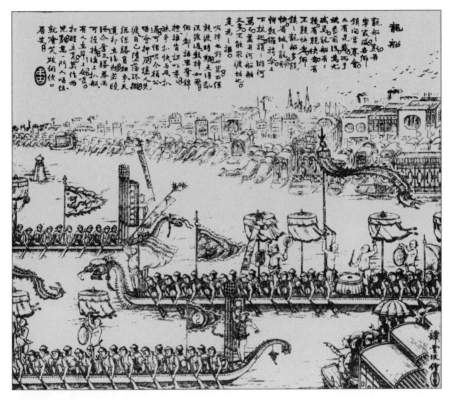

《龙船》

剑父等编辑出版的《时事画报》，《序言》中特别提及此画报"保留了反映广州的码头、街巷、庙宇、戏院、店铺、药店、商会、学堂学校、医院、会馆、行会、古玩、照相馆、工厂、报纸以及反映香港、广东其他地方情况的许多宝贵资料"[1]。这里的阅读趣味，乃挑拣有用的"建筑构件"，以便借助某一蓝图，重现早已消逝的历史情景。这个时候，作为历史细节的"景物"，已从时事中被抽离出来，具备某种独立欣赏价值。

昔日画家无心，今日读者有意，经由一系列精心的选择、剪裁、拼贴、重构，可以催生出许多意蕴宏深的"新风景"。这一充满戏剧性的"风景之发现"，需要史学家的考据，需要理论家的阐释，也需要艺术家的参与。

---

[1] 参见程存洁《〈时事画报〉若干问题辨析》（代序）第19页，《时事画报》第1册，广东人民出版社，2014年。

在这个意义上,鉴赏晚清画报中的"风景",除了仪态万千的胜景图与民俗画,还得考虑无数繁复且芜杂的图像叙事中那些若有若无、是花非花的"边角料"。

2016年12月20日初稿,2017年2月20日修订于京西圆明园花园

第十章　追摹、混搭与穿越

——晚清画报中的古今对话

一、"新闻"与"古事"

任何时代都有古今之争，任何时代的读书人都可能思接千古，神游万里。晚清的特殊性在于——第一，知识突变（西学东渐）；第二，社会转型（三千年未有之大变局）；第三，新媒介崛起（作为"传播文明三利器"之一的报章出现）。这里暂时搁置前两者，只从报章勃兴如何激发读书人展开持续且有效的古今对话说起。

晚清最为激进且格外敏感的读书人谭嗣同，1897年撰《报章文体说》，批评古代选家"率皆陈古而忽今，取中而弃外，或断代为书，或画疆分帙"，不若报章之总宇宙之文：

> 上下四方曰宇，往古来今曰宙，罔不兼容并包，同条共贯，高掞遐览，广收毕蓄，识大识小，用宏取多。信乎经国之大业，不朽之盛事，人文之渊薮，辞林之苑囿，典章之穹海，箸作之广庭，名实之舟楫，象数之修途。……斯事体大，未有如报章之备哉灿烂者也。[1]

此类打破时空界限、忽略文体藩篱，因而"总宇宙之文"的报章迅速崛起，使得读者很快适应了同一版面的中外对话、古今并置。若韩邦庆创办《海上奇书》（1892），主要发表个人著作（《海上花列传》及《太仙漫稿》），

---

[1] 谭嗣同：《报章文体说》，原刊《时务报》第29、30册，收入《谭嗣同全集》时改题《报章总宇宙之文说》，见下册第377页，中华书局，1981年。

兼收前人笔记小说（《卧游集》），这是特例。绝大部分杂志成于众人之手，不收古人作品（除非发掘佚文），但多刊外国文章（当然是指译作）。单就文本而言，中外对话优先，古今并置在后。也可以这么表述，晚清古今之辨（之争、之合），是在西学东渐的大背景下展开的；而且主要体现在话题及立场，而不仅仅是具体文本。书籍与杂志的最大差别，在于后者随时随地"古今中外"交叉呈现，阅读者必须习惯不断地转移视线，在不同栏目、不同话题、不同文体间跳跃前进。

具体到画报，因增加了图文之间的对话，这个问题显得尤为突出。画报之不同于古已有之的画册或小说绣像，很大程度在于与新闻结盟，因而能够且擅长以图像讲述时事。对于画报来说，"时事"二字可谓生死攸关。除了"北（京）上（海）广（州）"均有以"时事"命名的画报，1912年，广州的《时事画报》"死而复生"，潘达微专门撰文称：

> 时事者，近代之观察物也。一时一事，变幻百出，绘影绘声，莫时事若。同人之不欲去此二字，职是故耳，岂有他哉？[1]

当事人有此念头，后世史家更是念兹在兹。鲁迅对吴友如的"时事画"颇感兴趣，既批评他对外国事情不太了解故笔下多有纰漏，又承认《点石斋画报》在晚清传播"新学"很有成绩[2]。长期关注晚清出版物的阿英，表彰《点石斋画报》之"以时事画为主，笔姿细致，显受当时西洋画影响"，而对诸多后继者并不看好，理由是，或"画笔实无可观"，或"着意刻画仕女人物"，忽略了画报"强调时事纪载"的宗旨[3]。郑振铎更是坐实吴友如作为"新闻画家"的贡献，称吴氏在《点石斋画报》上刊发的许多生活画，"乃是中国近百年很好的'画史'"。这里加引号的"画史"，明显是从"诗史"引申而来的[4]。

不仅鲁迅、阿英、郑振铎等人这么看，日后为《点石斋画报》编选本

---

[1] 鲁达：《画报复活感言》，《广州时事画报》壬子年第1期，1912年10月。
[2] 参见《题〈漫游随录图记〉残本》，《鲁迅全集》第八卷第371页；《上海文艺之一瞥》，《鲁迅全集》第四卷第292—293页，人民文学出版社，1981年。
[3] 阿英：《中国画报发展之经过》，《晚清文艺报刊述略》第92—97页，古典文学出版社，1958年。
[4] 郑振铎：《近百年来中国绘画的发展》，《郑振铎艺术考古文集》第193页，文物出版社，1988年。

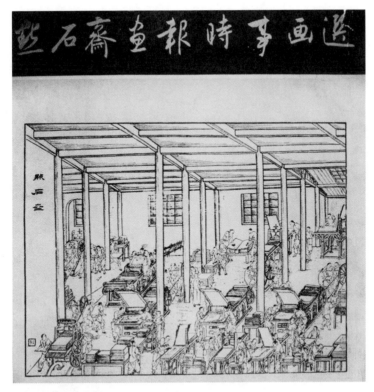

《点石斋画报时事画选》

的，也大都着眼于此。比如，1958年郑为编辑的《点石斋画报时事画选》（北京：中国古典艺术出版社），1977年Fritz van Briessen从《点石斋画报》中选译52幅图像并详加注释和解说的 *Shanghai-Bildzetiung 1884—1898，Eine Illustrierts aus dem China des ausgehenden 19. Jahrhunderts*（Atlantis），1987年Don J. Cohn选译50幅图像的 *Vignettes from The Chinese，Lithographs from Shanghai in the Late Nineteenth Century*（The University of Hong Kong），1989年中野美代子和武田雅哉合作的《世纪末中国のかわら版——绘入新闻〈点石斋画报〉の世界》（东京：福武书店）[1]，以及陈平原编《点石斋画报选》（贵阳：贵州教育出版社，2000/2014）、陈平原、夏晓虹编注《图像晚清——〈点石斋画报〉》（天津：百花文艺出版社，2001/2006；

---

[1] 关于若干重要刊本的评介，参见陈平原《仪态万方的〈点石斋画报〉》，《中国图书商报·书评周刊》1999年10月19日。

《图像晚清》

北京：东方出版社，2014；香港：中和出版，2015），也都以时事为主要视角。时至今日，中外学者跑到晚清画报中来"淘宝"的，无论谈建筑，说宗教，辨生死，还是考掘种族、商业、民俗、戏剧资料等，都是基于晚清画报较好地表现了那个时代巨大的社会变迁以及广泛的生活场景这一大判断。

强调晚清画报对于当下（中外）生活的精彩呈现，不等于否认那些静止的器物或过去的故事的存在价值。恰恰相反，正是因为以新闻为主体的画报中不时涌现古人古事古诗古画，让古今之间充满了张力。在晚清画报中，"新闻"与"古事"互相渗透，相安无事，无论作者还是读者，随时可在上下古今中腾挪趋避，图像因而变得特别耐人咀嚼。这里的古今，既包括人物与故事，也蕴含着趣味与笔法。若将一册或一种画报作为一个"大文本"看待，则其中时空的随意跳跃，造成某种新奇感与陌生化效果，这与同时期文坛上盛行的未来记、科幻小说、续书翻新等，形成了某种奇妙的呼应与同构。正是有感于此，本文将讨论晚清画报是如何在挪用与穿越中自我更生的。

二、怎样"追摹"

晚清之编刊画报，画家比文人更为重要。《点石斋画报》1884年5月8日创刊于上海，同年6月7日的《申报》刊出启事，称："故本斋特告海内画家，如遇本处有可惊可喜之事，以洁白纸、新鲜浓墨绘成画幅，另纸书明事之原委，函寄本斋。如果惟妙惟肖，足以列入《画报》者，每幅酬笔资两元。"[1]这里的"每幅酬笔资两元",可是非同小可。此前《申报》征集诗文,只是允诺"概不取值"——也就是说免收广告费[2]。虽然"润笔"之说古已有之,但并非制度化;清末民初小说市场的拓展,为稿费制度最终在20世纪初正式形成奠定了基础[3]。那么,美查为何要特别优待画家?一是画报本以图像吸引读者,广告上吹嘘的是"摹绘之精,笔法之细,补景之工",而不是什么文辞优美[4];二来几乎所有读书人都会吟诗作文,绘画则不见得谁都能上手,须接受专门的训练。故晚清但凡创办画报,能否"爱情精于绘事者,择新奇可喜之事,摹而为图"[5],便是成败的关键。

广州《时事画报》丙午年(1906)第4期、丁未年(1907)第11期与戊申年(1908)第17期所刊《美术同人表》,开列画家名单28人左右(前后略有变化)。这些画报特聘的作者,大都是有固定润格的职业画家;若再添上不在名单中,但时常"友情出演"的蔡哲夫等,如此豪华的画家阵容,在晚清所有画报中,仅此一例[6]。对于画报来说,润格很高的山水画家、花鸟画家,其实不及人物画家重要。《时事画报》上精心绘制插图,注重人物形象,接近百姓趣味的,是郑云波、罗宝珊、郑侣泉、冯润芝等,而非专擅花鸟山水画的主编高剑父[7]。美术史家欣赏高剑父、何剑士那样放纵自如的笔墨,而对谭云波等"绘画人物例多模仿海上画刊《点石斋画报》"不太以为然[8];可画报主要从属于新闻,其插图"以能肖为上"[9]。若想在中国推广原产于泰西的"画报",就必须培养且尊重那些能用图画"考物及纪事"的插图画家。

1909年北京画家李菊侪在《醒世画报》上刊登启事,称"北京画师报界

---

1 点石斋主:《请各处名手专画新闻启》,《申报》1884年6月7日。
2 1872年《申报》创刊,创刊号上的《本馆条例》称:"如有骚人韵士,有愿以短什长篇惠教者,如天下各名区竹枝词及长歌纪事之类,概不取值。"
3 参见陈平原《中国现代小说的起点——清末民初小说研究》第77—83页,北京大学出版社,2005年。
4 参见申报馆主人《画报出售》,《申报》1884年5月8日。
5 尊闻阁主人:《点石斋画报缘启》,《点石斋画报》第1号,1884年5月8日。
6 参见陈平原《鼓动风潮与书写革命——从〈时事画报〉到〈真相画报〉》,《文艺研究》2013年第4期。
7 《时事画报》上刊有大量的精彩画稿,那是同人展示才华的地方;至于高剑父的许多画作,制成小图,见缝插针地夹在文章中,与上下文没有关系,乃是一种特殊的编辑策略。
8 参见李伟铭《图像与历史——20世纪中国美术论稿》第119页,中国人民大学出版社,2005年。
9 美查(尊闻阁主人)在《点石斋画报缘启》中谈及画报为何在中国不流行:"要之,西画以能肖为上,中画以能工为贵。肖者真,工者不必真也。"

同人中，能绘人物好手，除家兄李翰园及刘君炳堂早有心得外，能为社会普通欢迎者，实为寥寥"；而"绘事中，莫难于时派美人，仕女图又为妇孺注视之集线"，于是决定在画报上"添绘时装仕女图百幅，与各报同人互相研究，使绘图同臻善境"[1]。为何以时事新闻为主导的画报，需要仕女搭配？一是读者欣赏趣味，二是画家笔墨技巧所致。吴友如之所以离开《点石斋画报》，转为自创《飞影阁画报》《飞影阁画册》[2]，就是为了更好地凸显自家人物画（尤其仕女图）的绝世才华。吴之自立门户，从"画报"看是失策，其笔下的古典女性（如汉代的曹大家）与当代村姑之间没有多少差别；但从"画册"看则是成功，日后《吴友如画宝》的风行可为明证[3]。

为了读者趣味，也为画家尊严，画报中不时插入古代仕女或时装美人，其中不少并非原创，如泽臣的《秋荫深闺》写明是拟唐寅[4]，常伯勋的《罗敷图》只说临本，实际出自《吴友如画宝》第二集上的"古今百美图"。临本裁去原作中的叙事文字，画面不完整，笔墨也显呆滞，但将其与紧邻的"宫门抄"等时事新闻相勾连，却是别有一番滋味在心头[5]。但有一点，强大的仕女画传统，使得还没学会或不屑于写实的中国画家，抹平了所有中国女性的面孔。《醒世画报》上这幅《实在难看》，文字是在嘲笑两位大姑娘如何没教养，可图像所呈现的，却与并立的李菊侪绘"时派美人"十分相似[6]。不说笔墨情趣，单从造型看，不同时代不同画家笔下的仕女差别不大。为什么会这样？因古今女性的长相本来差别就不大，而作为烘托与限制的服饰、器物、屋宇等，画家又没能很好体会与呈现。

1932年11月中华书局出版李祖鸿（字毅士，曾任北京大学、北京艺术专科学校、上海美术专科学校教授）绘制的《长恨歌画意》，一直关注杨贵妃

1　《李菊侪启事》，《醒世画报》第14号，宣统元年（1909）十一月初三日。
2　关于《飞影阁画报》《飞影阁画册》《飞影阁士记画报》的关系，请参考陈镐汶的《上海佚报考》（续）（《新闻与传播研究》1990年第1期）、董惠宁的《〈飞影阁画报〉研究》（《南京艺术学院学报》2011年第1期）以及邹国义的《近代海派新闻画家吴友如史事考》（《安徽大学学报》2013年第1期）。
3　《吴友如画宝》主要收集吴氏主笔《点石斋画报》（1884—1890）和自创《飞影阁画报》（1890—1893）上的作品，其中"海上百艳图""山海志奇图""古今丛谈图""风俗志图说""古今名胜图说"等专题，对于今人之了解晚清社会及文化，确为不可多得的图像资料。此书1909年上海璧园初刊，目前容易见到的是1998年中国青年出版社及2002年上海书店出版社的重印本。
4　泽臣：《秋荫深闺》，《浅说画报》宣统元年（1909）八月初五日。
5　伯勋：《罗敷图》，《（北京）时事画报》第2期，光绪三十三年（1907）二月中浣。
6　《实在难看》，《醒世画报》第33号，宣统元年（1909）十一月二十二日。

第十章 追摹、混搭与穿越 473

《秋荫深闺》

《罗敷图》

《实在难看》

故事的鲁迅,很快请周建人代买了一册。一年多后,在《致姚克》信中,鲁迅对此画册作了如下评议:

> 汉唐画象石刻,我历来收得不少,惜是模胡者多,颇欲择其有关风俗者,印成一本,但尚无暇,无力为此。先生见过玻璃版印之李毅士教授之《长恨歌画意》没有?今似已三版,然其中之人物屋宇器物,实乃广东饭馆与"梅郎"之流耳,何怪西洋人画数千年前之中国人,就已有了辫子,而且身穿马蹄袖袍子乎。绍介古代人物画之事,可见也不可缓。[1]

尚未学会西画的"能肖",技巧上追摹古人的晚清插图画家,其笔下女性不分

---

[1] 鲁迅:《致姚克》,《鲁迅全集》第十二卷第359页。同年,在致郑振铎的信中,鲁迅再次批评《长恨歌画意》,不过此信重点在如何补救画家"一到古衣冠,也还是靠不住"的通病(《鲁迅全集》第十二卷第465—466页)。

第十章 追摹、混搭与穿越 475

《别饶风味》

《一鞭残照》

古今，近乎千人一面。若在华洋杂处的上海，可用屋宇或器物来体现（如吴友如《飞影阁画报》中吃西餐的《别饶风味》、踩缝纫机的《媲美夜来》以及马车出游的《一鞭残照》等）；若背景是帝京或小城、乡镇，画家所绘到底是哪个时代的美女，其实是说不清的。程序化的美女造型与复杂多变的新闻纪事之间，存在着巨大的缝隙，这个时候，真的需要读者超越时空"思接千古"了。

三、为何"混搭"

画报从属于新闻，最初设想是"择新奇可喜之事，摹而为图"。描摹当下发生的各种"时事"，"俾乐观新闻者有以考证其事，而茗余酒后，展卷玩赏，亦足以增色舞眉飞之乐"[1]，在晚清画报中很可能体现为格致新知、中外交涉以及华洋杂处，还有一眼就能辨认的"西人"与"西学"。当然，也有很多传统的因果报应故事。"寓果报于书画，借书画为劝惩"，甚至成了《点石斋画报》的广告语[2]。在《晚清人眼中的西学东渐》中，我曾谈及：

> 大致而言，"奇闻""果报""新知""时事"四者，共同构成了《点石斋画报》的主体。相对来说，早期较多关于"新知"的介绍，而后期则因果报应的色彩更浓些。尽管不同时期文化趣味与思想倾向略有变迁，但作为整体的《点石斋画报》，最值得重视的，还是其清晰地映现了晚清"西学东渐"的脚印。正是在此意义上，我格外关注画报中的"时事"与"新知"，而不是同样占有很大篇幅的"果报"与"奇闻"。[3]

对于大众文化来说，追求怪诞、奇异、惊悚的效果，永远是第一位的——直到今天也都如此。一部《点石斋画报》，当然是新旧杂陈，就看你需要什

---

[1] 尊闻阁主人：《点石斋画报缘启》。
[2] 申报馆主：《第六号画报出售》，《申报》1884年6月26日。
[3] 陈平原：《晚清人眼中的西学东渐》，《点石斋画报选》，贵州教育出版社，2000年；《庆祝王元化教授八十寿论文集》，华东师范大学出版社，2001年。

么。关注此画报中的志怪因素,有其合理性,但不该抹杀其以时事与新知为主导[1]。若不限于"点石斋",总览晚清百余种画报,更可清楚看出,神仙鬼魅、因果报应、魔幻志怪并非主流。至于说"传统中国"的印记,也不一定体现在果报等负面因素上。

这里所说的"传统中国",分绘画技法与表现对象。与新闻结盟的画报,不满足于以图像解说时事,还希望在艺术上有所突破,其拼接古今,既体现在追摹古代名画,或沿袭传统技法,将其穿插在密集的新闻纪事中,又借助封面、插页、增刊等[2],让"古艺"与"新闻"混搭,借以调整阅读节奏。再加上若干精彩构件自动脱落后重新组合,也造成了一种参差对照、错落有致的阅读效果。

有商业利益的纠纷,但更重要的是艺术家的自尊心,使得其不满足于"取各馆新闻事迹之颖异者,或新出一器,乍见一物,皆为绘图缀说"[3]。比如吴友如,先是从《点石斋画报》独立出来,自创《飞影阁画报》[4];不到3年,又有感于"画新闻如应试诗文,虽极揣摩,终嫌时尚,似难流传。如绘册页,如名家著作,别开生面,独运精思,可资启迪"[5],因而改出《飞影阁画册》。而作为接盘者(改名《飞影阁士记画报》)的周慕桥,一年后同样停办画报,改出画册,理由依旧是:"有劝之作画册者,曰每月出2期,每册12帧,既可以匠心独运,又可为后学楷模,不庸愈于画报之忙迫失时乎?周君深韪其言。"[6]原先办画报,固然可以穿插历史人物(如《曹大家》《谢道韫》)、文学形象(如《木兰》《红拂》),也可绘制传统的

---

[1] 李孝悌《走向世界,还是拥抱乡野——观看〈点石斋画报〉的不同视野》(《中国学术》2002年第3期)评述王尔敏、康无为、叶晓青、瓦格纳诸文,主张"将画报的图像和文字放到中国传统的文化脉络中考量",因而得出如下结论:"《点石斋画报》借着夸张而具体的意象,用一种看似现代的技术,重复着方志和志怪小说对传统社会魔幻却逼近真实的记叙。"

[2] 鲁道夫·瓦格纳《进入全球想象景观:上海的〈点石斋画报〉》称:"美查为进一步提高《点石斋画报》的文化地位而采取的策略是加入增刊和插页,这使得它同时也成为了一份艺术刊物。"(《中国学术》2001年第4期,第83页)此说很有见地,值得参考。其实,很多画报都有类似的举措,只不过除了广州的《时事画报》,大都心有余而力不足。

[3] 尊闻阁主人:《点石斋画报缘启》。

[4] 吴友如撰于庚寅年(1890)仲秋的《飞影阁主人谨白》称:"赏鉴家金以余所绘诸图为不谬,而又惜夫余所绘者,每册中不过什之二三也",因而决定另创《飞影阁画报》"以酬知己"。参见《新出飞影阁画报 飞影阁主谨白》,《申报》1890年10月14日。

[5] 《飞影阁画册小启》,《飞影阁画册》第1页,1893年9月。

[6] 《飞影阁第一号画册告白》,《申报》1894年5月30日。

"百工图"

"百工图"或《诗经》意境画[1],但毕竟"时事"是主角;如今改出画册,"古衣冠"因而登堂入室,扮演主人的角色。此类故事日后不断重演,只是不见得如此戏剧性而已。

至于古代中国的场景及人物,更多的是借助伦理、历史、掌故等栏目来实现。那是因为,画报主要面向文化水平不高的下层民众及妇女儿童——即《点石斋画报》所说的"其事信而有征,其文浅而易晓,故士夫可读也,下而贩夫牧竖,亦可助科头跣足之倾谈"[2];以及《星期画报》的"即妇女小儿,听人讲解,自能明悉"[3]——传递新闻之外,还兼有启发民众、讲解知识的任务。这样一来,自然很容易借鉴传统的图文书。

这方面最典型的,是1902年创办于北京的《启蒙画报》。《启蒙画报》的时事性质不强,在专栏设置方面,"伦理"排在第一位。此伦理专栏,第一年第1至第4册是"蒙正小史",第5至第9册乃"寓言"(或"喻言"),第10至第12册变成了"小历史"(第12册特别注明"列女传")。不管讲人物还是动物,讲中国还是外国,都是借简短故事来励志或教诲。梁漱溟说得没错,《启蒙画报》的"蒙正小史"最为贴近儿童的欣赏趣味:"开初还有一门'蒙正小史',专选些古时人物当其儿时的模范事迹来讲,儿童们看了很有益。"[4]此连载性质的"蒙正小史",总共103则[5],大都采自传统蒙书,略加修订,主要是与时俱进,添加若干具有时代色彩的解说文字[6]。

考虑到读者及听众的接受能力以及欣赏趣味,讲述西学或传播新知时,同样需要借用传统资源。比如,晚清的海外游记、早期报章、诗文及小说中,多有关于"飞车"(气球)的介绍与描述。谈及如此奇妙的凌空飞行,熟读古书的中国文人,很自然会联想到《庄子·逍遥游》中的列子御风而行,以及《山海经·海外西经》中的奇肱国。《点石斋画报》共刊出过16幅气球的故

---

1 参见陈平原《图像晚清——〈点石斋画报〉之外》第1—23页。
2 申报馆主:《第六号画报出售》,《申报》1884年6月26日。
3 《星期画报·本馆附启》,《星期画报》第3期,光绪三十二年(1906)九月。
4 梁漱溟:《记彭翼仲先生——清末爱国维新运动一个极有力人物》,《忆往谈旧录》第52页,中国文史出版社,1987年。
5 "蒙正小史"在《启蒙画报》的连载情况是:第一册25幅,第二册27幅,第三册25幅,第四册26幅,共计103幅。
6 参见陈平原:《转型期中国的"儿童相"——以〈启蒙画报〉为中心》,徐兰君、安德鲁·琼斯编《儿童的发现——现代中国文学及文化中的儿童问题》,北京大学出版社,2011年。

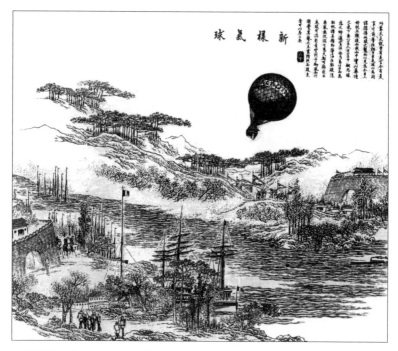

《新样气球》

事,其中《新样气球》征引列子御风行,《飞舟穷北》则是奇肱国飞车[1]。

画报中的"混搭",体现为无时且无处不在的古今对话。表面上是讲古,实际上是论今。如《启蒙画报》谈论北朝时聪颖的李昶为何到太学而不是书院念书,点明所谓太学就是今天的京师大学堂;讲述明代李东阳的故事,又引入京师大学堂与国子监的矛盾[2]。古人的励志故事中,竟蕴含着当下的风云变幻。创办于1898年的京师大学堂,庚子事变被毁,1902年复办,从朝廷到民间都在争论京师大学堂为代表的新学之得失、传统书院的利弊以及科举的存废等。可惜如此重大的话题,其实不适合于讲给小孩子听。只是

---

[1] 参见陈平原《从科普读物到科学小说——以"飞车"为中心的考察》,《中国文化》1996年第13期;王宏志编《翻译与创作——中国近代翻译小说论》,北京大学出版社,2000年。

[2] 《蒙正小史·李昶入学》:"古时帝王建都,必有太学,太学就是京师大学堂。古时人才出于太学,就是外国学堂取士法子。今人说学堂是洋人的法子,书院才是中国的法子。这样说来,周文当日为什么叫李昶到太学读书,何不说你去考考书院呢?"《蒙正小史·东阳擎窠》:"按:国子监,即是京师大学堂。有了乡会试,国子监实是废物。若把科举永远废止,从国子监取人才,可以不必另造大学堂,比科举强得多呢。"二者均见《启蒙画报》第4册(1902)伦理专栏。

《叠除三次》　　　　　　　　　《加减除合》

《启蒙画报》的编者自己感兴趣，于是忍不住横插一笔，谈古论今。

在儿童故事中插入时代风云，那是大人们的兴致，小孩子是看不懂的。另一种混搭更有意思，那就是古图新解。曹冲称象，这大概是中国孩子最为熟悉的故事了，可添上一句"洋人说的重学，就是这个道理，并非洋人别有肺腑"，意思就大不一样了；讲完元朝画家岳柱儿时如何读画知理，顺便提醒"东西洋小学堂，没有不讲画学的"[1]。如此古今中外，自由联想，来回穿梭，很大程度是为了见缝插针地引进西学。至于这两幅图文，一是主人和书童骑马上路，一是儿童闹灯会的热闹场景，很像是从哪部明清小说插图（比如《金瓶梅》）走出来的，可实际上这属于"算术"专栏，是在教小孩子"叠除三次"和"加减除合"[2]。讲述古人故事，不忘穿插今日知识；开展课堂教学，适时带入古画风景。《启蒙画报》中这些穿着古衣冠的人物及

---

[1] 参见《蒙正小史·邓哀重学》及《蒙正小史·岳柱画理》，均见《启蒙画报》第2册，光绪二十八年（1902）六月。

[2] 参见《算术·叠除三次》和《算术·加减除合》，均见《启蒙画报》第8册，光绪二十九年（1903）二月。

场景，已经实现了功能转移，不再具有时间性，只是教学辅助手段，目的是让孩子们的学习充满乐趣。

四、哪来的"穿越"

画报中的古今碰撞，有些是无意为之，如上面提及《（北京）时事画报》中汉代的《罗敷图》与当下的"宫门抄"比邻而居，在编辑是自然而然，在读者则别有会心。但有些则很难说有意还是无意，画家只是提供一幅独立的作品，刊载在杂志上时，编辑基于政治理念或娱乐方面的考量，完全可以通过版面语言，让相邻的画面或文字形成一种巨大张力，造成特殊的阅读效果，如《时报附刊之画报》（1912）中"陈圆圆小像"与"君欲每日赚叁元乎"的广告并列[1]，便很具戏剧性。

当然，更多的是借助图像与文字之间的缝隙，巧妙地透露自家的政治立场，于是，很明显地，该图像"古为今用"了。《日新画报》除了讲述京城里的时事，还出现不少古衣冠人物，如《曹大家》《举案齐眉》等。但最有趣的还属《韩文公》：

> 唐朝韩文公因为唐皇迎佛骨（佛骨就是佛的死骨头），上了一道折子，说是佛本不灵，徒乱人心，请将佛骨或用火烧，或扔水里。又把迷信无益的道理说得狠真切，因此得罪，贬赴潮州。喝！敢情破除迷信的事，从古就有啊。[2]

画是古装画，文却是现代文，将"破除迷信"这一时尚话题，硬塞进一千多年前韩愈的故事，很能体现画家的立场以及时人的阅读趣味。

清末文人孙宝瑄在《忘山庐日记》中有一段名言："以新眼读旧书，旧书皆新书也；以旧眼读新书，新书亦旧书也。"[3] 无论人物与故事，新旧之间很容易自由转换，关键在立场与趣味。相对于诗文小说等纯文字作品，画

---

[1] 参见陈平原《图像晚清——〈点石斋画报〉之外》第312—324页。
[2] 《韩文公》，《日新画报》第20期，光绪三十四年（1908）正月十一日。
[3] 孙宝瑄：《忘山庐日记》第526页，上海古籍出版社，1983年。

第十章　追摹、混搭与穿越　483

《韩文公》

报的最大特点在于，图像唯恐不古，文字唯恐不新——所谓古今穿越、新旧对峙，往往落实在图文间的巨大缝隙，以及作者各自立场的微妙差异。

早期画报图文合一，后来逐渐发展出图文分离。如广州的《时事画报》，日后成为著名史学家的陈垣负责文章部分，时常刊发与图像无关的长篇大论[1]。这些随笔与史论，属于画报的一部分，但与前后报道的时事基本上没有关系。不过，若发生大事，则这些原本穿插在时事中的史考或掌故，也能起到借古讽今的作用。

1907年7月15日，秋瑾于家乡浙江绍兴的轩亭口以谋反罪被杀。消息传出，在各界激起强烈反响，由此引发巨大风潮。上海等地报章不管政治立场如何，大都仗义执言。本就倾向于革命的《时事画报》，自然不会放过此

---

[1] 1959年陈垣在《忆〈时事画报〉》中称："我只管报中文字，当时同时写文字者有岑学侣、胡子俊等"。此信与目前能够确认的陈垣在《时事画报》上所撰文章，一并收入了《陈垣早年文集》（［台北］"中研院"文哲所，1992年）。

谴责政府、表扬英烈的大好机会。丁未年（1907）第16期的《徐案株连》集中报道此事，同年第17期除了漫画《草木皆兵》，还有讥讽官府乱捕无辜的《何革命党之多也》，以及借古讽今的《范滂传·聂政姊》等[1]。在报道秋瑾案的同时，刊出图文并茂的《范滂传》与《聂政姊》，不会是偶然兴发。两传都有"辑者曰"，《聂政姊》文后的借题发挥尤其精彩：

> 腐迁编刺客列传以表彰聂政诸人，卓哉腐迁之识也！近世日化之子，动曰"大和魂""武士道"，而反于祖国二千年之侠士忘之也，更何论侠士之侠姊乎！吾谓东汉范滂有母而滂之名以成，战国聂政有姊则政之名以著，皆祖国女界之伟谭也。[2]

此后，《时事画报》还有不少关于秋瑾事件的追踪报道。

《草木皆兵》的作者是何剑士，给《范滂传》插图的是邓云波，为《聂政姊》绘图的是冯润芝，画石头的是高剑父，这几位都是《时事画报》的核心人物。至于这个"辑者"，无法认定就是文字编辑陈垣。但晚清已知百种画报中，政治上最为激进的，当属广东人何剑士、高剑父、陈垣、潘达微等合办的《时事画报》。此画报的作者群与孙中山关系密切，基本上不考虑商业利益，也非一般意义上的思想启蒙，而是旗帜鲜明地鼓吹政治革命[3]。因此可以判定，在讲述时事时，突然穿越时空，插入战国及东汉时期的人物，是别有幽怀。

身处"三千年未有之大变局"，晚清民众（尤其是沿海城市的读书人），目睹很多前所未闻的器物与文化，学问与故事，所谓古今并置或互相穿越，已经变得见怪不怪了。杂志的中外杂陈、古今混编，只是一种文化征候；绘画的特殊性以及民众的阅读趣味，使得画报必须古今兼顾。《点石斋画报》的附赠年画，《时事画报》之彩色封面，以及诸多画报的仕女插页，固然是一种有效的古今互动，更值得关注的是正文中那些兼及描写内容与表

---

1 参见《徐锡麟之亲供》《徐案株连》《草木皆兵》，丁未年第16期（1907年7月）；漫画《草木皆兵》（剑）、《何革命党之多也》、《范滂传·聂政姊》、《防革命鄂督教忠》（剑），丁未年第17期（1907年8月）。
2 《范滂传·聂政姊》，《时事画报》丁未年第17期。
3 参见陈平原《鼓动风潮与书写革命——从〈时事画报〉到〈真相画报〉》。

现技法的"穿越"：在新知识的溯源及旧图像的更新中，意义如何挪用，功能怎样转化，以及借古讽今的可能性与合理性，都值得仔细追究；至于或歪批别解，或借题发挥，让同一图文或相邻图文互相穿越，也是一种值得关注的现象。

学界多看重晚清画报的"中外互动"，若能同时兼及"古今对话"，论述将更具张力。因为，思接千古乃人类思考及文化创造的基本模式，只不过不同时代，古今之间的对立/对峙/对话的强度与频率有很大差异。大体而言，动荡岁月、转型时期以及文化复兴年代，最容易激发穿越的热情。而不同媒介（图书与杂志）、不同表现形式（文学与艺术）、不同读者定位（精英与大众），决定了对话的氛围与深度。晚清画报在内容及形式方面的"与时俱进"，虽不及诗文与小说勇猛，但又比书画与昆曲灵活，30年间，在不断的追摹、混搭与穿越中，时有创获。

2016年9月25日初稿，2017年2月13日修订于京西圆明园花园

附录
香港三联书店版《左图右史与西学东渐》前言

　　1895年8月29日的《申报》上，刊出了社论《论画报可以启蒙》。此文关于画报意义的论述，在晚清很有代表性。概括起来，不外以下两点：一是图像可以深化书籍；一是画报便于读者接纳。"古人之为学也，必左图而右史。诚以学也者，不博览古今之书籍，不足以扩一己之才识；不详考古今之图画，不足以证书籍之精详。书与画，固相须而成，不能偏废者也。"这一点，宋人郑樵早已有言在先，近人鲁迅也有相当精彩的补充说明。晚清人较为成功的论述，还在于如何借画报的通俗易懂，来真正落实时人所向往的"启蒙之道"。"现今画报盛行，宜家置一编，塾置一册"——之所以如此自信，乃是因识字不多者，也能阅读画报。所谓"不特士夫宜阅，商贾亦何不可阅？不特乡愚宜阅，妇女亦何不可阅"，强调的重点在"乡愚""妇女"与"商贾"，而不是有能力读书阅报的"士夫"。

　　15年间，刊行四千余幅带文字的图像，并因关注时事、传播新知而声名远扬，如此理想的个案，真是可遇而不可求。这里所说的，自然是《点石斋画报》。"天下容有不能读日报之人，天下无有不喜阅画报之人"——如此富有煽动力的表述，乃《点石斋画报》的"自我表扬"。创刊两年后，《点石斋画报》声名远播，于是重开招商广告，其《画报招登告白启》（1886年7月《点石斋画报》第83号）中便有此等豪言壮语。有趣的是，如此句式，与日后康有为《日本书目志·识语》中的"仅识字之人，有不读经，无有不读小说者"十分接近。这固然只是舞台上的自我喝彩，可百年后的今日，《点石斋画报》确实成了我们了解晚清社会生活乃至"时事"与"新知"的重要史料。

对于《点石斋画报》等晚清画报的解读，可以侧重雅俗共赏的画报体式，可以看好"不爽毫厘"的石印技术，可以描述新闻与美术的合作，可以探究图像与文字的互动，可以突出东方情调，可以强调西学东渐，可以呈现平民趣味，也可以渲染妖怪鬼魅……所有这些，均有所见也有所蔽，有所得也有所失。因学识浅陋而造成的失误，相对容易辨析；至于因解读方式不同导致的众说纷纭，则很难一言以蔽之。因为，实际上，所有研究者都是带着自己的问题意识来面对这四千幅图像的，不存在一个可供对照评判的"标准答案"。

多年来，我曾在不同场合提及："创刊于1884年5月8日，终刊于1898年8月的《点石斋画报》，十五年间，共刊出四千余幅带文的图画，这对于今人之直接触摸'晚清'，理解近代中国社会生活的各个层面，是个不可多得的宝库。"这话有瑕疵，需略为修正：不仅《点石斋画报》，众多徘徊于"娱乐"与"启蒙"之间的晚清画报，都将"对于今人之直接触摸'晚清'"起决定性作用。承认这一点并不难，难的是如何整理、描述、阐发在晚清这一特定时空中，传统中国的"左图右史"怎样与西学东渐之"图像叙事"结盟，进而汇入以"启蒙"为标识的现代化进程。这里牵涉一系列问题，如宗教与世俗、商业与政治、文人与大众、图像与文字、知识与审美、新闻学与历史感、高调论述与低调启蒙等，所有这些，都需要逐步厘清。本书的工作目标是：描述晚清画报之"前世今生"，呈现其"风情万种"，探究此"五彩缤纷"背后蕴藏着的历史文化内涵。

利用图像之直观性与亲和力，宣传自家的真理与正道，此乃佛教、道教、基督教等宗教的共同特点。这一努力，不只催生出众多供人膜拜的圣像，更造就了大批艺术史上的珍品；除此之外，还提供了一种新的叙事方式。我关注的是，以图像为主体所进行的叙事，与以文字为媒介所进行的叙事之间，到底有什么联系，是否可以互相沟通与补充。本书第一章借助晚清三种教会读物——《教会新报》《天路历程土话》以及《画图新报》，在宗教传播与文化交流的视野里，探讨"图像叙事"的转移以及再生。经由如此"牛刀小试"，以及随之崛起的《点石斋画报》的成功表演，"图像叙事"作为一种文化选择，将在20世纪中国文化史上发挥巨大作用。

作为晚清西学东渐大潮中的标志性事件，《点石斋画报》的创办，涉及诸多至关重要的领域。首先，它开启了图文并茂因而可能雅俗共赏的"画报"体式，这既是传播新知的大好途径，又是体现平民趣味的绝妙场所，日后大有发展余地。其次，"画报"之兼及"新闻"与"美术"，既追求逼真，也包含美感，前者为我们保留了晚清社会的诸面相，后者则让我们体会到中国美术的嬗变。再次，"画报"之兼及图文，二者之间，既可能若合符节，也可能存在不小的缝隙，而正是这些缝隙，让我们对晚清的社会风尚、文化思潮以及审美趣味的复杂性，有了更加深刻的了解。最后，那些并非无关紧要的图中之文，对于我们理解晚清报刊文体的变化，同样也不无意义。本书第二章除借助"新闻与石印""时事与新知""以图像为中心""在图文之间"等话题，勾勒《点石斋画报》的整体风貌，同时关注其"流风余韵"——百年来诸多文人学者对此"遗迹"之追摹、怀念与凭吊，从另外一个侧面阐发这一晚清独特的文化景观。

晚清带有幻想意味的小说，往往出现飞翔的意象，并将其作为"科学"力量的象征。在这一有关科学的"神话"中，气球与飞艇作为飞向天空、飞向未来、飞向新世界的重要手段，被赋予了特殊的功用与荣誉。本书第三章将首先勾勒晚清科学小说中"飞车"的形象，接着追溯作家们可能的知识来源，包括出使官员的海外游记、传教士所办的时事和科学杂志、突出平民趣味的画报、古来传说之被激活和重新诠释等，最后，论述这种获取知识的特殊途径，如何既"成全"又"限制"了晚清科学小说的发展。

晚清北京尘土飞扬的大街上，走过若干身着崭新校服的女学生，吸引了众多民众以及记者/画师的目光。千万别小看这幅略显暗淡的图景。正是这些逐渐走出深闺的女子，十几年后，借助五四新文化潮流，登上了文学、教育乃至政治的舞台，展现其"长袖善舞"的身姿，并一举改变了现代中国的文化地图。画报的存在，起码让我们了解，这些其实并不弱小的"弱女子"们，如何在公众的凝视下，逐渐成长的艰辛历程。那些充满好奇心的"凝视"，包含惊讶与激赏，也隐藏偏见与误会；但所有这些目光，已经融入女学成长的历程，值得我们认真钩稽、仔细品味。本书第四章借助五个具体场景，迅速掠过那风云激荡的年代，给予晚清女学"惊鸿一瞥"。

在晚清画报中，"帝京"仍是热门话题。只不过，由于大众媒体的发达以及政治思潮的涌动，画报中的"帝京"，逐渐丧失了神圣感与神秘性。具体表现是：政治的、军事的北京迅速消退，而经济的、文化的北京逐渐占据主导地位。四时节序、饮食男女、世态人情、旧学新知等都市生活的各个层面，因画报的日常叙事性质，得以充分展开。如此骚动不安、杂花缤纷的帝京景象，既是晚清社会的真实写照，也蕴含着某种变革的动力。对照同时期"文字的帝京"与"图像的帝京"，探讨新兴的画报与都市日常生活之间的良性互动，可以从另一个侧面解读晚清的文化变革。本书第五章将京沪两地画报互相比照，探讨其关于帝都北京的记忆、想象、窥视与重现，尤其集中在"城阙"所凝聚着的历史意识，"街景"所体现的空间布局，以及旧俗新知所表露出来的万千气象。

全书仅五章，且不设"总论"，原因是，这只是我讨论晚清画报的部分成果。除了篇幅限制外，更因作者对自家文章冷暖自知，资料欠缺或论述不周者，只好割爱了。至于若干论题尚在酝酿，若干画报（如天津的《人镜画报》，广州的《时事画报》《平民画报》等）没来得及展开论述，所有这些，都只能留待日后努力。

本书五章，原本是专论，都曾在学术会议上宣读，或在书刊上单独发表。现将各文出处交代如下：

《晚清教会读物的图像叙事》曾在台湾大学主办的"晚清—四十年代：文化场域与教育视界"学术研讨会（2002年11月7—8日）上发表，初刊《学术研究》2003年第11期，收入梅家玲编《文化启蒙与知识生产：跨领域的视野》（台北：麦田出版公司，2006）；另外，作者曾以此文为基础，在美国耶鲁大学东亚研究中心发表题为"作为绣像小说的《天路历程》"的专题演讲（2004年9月28日）。

《晚清人眼中的西学东渐——〈点石斋画报〉研究》全文收入《点石斋画报选》（贵阳：贵州教育出版社，2000）、《庆祝王元化教授八十岁论文集》（上海：华东师范大学出版社，2001）及《中国出版史料·近代部分》第二卷（武汉：湖北教育出版社，2004年10月）；文中各节，曾以《在图像与文字之间》（《读书》2000年第7期）、《以图像为中心》（《二十一世纪》第59期，2000年6月）、《〈点石斋画报〉之流风余韵》（《文史知识》2000年第7期）、《新闻与石印——〈点石斋画报〉之成立》（《开放时代》2000年7月号）、《遥远的"时事"与"新知"》（《中华读书报》2000年10月25日）为题，分别刊发。

《从科普读物到科学小说——以"飞车"为中心的考察》乃作者提交给香港中文大学主办的"Early Modern Chinese Translations of Western Literature"国际学术研讨会（1996年1月3—6日）的论文，中文本初刊《中国文化》第13期（1996年6月），后收入王宏志编《翻译与创作——中国近代翻译小说论》（北京大学出版社，2000年）；英文本收入David Pollard主编的 *Translation and Creation*: *Readings of Western Literature in Early Modern China, 1840—1918*（John Benjamins Publishing Company, 1998）。

《流动的风景与凝视的历史——晚清北京画报中的女学》最初在美国Rice大学主办的"Beyond Tradition and Modernity: *Gender, Genre, and the Negotiation of Knowledge in Late Qing China*"国际学术研讨会（2005年3月3—6日）上发表，中文本刊《中华文史论丛》2006年第1期、陈平原等著《教育：知识生产与文学传播》（合肥：安徽教育出版社，2007）；英文本收入钱南秀主编的 *Different Worlds of Discourse: Transformations of Gender and Genre in Late Qing and Early Republican China*（Leiden: Brill, 2008）。

《城阙、街景与风情——晚清画报中的帝京想像》乃作者在香港中文大学主办的"历史与记忆：中国现代文学国际研讨会"（2007年1月4—6日）上的主旨演说，初刊《北京社会科学》2007年第2期，收入樊善标等编《墨痕深处：文学、历史、记忆论集》（香港：牛津大学出版社，2008）。

原系单篇论文，故文后都注出写作时间；除了便于读者理解，更希望说明，为何有些后出的研究成果，我没能与其展开对话（当然，也有疏漏的，见下文）。正是基于此学术史考量，此次合刊，除错别字外，各文未做任何改动。有些明显的错漏，在文后用"附记"的形式加以辨正，如第二章谈论石印术之传入中国、第三章补充《教会新报》之介绍气球。

李孝悌先生的《走向世界，还是拥抱乡野——观看〈点石斋画报〉的不同视野》（《中国学术》第11辑，北京：商务印书馆，2002年秋）一文，总结过去十几年间中外学界阅读《点石斋画报》的四种方式：将其视为老妪都解的大众文化的代表性刊物（叶晓青）；强调其在新知传播、思想启发上所扮演的重要角色（王尔敏）；专注这份城市刊物所显现的传统文化的质素和志怪式的乡野图景（李孝悌）；从全球化的角度出发，论证《点石斋画报》的意涵（瓦格纳）。大概是受资料方面的限制，李先生并未将我的研究纳入考察的视野。

其实，在此之前，关于《点石斋画报》，我已在中国内地及香港地区报刊上发表了大大小小九篇文章，并出版了《点石斋画报选》（贵阳：贵州教育出版社，2000）和《图像晚清》（与夏晓虹合作，天津：百花文艺出版社，2001）二书。说这些，并不是抱怨；我感叹的是，因两岸学术体制不同，加上检索不便，常常令人遗憾地忽略了对方十分重要的存在。按理说，谈论中国问题，海峡两岸的学者，应该是最有发言权的。可偏偏是这两个最大的学术群体，存在着很深的隔阂。当初我谈论《点石斋画报》时，参考了德国、美国、日本、澳大利亚等国学者的相关著述，可竟然遗漏了两篇发表在台湾的重要论文——王尔敏的《中国近代知识普及化传播之图说形式》（《近代史研究所集刊》第19期，台北："中央研究院"，1990）和康无为的《画中有话：点石斋画报与大众文化形成之前的历史》（《读史偶得》，台北："中央研究院"，1993），实在不可原谅。推己及人，我很能理解李先生的论述；同时，对于自家学术心得能在香港地区以繁体字印行（因而有可能流入台湾地区），格外欣喜。

既然是在"四说"之外，我得略为介绍自家研究的特点。同样关注《点石斋画报》在传播时事与新知方面的意义，我的论述，兼及新闻史、绘画史与文化史，尤其关注图文之间的缝隙，坚信正是这些缝隙，让我们对晚清的社会风尚、文化思潮以及审美趣味的复杂性，有更加深刻的了解。另外，大概是出身中文系的缘故吧，我对借助图中之文来理解晚清报刊文体的变化，以及考察图像叙事与文字叙事之间的差异，有特殊的兴趣。再者，与其他学者不同，我关注的是整个晚清画报，不仅仅局限于《点石斋画报》一家。

吴趼人小说《二十年目睹之怪现状》第二十二回，有一读报细节，颇耐人寻味。主人公"我"（即九死一生）外出归来："只见我姊姊拿着一本书看，我走近看时，却画的是画，翻过书面一看，始知是《点石斋画报》。便问那里来的？姊姊道：'刚才一个小孩拿来卖的，还有两张报纸呢。'说罢,递了报纸给我。我便拿了报纸,到我自己的卧房里去看。"小说中没有具体评述《点石斋画报》,可将其留给虽也精明但毕竟属于"女流之辈"的姊姊,而让男主人公独独拿走全是文字的报纸。行文之中,有意无意地,将图像与文字——具体说来是画报与报纸,做了高低雅俗的区分。

不登大雅之堂的"画报",难入藏书家法眼,故当初虽曾风风火火,很快就星流云散,隐入历史深处了。等到学者们意识到其研究价值,已是"百年一觉"。随着中外学界兴趣陡增,若干晚清画报得以影印刊行;但若想了解全貌,还是得像傅斯年说的那样:"上穷碧落下黄泉,动手动脚找东西。"

十几年来,我有机会东奔西走,在各国图书馆里寻找那些泛黄且松脆的晚清画报,颇为幸福。在此寻访的过程中,给我帮助较大的图书馆有:北京大学图书馆、中国国家图书馆、上海图书馆、中山大学图书馆、广东省立中山图书馆地方文献部、日本东洋文库、东京大学东洋文化研究所图书馆、东京都立中央图书馆、英国伦敦大学亚非学院图书馆、剑桥大学图书馆、大英图书馆、法国法兰西学院汉学研究所图书馆、德国海德堡大学汉学研究所图书馆、美国哥伦比亚大学东亚图书馆、哈佛大学燕京图书馆、香港大学冯平山图书馆、台湾大学图书馆等。借本书出版之机,谨向上述图书馆诚挚道谢。

即便如此努力搜寻,我能阅读到的晚清画报,数量还是很有限。有的只闻其声,不见其人;有的偶一现身,神龙见首不见尾;很少像《点石斋画报》那样面目完整,且因屡次重刊而容易获得的——这也是很多学者愿意集中精力讨论此画报的原因。最让人难以释怀的,是那些与你擦肩而过,让你惊艳不已,但又随即消失在茫茫人海中的"佳丽"。举个例子,1997年春天,我在哥伦比亚大学东亚图书馆找到了1907年刊行于北京的《益森画报》,当时以为平常,只是做做笔记,影印几页而已。回到北京,确定国内各图书馆均未藏此刊,赶紧请人代为复印,可无论如何,再也难觅芳踪了。

晚清画报虽说是我的研究课题,但妻子夏晓虹倾注了很多心血。在我寻寻觅觅的漫长征途中,随时可见她的身影。还记得,合作编注《图像晚清》时,我在海德堡大学讲学,她在东京大学教书,每天电子邮件往还,报告各自的"发现",不仅完成了著述,且借此消除了异国生活的寂寞。

最后，提供一则有趣的画报史资料。光绪四年（也就是《点石斋画报》创刊前六年）的正月初七日，出使英法大臣郭嵩焘在听取关于画报历史及制作方式的演讲后，做了如下记录：

> 刻画三法：用铜、用石、用木。铜版价昂。石板起于一千八百三十年，价廉费省，故近来印画多用石板。木板用黄杨木凑合成之，用螺丝钳接，可以分段镌刻，刻毕斗合，尤易集事，《伦敦画报》专用之。各国新奇事，皆遣画工驰赴其地摹绘。……继《伦敦画报》起者《克来非其》。与《伦敦画报》相仿则有《机器》新报、《攀趣》新报、《凡匿台绯阿》新报。或详器物，或主讽刺，或绘名人小像，其用意又各不同也。

最早谈论泰西画报的中国文人，乃热心接受西方文化的郭嵩焘，这个小小的发现，虽无关大局，却还是让我得意了好些天。这一点，《大英博物馆日记》（济南：山东画报出版社，2003；台北：二鱼文化，2004）已提及，考虑到那书难入专业人士眼，故不避献曝之讥，老调重弹。

2008年5月12日于香港中文大学客舍

（本文初刊香港三联书店2008年版《左图右史与西学东渐——晚清画报研究》。该书收录以下五章：《晚清教会读物的图像叙事》《晚清人眼中的西学东渐——〈点石斋画报〉研究》《从科普读物到科学小说——以"飞车"为中心的考察》《流动的风景与凝视的历史——晚清北京画报中的女学》《城阙、街景与风情——晚清画报中的帝京想像》）

参考书目

基本文献（以创刊时间为序）

《寰瀛画报》（1877）、《点石斋画报》（1884）、《飞影阁画报》（1890）、《启蒙画报》（1902）、《时事画报》（1905）、《赏奇画报》（1906）、《北京画报》（1906）、《开通画报》（1906）、《星期画报》（1906）、《醒俗画报》（1907）、《益森画报》（1907）、《日新画报》（1907）、《（北京）时事画报》（1907）、《人镜画报》（1907）、《时事报馆戊申全年画报》（1908）、《两日画报》（1908）、《北京日日画报》（1908）、《中实画报》（1908）、《绘图五日报》（1908）、《当日画报》（1908）、《浅说日日新闻画报》（1908）、《（北京）白话画图日报》（1908）、《舆论时事报图画新闻》（1909）、《醒世画报》（1909）、《时事报图画旬报》（1909）、《图画日报》（1909）、《新铭画报》（1909）、《正俗画报》（1909）、《燕都时事画报》（1909）、《神州画报》（1909）、《民呼日报图画》（1909）、《（新）开通画报》（1910）、《菊侪画报》（1911）、《平民画报》（1911）、《时报附刊之画报》（1912）、《真相画报》（1912）

《中西闻见录》《格致汇编》《万国公报》《新闻报》《游戏报》《科学世界》《大公报》《大陆报》《东方杂志》《京话日报》《顺天时报》《新小说》《绣像小说》《月月小说》《小说林》《小说月报》《时务报》《新青年》

《教会新报》影印本，台湾：华文书局，1968年

《万国公报》影印本，台湾：华文书局，1968年

《述报》影印本，台北：台湾学生书局，1965年

《画图新报》（花图新报）影印本，台北：台湾学生书局，1966年

《申报》影印本，上海书店，1983年

《北洋画报》影印本，北京：书目文献出版社，1985年

《图画日报》影印本，上海古籍出版社，2003年

《旧京醒世画报》，杨炳延主编，北京：中国文联出版社，2003年

《〈醒俗画报〉精选》，侯杰、王昆江编著，天津人民出版社，2005年

《旧粤百态：广东省立中山图书馆藏晚清画报选辑》，广东省立中山图书馆编，北京：中国人民大学出版社，2008年

《清代报刊图画集成》，北京：全国图书馆文献缩微复制中心编印，2001年

《清末民初报刊图画集成》，北京：全国图书馆文献缩微复制中心编印，2003年

《清末民初报刊图画集成续编》，北京：全国图书馆文献缩微复制中心编印，2003年

宾为霖（宾惠廉）：《天路历程土话》，广州：羊城惠师礼堂，同治十年（1871）

陈树人：《寒绿吟草》，上海：和平社，1929年

陈树人：《战尘集》，上海：商务印书馆，1946年

陈子褒：《教育遗议》，"近代中国史料丛刊"第91辑，台北：文海出版社，1973年

大觉：《天荒》，1917年刊本

高岑编绘：《金陵四十景图》，收入清朝江宁知府陈开虞纂修《康熙江宁府志》卷之二《图纪下》，康熙七年（1668）刊本；南京出版社，2012年12月重刊

高剑父：《我的现代国画观》，台南：德华出版社，1975年

葛元煦：《沪游杂记》，葛氏啸园藏板，光绪二年（1876）

葛元煦、黄式权、池志澂：《沪游杂记·淞南梦影录·沪游梦影》，上海古籍出版社，1989年

郭沫若：《郭沫若全集》，北京：人民文学出版社，1992年

韩又黎：《都门赘语》，斫桂山房存板，光绪六年（1880）

黄遵宪著、钱仲联笺注：《人境庐诗草笺注》，上海古籍出版社，1981年

胡适：《胡适文存三集》，上海：亚东图书馆，1930年

胡适：《胡适全集》，合肥：安徽教育出版社，2003年

康有为：《欧洲十一国游记二种》，长沙：岳麓书社，1985年

黎庶昌：《西洋杂志》，长沙：湖南人民出版社，1981年

李虹若：《朝市丛载》，北京古籍出版社，1995年

梁启超：《西学书目表》，上海：时务报馆，1896年

梁启超：《饮冰室合集》，上海：中华书局，1936年

梁启超等：《新中国未来记·扫迷帚·玉佛缘》，南昌：百花洲文艺出版社，1996年

梁漱溟：《梁漱溟全集》，济南：山东人民出版社，1989年

梁漱溟：《忆往谈旧录》，北京：中国文史出版社，1987年

麟庆撰，汪英福、胡骏声等绘图：《鸿雪因缘图记》，道光二十七年（1847）刊本；英译选本，上海：点石斋，1879年

刘侗、于奕正：《帝京景物略》，北京古籍出版社，1983年

罗森等：《早期日本游记五种》，长沙：湖南人民出版社，1983年

潘荣陛、富察敦崇：《帝京岁时纪胜·燕京岁时记》，北京古籍出版社，1981年

钱锺书：《钱锺书手稿集·容安馆札记》，北京：商务印书馆，2003年

秋瑾：《秋瑾集》，上海古籍出版社，1979年

萨空了：《香港沦陷日记》，北京：生活·读书·新知三联书店，1985年

史玄、夏仁虎等：《旧京遗事·旧京琐记·燕京杂记》，北京古籍出版社，1986年

孙宝瑄：《忘山庐日记》，上海古籍出版社，1983年

孙殿起辑、雷梦水编：《北京风俗杂咏》，北京古籍出版社，1983年

谭嗣同：《谭嗣同全集》，北京：中华书局，1981年

王韬：《普法战纪》，中华印务总局活字版，同治十二年（1873）

王韬：《漫游随录·扶桑游记》，长沙：湖南人民出版社，1982年

吴士鉴等：《清宫词》，北京古籍出版社，1986年

吴友如：《吴友如画宝》，北京：中国青年出版社，1998年

吴友如：《申江胜景图》，上海：点石斋，1884年

薛福成：《出使英法义比四国日记》，长沙：岳麓书社，1985年

杨亮功：《早期三十年的教学生活》，台北：传记文学出版社，1980年

叶德辉：《书林清话》，北京：中华书局，1987年

于敏中等编纂：《日下旧闻考》，北京古籍出版社，1983年

曾纪泽：《出使英法俄国日记》，长沙：岳麓书社，1985年

张宝绘撰：《泛槎图》，嘉庆二十四年（1819）至道光十二年（1832）陆续刊行

张德彝：《随使法国记》，长沙：湖南人民出版社，1982年

张维屏撰，叶春塘绘：《花甲闲谈》，道光十九年（1839）刊本

中华续行委办会编辑：《中华基督教会年鉴（1914）》，上海：商务印书馆，1914年

中华续行委办会编辑：《中华基督教会年鉴（1915）》，上海：商务印书馆，1915年

周作人：《谈虎集》，长沙：岳麓书社，1989年

周作人：《谈龙集》，长沙：岳麓书社，1989年

周作人：《知堂集外文·〈亦报〉随笔》，长沙：岳麓书社，1988年

周作人：《艺术与生活》，长沙：岳麓书社，1989年

周作人：《知堂乙酉文编》，香港：三育图书文具公司，1961年

周作人：《欧洲文学史》，长沙：岳麓书社，1989年

朱之蕃撰：《金陵图咏》，据明天启三年刊本影印，《中国方志丛书·江苏省·金陵图咏》，台北：成文出版社，1983年

朱之蕃编，陆寿柏绘图：《金陵四十景图像诗咏》，南京出版社，2012年12月

Max Von Brandt: *Der Chinese in der Offentlichkeit und der Familie*, in 82

Zeichnungen nach chinesischen Originalen（Berlin，1910？）

吴庠铸编：《点石斋画报的时事风俗画》，北京：人民美术出版社，1958年

郑为编：《点石斋画报时事画选》，北京：中国古典艺术出版社，1958年

《点石斋画报》，台北：天一出版社，1977年

Fritz van. Briessen：*Shanghai-Bildzetiung 1884—1898, Eine Illustrierts aus dem China des ausgehenden 19. Jahrhunderts*（Atlantis,1977）

《点石斋画报》，广州：广东人民出版社，1983年

《点石斋画报》，香港：广角镜出版社，1983年

Don J. Cohn：*Vignettes from The Chinese, Lithographs from Shanghai in the Late Nineteenth Century*，The University of Hong Kong，1987

中野美代子、武田雅哉：《世纪末中国のかわら版——绘入新闻〈点石斋画报〉の世界》，东京：福武书店，1989年

《点石斋画报》，扬州：广陵古籍刻印社，1990年

《点石斋画报》，上海文艺出版社，1998年

《点石斋画报选》（陈平原编），贵阳：贵州教育出版社，2000年

《点石斋画报》（大可堂版），上海画报出版社，2001年

研究著作

阿英：《晚清文艺报刊述略》，上海：古典文学出版社，1958年

阿英：《小说二谈》，上海：古典文学出版社，1958年

阿英：《小说三谈》，上海古籍出版社，1979年

阿英：《晚清小说史》，北京：人民文学出版社，1980年

阿英编：《中法战争文学集》，北京：中华书局，1957年

阿英编：《甲午中日战争文学集》，北京：中华书局，1958年

阿英编：《庚子事变文学集》，北京：中华书局，1959年

《阿英文集》，北京：生活·读书·新知三联书店，1981年

《阿英全集》，合肥：安徽教育出版社，2003年

《阿英美术论文集》，北京：人民美术出版社，1982年

包天笑：《钏影楼回忆录》，香港：大华出版社，1971年

北京大学校史研究室编：《北京大学史料》第一卷，北京大学出版社，1993年

北京师范大学民俗典籍文字研究中心编：《陆宗达先生百年诞辰纪念文集》，北京：中国广播电视出版社，2005年

彼得·伯克（Peter Burke）著，杨豫译：《图像证史》，北京大学出版社，2008年

毕克官：《中国漫画史话》，济南：山东人民出版社，1982年

毕克官：《中国漫画史话》（增订本），天津：百花文艺出版社，2005年

毕克官等编著：《中国漫画史》，北京：文化艺术出版社，2006年

柄谷行人著，赵京华译：《日本现代文学的起源》，北京：生活·读书·新知三联书店，2003年

蔡星仪：《高剑父》，石家庄：河北教育出版社，2002年

陈俊宏：《重新发现马偕传》，台北：前卫出版社，2000年

陈平原：《中国小说叙事模式的转变》，上海人民出版社，1988年

陈平原：《二十世纪中国小说史》第一卷，北京大学出版社，1989年

陈平原、夏晓虹编：《二十世纪中国小说理论资料》第一卷，北京大学出版社，1997年

陈平原：《中国现代学术之建立》，北京大学出版社，1998年

陈平原：《文学史的形成与建构》，南宁：广西教育出版社，1999年

陈平原、夏晓虹编注：《图像晚清——〈点石斋画报〉》，天津：百花文艺出版社，2001年/2006年；北京：东方出版社，2014年；香港：中和出版，2015年

陈平原：《图像晚清——〈点石斋画报〉之外》，北京：东方出版社，2014年；香港：中和出版，2015年

陈平原、山口守编：《大众传媒与现代文学》，北京：新世界出版社，2003年

陈平原：《左图右史与西学东渐——晚清画报研究》，香港：三联书店，2008年

陈芗普：《高剑父的绘画艺术》，台北"市立美术馆"，1991年

陈垣：《陈垣早年文集》，台北："中央研究院"中国文哲研究所，

1992年

陈智超：《陈垣来往书信集》，上海古籍出版社，1990年

陈玉申：《晚清报刊业》，济南：山东画报出版社，2003年

程存浩整理：《广东最新绘图近事——革党潮》，香港出版社，2011年

程光炜主编：《大众媒介与中国现当代文学》，北京：人民文学出版社，2005年

戴不凡：《小说见闻录》，杭州：浙江人民出版社，1982年

丁守和主编：《辛亥革命时期期刊介绍》第一集，北京：人民出版社，1982年

丁守和主编：《辛亥革命时期期刊介绍》第四集，北京：人民出版社，1986年

方汉奇主编：《中国新闻事业通史》第一卷，北京：中国人民大学出版社，1996年

方豪：《中西交通史》，台北：中国文化大学出版部，1983年

方志强编著：《小说家黄世仲大传》，香港：夏菲尔国际出版公司，1999年

丰子恺：《丰子恺文集》艺术卷四，杭州：浙江文艺出版社、浙江教育出版社，1990年

服部宇之吉主编：《北京志》，东京：博文馆，1908年

服部宇之吉主编、张宗平等译：《清末北京志资料》，北京：燕山出版社，1994年

傅惜华编：《中国古典文学版画选集》，上海人民美术出版社，1981年

冈田玉山等编绘：《唐土名胜图会》，北京古籍出版社，1985年

戈公振：《中国报学史》，北京：中国新闻出版社，1985年

广东省中山图书馆编纂：《辛亥革命在广东》，广州：广东教育出版社，2001年

郭天祥：《黄世仲年谱长编》，北京：中国社会科学出版社，2002年

郭味蕖：《中国版画史略》，北京：朝花美术出版社，1962年

郭延礼：《中国近代文学发展史》，济南：山东教育出版社，1993年

胡从经：《晚清儿童文学钩沉》，上海：少年儿童出版社，1982年

胡颂平编著：《胡适之先生年谱长编初稿》，台北：联经出版事业公司，1984年

黄河编著：《北京报刊史话》，北京：文化艺术出版社，1992年

黄时鉴、沙进编著：《十九世纪中国市井风情——三百六十行》，上海古籍出版社，1999年

蒋华编：《扬州八怪题画录》，南京：江苏美术出版社，1992年

姜纬堂等编：《维新志士爱国报人彭翼仲》，大连出版社，1996年

康无为：《读史偶得》，台北："中央研究院"，1993年

赖永祥：《教会史话》第3辑，台南：人光出版社，1995年

老舍：《老舍文集》第九卷，北京：人民文学出版社，1986年

李赋宁主编：《欧洲文学史》第一卷，北京：商务印书馆，1999年

李宽淑：《中国基督教史略》，北京：社会科学文献出版社，1998年

李阐：《中国漫画史》，台北：世系出版社，1978年

李又宁、张玉法编：《近代中国女权运动史料》，台北：龙文出版公司，1995年

李伟铭：《图像与历史——20世纪中国美术论稿》，北京：中国人民大学出版社，2005年

李伟铭辑录整理：《高剑父诗文初编》，广州：广东教育出版社，1999年

李孝悌主编：《中国的城市生活》，台北：联经出版事业公司，2005年

梁元生：《林乐知在华事业与〈万国公报〉》，香港：中文大学出版社，1978年

刘乃和：《陈垣年谱》，北京师范大学出版社，2002年

刘瑞宽：《中国美术的现代化：美术期刊与美展活动的分析（1911—1937）》，北京：生活·读书·新知三联书店，2008年

卢燕贞：《中国近代女子教育史》，台北：文史哲出版社，1989年

《鲁迅全集》，北京：人民文学出版社，1981年

《鲁迅手迹和藏书目录》，北京：鲁迅博物馆编刊，1959年

路工编选：《清代北京竹枝词》，北京古籍出版社，1982年

路工：《访书见闻录》，上海古籍出版社，1985年

罗苏文：《女性与近代中国社会》，上海人民出版社，1996年

《明代版画艺术图书特展专辑》，台北：国立中央图书馆，1989年

吕文翠：《海上倾城：上海文学与文化的转异，1849—1908》，台北：麦田出版公司，2009年

W. J. T. 米歇尔（Mitchell, W. J. T）著，陈永国、胡文征译：《图像理论》，北京大学出版社，2006年

蒲积中：《古今岁时杂咏》，沈阳：辽宁教育出版社，1998年

乔尔·克特金著、谢佩奴译：《城市的历史》，台北县：左岸文化，2006年

邱秀香：《清末新式教育的理想与现实》，台北：政治大学历史学系，2000年

阮荣春、胡光华：《中国近代美术史》，香港：商务印书馆，1997年

单国强主编：《中国美术·明清至近代》，北京：中国人民大学出版社，2004年

商衍鎏：《清代科举考试述录》，北京：生活·读书·新知三联书店，1958年

《上海研究资料》，上海书店，1984年

《上海研究资料续集》，上海书店，1984年

申报馆编：《最近之五十年：申报馆五十周年纪念》，申报馆刊，1923年

申友良编著：《报王黄世仲》，北京：中国社会科学出版社，2002年

沈弘：《遗失在西方的中国史——〈伦敦新闻画报〉记录的晚清（1842—1873）》，北京：时代华文书局，2014年

史明正：《走向近代化的北京城——城市建设与社会变革》，北京大学出版社，1995年

舒新城编：《中国近代教育史资料》，北京：人民教育出版社，1961年

宋原放主编：《中国出版史料·近代部分》第三卷，武汉：湖北教育出版社，2004年

苏精：《马礼逊与中文印刷出版》，台北：台湾学生书局，2000年

汤用彬等著：《旧都文物略》，北京：书目文献出版社，1986年

王伯敏：《中国版画史》，上海人民美术出版社，1961年

王伯敏：《中国绘画通史》，北京：生活·读书·新知三联书店，2000年

王丹：《岭南画派大师——高剑父》，广州：广东人民出版社，2009年
王德威：《小说中国》，台北：麦田出版公司，1993年
王稼句：《三百六十行图集》，苏州：古吴轩出版社，2002年
王建军：《中国近代教科书发展研究》，广州：广东教育出版社，1996年
王利器等辑：《历代竹枝词》，西安：陕西人民出版社，2003年
王世家、止庵编：《鲁迅著译编年全集》，北京：人民出版社，2009年
王树村：《中国民间年画史图录》，上海人民美术出版社，1991年
王树村：《中国民间年画史论集》，天津：杨柳青画社，1991年
王学珍等主编：《北京大学纪事》，北京大学出版社，1998年
王佐良：《英国散文的流变》，北京：商务印书馆，1994年
汪晖、余国良编：《上海：城市、社会与文化》，香港：中文大学出版社，1998年
汪家熔：《商务印书馆史及其他》，北京：中国书籍出版社，1998年
汪家熔：《民族魂——教科书变迁》，北京：商务印书馆，2008年
汪家熔辑注：《中国出版史料·近代部分》，武汉：湖北教育出版社，2004年
畏东：《中国古代儿童题材绘画》，北京：紫禁城出版社，1988年
魏开肇等辑：《清实录北京史资料辑要》，北京：紫禁城出版社，1990年
魏外扬：《宣教事业与近代中国》，台北：宇宙光出版社，1992年
翁连溪编著：《清代宫廷版画》，北京：文物出版社，2001年
夏晓虹：《诗界十记》，杭州：浙江文艺出版社，1991年
夏晓虹：《晚清女性与近代中国》，北京大学出版社，2004年
信纳特编：《教会新报目录导要》/《万国公报目录导要》，旧金山：美国中文资料中心，1975年
熊秉真：《童年忆往——中国孩子的历史》，台北：麦田出版公司，2000年
熊月之：《西学东渐与晚清社会》，上海人民出版社，1994年
徐悲鸿：《奔腾尺幅间》，天津：百花文艺出版社，2000年
徐珂编：《实用北京指南》，上海：商务印书馆，1920年
徐载平等：《清末四十年申报史料》，北京：新华出版社，1988年

徐梓：《蒙学读物的历史透视》，武汉：湖北教育出版社，1996年

徐宗泽：《中国天主教传教史概论》，上海：土家湾印书馆，1938年

薛永年等著：《中国美术·五代至宋元》，北京：中国人民大学出版社，2004年

杨光辉等编：《中国近代报刊发展概况》，北京：新华出版社，1986年

杨森富：《中国基督教史》，台北：台湾商务印书馆，1968年

叶汉明、蒋英豪、黄永松编：《点石斋画报通检》，香港：商务印书馆，2007年

叶晓青：《西学输入与近代城市》，北京大学出版社，2012年

伊藤虎丸著、孙猛等译：《鲁迅、创作社与日本文学》，北京大学出版社，2005年

余绍宋：《书画书录解题》，北京：国立北平图书馆，1932年

余英时：《犹记风吹水上鳞——钱穆与现代中国学术》，台北：三民书局，1991年

袁世凯、陈璧撰：《正阳门楼工程奏稿》，工艺官局印书科，光绪二十九年（1903）

约翰·伯格（John Berger）著，戴行钺译：《观看之道》，桂林：广西师范大学出版社，2005年

臧冠华著：《革命二画家——高剑父、潘达微合传》，台北：近代中国出版社，1985年

张静庐辑注：《中国近代出版史料初编》，上海：群联出版社，1953年

张静庐辑注：《中国近代出版史料二编》，上海：群联出版社，1954年

张静庐辑注：《中国现代出版史料乙编》，北京：中华书局，1955年

张静庐辑注：《中国出版史料补编》，北京：中华书局，1957年

张荣芳、曾庆瑛：《陈垣》，北京：金城出版社，2008年

郑樵：《通志略》，上海古籍出版社，1990年

郑逸梅：《清娱漫笔》，上海书店，1982年

郑逸梅：《郑逸梅选集》，哈尔滨：黑龙江人民出版社，1991年

郑振铎：《郑振铎艺术考古文集》，北京：文物出版社，1988年

中国史学会主编：《辛亥革命》，上海人民出版社，1961年

《中国传统年画艺术特展专辑》,台北:中央图书馆,1991年

《中央公园廿五周年纪念刊》,北京:中央公园委员会,1939年

《中国古代版画展》,东京都:町田市立国际版画美术馆,1988年

《中国现代学术经典·鲁迅、吴宓、吴梅、陈师曾卷》,石家庄:河北教育出版社,1996年

钟叔河:《走向世界——近代中国知识分子考察西方的历史》,北京:中华书局,1985年

周光培主编:《辛亥革命文献丛刊》,扬州:广陵书社,2011年

周海波:《传媒时代的文学》,北京:人民文学出版社,2007年

周心慧:《中国古代版画通史》,北京:学苑出版社,2000年

朱维铮编:《利玛窦中文著译集》,上海:复旦大学出版社,2001年

朱有瓛主编:《中国近代学制史料》第2辑下册,上海:华东师范大学出版社,1989年

樽本照雄:《清末民初小说目录》,日本:中国文艺研究会,1988年

樽本照雄:《(新编增补)清末民初小说目录》,济南:齐鲁书社,2002年

武田雅哉:《翔べ!大清帝国——近代中国の幻想科学》,东京:リブロポート株式会社,1988年

武田雅哉:《清朝绘师吴友如の事件帖》,东京:作品社,1998年

《"中国の洋風画"展:明末から清时代の绘画·版画·插绘本》,东京都:町田市立国际版画美术馆,1995年

Ye Xiaoqing, *The Dianshizhai Pictorial: Shanghai Urban Life*, The University of Michigan, 2003

单篇论文

陈绛:《林乐知与〈中国教会新报〉》,《历史研究》1986年第4期

陈镐汶:《上海佚报考》(续),《新闻与传播研究》1990年第1期

陈平原:《城阙、街景与风情——晚清画报中的帝京想像》,《北京社会科学》2007年第2期

陈平原：《从科普读物到科学小说——以"飞车"为中心的考察》，《中国文化》第13期，1996年6月

陈平原：《从左图右史到图文互动——图文书的崛起及其前景》，《学术界》2004年第3期

陈平原《〈点石斋画报〉之流风余韵》，《文史知识》2000年第7期

陈平原：《鼓动风潮与书写革命——从〈时事画报〉到〈真相画报〉》，《文艺研究》2013年第4期

陈平原：《教会读物的图像叙事》，《学术研究》2003年第11期

陈平原：《流动的风景与凝视的历史——晚清北京画报中的女学》，《中华文史论丛》2006年第1期

陈平原：《气球·学堂·报章——关于〈教会新报〉》，载《文学史的形成与建构》（陈平原著），南宁：广西教育出版社，1999年

陈平原：《文学史家的报刊研究——以北大诸君的思路为例》，《中华读书报》2002年1月9日

陈平原：《文学史视野中的"报刊研究"——近二十年北大中文系有关"大众传媒"的博士及硕士学位论文》，《现代中国》第11辑，北京大学出版社，2008年9月

陈平原：《现代中国文学的生产机制及传播方式——以1890年代至1930年代的报章为中心》，《书城》2004年第2期

陈平原《新闻与石印——〈点石斋画报〉之成立》，《开放时代》2000年第7期

陈平原：《仪态万方的〈点石斋画报〉》，《中国图书商报·书评周刊》1999年10月19日

陈平原：《以"图像"解说"晚清"》，《开放时代》2001年5月

陈平原《以图像为中心——关于〈点石斋画报〉》，（香港）《二十一世纪》第59期，2000年6月

陈平原：《转型期中国的"儿童相"——以〈启蒙画报〉为中心》，载《儿童的发现——现代中国文学及文化中的儿童问题》（徐兰君、安德鲁·琼斯编），北京大学出版社，2011年4月

陈平原：《作为"绣像小说"的〈文明小史〉》，《西北师范大学学

报》2014年第5期

陈正卿：《〈真相画报〉与岭南画派的艺术活动》，《美术学报》2012年第1期

程存洁：《〈时事画报〉若干问题辨析》，刊《时事画报》第一册，广州：广东人民出版社，2014年

大华烈士（简又文）：《革命画师高剑父》，《人间世》第32期，1935年7月20日

董惠宁：《〈飞影阁画报〉研究》，《南京艺术学院学报》2011年第1期

冯金牛《〈图画日报〉——清末石印画报的重要品种》，《图书馆杂志》1999年第10期

冯天瑜：《图片影像与辛亥革命》，《江汉论坛》2012年第1期

傅宁：《中国近代儿童报刊的历史考察》，《新闻与传播研究》2006年第1期

龚产兴：《新闻画家吴友如——兼谈吴友如研究中的几个问题》，《美术史论》第10期，1990年3月

韩南：《谈第一部汉译小说》，载《晚明与晚清：历史传承与文化创新》（陈平原、王德威、商伟编），武汉：湖北教育出版社，2002年

何谷理：《关于明清通俗文学和印刷术的几点看法》，载《中国图书文史论集：钱存训先生八十生日纪念》，北京：现代出版社，1992年

贺麦晓（Michel Hockx）：《二十年代中国的"文学场"》，《学人》第13辑，南京：江苏文艺出版社，1998年3月

侯杰、李钊：《媒体·视觉·性别——以清末民初天津画报女性生活为中心的考察》，《南开学报》2011年第2期

黄大德：《于无声处觅真相——〈真相画报〉研究之一》，《美术学报》2013年第3期

黄大德：《辛亥革命中的高剑父》，《南方都市报》2012年10月24日

黄大德：《潘达微与黄花岗》，政协广州市天河区委员会编印《天河文史》第9期，2001年12月

黄志伟：《我国最早的画报——〈寰瀛画报〉作者》，《图书馆杂志》1986年第5期

姜纬堂：《〈启蒙画报〉五考》，《新闻研究资料》第三十集，中国新闻出版社，1985年4月

姜纬堂：《"彭翼仲案"真相》，《首都师范大学学报》1996年第5期

康无为：《画中有话：点石斋画报与大众文化形成之前的历史》，《读史偶得：学术演讲三篇》（康无为著），台北："中央研究院"，1993年

李伟铭：《一剑风尘自负奇——重读何剑士》，《美术研究》2004年第1期

李孝悌：《上海近代城市文化中的传统与现代——1880至1930年代》，《恋恋红尘：中国的城市、欲望与生活》（李孝悌著），台北：一方出版公司，2002年

李孝悌：《中国近代城市文化中的传统与现代》，《昨日到城市：近世中国的逸乐与宗教》（李孝悌著），台北：联经出版事业公司，2008年

李孝悌：《走向世界，还是拥抱乡野——观看〈点石斋画报〉的不同视野》，《中国学术》2002年第3期（北京：商务印书馆）

陆丹林、刘锡璋：《潘达微殓葬七十二烈士的经过》，《广东辛亥革命史料》第60—62页，广州：广东人民出版社，1981年

吕晓：《明末清初"金陵胜景图"研究》，《南京艺术学院学报》2010年第10期

梅家玲：《晚清童蒙教育中的文化传译、知识结构与表达方式——以〈蒙学报〉和〈启蒙画报〉为中心》，载《儿童的发现——现代中国文学及文化中的儿童问题》（徐兰君、安德鲁·琼斯编），北京大学出版社，2011年4月

潘达微：《黄花岗七十二烈士殡葬之情形》，政协广州市天河区委员会编印《天河文史》第9期（2001年12月）

潘耀昌：《从苏州到上海，从"点石斋"到"飞影阁"——晚清画家心态管窥》，《新美术》1994年第2期

潘耀昌、徐立：《上海早期都市文艺先锋——〈真相画报〉》，《上海大学学报》2011年第2期

彭望苏：《文采风流今尚存——百年之前的儿童刊物〈启蒙画报〉》，《贵州文史丛刊》2000年第5期

彭永祥：《中国近代画报简介》，载《辛亥革命时期期刊介绍》第四集（丁守和主编），北京：人民出版社，1986年

萨空了：《五十年来中国画报之三个时期及其批评》，《新闻学研究》，燕京大学新闻学系，1932年

唐宏峰：《照相"点石斋"——〈点石斋画报〉中的再媒介问题》，《美术研究》2016年第1期

田田：《十七世纪金陵胜景图探微》，《贵州社会科学》2012年第10期

瓦格纳（Rudolf G. Wagner）：《进入全球想象图景：上海的〈点石斋画报〉》，《中国学术》2001年第4期（北京：商务印书馆）

王尔敏：《中国近代知识普及化传播之图说形式》，《近代史研究所集刊》第19期，台北："中央研究院"，1990年

王富仁：《传播学与中国现代文学研究》，《读书》2004年第5期

王鸿莉：《李菊侪及其画报事业考述》，《汉语言文学研究》2012年第3期。

王娟：《〈启蒙画报〉简介》，《出版史料》2010年第1期

王跃年：《从〈真相〉到〈良友〉——1912—1937年中国摄影画报简论》，《民国档案》2004年第3期

王正华：《过眼繁华——晚明城市图、城市观与文化消费的研究》，载《中国的城市生活》（李孝悌编），台北：联经出版事业公司，2005年

邬国义：《近代海派新闻画家吴友如史事考》，《安徽大学学报》2013年第1期

吴果中：《政治文化视阈下的民众动员：〈真相画报〉及其社会影响》，《新闻与传播研究》2011年第5期

夏晓虹：《旧戏台上的文明戏——田际云与北京"妇女匡学会"》，《现代中国》第5辑（武汉：湖北教育出版社，2004年12月）

颜廷亮：《黄世仲与〈时事画报〉》，《明清小说研究》2004年第2期

叶凯蒂：《清末上海妓女服饰、家具与西洋物质文明的引进》，《学人》第9辑，江苏文艺出版社，1996年4月

叶汉明：《〈点石斋画报〉与文化史研究》，《南开学报》2011年第2期

叶晓青：《〈点石斋画报〉中的上海平民文化》，《二十一世纪》创刊

号，1990年10月

张慧瑜：《从〈真相画报〉看摄影师的主体想象》，《中国摄影家》2014年第4期

张秀民：《石印术道光时即已传入我国说》，《文献》1983年第18期

郑彼岸、何博：《暗杀团在广东光复前夕的活动》，《广东辛亥革命史料》第81—84页，广州：广东人民出版社，1981年

祝均宙：《清末广东〈时事画报〉图像视野之观念述评》，《东亚观念史集刊》2014年第6期

朱晓进：《论三十年代文学杂志》，《南京师范大学学报》1999年第3期

后 记

本书共十章，单看目录，便能大致明白作者的立场、宗旨及写作思路。从1996年起笔，到今夏收工，前后折腾了21年。当然，中间穿插好多别的著作。之所以迟迟不愿打住，既深感蕴含的潜力，也遗憾写作未能尽兴。如今，因特殊缘故，不得不赶紧交稿，这"后记"也就只能交待若干事务了。

全书框架见目录，这里按写作时间为序，略为交待各章的出品经过。

《从科普读物到科学小说——以"飞车"为中心的考察》乃作者提交给香港中文大学主办的"Early Modern Chinese Translations of Western Literature"国际学术研讨会（1996年1月3—6日）的论文，中文本初刊《中国文化》第13期（1996年6月），后收入王宏志编《翻译与创作——中国近代翻译小说论》（北京大学出版社，2000）；英文本收入David Pollard主编的 *Translation and Creation: Readings of Western Literature in Early Modern China, 1840—1918*（John Benjamins Publishing Company, 1998）。

《晚清人眼中的西学东渐——以〈点石斋画报〉为中心》全文收入《点石斋画报选》（贵阳：贵州教育出版社，2000）、《庆祝王元化教授八十岁论文集》（上海：华东师范大学出版社，2001）及《中国出版史料·近代部分》第二卷（武汉：湖北教育出版社，2004年10月）；文中各节，曾以《在图像与文字之间》（《读书》2000年第7期）、《以图像为中心》（《二十一世纪》第59期，2000年6月）、《〈点石斋画报〉之流风余韵》（《文史知识》2000年第7期）、《新闻与石印——〈点石斋画报〉之成立》（《开放时代》2000年7月号）、《遥远的"时事"与"新知"》（《中华读书报》2000年10月25日）为题，分别刊发。

《教会读物的图像叙事》曾在台湾大学主办的"晚清—四十年代：文化场域与教育视界"学术研讨会（2002年11月7—8日）上发表，初刊《学术研究》2003年第11期，收入梅家玲编《文化启蒙与知识生产：跨领域的视野》（台北：麦田出版公司，2006）；另外，作者曾以此文为基础，在美国耶鲁大学东亚研究中心发表题为"作为绣像小说的《天路历程》"的专题演讲（2004年9月28日）。

《流动的风景与凝视的历史——晚清北京画报中的女学》最初在美国Rice大学主办的"Beyond Tradition and Modernity: Gender, Genre, and the Negotiation of Knowledge in Late Qing China"国际学术研讨会（2005年3月3—6日）上发表，中文本刊《中华文史论丛》2006年第1期、陈平原等著《教育：知识生产与文学传播》（合肥：安徽教育出版社，2007）；英文本收入钱南秀主编的 Different Worlds of Discourse: Transformations of Gender and Genre in Late Qing and Early Republican China（Leiden: Brill, 2008）。

《城阙、街景与风情——晚清画报中的帝京想像》乃作者在香港中文大学主办的"历史与记忆：中国现代文学国际研讨会"（2007年1月4—6日）上的主旨演说，初刊《北京社会科学》2007年第2期，收入樊善标等编《墨痕深处：文学、历史、记忆论集》（香港：牛津大学出版社，2008）。

《转型期中国的"儿童相"——以〈启蒙画报〉为中心》最初在新加坡国立大学主办的"中国现代文学和文化中的儿童发现"国际学术研讨会（2008年12月19—21日）上宣读，收入徐兰君、琼斯主编《儿童的发现》（北京大学出版社，2011年4月）。原文只有前三节，第四节乃这次入集时补写。

《鼓动风潮与书写革命——从〈时事画报〉到〈真相画报〉》最初在美国哈佛大学费正清中心主持的"CHINA AFTER EMPIRE: 1911 Remembered"国际学术研讨会（2011年11月3—6日）上发表，刊发于《文艺研究》2013年第4期。

《追摹、混搭与穿越——晚清画报中的古今对话》最初在香港岭南大学召开的"现代与古典文学的相互穿越：故事新编与理论重建"国际学术研讨会（2016年9月29日）上宣读，修订后提交，刊《岭南学报》复刊第8辑，上海古籍出版社，2017年11月。

《风景的发现与阐释——晚清画报中的胜景与民俗》最初在台湾清华大学、中央大学召开的"情生驿动：从情的东亚现代性到文本跨语境行旅"研讨会（2016年12月23日）上宣读，修订后提交，刊《东亚观念史集刊》第13期，2017年12月。

《图像叙事与低调启蒙——晚清画报在近代中国知识转型中的位置》乃收官之战，撰写于今年2—5月间，曾以《图像叙事与低调启蒙——晚清画报三十年》为题，分上下两期，刊《文艺争鸣》2017年第4期和第7期。

如何处理晚清画报中日渐增加的漫画（谐画、喻画、滑稽画），是个有趣的话题。当时没想好结构方式，故暂时搁下。另外，关于"高调启蒙"与"低调启蒙"的辨析，以及各自在历史上的作用，本想展开深入论述的，目前只是点到为止。这两点，都有点可惜。书有书的命运，犹如人一样，该出手时就出手。

从2008年香港三联书店版的五章，到北京三联书店版的十章，关于这个话题，该说且能说的，我基本上都说了。与"晚清画报"纠缠了20年，就此打住。需要说明的是，因写作时间较长，各章宗旨有别，个别材料征引及讲述略有重复，敬请读者谅解。

关于晚清画报，我还有如下作品，有兴趣的朋友可参考：《点石斋画报选》（贵阳：贵州教育出版社，2000；2014）、《图像晚清——〈点石斋画报〉》（天津：百花文艺出版社，2001；（珍藏本）百花文艺出版社，2006；（修订本）北京：东方出版社，2014；香港：中和出版，2015）、《图像晚清——〈点石斋画报〉之外》（北京：东方出版社，2014；香港：中和出版，2015）。其中流传最广的《图像晚清——〈点石斋画报〉》一书，是和夏晓虹合作，且编注工作主要由她完成。

2017年7月13日于京西圆明园花园